Das Weltreich Alexanders des Großen

Valerio Massimo Manfredi

Alexander
Der makedonische Prinz

Roman

Aus dem Italienischen von
Claudia Schmitt

Kabel

Die Originalausgabe
erschien 1998 unter dem Titel
»ALÉXANDROS – Il Figlio Del Sogno«
bei Arnoldo Mondadori Editore S.p.A.
in Mailand.

Textzitate nach:
Homer, Odyssee. Übertragen von Roland Hampe,
Reclam Verlag 1979.
Homer, Ilias. Übertragen von Roland Hampe,
Reclam Verlag 1979.
Sappho, Strophen und Verse. Übertragen und hrsg.
von Joachim Schickel, Insel Verlag 1978.

ISBN 3-8225-0504-8

Gesetzt aus der Stempel Garamond
Gesamtherstellung: Ebner Ulm
Printed in Germany

Et siluit terra in conspectu eius.
Und die Erde verstummte bei seinem Anblick.

Makkabäer 1,3

Illyrien
Orilon
Dardaner
Thrakien
Strymon
Axios
Makedonien
Lychnidos
Lychnitis-See
LYNKESTIS
Siris
B. Pangaion
Amphipolis
Apsos
Prespa-See
Aigai
Pella
Mieza
B.Bermion
Borboros-See
Beroea
Therme
Chalkidike
Xerxeskanal
Eordaia
Methone
B. Kalauros
Olynthos
ACTE
Epeiros
Pieria
SITHONIA
B. ATHOS
Elimeia
Dion
Olymp
Pallene
Haliakmon
Tempetal
Buthroton
Peneios
B. Ossa
ATHAMANIEN
Larisa
Korkyra (Korfu)
B. IMAROS
AMPHILOCHIA
Thessalien
B.Pelion
ÄGÄISCHES MEER
Golf von Arta
Aitolien
AKARNANIEN
Thermopylen
Leukas
DORIS
Euböa
Amphissa
PHOKIS
Ozous
Delphi
Chaironeia
Chalkis
Eretreia
LOKRIS
AITOLIA
Naupaktos
BÖOTIEN
IONISCHES MEER
Leuktra
Theben
Korinthischer Meerbusen
B. CITAIRON
ATTIKA
Kephallenia
Patrai
Eleusis
Athen
ACHAIA
Piräus
ELIS
Korinth
Saronischer Meerbusen
ARKADIEN
Zakynthos
Olympia
Mykene
Epidauros
Mantineia
Argos
ARGOLIS
Ägina
ZYKLADEN
Megalopolis
Troizen
Peloponnes
Halieis
Eurotas
Parmisos
B. PARNON
MESSENIEN
Sparta
Messenien
Sphakteria
B. TAYGETOS
LAKONIEN
Gythion
Das antike Griechenland

Die Vorgeschichte

Die vier Magier bewegten sich ruhigen Schritts auf den Gipfel des Berges zu, den man den Berg des Lichts nannte. Jeder von ihnen kam aus einer anderen Himmelsrichtung, und alle hatten einen Quersack mit duftenden Hölzern für das Feueropfer auf dem Rücken.

Der Magier der Morgenröte war mit einem Umhang aus rosa und blau schattierter Seide bekleidet und hatte hirschlederne Sandalen an den Füßen. Den Magier der Abenddämmerung schmückte ein golddurchwirkter, karmesinroter Mantel; um seine Schultern lag eine lange Leinenstola, die in denselben Farben bestickt war.

Der Magier des Mittags trug eine purpurrote Tunika mit goldenem Ährenmuster und Pantoffeln aus Schlangenleder. Und der letzte von ihnen, der Magier der Nacht, war in ein schwarzes, aus dem Vlies ungeborener Lämmer gewobenes Tuch gehüllt, das mit winzigen, silbernen Sternen übersät war.

Gleichmäßig, wie zum Takt einer Musik, die nur sie allein hören konnten, schritten sie aus. Auf diese Weise näherten sie sich dem Tempel in völliger zeitlicher Übereinstimmung, obwohl jeder einen anderen Weg zu gehen hatte – der eine war steil und steinig, der andere verlief fast eben, und der letzte folgte einem ausgetrockneten Flußbett.

Schließlich standen sie in haarscharf demselben Augenblick unter den vier Eingangsbögen des steinernen Turms. Die weite Hochebene um sie herum lag im Perlenglanz des ersten Morgenlichts.

Die vier Magier sahen sich durch die Torbögen hindurch an, verneigten sich voreinander und schritten dann auf den Altar zu. Der Magier der Morgenröte eröffnete den Ritus, indem er ein Quadrat aus Sandelholzscheiten bildete. Auf dieses stellte der Magier des Mittags gebündelte Akazienzweige, und der Magier der Abenddämmerung schichtete Zedernäste darüber, die er im Wald des Berges Libanon gesammelt und sorgfältig von ihrer Rinde befreit hatte. Zum Schluß kam der Magier der Nacht an die Reihe; er legte lange gelagertes und säuberlich geputztes Eichenholz aus dem Kaukasus auf, Holz, das der Blitz gespalten und die Gebirgssonne getrocknet hatten. Dann holten alle vier die mitgebrachten heiligen Steine aus ihren Quersäcken, rieben sie aneinander und ließen blaue Funken in den kleinen Holzstoß springen, bis er brannte, schwach zuerst, dann immer stärker und zuletzt richtig fröhlich. Die zinnoberroten Flammen verwandelten sich in blaßblaue und weiße Zünglein, die an das »Feuer des Himmels« erinnerten, den erhabenen Odem Ahura Mazdas, des Gottes der Wahrheit und des Ruhmes, Herr über Zeit und Leben. Außer der Stimme des Feuers, das sein uraltes Gedicht murmelte, war in dem großen Turm jetzt nichts zu hören, nicht einmal der Atem der vier Männer, die reglos verharrten.

Völlig entrückt starrten sie auf den Steinaltar mit den kunstvoll aufgeschichteten Holzscheiten und beobachteten, wie das heilige Feuer Form annahm; sein absolut reines Licht, der herrliche Tanz seiner Flammen hob ihre Gebete für das Volk und den König zum Himmel hinauf – den Großkönig, den König der Könige, der weit weg von hier im prächtigen Thronsaal seines Schlosses im unvergänglichen Persepolis saß, von einem Wald aus rot-gold bemalten Säulen umgeben und bewacht von geflügelten Stieren und Löwen mit drohend erhobenen Tatzen.

An dem magischen, einsamen Ort war in dieser frühen Morgenstunde kein Lufthauch zu spüren, und so mußte es auch sein, damit das himmlische Feuer sich formen und bewegen konnte, wie es seiner Natur entsprach, jener göttlichen Natur, die es stetig emporstreben läßt, zum Empyreum, dem Feuerhimmel, dem es ursprünglich entstammt.

Doch urplötzlich blies eine heftige Böe in die Flammen und brachte sie jäh zum Erlöschen. Sogar die Glut verwandelte sich unter den verblüfften Augen der Magier binnen Sekunden in tote Kohle.

Kein weiteres Zeichen folgte, kein Laut außer dem schrillen Schrei des Falken, der in den blanken Himmel stieg, und es folgten auch keine Worte. Von bösen Vorahnungen ergriffen standen die vier Männer um den Altar und vergossen stille Tränen.

In einem fernen Land im Westen näherte sich zur selben Zeit eine junge Frau zitternd den Eichen eines alten Heiligtums, um für das Kind, das sich zum erstenmal in ihrem Schoß rührte, den Segen der Götter zu erflehen. Der Name der jungen Frau war Olympias. Den Namen des Kindes enthüllte der Sturm, als er die jahrtausendealten Baumkronen schüttelte und ihr totes Laub vom Boden aufwirbelte:

ALEXANDER.

1

Es war eine seltsame Eingebung gewesen, die Olympias zum Tempel von Dodona geführt hatte, ein Traumgesicht, das sie ereilte, während sie bei ihrem Mann, König Philipp von Makedonien, ruhte, der satt und betrunken neben ihr lag.

Sie hatte von einer Schlange geträumt. Das große Reptil war langsam den Korridor entlanggekrochen, dann lautlos in ihr Schlafzimmer geschlüpft. Sie sah es, aber sie war wie gelähmt, sie konnte weder schreien noch weglaufen. Es schlängelte sich über den Steinfußboden, und seine Schuppen glänzten wie Kupfer und Bronze im Mondlicht, das zum Fenster hereinschien.

Einen Moment lang hatte Olympias gehofft, Philipp würde aufwachen, sie in die Arme schließen und an seine starke, muskulöse Brust drücken, sie mit seinen großen Händen streicheln, den Händen eines Kriegers, dann war ihr Blick aber gleich wieder zu dem *Drakon* zurückgekehrt, diesem wundersamen Tier, das sich wie ein Geist bewegte, wie eines jener Zauberwesen, die die Götter nach Belieben aus den Tiefen der Erde auferstehen lassen können.

Seltsam, jetzt machte es ihr überhaupt keine Angst mehr, sie empfand auch keinen Ekel, im Gegenteil, die geschmeidigen Bewegungen und die sanfte Kraft, die das Tier ausstrahlte, faszinierten sie.

Die Schlange glitt unter ihre Bettdecke, Olympias spürte sie zwischen den Schenkeln und zwischen ihren Brüsten und sie spürte, daß sie von ihr genommen wurde, leicht und kalt, ohne daß es ihr weh tat, ohne die geringste Gewalt.

Sie träumte, daß sich der Samen der Schlange mit dem vermischte, den Philipp vor kurzem in sie gestoßen hatte, kraftvoll wie ein Stier und ungestüm wie ein Eber, bevor er von Wein und Schlaf übermannt worden war.

Am darauffolgenden Morgen hatte der König seine Rüstung angelegt, sich mit Wildschweinfleisch und Schafskäse gestärkt und war mit seinen Feldherren in den Krieg gezogen – in den Krieg gegen die Triballer, ein Volk, das noch barbarischer war als die Makedonier. Es kleidete sich mit Bärenfellen, trug Mützen aus Wolfspelz auf dem Kopf und lebte entlang des Ister, dem größten Fluß Europas.

Zum Abschied hatte Philipp nicht mehr zu ihr gesagt als: »Denk stets dran, den Göttern zu opfern, solange ich weg bin, und trag mir einen Sohn aus, einen Erben, der meiner würdig ist.«

Dann hatte er sich auf seinen Fuchs geschwungen und war mit seinen Feldherren in wildem Galopp davongestürmt. Der ganze Hof hatte unterm Hufgetrappel ihrer Schlachtrösser und dem Klirren ihren Waffen gedröhnt.

Olympias nahm nach dem Aufbruch ihres Mannes erst einmal ein heißes Bad, und während die Dienerinnen ihr mit Jasmin- und Rosenessenzen getränkten Schwämmen den Rükken abrieben, ließ sie ihre Amme Artemisia rufen, eine alte Frau aus guter Familie, mit riesigen Brüsten und schmalen Hüften. Olympias hatte sie aus Epeiros mitgebracht, als sie zur Heirat mit Philipp hierhergekommen war.

Sie erzählte der Amme ihren Traum und fragte: »Was mag das wohl bedeuten, gute Artemisia?«

Die Alte ließ sie aus der Wanne steigen und begann sie mit Tüchern aus ägyptischem Linnen abzutrocknen.

»Die Träume sind Botschaften der Götter, liebes Kind, aber nur wenige können sie deuten. Vielleicht solltest du das Orakel von Dodona daheim, in Epeiros, befragen. Seine Priester geben einander seit undenklichen Zeiten das Geheimnis weiter, wie man die Stimme des großen Zeus hören kann, des Vaters der Götter und Menschen. Er äußert sich im Raunen der Jahrtausende alten Eichen des Tempels, im Rauschen ihrer Blätter, wenn es Frühling oder Sommer ist, und im Rascheln des toten Laubs im Herbst und Winter.«

Und so war Olympias wenige Tage später zum Heiligtum von Dodona aufgebrochen – ein grandioser Tempel, der ein grünes, von waldigen Bergen gerahmtes Tal beherrschte und als der älteste der Welt galt. Die Sage berichtet, aus Zeus' Händen seien – nachdem er seinen Vater Kronos entmachtet und aus dem Himmel vertrieben hatte – zwei Tauben aufgestiegen, und eine von ihnen habe sich auf einer Eiche von Dodona niedergelassen, die andere auf einer Palme der Oase Siwa in der libyschen Wüste. Seither konnte man an diesen beiden Orten die Stimme des Göttervaters vernehmen.

»Was hat mein Traum zu bedeuten?« fragte Olympias die Priester des Heiligtums.

Die ehrwürdigen Männer saßen inmitten einer saftig grünen, mit Margeriten und Ranunkeln gesprenkelten Wiese auf Steinbänken im Kreis und lauschten dem Wind, der in den Blättern der Eichen säuselte. Sie wirkten völlig entrückt.

Schließlich hob einer von ihnen zu sprechen an: »Dein Traum bedeutet, daß du einen Sohn gebären wirst, der zugleich Abkömmling des Zeus und eines sterblichen Menschen ist. Er bedeutet, daß sich in deinem Schoß das Blut eines Gottes mit dem Blut eines Menschen vermischt hat.«

»Dein Sohn wird von glühendem Tatendrang erfüllt sein, aber wie die Flamme mit dem stärksten Licht mitunter die Wände der Lampe verbrennt und ihr Öl im Nu verbraucht, so könnte seine Seele die Brust verbrennen, in der sie wohnt.«

»Erinnere dich an die Geschichte Achilles', Königin, des berühmten Vorfahren deiner ruhmreichen Familie: Er hatte die Wahl zwischen einem kurzen, aber glorreichen und einem langen, aber düsteren Dasein, und er hat sich für ersteres entschieden. Für einen Augenblick strahlenden Lichts hat er sein Leben geopfert.«

»Ist dieses Schicksal von den Göttern vorgezeichnet?« fragte Olympias bange.

»Nein, es ist nur ein mögliches Schicksal«, erwiderte ein anderer Priester. »Unzählig sind die Wege, die ein Mensch einschlagen kann, aber manchen Menschen ist eine besondere Kraft in die Wiege gelegt, eine Kraft, die von den Göttern kommt und zu ihnen zurückstrebt. Bewahre dieses Geheimnis für dich bis zu dem Tag, an dem sich das Wesen deines Sohnes voll entfaltet hat. Dann aber sei zu allem bereit, auch dazu, ihn zu verlieren, denn du wirst doch nicht verhindern können, daß sein Schicksal sich erfüllt und sein Ruhm bis ans Ende der Welt vordringt.«

Der Priester hatte noch nicht zu Ende gesprochen, als sich die laue Brise, die sie umwehte, unversehens in einen heftigen, heißen Südwind verwandelte. Innerhalb kürzester Zeit blies er so stark, daß sich die Bäume bogen und die Priester ihre Mäntel über den Kopf ziehen mußten.

Die wilden Böen trieben dichte, rötliche Staubwolken vor sich her, sie verdunkelten das ganze Tal, und auch Olympias wickelte sich fester in ihren Umhang und bedeckte ihr Haupt, dann harrte sie still aus. Wer sie so sah, reglos inmitten des Wirbelsturms, hätte sie für eine Götterstatue halten können, eine Götterstatue ohne Gesicht.

Der Wind legte sich so plötzlich, wie er aufgezogen war, und die Staubwolken lichteten sich, aber auf den Statuen, Stelen und Altären, die den heiligen Ort schmückten, blieb eine dünne Schicht feinen roten Sandes zurück.

Der Priester, der als letzter gesprochen hatte, nahm mit der Fingerkuppe ein wenig davon auf und strich es auf seine Lippen. »Diesen Staub hat uns der libysche Wind gebracht, der Atem des Zeus Ammon, der sein Orakel unter den Palmen von Siwa hat. Das ist ein Zeichen des Himmels, ein Wunder: Die beiden ältesten Orakel der Welt haben im selben Moment gesprochen, obwohl riesige Entfernungen sie voneinander trennen. Dein Sohn hat Stimmen gehört, die aus weiter Ferne kommen, und vielleicht hat er ihre Botschaft verstanden. Eines Tages wird er sie wieder hören, in einem großen Tempel, der von Wüstensand umgeben ist.«

Nachdem sie diese Worte vernommen hatte, kehrte die Königin nach Pella zurück, in die Hauptstadt Makedoniens, deren Straßen im Sommer staubbedeckt und im Winter matschig waren; dort erwartete sie mit Ehrfurcht und Spannung den Tag ihrer Niederkunft.

Die Wehen begannen an einem Frühlingsabend unmittelbar nach Sonnenuntergang. Die Mägde entzündeten die Öllampen, und Artemisia, ihre Amme, ließ die Hebamme und den Arzt Nicomachos rufen, der schon den alten König Amyntas behandelt und so manchen königlichen Sprößling ans Licht der Welt geholt hatte, ob ehelich oder Bastard.

Nicomachos stand bereit, denn er wußte, daß es an der Zeit war. Er band sich eine Schürze um, befahl, Wasser heiß zu machen und weitere Leuchter zu bringen, damit es an Licht nicht fehlte, doch die Königin ließ er zunächst von der Hebamme untersuchen. Er wußte, daß gebärende Frauen sich lieber von Frauen anfassen lassen; nur sie können den Schmerz und die Einsamkeit nachvollziehen, unter denen neues Leben entsteht.

König Philipp war in diesem Moment mit der Belagerung der Stadt Poteidaia beschäftigt und hätte um nichts in der Welt die Front verlassen.

Die Geburt wurde lange und schwierig, denn Olympias war zart gebaut und hatte ein sehr schmales Becken.

Die Hebamme trocknete ihr unermüdlich den Schweiß ab und sagte immer wieder: »Du mußt drücken, Kind! Komm, nimm deine ganze Kraft zusammen! Wenn du den kleinen Balg erst mal siehst, sind alle Qualen vergessen.«

Sie benetzte ihre Lippen mit frischem Quellwasser aus einer Silberkanne, das die Dienerinnen ständig erneuerten.

Als der Schmerz jedoch so stark wurde, daß Olympias fast das Bewußtsein verlor, griff Nicomachos ein. Er lenkte die Hände der Hebamme und befahl Artemisia, auf den Bauch der Königin zu drücken, denn sie hatte keine Kraft mehr und das Kind litt.

Das Ohr auf Olympias Unterleib gepreßt, hörte er den Herzschlag des Kleinen schwächer werden.

»Drück, so fest du kannst«, ordnete er der Hebamme an. »Das Kind muß sofort heraus!«

Da warf sich Artemisia mit ihrem ganzen Gewicht auf die Königin, die einmal laut aufschrie und gebar.

Nicomachos band mit einem Leinenfaden die Nabelschnur ab und durchtrennte sie sofort mit einer bronzenen Schere, worauf er die Wunde mit purem Wein desinfizierte.

In diesem Moment begann das Kind zu schreien. Nicomachos überreichte es den Frauen, damit sie es waschen konnten. Artemisia bekam es als erste zu sehen und war hingerissen.

»Ist er nicht entzückend?« fragte sie, während sie dem Kleinen mit einem ölgetränkten Wollebausch übers Gesicht fuhr. Die Hebamme wusch ihm das Köpfchen, und als sie es abtrocknete, kam sie aus dem Staunen nicht heraus: »Das sind ja Haare wie bei einem sechs Monate alten Kind! Und wie die schimmern! Ein richtiger kleiner Eros!«

Artemisia zog dem Kleinen eine winzige Leinentunika an, denn Nicomachos wollte nicht, daß man ihn so fest wickelte, wie es in den meisten Familien üblich war.

»Was meinst du, was für eine Augenfarbe hat er?« fragte sie die Hebamme.

Die Frau hielt eine Lampe über den Kleinen, dessen Augen nun regelrecht schillerten. »Ich weiß nicht, schwer zu sagen. Manchmal kommen sie mir blau vor, dann wieder dunkel, fast schwarz. Woran mag das wohl liegen? Wahrscheinlich daran, daß seine Eltern vom Wesen her so unterschiedlich sind ...«

Nicomachos kümmerte sich unterdessen um die Königin, die wie viele Erstgebärende nach der Geburt stark blutete. In weiser Voraussicht hatte der Arzt auf dem Berge Bermion Schnee sammeln lassen. Damit machte er nun Kompressen, die er Olympias auf den Bauch legte, und obwohl die Königin vor Kälte und Erschöpfung zitterte, nahm er die eisigen Umschläge erst ab, als die Blutungen völlig zum Stillstand gekommen waren.

Als es soweit war, zog er seine Schürze aus, wusch sich die Hände und überließ Olympias der Pflege der Frauen. Sie wechselten ihre Leintücher, wischten ihr mit weichen, rosenwassergetränkten Schwämmen den Schweiß ab, zogen ihr ein frisches Nachthemd an und gaben ihr zu trinken.

Dann zeigte Nicomachos ihr den Kleinen: »Hier ist er, Königin: Philipps Sohn. Du hast einen prächtigen Jungen zur Welt gebracht.« Damit verließ er ihr Gemach.

Im Korridor wartete ein Reiter der königlichen Garde auf ihn.

»Los, schnell! Reite zum König und richte ihm aus, daß sein Kind geboren ist. Sag ihm, daß es ein hübscher Junge ist und daß er kräftig und gesund ist.«

Der Reiter warf sich den Mantel über die Schultern, hängte seinen Quersack um und stob wie der Blitz davon. »Sag ihm auch, daß die Königin wohlauf ist«, schrie Nicomachos ihm nach, als er fast schon am Ende des Korridors war, aber der Mann wandte nicht einmal den Kopf. Wenig später hörte man aus dem Hof das Wiehern eines Pferdes und dann Hufgetrappel, das sich in den Gassen der schlafenden Stadt verlor.

2

Artemisia holte das weinende Kind aus der Wiege und legte es neben die Königin aufs Bett, die es, auf die Ellbogen gestützt, ausführlich betrachtete.

Es war wirklich wunderhübsch mit seinen zarten, rosigen Bäckchen und dem vollen kleinen Mund. Das hellbraune Haar hatte einen goldenen Schimmer, und genau über der Stirn hatte der Kleine einen niedlichen Wirbel.

Seine Augen kamen ihr blau vor, aber das linke Auge war irgendwie überschattet. Unter bestimmten Lichtverhältnissen wirkte es dunkler als das andere.

Olympias nahm ihn auf, drückte ihn an sich und wiegte ihn sanft, bis er aufhörte zu weinen. Dann entblößte sie ihre Brust, um ihn zu stillen, doch Artemisia fuhr dazwischen: »Dafür ist die Amme da, mein Kind. Verdirb dir nicht deinen schönen Busen! Bald kommt der König zurück, und dann mußt du hübscher und begehrenswerter sein denn je.«

Sie wollte nach dem Kind greifen, aber die Königin wehrte ab, legte sich den Kleinen an die Brust und gab ihm so lange von ihrer Milch zu trinken, bis er friedlich einschlummerte.

Unterdessen ließ der Bote seinem Pferd die Zügel schießen. Er wollte so schnell wie möglich beim König sein. Gegen Mitternacht erreichte er den Fluß Axios, den er auf einer Schiffbrücke überquerte, und noch vor Tagesanbruch war er in Therme. Dort wechselte er nur sein Roß und ritt augenblicklich weiter, quer durch die Halbinsel Chalkidike.

Als er ans Meer kam, ging gerade die Sonne auf. Glutrot spiegelte sie sich auf der glatten Wasseroberfläche des weiten Golfs, der lichterloh zu brennen schien. Auf steilen Wegen erklomm er das Kalauros-Gebirge, unwegsam und karg war hier die Landschaft, und immer wieder klafften gefährliche Felsenschlünde, in deren Tiefen die Meeresgischt brodelte.

Der König belagerte die alte Stadt Poteidaia, die seit fast einem halben Jahrhundert von Athen kontrolliert wurde. Nicht daß Philipp sich unbedingt mit den Athenern anlegen wollte, aber seinem Dafürhalten nach lag die Stadt auf makedonischem Gebiet, und er hatte sich eisern vorgenommen, seine Machtansprüche vom thermäischen Meerbusen bis zum Bosporus geltend zu machen. In diesem Augenblick befand er sich, von seiner Garde umringt, bis an die Zähne bewaffnet und mit Schweiß, Staub und Blut bedeckt in einem Belagerungsturm und bereitete sich auf die entscheidende Attacke vor.

»Männer!« schrie er. »Wer Mut hat, kann es jetzt beweisen! Mein schönstes Pferd dem, der als erstes mit mir die Stadtmauer des Feindes stürmt! Aber wehe, ich sehe auch nur einen im entscheidenden Moment wanken. Ich werde ihn peitschen, bis ihm die Haut in Fetzen herabhängt! Eigenhändig! Das schwöre ich bei Zeus! Verstanden?«

»Verstanden, König!«

»Dann, los!« befahl Philipp und gab ein Zeichen, die Blokkaden der Winden zu lösen. Wuchtig donnerte die Brücke des Turms gegen die Stadtmauer, die sofort nachgab, da von

Sturmböcken bereits einiges an Vorarbeit geleistet worden war. Sein Schwert schwingend und mit wildem Geschrei stürmte der König los. Seine Männer kamen ihm kaum nach, so schnell war er; da sie aber wußten, daß er seine Drohungen noch immer wahr gemacht hatte, stürzten sie ihm alle auf einmal mit klirrenden Schildern hinterher. Wie eine Flutwelle brachen sie über die Verteidiger von Poteidaia herein, die nach der langen Belagerung halb verhungert waren und außerdem total erschöpft von den monatelangen Kämpfen und Nachtwachen. Die Männer aus Philipps Garde fegten sie nur so zur Seite, und wen sie nicht überrannten, holten sie mit wenigen Schwerthieben von den Wehrgängen der Mauer herunter. Wenig später ergoß sich das übrige Heer in die Straßen der Stadt, wo man sich in Häusern und hinter Barrikaden verschanzt hatte. Es kam noch einmal zu erbitterten Kämpfen, aber mit Sonnenuntergang ergab sich Poteidaia und kapitulierte.

Der Bote hatte noch zweimal das Pferd gewechselt, und als er auf den Hügeln über Poteidaia ankam, war es fast Nacht. Rings um die Stadtmauer sah er Lagerfeuer brennen, und er konnte auch das Lärmen der makedonischen Soldaten hören, die ausgelassen den Sieg feierten.

Erfreut gab er seinem Roß die Sporen und hatte in Kürze das Lager erreicht, wo er verlangte, zum Zelt des Königs gebracht zu werden.

»Was willst du?« fragte ihn der wachhabende Offizier, der seinem Akzent nach aus dem Norden kam. »Der König ist beschäftigt. Poteidaia ist gefallen. Er verhandelt mit einer Abordnung der Stadt.«

»Makedonien hat einen Prinzen«, erwiderte der Bote.

Der Offizier reagierte sofort: »Komm mit!«

Philipp saß, von Feldherren umringt, in seinem Zelt; er trug noch immer seine Rüstung. Direkt hinter ihm war sein Statthalter Antipatros, und ringsherum saßen die Gesandten Poteidaias, die allerdings weniger verhandelten, als dem König zuzuhören und sich seine Bedingungen diktieren zu lassen.

Der Offizier wußte, daß Störungen nicht geduldet wurden, aber eine so wichtige Nachricht konnte er unmöglich zurückhalten, das wäre mit Sicherheit noch weniger geduldet worden. Er holte also tief Luft und verkündete dann in einem Atemzug:

»König, Nachrichten aus dem Palast: Du hast einen Sohn!«

Die Gesandten von Poteidaia, blaß und abgemagert wie sie waren, blickten sich ratlos an und erhoben sich von den Schemeln, die man ihnen angeboten hatte. Antipatros stand ebenfalls auf und kreuzte die Arme vor der Brust wie jemand, der auf Order wartet.

Philipp brach mitten im Satz ab: »Ich will von euch ...« und fuhr mit völlig veränderter Stimme fort: »... einen Sohn!«

Die Gesandten von Poteidaia, die immer noch nichts begriffen, sahen sich verzweifelt an, aber Philipp hatte bereits seinen Stuhl nach hinten gestoßen, den Offizier brüsk zur Seite geschoben und sich förmlich auf den Boten gestürzt.

Sein Gesicht wirkte wie gemeißelt im Licht-Schatten-Spiel der Kerzen, die seinen Blick entflammten. »Sag mir, wie er ist«, befahl er dem Boten im selben Ton, in dem er seinen Kriegern befahl, für ihr Vaterland, das glorreiche Makedonien, zu sterben. Der Bote erschrak im ersten Moment, denn wie sollte er diesem Befehl nachkommen, wo er doch selbst kaum etwas wußte. Doch dann nahm er seinen ganzen Mut zusammen, räusperte sich und verkündete mit Stentorstimme:

»Dein Sohn ist hübsch, gesund und kräftig, König!«

»Woher weißt du das? Hast du ihn gesehen?«

»Nein, Herr, wie könnte ich es wagen. Ich habe im Korridor gewartet, wie du mir befohlen hast. Irgendwann ist dann Nicomachos herausgekommen: ›Los, schnell‹, hat er gesagt, ›reit zum König und richt ihm aus, daß sein Kind geboren ist.

Sag ihm, daß es ein hübscher Junge ist und daß er kräftig und gesund ist.‹ Genau das waren seine Worte.«

»Hat er dir auch gesagt, ob er mir ähnelt?«

Der Mann zögerte einen Moment.

»Nein«, erwiderte er dann, »aber ich bin sicher, er tut es.«

Philipp wandte sich Antipatros zu, der ihm entgegenkam, um ihn zu umarmen, und in diesem Moment fiel dem Boten ein, daß Nicomachos ihm ja noch etwas nachgerufen hatte, als er bereits die Treppen hinunterrannte.

»Der Arzt hat auch gesagt . . .«

Philipp drehte sich blitzartig nach ihm um: »Was?«

»Daß die Königin wohlauf ist«, erwiderte der Bote in einem Atemzug.

»Wann war die Geburt?«

»Vorgestern abend kurz nach Sonnenuntergang. Ich bin sofort losgeritten. Unterwegs habe ich weder gegessen noch gerastet, nur aus meiner Feldflasche getrunken. Und abgestiegen bin ich nur, wenn ich das Pferd gewechselt habe. Ich wollte dir so schnell wie möglich die frohe Nachricht überbringen.«

Philipp klopfte ihm anerkennend auf die Schulter.

»Dieser Freund hat mir die schönste aller Nachrichten gebracht. Gebt ihm zu essen und zu trinken, soviel er will. Und gebt ihm ein gutes Bett, damit er sich ausruhen kann.«

Jetzt beglückwünschten auch die Gesandten von Poteidaia den König. Sie hofften, den günstigen Augenblick ausnützen und bei den Verhandlungen noch den einen oder anderen Vorteil für sich herausschlagen zu können, Philipp war ja nun glänzender Laune, aber ihre Hoffnungen wurden schnell enttäuscht. »Nicht jetzt«, sagte der Herrscher und verließ das Zelt.

Er ließ die Befehlshaber sämtlicher Truppeneinheiten zusammenrufen, reichlich Wein herbeischaffen und stieß mit allen an. Dann befahl er ihnen, augenblicklich zum Appell zu blasen. »Ich will mein gesamtes Heer versammelt haben, Fußvolk und Reiterei! Alles in Reih und Glied!«

Wenig später schallten die Trompeten übers Lager, und die Soldaten, von denen viele schon betrunken waren oder sich mit Prostituierten in ihren Zelten vergnügten, rappelten sich auf, legten die Rüstungen an, schnappten sich ihre Lanzen und eilten so schnell es ging zum Exerzierplatz, denn wenn die Trompeten ertönten, war es, als rufe der König selbst sie zusammen.

Philipp stand bereits auf einem Podium, aufrecht inmitten seiner Feldherren, und als die Soldaten in Reih und Glied angetreten waren, schrie der älteste von ihnen, wie es Sitte war: »Warum hast du uns gerufen, König? Was willst du von deinen Soldaten?«

Philipp trat einen Schritt vor. Er hatte seine Paraderüstung aus Eisen und Gold sowie silberne Beinschienen angelegt; darüber trug er einen langen, schneeweißen Umhang.

Die Stille wurde nur vom Schnauben der Pferde unterbrochen und von den Lauten vereinzelter Nachttiere, die die Lagerfeuer anzogen. Die Generäle, die neben dem König standen, konnten sehen, daß er gerötete Wangen und glänzende Augen hatte.

»Makedonier!« schrie er. »Die Königin hat mir daheim, in Pella, einen Sohn geboren. Ich vertraue ihn eurem Schutz an und erkläre in eurer aller Anwesenheit, daß er mein rechtmäßiger Erbe ist. Sein Name ist: ALEXANDER!«

Die Offiziere befahlen den Soldaten, ihre Waffen zu präsentieren. Die Fußsoldaten reckten ihre Sarissen – riesige, zwölf Fuß lange Lanzen – in den Himmel, und die Kavallerie bot einen Wald aus Speeren dar, während die Schlachtrösser mit den Hufen scharrten und nervös an ihren Zügeln zerrten. Dann begannen alle, rhythmisch den Namen des Prinzen zu rufen: *»Aléxandre! Aléxandre! Aléxandre!«*, wobei sie mit ihren Lanzen gegen die Schilder schlugen. So, wie der ohrenbetäubende Waffenlärm und ihr Geschrei emporstiegen zu den Göttern, deren Heimat die Konstellationen am Firmament waren, so sollte auch der Ruhm von Philipps Sohn dort hinaufsteigen.

Nachdem die Heeresversammlung wieder aufgelöst war, kehrte der König mit Antipatros und seinen Feldherren in das Zelt zurück, wo die Gesandtschaft Poteidaias geduldig und resigniert auf ihn wartete. »Ich bedaure nur eins«, gestand er. »Daß Parmenion heute nicht unter uns ist und sich mit mir freuen kann.«

Philipps Feldherr Parmenion war mit seiner Truppe momentan in den illyrischen Bergen stationiert, nicht weit vom Lychnitis-See, um auch in dieser Gegend die Grenzen Makedoniens abzusichern. Später wurde immer wieder behauptet, Philipp habe am selben Tag, an dem er von der Geburt seines Sohnes erfuhr, die Stadt Poteidaia erobert und Nachricht von zwei weiteren Siegen erhalten: von Parmenions Sieg über die Illyrier und vom Sieg seines Vierspänners beim Wagenrennen in Olympia. Dies brachte auch die Wahrsager dazu, dem gleichzeitig mit drei Siegen geborenen Knaben zu prophezeien, er werde unbesiegbar sein.

In Wirklichkeit unterwarf Parmenion die Illyrier erst zu Beginn des Sommers, und die Olympischen Spiele fanden sogar noch später statt. Trotzdem kann nicht bezweifelt werden, daß die Sterne im Geburtsjahr Alexanders denkbar günstig für ihn standen. Alles deutete darauf hin, daß seine Zukunft mehr der eines Gottes als der eines normal Sterblichen gleichen würde.

Die Gesandten von Poteidaia versuchten die Verhandlungen dort wieder aufzunehmen, wo man sie unterbrochen hatte, aber Philipp verwies sie an seinen Statthalter: »Sprecht mit General Antipatros. Er kann mich bestens vertreten.«

»Aber, Herr!« warf Antipatros ein. »Es ist absolut notwendig, daß du als König . . .«

Er war mit seinem Satz noch nicht zu Ende, da hatte Philipp sich bereits den Mantel über die Schultern geworfen und mit einem Pfiff sein Pferd gerufen. Antipatros rannte ihm nach:

»Herr, wir haben Poteidaia monatelang belagert und den Sieg bitter erkämpft. Da kannst du doch nicht ausgerechnet jetzt ...«

»Sicher kann ich!« fiel der König ihm ins Wort, schwang sich auf sein Pferd und gab ihm die Sporen. Antipatros schüttelte den Kopf und wollte gerade ins Zelt zurückkehren, als Philipp ihn noch einmal anrief:

»Antipatros! Hier, nimm!« Mit diesen Worten zog er sich seinen Siegelring vom Finger und warf ihn dem Statthalter zu. »Das wirst du brauchen. Und handle mir einen guten Vertrag aus. Dieser Krieg hat uns verflucht viel gekostet.«

Antipatros fing den Ring mit dem königlichen Siegel auf und sah nachdenklich seinem Herrn nach, der quer durchs Lager davonstob und in Richtung Norden verschwand. Dann wandte er sich ruckartig nach den Männern der Leibgarde um und brüllte: »Was steht ihr da und glotzt? Wollt ihr ihn allein reiten lassen? Ihm nach, Idioten!«

Und während die Männer auf ihre Pferde sprangen und Philipp hinterherjagten, der bereits auf halber Höhe des Berges war, sah Antipatros noch einmal seinen flatternden, weißen Mantel im Mondlicht leuchten, dann hatte ihn die Nacht verschluckt.

Er ging ins Zelt zurück, ließ die Gesandten von Poteidaia, denen die Sache immer seltsamer vorkam, wieder Platz nehmen und fragte sie, indem auch er sich setzte: »Also, wo waren wir stehengeblieben?«

Philipp ritt die ganze Nacht und den ganzen nächsten Tag hindurch und stieg nur ab, um das Pferd zu wechseln oder zusammen mit seinem Tier aus Bächen und Quellen zu trinken.

Lange nach Einbruch der Dämmerung, als die letzten Sonnenstrahlen die schneebedeckten Spitzen des Bermion in der Ferne purpurrot färbten, bot sich ihm der erste Blick auf Pella. Riesige Pferdeherden galoppierten über die Ebene, wie Meereswogen überrollten sie das Land, und auf der stillen Wasseroberfläche des Borboros-Sees ließen sich Tausende von Vögeln zum Schlafen nieder.

Der Abendstern war bereits aufgegangen und strahlte, als wolle er sich mit dem Mond messen, der sich im ruhigen Meer spiegelte. Das war der Stern der Argeaden, des Königsgeschlechts, das seit Herakles über dieses Land herrschte, der unsterbliche Stern, der schönste am Himmel.

Philipp zügelte sein Pferd, um ihn zu betrachten und anzurufen.

»Steh meinem Sohn bei«, bat er aus tiefstem Herzen. »Laß ihn nach mir regieren, und nach ihm seine Kinder und die Kinder seiner Kinder.«

Dann ritt er zum Schloß hinauf, wo er unerwartet, erschöpft und schweißgebadet eintraf. Er wurde von der üblichen Geräuschkulisse empfangen: Im Hof klirrten Waffen, und in den Palastgängen rauschten die Gewänder geschäftig hin und her eilender Frauen.

Als er ins Schlafzimmer kam, saß die Königin auf einem Schemel. Sie trug ein fein plissiertes, ionisches Nachthemd, unter dem sich ihr nackter Körper abzeichnete. Das Zimmer roch nach Pieria-Rosen, und die Amme Artemisia hielt das Kind im Arm.

Zwei Diener schnallten ihm das Schwert ab und lösten die Schulterriemen seines Brustpanzers, damit er den Hautkontakt mit dem Kind spüren konnte. Philipp nahm es der Amme ab und schmiegte es an sich, zwischen Hals und Schlüsselbein. Er fühlte seine weichen Lippen auf der Narbe, die er auf der Schulter hatte, und genoß seine Wärme und den Duft seiner schneeweißen Haut.

Der König schloß die Augen und blieb lange reglos in dem stillen Zimmer stehen. In diesem Moment vergaß er alles: den Lärm des Schlachtfelds, das Geschrei der Soldaten, den donnernden Hufschlag der Pferde. Hingerissen lauschte er dem Atem seines Kindes.

3

Ein Jahr später gebar Olympias eine Tochter, der man den Namen Kleopatra gab. Sie ähnelte ihrer Mutter und war so niedlich, daß die Mägde sie den ganzen Tag umzogen, als wäre sie eine Puppe.

Alexander, der bereits vor drei Monaten das Laufen gelernt hatte, durfte sie erst mehrere Tage nach ihrer Geburt zum erstenmal sehen. Die Amme hatte ihm ein kleines Geschenk für Kleopatra mitgegeben, mit dem er sich vorsichtig der Wiege näherte. Mit weit aufgerissenen Augen und zur Seite geneigtem Kopf betrachtete er das Neugeborene. Eine Magd stellte sich vorsorglich neben ihn; sie fürchtete, er könne der Kleinen aus Eifersucht womöglich etwas antun. Statt dessen nahm er ihr Händchen und drückte es liebevoll, als ahne er, daß ganz besondere Bande ihn mit diesem kleinen Wesen verbanden, das lange Zeit sein einziger Spielgefährte sein sollte.

Kleopatra brabbelte etwas, und Artemisia sagte: »Siehst du? Sie freut sich, dich kennenzulernen. Warum gibst du ihr nicht dein Geschenk?«

Alexander zog einen Metallreifen mit Silberglöckchen hervor und schüttelte ihn vor dem Gesicht der Kleinen, die augenblicklich danach griff. Olympias beobachtete die beiden gerührt. »Wäre es nicht schön, die Zeit anhalten zu können?« dachte sie laut.

Philipp war vor und nach der Geburt seiner Kinder monatelang in blutige Kriege verstrickt. Aus dem Westen drohte nie Gefahr, dort lag das befreundete Epeiros, das von Olympias' Onkel Arybbas regiert wurde, aber im Osten stellten die kriegerischen Stämme der Thraker eine schwere Bedrohung dar. Philipp gelang es, sie in mehreren Feldzügen zu unterwerfen und den makedonischen Machtbereich bis an den Ister auszuweiten. Und während Parmenion mit seinem Sieg über die Illyrier die nördlichen Grenzen des Reichs absicherte, eroberte Philipp fast sämtliche Städte, die die Griechen an seinen Küsten gegründet hatten, wie Amphipolis, Methone und Poteidaia. Neuerdings mischte er sich nun auch in die internen Auseinandersetzungen auf der hellenischen Halbinsel ein.

Parmenion gefiel diese Art von Politik überhaupt nicht, und als im Waffensaal des Palasts wieder einmal der Kriegsrat tagte, ergriff er das Wort:

»Herr, du hast ein mächtiges, kompaktes Reich geschaffen, das die Makedonier mit Stolz erfüllt. Warum willst du dich jetzt in die internen Kriege der Griechen einmischen?«

»Parmenion hat Recht«, schaltete Antipatros sich ein. »Die Griechen sind völlig untereinander zerstritten. Jeder kämpft gegen jeden. Die Verbündeten von gestern führen heute Krieg gegeneinander, und der Verlierer tut sich womöglich mit seinem Erbfeind zusammen, bloß um sich an den anderen zu rächen.«

»Ich weiß«, Philipp nickte. »Aber die Griechen haben viel, was uns fehlt: die Kunst, die Philosophie, die Poesie, das Theater, die Medizin, die Musik, die Architektur und vor allem die Politikwissenschaft, die Kunst des Regierens.«

»Was nützt dir die Wissenschaft?« warf Parmenion ein.

»Du bist ein König. Du brauchst nur zu befehlen, und alles gehorcht dir.«

»Solange ich kann ...«, entgegnete Philipp. »Solange mir keiner ein Messer zwischen die Rippen rammt.«

Parmenion erwiderte nichts. Er wußte nur zu gut, daß noch kein Makedonenkönig in seinem Bett gestorben war. Irgendwann brach Antipatros das Schweigen, das wie ein Mühlstein auf der Versammlung lastete.

»Wenn du unbedingt die Hand in den Rachen des Löwen legen willst, so kann ich dich nicht davon abhalten. Um aber die geringste Hoffnung auf Erfolg zu haben, würde ich dir raten ...«

»Was?«

»In Griechenland gibt es nur eine Macht, die stärker ist als die anderen, eine Stimme, die alle verstummen läßt ...«

»Das Apollon-Heiligtum in Delphi«, sagte der König.

»Genau, oder besser seine Priester und der Tempelrat.«

»Ich weiß«, erwiderte Philipp. »Wer das Heiligtum kontrolliert, regiert die Griechen. Aber ich weiß auch, daß der Tempelrat momentan in Schwierigkeiten ist: Er hat zum Heiligen Krieg gegen die Phoker aufgerufen, weil sie Felder bestellten, die Apollon gehören. Die Phoker haben daraufhin bei Nacht und Nebel den gesamten Tempelschatz geraubt – immense Reichtümer. Und damit heuern sie nun Tausende von Söldnern an. Nur Makedonien könnte diesem Konflikt noch einmal eine Wende geben ...«

»Du hast also beschlossen, in den Krieg einzutreten«, sagte Parmenion.

»Unter einer Bedingung: Wenn ich gewinne, will ich den Sitz und die Stimme der Phoker im Tempelrat und außerdem seinen Vorsitz!«

Antipatros und Parmenion begriffen, daß jede Widerrede zwecklos war: Der König hatte bereits einen ausgeklügelten Plan, und den würde er durchsetzen, koste es, was es wolle.

Es wurde ein langer, harter Krieg, in dem bald der eine, bald der andere einen Sieg oder Verlust davontrug. Alexander war drei Jahre alt, als Philipp seine erste, schwere Niederlage erlitt und zum Rückzug gezwungen war. Feinden, die behaupteten, sie hätten ihn in die Flucht geschlagen, antwortete er: »Ich bin nicht geflohen. Ich bin nur zurückgewichen, um neuen Anlauf zu nehmen. Das nächste Mal werde ich wie ein wild gewordener Bock zustoßen!«

So war Philipp. Ein Mann mit eisernem Willen, überschäumender Vitalität und scharfem Verstand. Nichts konnte ihn umwerfen. Aber Männer wie er werden immer einsamer, denn sie kümmern sich immer weniger um die Menschen, die ihnen am nächsten stehen.

Alexander war etwa sechs Jahre alt, als er anfing zu begreifen, was um ihn herum geschah und wer sein Vater und seine Mutter waren. Er konnte bereits flüssig sprechen und selbst schwierigen und sehr komplexen Gedankengängen folgen.

Wenn er herausbekam, daß sein Vater im Palast war, stahl er sich aus den Gemächern der Königin und schlich zum Versammlungssaal, wo Philipp mit seinen Generälen Rat hielt. Sie kamen ihm alt vor, denn das harte Kriegerleben hatte seine Spuren auf ihren Gesichtern hinterlassen, und doch waren sie kaum über Dreißig, außer Parmenion, der bereits auf die Fünfzig zuging und schon weiße Haare hatte. Wenn Alexander ihn sah, begann er einen Auszählreim herzusagen, den er von Artemisia gelernt hatte:

»Der alte Soldat zieht in den Krieg
fällt in den Dreck, und du bist weg!«

Und dann warf er sich unterm Gelächter aller Anwesenden auf den Boden.

Vor allem jedoch beobachtete er den Vater, sein Verhalten, seine Gesten, wie er die Augen umherschweifen ließ, wie er

Klang und Tonlage seiner Stimme veränderte und mit einem einzigen Blick die kräftigsten und mächtigsten Männer seines Reichs dominierte.

Während der Ratsversammlungen näherte er sich ihm heimlich, Schritt um Schritt, und wenn Philipp so richtig in Fahrt war und feurige Reden schwang, kletterte er ihm rasch auf die Knie, in der Annahme, der Vater merke es im Eifer des Gefechts nicht. Tatsächlich schien Philipp seinen Sohn erst in diesen Momenten wahrzunehmen. Er drückte ihn dann an sich und versuchte, sich nicht aus dem Konzept bringen zu lassen, aber er merkte natürlich, daß seine Feldherren abgelenkt waren, daß sie verstohlen den Jungen betrachteten, daß ihr Gesichtsausdruck weicher wurde und ein Lächeln auf ihre Lippen trat, egal, wie ernst das Thema war, das sie gerade behandelten.

Irgendwann verschwand der Junge dann wieder – so unauffällig, wie er gekommen war. Manchmal zog er sich in sein Zimmer zurück, in der Hoffnung, der Vater würde ihn dort besuchen kommen. Andere Male setzte er sich auf einen der vielen Balkone des Palasts und rührte sich lange nicht vom Fleck, den Blick starr auf den Horizont gerichtet, überwältigt von der Weite des Himmels und der Erde.

Wenn die Mutter ihn in solchen Momenten überraschte, fiel ihr auf, daß der Schatten über seinem linken Auge dunkler wurde, beinahe als senke sich eine geheimnisvolle Nacht über die Seele des kleinen Prinzen.

Waffen faszinierten ihn, und oft schon hatten ihn die Mägde im königlichen Waffensaal überrascht, wie er versuchte, eins von Philipps schweren Schwertern aus der Scheide zu ziehen.

Als Alexander eines Tages entzückt eine riesige Bronzerüstung betrachtete, die seinem Großvater Amyntas III. gehört hatte, spürte er plötzlich Blicke in seinem Rücken. Er drehte sich um und sah einen großen, hageren Mann mit Ziegenbärtchen und lebhaften schwarzen Augen vor sich stehen. Er sagte, er heiße Leonidas und sei sein Lehrer.

»Warum?« fragte der Junge.

Und auf diese erste Frage seines Schülers wußte der Lehrer keine Antwort.

Von jenem Tag an änderte sich Alexanders Leben gründlich. Seine Mutter und seine Schwester sah er immer seltener, den Lehrer dagegen um so öfter. Leonidas begann den Unterricht damit, daß er dem Jungen das Alphabet beibrachte. Schon am nächsten Tag überraschte er ihn dabei, wie er mit einem Stock seinen Namen in die Kaminasche schrieb.

Auch das Lesen und Rechnen lernte Alexander rasch und mühelos, wenn auch ohne sonderliches Interesse. Als Leonidas jedoch dazu überging, ihm Götter- und Heldensagen zu erzählen, Geschichten über die Entstehung der Welt und über die Kämpfe zwischen Riesen und Titanen, merkte er, daß Alexander ihm verzückt und mit leuchtenden Augen lauschte.

Der kleine Junge bewies von Anfang an einen starken Hang zum Mysteriösen und zur Religion. Eines Tages brachte Leonidas ihn zum Apollontempel in der Nähe von Therme und erlaubte ihm, der Statue des Gottes Weihrauch zu opfern. Alexander nahm beide Hände voll und warf gleich so viel von dem wertvollen Pulver in das glühende Räucherfaß, daß sich eine große Rauchwolke bildete.

»Was tust du da?« schimpfte der Lehrer. »Weihrauch kostet ein Vermögen! So verschwenderisch kannst du damit umgehen, wenn du die Länder erobert hast, aus denen er kommt.«

»Und wo liegen diese Länder?« fragte das Kind, dem es seltsam vorkam, mit Opfern sparsam umgehen zu müssen. »Mein Vater und der Gott Apollon sind dicke Freunde, nicht?«

»Gewissermaßen ... Jedenfalls hat dein Vater den Heiligen Krieg gewonnen und ist zum Oberhaupt des Tempelrats von Delphi ernannt worden, wo auch das delphische Orakel ist.«

»Stimmt es, daß das Orakel allen sagt, was sie tun müssen?«

»Nicht ganz«, erwiderte Leonidas, indem er Alexander an der Hand nahm und wieder hinaus ins Freie führte. »Schau, das ist so: Wenn jemand etwas Wichtiges vorhat, fragt er vorher Apollon um Rat; er fragt: ›Soll ich das tun oder besser nicht? Und wenn ich es tue, was passiert dann?‹ So ungefähr. Und Apollon antwortet ihm durch eine Priesterin namens Pythia. Es ist, als spreche er aus ihrem Mund, verstehst du? Aber ihre Antworten sind immer rätselhaft und schwer zu deuten. Deshalb gibt es Priester, die sie den Leuten erklären.«

Alexander drehte sich um und starrte den Gott Apollon an, wie er da auf seinem Sockel stand, steif und reglos, die Lippen zu einem geheimnisvollen Lächeln verzogen, und er verstand, weshalb die Götter Menschen brauchen, um sprechen zu können.

Ein anderes Mal – die Königsfamilie war in die alte makedonische Hauptstadt Aigai gekommen, um an den Gräbern ihrer Vorfahren den Göttern zu opfern, – zeigte Leonidas ihm von einem Turm des Palastes aus den Olymp. Um seinen Gipfel ballten sich Gewitterwolken, aus denen grelle Blitze niederzuckten.

»Siehst du«, versuchte Leonidas ihm zu erklären, »die Götter sind nicht die Statuen, die wir in den Tempeln anbeten. Sie leben dort oben, in einem unsichtbaren Haus, und zwar bis in alle Ewigkeit, weil sie unsterblich sind. Dort sitzen sie auch beim Mahl zusammen, trinken Nektar und ernähren sich von Ambrosia. Und die Blitze schleudert Zeus höchstpersönlich auf die Erde hinunter. Er kann jeden damit treffen, egal, in welcher Ecke der Welt er sich befindet.«

Alexander starrte den mächtigen Berg mit offenem Mund an.

Am nächsten Tag gabelte ihn ein Wächter der königlichen Garde auf einem Weg außerhalb der Stadt auf, wie er schnurstracks auf den Olymp zumarschierte.

»Wo willst du denn hin, Alexander?« fragte er ihn von seinem Pferd herunter.

»Dort hinauf«, erwiderte der Junge und deutete auf den Berg.

Der Offizier hob ihn auf sein Pferd und brachte ihn zu Leonidas zurück, der schreckensbleich war und sich bereits die fürchterlichen Strafen ausgemalt hatte, die ihm gedroht hätten, wenn seinem Schüler etwas zugestoßen wäre.

Philipp ging es in jenem Jahr gesundheitlich ziemlich schlecht. Die strapaziösen Feldzüge und das unregelmäßige Leben, das er führte, wenn er nicht an der Front war, hatten ihre Spuren hinterlassen.

Alexander war froh darüber, denn so war sein Vater öfter daheim, und sie konnten viele Stunden zusammensein. Nicomachos, der königliche Leibarzt, kümmerte sich um den Kranken. Er hatte aus seiner Klinik in Stagyra zwei Assistenten mitgebracht, die ihm dabei halfen, in den Wiesen und Wäldern der umliegenden Berge jene Kräuter und Wurzeln zu sammeln, aus denen er seine Heilmittel herstellte.

Philipp wurde auf strenge Diät gesetzt und durfte so gut wie keinen Wein mehr trinken. Das verdarb ihm derart die Laune, daß sich außer Nicomachos keiner mehr in seine Nähe traute.

Einer der beiden Helfer des Arztes war ein etwa fünfzehnjähriger Junge, der ebenfalls Philipp hieß.

»Schaff mir den Kerl vom Hals«, befahl der König eines Tages. »Ich kann keinen zweiten Philipp um mich herum brauchen. Nein, warte, wir machen es so: Ich ernenne ihn zum Arzt meines Sohnes – unter deiner Aufsicht, versteht sich.«

Nicomachos, der die Grillen des Königs gewohnt war, nickte wortlos.

»Was macht dein Sohn Aristoteles?« fragte ihn der König ein andermal, während er mit angewiderter Miene eine Tasse Löwenzahntee schlürfte.

»Er lebt in Athen und besucht die Akademie Platons«, erwiderte der Arzt. »Angeblich ist er sogar sein bester Schüler.«

»So, so. Und mit welcher Art von Studien beschäftigt er sich?«

»Mein Sohn ist praktisch veranlagt, wie ich. Er beobachtet gern und interessiert sich mehr für die Naturphänomene als für die Welt der reinen Spekulation.«

»Und interessiert er sich auch für Politik?«

»Sicher, aber auch hier weniger für die Politikwissenschaften im eigentlichen Sinne als vielmehr für die unterschiedlichen Erscheinungsformen politischer Organisationen. Er sammelt Verfassungen und vergleicht sie miteinander.«

»Und wie denkt er über die Monarchie?«

»Ich glaube, er gibt keine Werturteile ab. Für ihn ist die Monarchie ganz einfach eine Regierungsform, die für gewisse Gemeinschaften typisch ist; andere Gemeinschaften haben andere Regierungsformen. Schau, Herr, ich glaube, mein Sohn möchte die Welt kennen, wie sie ist . . . keine Regeln darüber aufstellen, wie sie sein sollte.«

Philipp würgte unter dem wachsamen Auge seines Arztes den letzten Schluck Kräutertee hinunter, dann wischte er sich mit einem Zipfel seines Nachthemds den Mund ab und sagte: »Der Junge interessiert mich. Halt mich auf dem laufenden, Nicomachos.«

»Selbstverständlich. Mich interessiert er auch, schließlich ist er mein Sohn.«

Alexander besuchte Nicomachos in dieser Zeit sooft er konnte, denn er war ein freundlicher Mensch, der immer irgendeine Überraschung für ihn hatte, Leonidas dagegen war mürrisch und schrecklich streng.

Eines Tages betrat er das Zimmer des Arztes, während dieser seinem Vater gerade den Rücken abhörte und ihm danach am Handgelenk den Puls maß.

»Was machst du da?« wollte er wissen.

»Ich zähle die Herzschläge deines Vaters.«
»Wie kann ein Herz schlagen?«
»Dank der Lebensenergie.«
»Und wo kommt die her?«
Nicomachos sah dem Jungen in die Augen und erkannte darin unersättlichen Wissensdurst und große Gefühlsintensität. Unter Philipps verwunderten Augen tippte er dem Kleinen an die Stirn und sagte:
»Von da drin.«

4

Philipp war binnen kurzer Zeit völlig genesen und kehrte mit frischem Elan auf die politische Bühne zurück – sehr zur Enttäuschung einiger, die ihn bereits für so gut wie tot gehalten hatten.

Alexander tat es leid, daß sein Vater wieder so viel unterwegs war, aber er freundete sich jetzt immer häufiger mit Jungen seines Alters an – manche waren auch ein wenig älter als er –, bei denen es sich vorwiegend um Söhne makedonischer Adelsfamilien handelte. Daß diese bei Hofe verkehrten und sogar dort lebten, war ausdrücklicher Wunsch des Königs, denn er hoffte, damit die mächtigen Familien des Landes, die Stammes- und Sippenführer an sich binden und das Reich besser zusammenhalten zu können.

Einige der Jungen wurden wie Alexander von Leonidas unterrichtet, so Perdikkas, Lysimachos, Seleukos, Leonnatos und Philotas, ein Sohn des Feldherren Parmenion. Andere, etwas ältere wie Ptolemaios und Krateros waren schon »Pagen« und daher, was Erziehung und Ausbildung betraf, direkt dem König unterstellt.

Leonidas' Liebling war aufgrund seiner exzellenten schulischen Leistungen Seleukos. Obwohl ziemlich klein und von zarter Statur, war der Junge ausgesprochen klug und reif für sein Alter. In Geschichte und Mathematik glänzte er besonders. Er löste die schwierigsten Rechenaufgaben in immer kürzerer Zeit und machte sich einen Spaß daraus, seine Freunde im Wettrechnen zu demütigen.

Seine tiefgründigen schwarzen Augen hatten einen sehr eindringlichen Blick, und die wilde Haarmähne unterstrich seine starke Persönlichkeit. Er war selbstbewußt und unabhängig, aber nicht rebellisch. Während des Unterrichts machte er gerne mit scharfsinnigen Bemerkungen auf sich aufmerksam, doch niemals versuchte er seinem Lehrer oder anderen Vorgesetzten nach dem Mund zu reden oder ihnen zu schmeicheln.

Lysimachos und Leonnatos waren die undiszipliniertesten unter den Jungen. Kein Wunder, denn sie kamen aus dem Landesinnern mit seinen riesigen Wäldern und Wiesen, wo sie die meiste Zeit zu Pferde im Freien verbracht hatten und in völliger Freiheit aufgewachsen waren. In einem Haus leben zu müssen, war für sie, wie in einem Gefängnis eingekerkert zu sein. Lysimachos, der etwas älter war, hatte sich schneller an das neue Leben gewöhnt, aber der siebenjährige Leonnatos mit seinen roten Haaren und den Sommersprossen gebärdete sich wie ein kleiner Wolf. Wenn Leonidas ihn bestrafen wollte, kratzte, biß und trat er ihn. Leonidas hatte natürlich versucht ihn zu zähmen, zuerst, indem er ihn bei Brot und Wasser einsperrte, während die anderen spielten, dann durch ausführlichen Gebrauch seiner Weidenrute. Aber Leonnatos wußte sich zu rächen: Jedesmal, wenn der Lehrer am Ende eines Korridors auftauchte, begann er lauthals ein Spottlied zu singen:

»Ek korí korí koróne!
Ek korí korí koróne!«

»Da kommt die krächz, krächz, Krähe!« Und wenn dann auch noch die anderen, einschließlich Alexander, in den Chor einstimmten, platzte der arme Leonidas fast vor Wut und rannte ihnen mit seiner Rute hinterher.

Kam es zu Raufereien, so wollte Leonidas nie klein beigeben, auch wenn die Kameraden, mit denen er sich balgte, älter und stärker waren als er. So war er immer mit Kratzern und blauen Flecken übersät und konnte sich bei offiziellen Anlässen und Hofzeremonien praktisch nicht blicken lassen – ganz im Gegensatz zu Perdikkas, dem gewissenhaftesten von allen; er fehlte nie, weder im Klassenzimmer noch bei den Leibesübungen oder beim Spielen. Perdikkas war nur ein Jahr älter als Alexander und neben Philotas sein engster Spielkamerad.

»Wenn ich mal groß bin, werde ich Feldherr wie dein Vater«, pflegte er zu Philotas zu sagen.

Was den vierzehnjährigen Ptolemaios betraf, so war er ein bißchen frühreif für sein Alter. Er bekam schon die ersten Pikkel und hatte einen zarten Bartflaum auf der Oberlippe. Mit seiner wilden Löwenmähne und der ungewöhnlich großen Nase sah er etwas komisch aus, und seine Freunde hänselten ihn mit der Bemerkung, er habe sich wohl aus seiner Nase heraus entwickelt. Als Antwort auf diese Beleidigung hob Ptolemaios dann seine Tunika hoch und gab mit einem anderen Körperteil an, das seine Nase an Größe noch bei weitem übertraf.

Von diesen Ausrutschern abgesehen, war er jedoch ein anständiger Junge. Seine Leidenschaft war das Lesen und Schreiben. Eines Tages lud er Alexander in sein Zimmer ein und zeigte ihm seine Bücher, oder besser seine Papyrusrollen. Er hatte mindestens zwanzig davon.

»So viele!« rief der Prinz aus und wollte nach einer greifen.

»Halt!« sagte Ptolemaios. »Papyrus ist sehr empfindlich. Die Blätter sind dünn und brechen leicht; man muß wissen, wie man sie auf- und zurollt. Du kannst die Rollen nur in einem gut durchlüfteten, trockenen Raum aufbewahren, und du mußt überall Mausefallen aufstellen. Papyrus ist nämlich eine Leibspeise der Mäuse, und wenn sie an ihn rankommen, dann gute Nacht! So schnell, wie die dir zwei Bücher der »Ilias« oder eine Tragödie von Sophokles wegfressen, kannst du gar nicht gucken! Warte, ich roll dir mal eine auf«, fügte er dann hinzu und griff nach einer der Papyrusrollen; sie war mit einem roten Kärtchen versehen.

»So, siehst du? Das ist eine Komödie von Aristophanes, die »Lysistrate«, meine Lieblingskomödie. Sie erzählt von den Athenerinnen und Spartanerinnen, die es eines Tages satt hatten, daß ihre Männer ständig im Krieg waren. Wenn sie nämlich Lust hatten mit ihnen . . .« Ptolemaios unterbrach sich und sah den Jungen an, der ihm mit offenem Mund lauschte. »Ach, lassen wir das. Für diese Dinge bist du noch zu jung. Ich erzähl's dir ein andermal, einverstanden?«

»Was ist eine Komödie?« fragte Alexander.

»Sag bloß, du warst noch nie im Theater!«

»Nein, wir Kinder dürfen da nicht hin. Aber ich weiß, daß es wie Geschichtenanhören ist, nur daß die Figuren echte Menschen sind; sie haben Masken vor dem Gesicht und geben sich als Herakles oder Theseus aus . . . manche sogar als Frauen.«

»Na ja, mehr oder weniger«, sagte Ptolemaios. »Erzähl mal: Was bringt Leonidas euch denn so bei?«

»Zusammenzählen, abziehen, die geometrischen Figuren, die Sternbilder am Himmel . . . ich kann schon zwanzig erkennen – den Großen und den Kleinen Bären zum Beispiel. Lesen und schreiben kann ich auch. Ich habe die Fabeln von Äsop gelesen!«

»Das ist Kinderkram«, meinte Ptolemaios abschätzig.

»Außerdem kenne ich alle meine Vorfahren mit Namen . . . von Mamas und von Papas Seite. Ich stamme nämlich von Herakles und von Achilles ab!«

»Aha, und wer waren Herakles und Achilles?«

»Herakles war der stärkste Mann und der größte Held der Welt; er hat die zwölf Arbeiten verrichtet. Soll ich sie dir aufzählen? Der Nemeische Löwe, die Kerynitische Hirschkuh . . . Hirschkuh . . .«, begann der Kleine.

»Schon gut; ich sehe, das kannst du. Wenn du willst, lese ich dir mal eine von den Geschichten vor, die ich hier in meinem Zimmer habe. Die sind noch viel schöner. So, und jetzt geh spielen. Weißt du, daß ein Junge angekommen ist, der genauso alt ist wie du?«

Alexanders Gesicht hellte sich auf:

»Wo ist der?«

»Ich hab ihn im Hof unten Ballspielen gesehen. Er ist ziemlich groß und kräftig.«

Alexander rannte, so schnell er konnte, die Treppen hinunter. Beim Hofportal angekommen, blieb er stehen und beobachtete den neuen Gast, getraute sich aber nicht, ihn anzusprechen. Plötzlich rollte ihm der Ball direkt vor die Füße. Der fremde Junge rannte ihm nach, und da standen sie sich auch schon gegenüber.

»Möchtest du mit mir Ball spielen? Zu zweit macht es mehr Spaß. Ich schieße, und du fängst!«

»Wie heißt du?«

»Hephaistion, und du?«

»Alexander.«

»Also komm, stell dich an die Mauer. Ich schieße als erster, und wenn du den Ball fängst, bekommst du einen Punkt, dann schießt du. Wenn du ihn nicht fängst, darf ich noch mal schießen. Verstanden?«

Alexander nickte, und sie legten los. Bald hallte der ganze Hof von ihrem Geschrei. Erst als sie schweißgebadet und total erschöpft waren, hörten sie auf.

»Wohnst du hier?« fragte Hephaistion, indem er sich auf den Boden setzte.

Alexander ließ sich neben ihm nieder.

»Klar. Der Palast gehört ja mir.«

»Du lügst. Ein kleiner Junge hat nicht so einen großen Palast.«

»Eigentlich gehört er meinem Vater, König Philipp.«

Hephaistion riß die Augen auf.

»Bei Zeus!« entfuhr es ihm.

»Wollen wir Freunde sein?« fragte Alexander.

»Gut, aber dazu müssen wir Pfänder austauschen. Ohne Pfand keine Freundschaft.«

»Was ist das, ein Pfand?«

»Ganz einfach: Ich schenke dir etwas von mir, und du schenkst mir etwas von dir.« Hephaistion wühlte in seinen Taschen und zog einen kleinen weißen Gegenstand heraus.

»Oh, ein Zahn!«

»Ja.« Hephaistion pfiff durch die Lücke, die sein Schneidezahn hinterlassen hatte. »Der ist mir vorgestern nacht rausgefallen, ich hätte ihn fast verschluckt. Da, er gehört dir.«

Alexander nahm den Zahn an sich, aber er war sehr verlegen, weil er kein Gegengeschenk hatte. Während sich Hephaistion mit ausgestreckter Hand vor ihn stellte, stülpte er seine Taschen um und suchte verzweifelt nach irgend etwas.

Schließlich seufzte er tief, schluckte einmal und begann an einem seiner eigenen Zähne zu ziehen; der Zahn wackelte schon seit einigen Tagen, saß aber noch ziemlich fest. Alexander rüttelte heftig daran, es tat höllisch weh, und seine Augen füllten sich mit Tränen, doch er hörte nicht auf, bis er den Zahn in der Hand hatte – und den Mund voller Blut, das er auf den Boden spuckte. Nachdem er das »Pfand« rasch am Brunnen abgespült hatte, überreichte er es Hephaistion.

»So, jetzt sind wir Freunde.«

»Bis in den Tod?« fragte Hephaistion, während er den Zahn einsteckte.

»Bis in den Tod«, bekräftigte Alexander.

Gegen Ende des Sommers kündigte Olympias ihm die Ankunft seines Onkels Alexander aus Epeiros an.

Er wußte, daß er einen Oheim hatte, der genauso hieß wie er und der jüngere Bruder seiner Mutter war; als kleines Kind hatte er ihn auch schon ein paarmal gesehen, aber er erinnerte sich nicht mehr an ihn.

Eines Abends, kurz vor Sonnenuntergang, sah er den Onkel in Begleitung seiner Leibgarde und mehrerer Vormunde in den Hof einreiten. Er war ein bildhübscher Junge von zirka zwölf Jahren mit dunklem Haar und tiefblauen Augen. Zum Zeichen seiner hoheitlichen Würde trug er den Purpurmantel, einen Goldreif im Haar und in der Rechten ein Elfenbeinzepter, denn auch er war König, wenn auch noch sehr jung und über ein Reich, das ausschließlich aus Bergen bestand.

»Schau!« sagte Alexander zu Hephaistion, der neben ihm auf einem Mäuerchen saß und die Beine baumeln ließ. »Das ist mein Onkel Alexander. Er heißt wie ich und ist auch ein König.«

»Wirklich? Und wo?«

»Er ist König der Molosser.«

Die beiden plauderten noch, als von hinten plötzlich Artemisia kam und Alexander hochhob. »Komm! Du mußt dich für den Empfang deines Onkels richten.«

Alexander wollte natürlich viel lieber bei seinem Freund bleiben, er strampelte und schrie, während Artemisia ihn ins Badezimmer seiner Mutter trug, aber irgendwann fügte er sich in sein Schicksal. Die Amme zog ihn aus, wusch ihm das Gesicht, streifte ihm eine Tunika über den Kopf und legte ihm einen goldverbrämten makedonischen Überwurf um die Schultern. Zuletzt band sie ihm ein silbernes Band um den Kopf und stellte ihn auf einen Hocker, um ihn zu bewundern.

»So, kleiner König, und jetzt gehen wir zu deiner Mama«, sagte sie dann und führte ihn ins königliche Vorzimmer, wo Olympias, festlich gekleidet, frisiert und parfümiert, schon auf ihn wartete. Die Königin sah phantastisch aus. Ihre pechschwarzen Augen kontrastierten mit dem feuerroten Haar. Für den feierlichen Empfang hatte sie einen weich fallenden Chiton angelegt, wie sie in Athen Mode waren, und darüber trug sie eine lange blaue Stola, deren Säume mit goldenen Palmen bestickt waren. Der Chiton war an den Schultern mit blauen Bändern gerafft und so tief ausgeschnitten, daß man ihren Brustansatz erkennen konnte. Ein goldgefaßter, taubeneigroßer Bernsteinklunker in Form einer Eichel – ein Hochzeitsgeschenk Philipps – schmückte das verführerische Dekolleté.

Olympias nahm Alexander an der Hand, führte ihn in den Kronsaal und setzte sich auf den Thron neben ihrem Mann, der bereits auf seinen jungen Schwager wartete. Wenig später hielt Alexanders Onkel Einzug. Langsam und feierlich schritt er auf das Königspaar zu und verneigte sich vor beiden, wie es das Protokoll vorschrieb.

Philipp war wie seine Gemahlin mit reichen Gewändern und wertvollem Schmuck angetan. Er liebte den Pomp und wollte seine Gäste beeindrucken, ihnen zeigen, daß er der mächtigste Mann auf der hellenischen Halbinsel und nach dem Perserkönig wahrscheinlich der mächtigste Mann der Welt war. Seine vielen Siege hatten ihn stolz und selbstbewußt gemacht, und am nötigen Gold fehlte es auch nicht, seit er die Minen auf dem Berg Pangaion besetzt hatte und sich daran bereicherte.

Nach dem üblichen Empfangszeremoniell wurde der König in seine Gemächer geführt, damit er sich auf das große Bankett vorbereiten konnte.

Alexander hätte auch gern daran teilgenommen, aber seine Mutter meinte, dafür sei er noch zu klein, er solle lieber mit den Tonsoldaten spielen, die sie von einem Töpfer aus Aloros für ihn hatte anfertigen lassen.

Es wurde ein prächtiges Festmahl. Man tafelte genüßlich, und danach lud Philipp seinen Schwager in ein kleines Privatgemach ein, um mit ihm über Politik zu reden, allerdings nur unter vier Augen, was Olympias – sowohl als Königin von Makedonien als auch als Schwester des Königs von Epeiros – fürchterlich kränkte.

Ihr Bruder, der junge Alexander, war eigentlich nur dem Titel nach König. De facto wurde Epeiros von seinem Onkel Arybbas regiert, der nicht im Traum daran dachte, abzudanken. Nur Philipp mit seinem mächtigen Heer und seinem Gold hätte Alexander zu seinem Thron verhelfen können.

Und Philipp lag tatsächlich einiges daran, dies zu tun: Erstens hätte er damit den Jungen an sich gebunden und zweitens Olympias gebremst, die immer mehr Gefallen an der Macht fand. Sie war sozusagen ihr Steckenpferd geworden, eine Ersatzbefriedigung für den ständig abwesenden Gatten und ihren langweiligen, grauen Alltag.

»Du mußt dich noch ein paar Jahre gedulden«, erklärte Philipp dem jungen König. »Ich möchte zuerst die restlichen Küstenstädte zur Vernunft bringen und den Athenern klarmachen, wer hier der Herr im Hause ist. Nicht, daß ich etwas gegen sie hätte, aber in Makedonien haben sie einfach nichts zu suchen. Außerdem möchte ich die Meerengen zwischen Thrakien und Asien unter meine Kontrolle bringen.«

»Mir soll's recht sein, lieber Schwager«, erwiderte Alexander, der sich sehr geschmeichelt fühlte, weil man ihn mit seinen zwölf Jahren als richtigen Mann und als richtigen König behandelte. »Ich verstehe, daß es für dich im Augenblick wichtigere Dinge gibt als die Berge von Epeiros, aber wenn du mir eines Tages helfen möchtest, so danke ich es dir bis an mein Lebensende.«

Philipp gefiel der Junge, der für sein Alter ungewöhnlich reif und verständig war.

»Warum bleibst du nicht bei uns?« fragte er ihn. »In Epeiros wird deine Lage immer heikler werden, und ich wüßte dich gern in Sicherheit. Deine Schwester, die Königin, würde sich auch freuen, dich in ihrer Nähe zu haben. Wir würden dir natürlich eigene Gemächer zur Verfügung stellen, eine Apanage und was einem Mann von deinem Rang sonst noch so gebührt. Und wenn der Moment gekommen ist, setze ich dich höchstpersönlich auf den Thron deines Vaters.«

Der junge König nahm das Angebot gerne an und blieb im Palast von Pella, bis Philipp seine politischen und militärischen Pläne vollständig in die Tat umgesetzt und Makedonien zum reichsten, mächtigsten und gefürchtetsten Staat Europas gemacht hatte.

Olympias hatte sich an diesem Abend beleidigt in ihre Räume zurückgezogen, wo sie darauf wartete, daß ihr Bruder sie besuchen kam, um ihr von der Unterredung mit Philipp zu berichten. Aus dem angrenzenden Zimmer hörte sie die lauten Stimmen Alexanders und Hephaistions, die mit den Tonsoldaten spielten:

»Du bist tot!«

»Nein, du bist tot!«

Aber allmählich wurde ihr »Schlachtgebrüll« leiser, und schließlich verstummte es ganz, denn wenn der Mond am Himmel aufging, erlosch die Energie der kleinen Krieger meist sehr rasch. Und so war es auch heute.

5

Alexander war sieben Jahre alt, und sein Cousin, der König von Epeiros, zwölf, als Philipp die Stadt Olynthos und das chalkidische Bündnis angriff, welche die große, dreizackförmige Halbinsel im thrakischen Meer beherrschten. Die Athener, die ebenfalls mit der Stadt verbündet waren, versuchten noch mit ihm zu verhandeln, aber er zeigte sich nicht sonderlich entgegenkommend.

»Einer von uns beiden muß raus: ihr aus der Chalkidike oder ich aus Makedonien«, teilte er der eigens aus Athen angereisten Gesandtschaft mit, was selbstverständlich keinerlei Verhandlungsspielraum mehr ließ.

General Antipatros für seinen Teil war der Ansicht, es gebe auch noch andere Gesichtspunkte zu berücksichtigen. Kaum daß die Athener wutentbrannt den Thronsaal verlassen hatten, wandte er sich mit sorgenvoller Miene an den König: »Ich fürchte, diese Ablehnung wird deinen Feinden in Athen Aufwind geben, Herr – besonders Demosthenes.«

»Demosthenes macht mir keine angst«, erwiderte Philipp schulterzuckend.

»Bedenke, daß er ein hervorragender Redner und ein guter Politiker ist. Er hat als einziger deine Strategie durchschaut und begriffen, daß du anstatt von Söldnertruppen ein nationales Heer gebildet hast, das kompakt und äußerst motiviert ist – der Stützpfeiler deines Thrones, wie wir alle wissen. Demosthenes vertritt die Ansicht, daß du damit Athens gefährlichster Feind geworden bist. Das ist klug von ihm, und kluge Gegner soll man achten.«

Philipp wußte im Moment nicht, was er dem entgegenhalten konnte, deshalb sagte er nur: »Wir wollen ihn für alle Fälle im Auge behalten. Laß ihn beobachten, ich will wissen, was er über mich sagt.«

»Zu Befehl, Herr«, erwiderte Antipatros und veranlaßte augenblicklich, daß ihn einer seiner Spitzel in Athen laufend über alles unterrichtete, was Demosthenes unternahm und öffentlich von sich gab.

Wenn die Reden des großen Orators dann eintrafen, war allerdings jedesmal die Hölle los. Als erstes wollte der König nämlich den Titel der Ansprache wissen, und der lautete für gewöhnlich: »Gegen Philipp«.

»Schon wieder?!« brüllte er dann und gebärdete sich wie ein Wahnsinniger. Hatte er gerade Mittag oder Abend gegessen, so stieg ihm derart die Galle hoch, daß sie alle Speisen in seinem Magen vergiftete. Während ein Sekretär ihm die Reden vorlas, lief er wie ein Raubtier im Käfig in seinem Arbeitszimmer auf und ab. Immer wieder unterbrach er ihn und schrie: »Was hat er da gesagt? Wiederhol das auf der Stelle!« Als sei der arme Sekretär an allem schuld . . .

Am meisten ärgerte es den König, daß Demosthenes Makedonien grundsätzlich als einen »barbarischen Staat zweiten Ranges« bezeichnete.

»Barbarisch?« brüllte er und schleuderte zu Boden, was ihm gerade zwischen die Finger kam. »Zweiten Ranges? Dem Kerl werd ich zeigen, wer hier zweiten Ranges ist!«

»Bedenke aber auch, Herr«, versuchte sein Sekretär ihn zu beruhigen, »daß das Volk sehr verhalten auf diese Reden reagiert. Weit mehr als Demosthenes' Großmachtphantasien beschäftigt die Athener das Problem des Großgrundbesitzes und der Landverteilung an die attischen Bauern.«

Auf die leidenschaftlichen Schmähreden gegen Philipp folgten gewöhnlich nicht weniger feurige Plädoyers für Olynthos.

Demosthenes wollte die belagerte Stadt militärisch unterstützen und brauchte dazu die Stimme des Volkes, doch seine Rhetorik nützte ihm nicht viel.

Die Stadt fiel ein Jahr später, und Philipp ließ sie dem Erdboden gleichmachen, um ein Exempel zu statuieren: So wird es allen gehen, die sich mir nicht beugen, wollte er damit demonstrieren.

»Wenigstens hat dieser Dreckskerl jetzt einen Grund, mich einen Barbaren zu nennen!« schrie er, als Antipatros ihm die möglichen Folgen eines so radikalen Vorgehens in Athen und Griechenland zu bedenken gab.

Tatsächlich verschärften sich nach dem Blutbad von Olynthos die Gegensätze auf der hellenischen Halbinsel drastisch. Es gab in ganz Griechenland keine Stadt und kein Dorf mehr, das nicht seine promakedonische und seine antimakedonische Partei gehabt hätte.

Philipp für seinen Teil fühlte sich immer gottähnlicher. Er war überzeugt, sein Ruhm und seine Macht rückten ihn in die Nähe des Zeus. Dabei übersah er gern, daß die kontinuierlichen Kriege und Schlachten, in die er sich nach eigenen Worten »wie ein wilder Widder« hineinstürzte, langsam ihre Spuren an seinem »göttlichen« Körper hinterließen– zumal er sich in den Ruhephasen dazwischen jeder Art von Ausschweifung hingab, bis zum Umfallen trank und nächtelang Orgien feierte.

Die Königin hingegen verschloß sich ihrem Mann immer

mehr und widmete sich statt dessen der Erziehung der Kinder und allerlei religiösen Praktiken. Philipp besuchte ihr Bett nur noch selten, und wenn er es tat, so verlief die Begegnung für beide unbefriedigend. Olympias gab sich kalt und abweisend, und Philipp demütigte es fürchterlich, daß er ihr mit seiner Glut nicht einmal mehr den leisesten Seufzer entlocken konnte.

Vom Charakter her war Olympias mindestens ebenso stark wie ihr Mann und überdies höchst empfindlich, was ihre persönliche Würde betraf. Schon jetzt hatte sie ihren jüngeren Bruder und vor allem Alexander dazu auserkoren, ihr eines Tages das Ansehen und die Macht zurückzugeben, die ihr geziemten und die Philipp in seiner unendlichen Arroganz Tag für Tag schmälerte.

Die Befolgung der offiziellen religiösen Riten war für Olympias eine sinnlose Pflichtübung. Sie war davon überzeugt, daß sich die Götter auf dem Olymp, sofern es sie überhaupt gab, einen Dreck um die Menschen scherten. Nein, die Königin begeisterte sich für andere Kulte, vor allem für den Kult des Dionysos – jener mysteriöse Gott, der völlig vom Menschen Besitz ergriff, sich seines Geistes, seiner Sinne bemächtigte und ihn in einen Strudel erregender Erlebnisse und wilder Gefühle stürzte.

Am Hof wurde gemunkelt, Olympias habe sich heimlich in die dionysischen Mysterien initiieren lassen und an nächtlichen Orgien teilgenommen, auf denen mit schweren Rauschmitteln versetzter Wein getrunken und zur Musik barbarischer Instrumente getanzt wurde, bis man in Trance verfiel oder vor Erschöpfung zusammenbrach.

In den Rauschzuständen kam es ihr vor, als laufe sie mitten in der Nacht durch den Wald. Ihre schönen Gewänder zerrissen und blieben im Gestrüpp hängen, während sie wilden Tieren hinterherjagte und sie schließlich erlegte, um über ihr rohes, noch pulsierendes Fleisch herzufallen. Danach hatte sie das Gefühl, erschöpft auf ein Lager aus duftendem Moos zu sinken. Im Zustand des Wachschlafs sah sie dann die Gottheiten und Wesen des Waldes schüchtern aus ihren Verstecken hervorkommen: die Nymphen, deren Haut grün war wie das Laub der Bäume, und die Satyrn mit ihrem zottigen Fell, halb Mensch, halb Bock; letztere tanzten um die Statue eines riesigen Phallos – des dionysischen Phallos –, den sie mit Efeu und Reben bekränzten und mit Wein begossen. Dann berauschten sie sich selbst am Wein und gaben sich ihren tierischen Orgasmen hin, um im Moment höchster Ekstase mit Dionysos zu verschmelzen und von seinem Geist durchdrungen zu werden.

Andere Satyrn näherten sich mit ihren übergroßen, erregten Phalli ihr, der nackten Olympias, und heizten sich an ihrem Anblick auf . . .

So versenkte sich die Königin an geheimen Orten, die nur Eingeweihten zugänglich waren, in die Tiefen ihrer ursprünglichen, wilden und barbarischen Natur und feierte Riten, in denen die aggressivste, gewalttätigste Seite ihrer Seele und ihres Körpers freigesetzt wurde. Davon abgesehen führte sie jedoch ein ganz normales Leben als Frau, Mutter und Gemahlin, in dem sie völlig aufging – gerade so, als schließe sie jedesmal ein schweres Eisentor hinter sich, das keinerlei Erinnerung an das Erlebte durchsickern ließ.

Nur Alexander erzählte sie manchmal – in der Abgeschiedenheit ihrer Gemächer –, was ein Kind über diese Kulte wissen durfte: von den Abenteuern und Fahrten des Gottes Dionysos, der von einer Prozession efeubekränzter Satyrn und Silene gefolgt bis ins Land der Panther und Tiger gelangt war: nach Indien.

Olympias hatte zweifellos einen starken Einfluß auf die Entwicklung Alexanders, besonders seiner Psyche, aber noch viel prägender war die Ausbildung und Erziehung, die man ihm im Auftrag seines Vaters angedeihen ließ.

Philipp hatte Leonidas angewiesen, seinen Unterricht derart zu gestalten, daß alle Wissensgebiete und Disziplinen darin vertreten waren, und so wurden mit fortschreitendem Lernerfolg nach und nach weitere Lehrer, Ausbilder und Erzieher für Alexander an den Hof berufen.

Sobald der Junge in der Lage war, Homers Epen zu würdigen, begann Leonidas sie ihm vorzulesen, besonders die »Ilias«, denn sie spiegelte vorzüglich den Verhaltens- und Ehrenkodex, der sich für einen Prinzen aus dem Hause der Argeaden ziemte. Auf diese Art und Weise erlangte der alte Meister nicht nur die Aufmerksamkeit, sondern auch die Zuneigung Alexanders und seiner Schulkameraden. Das Spottlied aber hallte trotzdem noch dann und wann durch die Korridore des Palasts:

»Ek korí korí koróne!
Ek korí korí koróne!«

»Da kommt die krächz, krächz, Krähe!«

Auch Hephaistion lauschte zusammen mit Alexander den Versen Homers. Gepackt von den aufregenden Abenteuern, malten sich die beiden Jungen in ihrer Phantasie die Geschichte jenes gigantischen Krieges aus, in den die stärksten Männer und die schönsten Frauen der Welt, ja sogar die Götter verwickelt gewesen waren.

Alexander war sich mittlerweile völlig dessen bewußt, daß er sozusagen im Mittelpunkt eines Universums stand und auf eine ganz bestimmte Rolle vorbereitet wurde.

Die Werte, die man ihm vermittelte, waren Heldenhaftigkeit, Ehre, Opferbereitschaft bis in den Tod, Unempfindlichkeit gegen Schmerzen und die Tugend, immer Wort zu halten. Und daran sollte er sich zeitlebens halten – nicht aus Pflichtgefühl, sondern aus Neigung.

Mit zunehmendem Alter zeigte sich immer deutlicher, was

er von beiden Elternteilen geerbt hatte: vom Vater die instinkthafte Aggressivität, die jähen Zornausbrüche, und von der Mutter die mysteriöse Anziehungskraft, die Wißbegier und den Hang zum Rätselhaften, Unbekannten.

Für Olympias empfand Alexander eine tiefe, fast schon morbide Zuneigung, für den Vater grenzenlose Bewunderung, in die sich jedoch zunehmend Wetteifer mischte, der Wunsch, sich mit ihm zu messen.

Dieser Wunsch wurde immer stärker, ja so stark, daß die laufend eintreffenden Nachrichten von Philipps Siegen ihn mit der Zeit eher betrübten als freuten. Denn wenn sein Vater alles eroberte und ihm gar nichts übrigließ, wie sollte er dann sein Können und seinen Mut unter Beweis stellen? Er war noch zu jung, um zu begreifen, wie groß die Welt war.

Wenn er mit seinen Kameraden in den Klassenraum ging, konnte es vorkommen, daß sie dort einen melancholisch wirkenden Jungen von dreizehn oder vierzehn Jahren antrafen, der bei ihrem Erscheinen jedoch sofort verschwand und nie mit jemandem sprach.

»Wer ist das?« fragte er einmal den Lehrer.

»Das geht dich nichts an«, erwiderte Leonidas und wechselte sofort das Thema.

6

Seit Philipp König war, träumte er davon, Makedonien in die griechische Welt einzugliedern. Dies war sein höchstes Ziel, aber er wußte genau, daß er es nur mit Gewalt erreichen konnte. Deshalb hatte er zunächst alle Energien darauf verwendet, sein Land – ein lockerer Stammesverband von Hirten und Viehzüchtern – in eine moderne Großmacht zu verwandeln. Im Flachland hatte er die Landwirtschaft eingeführt und dafür eigens Fachleute von den Inseln und aus den griechischen Städten in Kleinasien kommen lassen. Außerdem hatte er den Abbau von Edelmetallen aus den Bergwerken des Pangaion so stark angekurbelt, daß dort mittlerweile bis zu tausend Talente Silber und Gold im Jahr gewonnen wurden.

Im Lauf der Zeit war es ihm gelungen, alle Stammesoberhäupter zu beugen und sie durch geschickte Heiratspolitik oder auch mit Gewalt an sich zu binden. Außerdem hatte er ein Heer gebildet, wie man es bis dahin noch nicht erlebt hatte. Es bestand aus einem schwerbewaffneten, unglaublich schlagkräftigen Fußvolk, aus mehreren leichtbewaffneten und daher sehr beweglichen Infanterieabteilungen sowie aus einer Reiterei, die bald in der ganzen Ägäis berühmt und gefürchtet war.

Aber all dies hatte nicht ausgereicht, um als Grieche anerkannt zu werden, und Demosthenes, aber auch viele andere Oratoren und Politiker in Athen, Korinth, Megara und Sikyon, fuhren fort, ihn »Philipp den Barbaren« zu nennen.

Sie machten sich über die Aussprache der Makedonen lustig, die geprägt war von den unzivilisierten Völkerhorden aus dem Norden, und über ihre exzessiven Eß- und Trinkgewohnheiten – ganz zu schweigen von den Orgien, in die ihre Bankette regelmäßig ausarteten. Außerdem betrachteten sie einen Staat, dessen oberstes Prinzip immer noch die Blutsbande und nicht das Bürgerrecht waren und der obendrein von einem allmächtigen König beherrscht wurde, der selbst das Gesetz mißachten konnte, als barbarisch.

Philipp erreichte sein Ziel, als es ihm endlich gelang, die Phoker im Heiligen Krieg zu unterwerfen und ihren Ausschluß aus dem Tempelrat, dem sogenannten Amphiktionenrat, zu erwirken – der vornehmsten und angesehensten Institution in ganz Griechenland. Die zwei Stimmen der Phoker im Rat wurden nun auf ihn, den Makedonenkönig, übertragen. Überdies bekam er das höchst ehrenvolle Amt des Präsidenten der Pythischen Spiele zugesprochen, die fast so bedeutend waren wie die Olympiade. Für Philipp war es die Krönung und der Abschluß von zehn Jahren härtester, aber stets zielgerichteter Anstrengungen. Er hatte so lange dafür gekämpft, wie sein Sohn auf der Welt war – Alexander wurde damals zehn.

Im selben Jahr hielt auch der berühmte Athener Orator Isokrates eine Lobrede auf Philipp. Er erkor den Makedonen zum Beschützer Griechenlands, denn er sah in ihm den einzigen, der es fertigbringen konnte, »die Barbaren im Osten« zu unterwerfen, und mit den Barbaren meinte er die Perser, die seit über hundert Jahren die Zivilisation der Hellenen und ihre Freiheit bedrohten.

Alexander erfuhr all diese Nachrichten von seinen Lehrern, und sie wühlten ihn zutiefst auf. Einerseits fühlte er sich schon erwachsen genug, um seine Rolle in der Geschichte des Landes zu übernehmen, andererseits wußte er, daß er dazu, objektiv betrachtet, noch zu klein war.

Sein Vater widmete ihm jetzt immer mehr Zeit, fast als betrachte er ihn bereits als Mann, aber in seine kühnsten Pläne weihte er ihn noch nicht ein. Philipps oberstes Ziel war es nämlich nicht, die griechischen Staaten der Halbinsel zu beherrschen – das war nur ein Mittel zum Zweck. In Wirklichkeit schaute er viel weiter, übers Meer, in Richtung der grenzenlosen Territorien Innerasiens.

Wenn er nicht auf Feldzug, sondern in Pella war, nahm er Alexander nach dem Abendessen manchmal mit sich auf den höchsten Turm des Palasts hinauf und deutete in die Ferne, nach Osten, wo sich der Mond aus den Wellen der Ägäis erhob.

»Weißt du, was dort liegt, Alexander?«

»Asien, Papa«, antwortete der Junge. »Das Land, in dem die Sonne aufgeht.«

»Und weißt du, wie groß Asien ist?«

»Mein Geographielehrer Kratippos sagt, es ist größer als zehntausend Stadien.«

»Das stimmt nicht, mein Sohn. Asien ist noch hundertmal größer als das. Als wir einmal am Ister gekämpft haben, ist mir ein skythischer Krieger vorgeführt worden, der makedonisch sprach. Er hat mir erzählt, daß sich jenseits des Flusses eine riesige Ebene ausbreitet, so groß wie ein Meer, und dahinter ein Gebirge, so hoch, daß seine Gipfel den Himmel berühren. Es gebe auch Wüsten, für deren Durchquerung man Monate brauche, und Berge, die über und über mit Edelsteinen gepflastert seien: mit Lapislazuli, Rubinen und Karneolen. In den Ebenen sollen Herden aus Hunderten von Pferden herumgaloppieren, feurig, unermüdlich; dieser skythische Krieger meinte, sie können tagelang ohne Pause durchreiten. ›Es gibt Regionen‹, erzählte er mir, ›die völlig mit Eis zugedeckt sind und sechs Monate im Jahr keinen Sonnenstrahl sehen, und dann wieder andere, die das ganze Jahr über von der Sonne versengt werden; kein Grashalm wächst dort, die Schlangen sind alle giftig, und vom Stich eines Skorpions stirbt man.‹ Das ist Asien, mein Sohn.«

Alexander schaute ihn an, sah seine Augen vor Begeisterung glühen und verstand, was seinem Vater in der Seele brannte.

Etwa ein Jahr nach diesem Gespräch kam Philipp eines Tages unangemeldet in sein Zimmer und sagte: »Zieh dich an, aber nur eine trakische Hose und einen Überwurf aus grober Wolle, keine Abzeichen, keinerlei Schmuck. Wir machen einen Ausflug.«

»Wohin?« wollte Alexander wissen.

»Ich möchte dir was zeigen, Wir werden mehrere Tage unterwegs sein. Die Pferde und Proviant habe ich schon richten lassen.«

Alexander stellte keine weiteren Fragen, zog sich an, wie der Vater ihm geheißen, verabschiedete sich kurz von seiner Mutter und stürmte in den Hof hinunter, wo schon eine kleine Eskorte der königlichen Leibwache und zwei Pferde warteten.

Philipp saß bereits im Sattel, und nachdem auch Alexander sich auf seinen Rappen geschwungen hatte, setzte sich der kleine Trupp in Bewegung.

Sie ritten mehrere Tage lang gen Osten, zuerst am Meer entlang, dann durchs Landesinnere, und dann wieder am Meer entlang, dabei kamen sie durch Therme, Apollonia und Amphipolis. Für die Nacht stiegen sie in kleinen Landgasthöfen ab, wo man ihnen die traditionellen makedonischen Gerichte servierte: geröstetes Ziegenfleisch und Wild, alten Schafskäse und in der Kaminasche gebackenes Brot.

Nachdem sie Amphipolis hinter sich gelassen hatten, schlugen sie einen steilen Bergpfad ein, der sie weit emporführte. Irgendwann bot sich ihnen, völlig überraschend, der Ausblick auf eine trostlose Landschaft: ein riesiger, vollständig abgeholzter Berghang, der mit Baumstümpfen und verkohlten Ästen übersät war. An verschiedenen Stellen hatte man Höhlen in ihn gegraben, neben deren Eingängen sich – gigantischen Ameisenhäufen gleich – das Aushubmaterial türmte.

Nun begann es auch noch leicht zu nieseln, was die ganze Atmosphäre noch trister machte. Die Reiter zogen sich die Kapuzen ihrer Mäntel über den Kopf und ließen ihre Pferde im Trott gehen. Bald verzweigte sich der Hauptweg in ein Labyrinth von Pfaden, auf denen ein Heer von ausgehungerten Lumpengestalten, Männer mit faltigen, rußverschmierten Gesichtern, schwere Tragekörbe voller Steine herumschleppte.

Im Hintergrund stiegen dicke, schwarze Rauchsäulen in den Himmel; die Luft war voll von ihrem Ruß, so daß einem das Atmen schwerfiel.

»Halte dir deinen Mantel vor den Mund«, befahl Philipp seinem Sohn, ohne noch etwas hinzuzufügen.

Eine seltsame Stille lastete auf der Gegend, man hörte nicht einmal das Scharren der vielen Füße, denn der Regen hatte den Staub in Matsch verwandelt, der die Schritte dämpfte.

Alexander sah sich sprachlos um. So hatte er sich den Hades vorgestellt, das Reich der Toten. Er mußte an die Verse Homers denken:

»Da befinden sich Volk und Stadt der kimmerischen Männer,
Eingehüllt in Wolke und Dunst, und es blickt da niemals
Helios nieder auf sie, der leuchtende, mit seinen Strahlen,
Weder wenn aufwärts er zum gestirnten Himmel emporsteigt,

Noch wenn er wieder zur Erde herab vom Himmel sich wendet,
Sondern schreckliche Nacht liegt über den elenden Menschen.«

Dann wurde die Stille plötzlich von einem dumpfen, rhythmischen Geräusch unterbrochen, das sich anhörte, als schlage ein Zyklop mit der Faust auf den Rücken des malträtierten Berges. Alexander gab seinem Pferd die Sporen, denn er wollte wissen, woher das Geräusch kam; es war mittlerweile zu einem Dröhnen angeschwollen, das die Erde wie unter fürchterlichen Donnerschlägen erzittern ließ.

Nachdem er um einen Felsvorsprung gebogen war, sah er, wo all die Pfade und Wege zusammenliefen: vor einer gigantischen Maschine nämlich, einer Art Turm aus mächtigen Balken. Ganz oben war die Rolle oder Trommel eines Seilrollenaufzugs angebracht. An einem Ende des dicken Taus hing ein kolossaler Eisenhammer, das andere war um eine Seilwinde geschlungen, die von Hunderten dieser elenden Jammergestalten bedient wurde; sie zogen nach Leibeskräften an dem Seil und hievten damit im Innern des Turms den schweren Hammer in die Höhe. Wenn er am höchsten Punkt angelangt war, zog einer der Aufseher den Bremszapfen der Trommelrolle heraus, so daß sie sich rückwärts zu drehen begann, gezogen von dem ungeheueren Gewicht des Hammers, der nun mit höllischer Geschwindigkeit herniedersauste und die am Boden liegenden Steine zertrümmerte, die ununterbrochen herangeschleppt wurden.

Danach sammelten die Männer die Gesteinsbruchstücke ein und brachten sie in ihren Tragekörben zu einem weiten Platz, wo andere Männer sie in riesigen Mörsern zerstießen, um hernach in einem Bach, der über mehrere Rutschen und Rampen geleitet wurde, die Goldklumpen und den Goldstaub auszuwaschen.

»Das sind die Minen des Pangaion«, sagte Philipp. »Mit diesem Gold habe ich unser Heer bewaffnet und ausgerüstet, unsere Paläste gebaut und Makedonien zu einem mächtigen Land gemacht.«

»Warum hast du mich hierhergebracht?« fragte Alexander zutiefst erschüttert. Noch während er sprach, brach direkt vor seinen Augen einer der Steinträger zusammen. Ein Aufseher ging zu ihm, überzeugte sich kurz davon, daß er tot war, und winkte zwei Minenarbeiter herbei, die den Toten an den Beinen fortschleiften.

»Warum hast du mich hierhergebracht?« fragte Alexander noch einmal, und Philipp merkte, daß sich der bleierne Himmel in seinen Augen spiegelte.

»Das Schlimmste hast du noch gar nicht gesehen«, antwortete er. »Getraust du dir, unter Tag zu gehen?«

»Ich habe vor nichts Angst«, entgegnete der Junge.

»Gut. Dann folge mir.«

Der König stieg von seinem Pferd ab und ging zu Fuß auf eine der Höhlen zu. Der Aufseher, der ihren Eingang bewachte und ihnen drohend entgegengetreten war, steckte schnell seine Peitsche weg, als er den Goldstern des Argeaden auf Philipps Brust erkannte.

Auf ein Nicken des Königs entzündete der Mann eine Laterne und führte sie in den Minenschacht hinein. Alexander ging hinter seinem Vater. Schon nach wenigen Schritten wehte sie ein derart übler Gestank nach Schweiß, Urin und menschlichen Exkrementen an, daß Alexander glaubte, ersticken zu müssen. Man mußte mit eingezogenem Kopf, manchmal sogar gebückt durch einen schmalen Gang gehen, in dem man es überall hämmern, ächzen, husten und röcheln hörte.

Ab und zu blieb der Aufseher neben einer Gruppe von Männern stehen, die mit Hacken das Gestein schürften, oder leuchtete mit seiner Laterne in einen Seitentunnel, an dessen Ende man im Schein flackernder Öllampen bis aufs

Skelett abgemagerte Rücken und knochige Arme erkennen konnte.

Manchmal hoben die Minenarbeiter beim Klang ihrer Schritte und Stimmen den Kopf, und Alexander erblickte ausgemergelte Gesichter, die zu Masken des Grauens verzerrt waren – des Grauens vor dem Leben.

Ein Stück weiter hinten sahen sie am Ende eines dieser Tunnel einen Leichnam liegen.

»Viele bringen sich um«, erklärte der Aufseher, »werfen sich auf ihre Spitzhacke oder stoßen sich den Meißel in die Brust.«

Philipp drehte sich nach Alexander um und sah ihn an. Er war stumm und scheinbar teilnahmslos, aber über seine Augen hatte sich der Schatten des Todes gelegt.

Sie verließen das Bergwerk auf der gegenüberliegenden Seite durch eine schmale Luke, vor der bereits ihre Pferde und die Leibwächter auf sie warteten.

Alexander starrte seinen Vater an. »Was haben diese Männer verschuldet?« fragte er kreidebleich.

»Nichts«, erwiderte der König. »Außer geboren worden zu sein.«

7

Sie stiegen wieder auf ihre Pferde und ließen sie im Trott den Berg hinuntergehen.

Es regnete. Alexander ritt schweigend neben seinem Vater her.

»Ich wollte dir zeigen, daß alles seinen Preis hat. Unsere Größe, unsere Eroberungen, unsere Paläste, unsere Kleider . . . all das muß bezahlt werden, mitunter sehr teuer.«

»Aber warum gerade von diesen Männern?«

»Dafür gibt es keinen Grund, Alexander, das ist ihr Schicksal. Schon bei ihrer Geburt stand fest, wie, wo und unter welchen Umständen sie sterben würden. Auch dir und mir ist von Anfang an ein Schicksal mitgegeben, das uns bis zu unserem letzten Atemzug verborgen bleibt.

Der Mensch ist das einzige Lebewesen, das sich beinahe bis zu den Göttern emporschwingen kann. Er kann aber auch so tief sinken, daß er zur Bestie wird. Die Wohnung der Götter, den Olymp, kennst du. Und du weißt, wie es sich in einem Königspalast lebt. Aber du mußtest auch die Schattenseiten des Lebens kennenlernen. Unter diesen Unglückseligen sind vielleicht Männer, die früher einmal Stammesoberhäupter oder Adlige waren und vom Schicksal über Nacht ins Elend gestürzt wurden – wie es jedem von uns passieren könnte.«

»Warum dann nicht großmütig sein, solange es uns noch gutgeht?«

»Genau das wollte ich von dir hören, Alexander. Du mußt großmütig sein, wann immer es dir möglich ist, aber denk daran: Was du auch tust, den Lauf der Dinge kannst du niemals ändern.«

In diesem Augenblick sah Alexander ein kleines Mädchen mit zwei schweren Körben den Berg heraufkommen. Die Körbe waren mit Bohnen und Kichererbsen gefüllt – Lebensmittel für die Aufseher.

Der junge Prinz sprang vom Pferd und stellte sich vor das Kind. Die Kleine war mager, barfuß und hatte schmutzige Haare und große schwarze Augen, die sehr traurig schauten.

»Wie heißt du?« fragte er sie, bekam jedoch keine Antwort.

»Vermutlich kann sie gar nicht sprechen«, meinte Philipp.

Alexander sah zu ihm hinauf und sagte: »Ich kann ihr Leben ändern. Ich will es ändern!«

Philipp nickte. »Ja, das kannst du. Aber die Welt änderst du dadurch nicht. Niemals.«

Alexander ließ die Kleine hinter sich aufs Pferd sitzen und bedeckte sie mit seinem Umhang.

Gegen Abend kamen sie wieder nach Amphipolis, wo sie bei einem Freund des Königs einkehrten. Alexander befahl, das Mädchen waschen und neu einkleiden zu lassen. Später sah er ihr beim Essen zu und versuchte erneut, mit ihr zu sprechen, aber sie antwortete einsilbig und völlig unverständliches Zeug.

»Das ist bestimmt irgendeine Barbarensprache, die sie da spricht«, meinte sein Vater. »Wenn du dich mit ihr unterhalten möchtest, mußt du warten, bis sie makedonisch kann.«

»Dann warte ich«, erwiderte Alexander.

Am nächsten Tag war das Wetter schöner, so daß sie sich auf

den Heimritt machen konnten. Sie überquerten erneut die Schiffbrücke, die über den Strymon führte, wandten sich in Bromiskos jedoch gen Süden, der Halbinsel zu, auf deren Spitze der Berg Athos liegt. Mit Sonnenuntergang gelangten sie an einen Punkt, von dem aus man einen riesigen Graben sehen konnte, einen Graben, der buchstäblich die ganze Halbinsel quer durchschnitt. Alexander zügelte seinen Rappen und starrte verwundert auf das gewaltige Werk hinunter.

»Da staunst du, nicht?« sagte sein Vater. »Diesen Graben hat vor beinahe einhunderfünfzig Jahren der Perserkönig Xerxes ausheben lassen, um seine Flotte hier durchschleusen zu können – er wollte verhindern, daß die Schiffe womöglich an den Klippen des Athos zerschellten. Zehntausend Männer haben Tag und Nacht daran gearbeitet. Davor hatte der Großkönig schon eine Schiffbrücke über den Bosporus legen lassen und Asien und Europa damit verbunden.

In wenigen Tagen besucht uns ein Botschafter des heutigen Großkönigs. Ich wollte, daß du dir vorher eine Vorstellung von der Macht des Reiches machen kannst, mit dem wir da verhandeln.«

Alexander nickte und betrachtete das kolossale Werk, ohne ein Wort zu sagen. Als er merkte, daß sein Vater bereits weitergeritten war, gab er seinem Pferd die Sporen und preschte ihm nach.

»Ich möchte dich was fragen«, sagte er, als er ihn eingeholt hatte.

»Sprich.«

»In Pella gibt es einen Jungen . . . er geht auch in Leonidas' Unterricht, aber nie mit uns zusammen. Wenn ich ihn treffe, weicht er mir aus, und er wirkt immer traurig. Leonidas hat mir nie erklären wollen, wer er ist, aber ich bin mir sicher, du weißt es.«

»Ja, das ist dein Vetter Amyntas«, erwiderte Philipp, ohne den Kopf zu wenden. »Der Sohn meines Bruders, der im

Kampf gegen die Thessaler gefallen ist. Vor deiner Geburt war *er* der rechtmäßige Thronfolger; ich habe ihn als Regent vertreten.«

»Willst du damit sagen, daß eigentlich dieser Amyntas König von Makedonien sein müßte?«

»Der Thron gehört dem, der ihn verteidigen kann. Vergiß das nie«, erwiderte Philipp, und nach kurzem Schweigen fuhr er fort: »Jetzt verstehst du auch, warum in unserem Land noch jeder, der an die Macht gekommen ist, sämtliche Rivalen oder möglichen Rivalen umgebracht hat.«

»Amyntas hast du leben lassen.«

»Weil er mein Neffe ist. Außerdem stellte er nicht die geringste Gefahr für mich dar.«

»Dann warst du also ... großmütig.«

»Wenn du so willst.«

»Vater?«

Philipp wandte den Kopf: Wenn Alexander ihn »Vater« nannte, war er entweder wütend auf ihn oder wollte eine sehr ernste Frage stellen.

»Und wenn du in einer Schlacht fällst? Wer bekommt dann den Thron, Amyntas oder ich?«

»Derjenige, der seiner würdig ist.«

Der Junge fragte nicht mehr, aber diese Antwort grub sich ihm tief in die Seele ein. Er sollte sie nie wieder vergessen.

Drei Tage später kehrten sie nach Pella zurück, und Alexander übergab das kleine Mädchen, das er dem Grauen des Pangaion entrissen hatte, der Obhut Artemisias.

»Dieses Mädchen wird von jetzt ab mir unterstehen und dienen«, verkündete er mit kindlichem Ernst. »Und du wirst ihr alles beibringen, was sie dafür wissen muß.«

»Hat sie denn wenigstens einen Namen?« fragte Artemisia.

»Keine Ahnung. Nennen wir sie Leptine!«

»Schöner Name für ein Mädchen.«

An diesem Tag traf die Nachricht ein, daß Nicomachos in

hohem Alter gestorben war. Der König war sehr betrübt darüber, denn Nicomachos war ein hervorragender Arzt gewesen und hatte außerdem Alexander zur Welt gebracht.

Seine Praxis wurde trotzdem nicht geschlossen, und das, obwohl sein Sohn, Aristoteles, einen ganz anderen Weg eingeschlagen hatte. Er hielt sich derzeit in Asien, in der Stadt Artaneon, auf, wo er nach dem Tod seines Lehrers Platon eine neue Philosophenschule gegründet hatte.

Statt seiner führte Nicomachos' junger Assistent Philipp, der mittlerweilen viel von seinem Meister gelernt hatte, die Arztpraxis weiter.

Wie Alexander selbst waren auch die Jungen, die mit ihm am Königshof aufwuchsen, unterdessen recht groß geworden – an Körper, Geist und Seele gereift, wie es so schön heißt. Mit den Gleichaltrigen wie Hephaistion, der nicht von seiner Seite wich, oder Perdikkas und Seleukos war er zu einer verschworenen Gruppe zusammengewachsen, die vom Studium bis zur Freizeit alles gemeinsam unternahm. Lysimachos und Leonnatos hatten sich mit der Zeit an das Leben in der Gemeinschaft gewöhnt und reagierten ihre überschüssigen Energien in den Leibesübungen, im Ringen und Reiten ab.

Besonders Leonnatos war ein begeisterter Ringkämpfer, weshalb er ständig mit Kratzern und blauen Flecken übersät und bei kaum einem Hofzeremoniell vorzeigbar war. Die beiden ältesten, Ptolemaios und Krateros, waren schon junge Männer und wurden für die Kavallerie ausgebildet.

Zu jener Zeit stieß zu der Freundesgruppe auch ein Grieche namens Eumenes. Er arbeitete als Gehilfe in der königlichen Kanzlei und wurde seiner Intelligenz und Klugheit wegen sehr geschätzt. Auf Philipps ausdrücklichen Wunsch hatte Leonidas den Jungen in seinen Unterricht aufgenommen und ihm ein Bett im Schlafsaal zugewiesen. Dort wurde er allerdings sofort von Leonnatos herausgefordert:

»Wenn du hier einen Platz willst, mußt du ihn dir erkämpfen«, erklärte er, indem er seinen Chiton auszog und sich mit nacktem Oberkörper vor Eumenes aufbaute.

Dieser würdigte ihn keines Blickes. »Fällt mir im Traum nicht ein«, sagte er und begann seelenruhig seine Kleider in der Truhe am Fußende seines Bettes zu verstauen.

»Hab ich's euch nicht gleich gesagt?« höhnte Lysimachos. »Dieser Grieche ist ein Schlappschwanz!« Es folgte allgemeines Gelächter, in das auch Alexander einstimmte.

Nun rempelte Leonnatos den Jungen sogar an, und zwar so fest, daß er das Gleichgewicht verlor und stürzte. »Was ist, willst du dich schlagen oder nicht?«

Eumenes stand mit ärgerlicher Miene auf, strich seine Kleider glatt und sagte: »Augenblick, ich komme sofort zurück.« Die andern Jungs sahen ihm verdattert nach, wie er das Zimmer verließ.

Draußen auf dem Korridor ging Eumenes schnurstracks auf einen der wachhabenden Soldaten zu, einen bärenstarken Thraker, drückte ihm ein paar Münzen in die Hand und sagte: »Komm mit, ich habe Arbeit für dich.« Dann führte er ihn in den Schlafsaal der Jungs. »Siehst du den dort, mit den roten Haaren und den Sommersprossen?« Der Riese nickte. »Gut. Den schlägst du mir jetzt windelweich!«

Er hatte noch nicht ausgesprochen, als Leonnatos auch schon zwischen den Beinen des Thrakers durchgeschlüpft war wie Odysseus zwischen den Beinen des Polyphem und die Treppe hinunter davonsauste.

»Hat sonst noch wer was anzumelden?« fragte Eumenes, während er weiter seine Kleider einräumte.

»Ja, ich«, erwiderte Alexander.

Eumenes hielt inne und drehte sich nach ihm um. »Ich höre«, sagte er in respektvollem Ton. »Du bist der Hausherr. Aber von diesen Pimpfen soll mich noch mal einer Schlappschwanz nennen ...«

Alexander brach in schallendes Gelächter aus: »Willkommen bei uns, Herr Generalsekretär!«

Ab diesem Moment gehörte Eumenes fest zur Gruppe und war Hauptinitiator von allerlei Schabernack und Streichen, die sie bald diesem, bald jenem spielten, vor allem aber ihrem alten Lehrer Leonidas, der nach wie vor ihr Unterrichtsprogramm streng überwachte. Wenn sie nicht eifrig genug lernten, setzte es Peitschenhiebe, und die Jungen rächten sich, indem sie ihm Eidechsen ins Bett und lebende Frösche in die Linsensuppe schmuggelten.

Eines Abends teilte Leonidas ihnen feierlich mit, daß der König am nächsten Tag eine persische Gesandschaft empfangen würde und daß er, Leonidas, aufgrund seiner Kenntnisse über das Perserreich und die dort herrschenden Gebräuche Mitglied des diplomatischen Empfangskomitees sein würde. Die größeren unter ihnen seien zum Dienst in der königlichen Ehrengarde eingeteilt und hätten zu diesem Zweck ihre Paraderüstungen anzulegen; ähnliches galt für die Kleineren einschließlich Alexander.

Natürlich versetzte diese Nachricht die Jungen in höchste Aufregung: Keiner von ihnen hatte je einen Perser zu Gesicht bekommen, und alles, was sie über Persien wußten, hatten sie bei Herodot, Ktesias oder in Xenophons berühmtem Tagebuch über den »Rückzug der Zehntausend«, der »Anabasis«, gelesen. So machten sich alle sogleich daran, ihre Festkleider zu richten und ihre Rüstungen auf Hochglanz zu polieren.

»Mein Vater hat einen gekannt, der in der Schlacht von Kunaxa dabei war«, erzählte Hephaistion, »einen von den zehntausend Söldnern. Der hat die Perser kennengelernt, das kann ich euch sagen!«

»Eine Million Mann, stellt euch das mal vor!« fuhr Seleukos dazwischen und spreizte alle zehn Finger vor dem Gesicht, um die furchterregende Front der persischen Krieger zu veranschaulichen.

»Und erst ihre Sichelwagen!« warf Lysimachos ein. »Die mit den Klingen an Radnaben und Deichselspitze! Die fegen wie der Wind über die persischen Hochebenen, und ihre Feinde mähen sie um, als wären es Grashalme.«

»Klapperkästen, die mehr Lärm als sonstwas machen«, meinte Alexander, der bis dahin schweigend zugehört hatte. »Das schreibt auch Xenophon in seinem Tagebuch. Aber übermorgen werden wir ja sehen, wie die Perser mit ihren Waffen umgehen. Mein Vater hat zu Ehren der Gäste eine Löwenjagd ausgerufen.«

»Und da dürfen die Kinder auch mit?« spöttelte Ptolemaios.

Alexander baute sich drohend vor ihm auf. »Ich bin dreizehn Jahre alt und habe vor nichts und niemandem Angst! Wenn du das noch mal sagst, schlag ich dir sämtliche Zähne aus!«

Ptolemaios ließ es gut sein, und auch die anderen Jungen hörten auf zu lachen. Sie hatten gelernt, Alexander nicht unnötig zu provozieren, denn wenn er wütend war, konnte er, obwohl weder größer noch stärker als sie, ungeahnte Kräfte entwickeln und blitzschnell zuschlagen.

»Wollen wir um unser Taschengeld würfeln?« fragte Eumenes in die Runde, und damit war die Sache beigelegt. Übrigens wanderte der Gewinn in solchen Fällen meist in seine Tasche, denn der Grieche war ein ebenso leidenschaftlicher wie gewiefter Spieler.

Alexanders Zorn war also schnell verraucht. Trotzdem spielte er diesmal nicht mit, denn er wollte vor dem Zubettgehen noch kurz bei seiner Mutter vorbeischauen. Olympias führte schon seit längerem ein sehr zurückgezogenes Leben, obwohl sie als Mutter des Thronfolgers noch immer großen Einfluß am Hofe hatte. Ihren Ehemann Philipp sah sie fast nur noch bei offiziellen Anlässen.

Der König hatte in der Zwischenzeit aus politischem Kalkül noch andere Frauen geheiratet, aber er respektierte Olympias weiterhin, und wenn die Königin ein klein wenig freundlicher und entgegenkommender gewesen wäre, hätte er ihr vielleicht beweisen können, daß seine Leidenschaft für sie noch nicht ganz erloschen war.

Die Königin saß, die Arme auf die Lehnen ihres Stuhles gelegt und eine Papyrusrolle im Schoß, neben einem fünfarmigen Bronzeleuchter. Bis auf dieses Licht war ihr Zimmer stockdunkel.

Alexander trat leise ein. »Was liest du, Mama?«

Olympias hob den Kopf. »Sappho«, erwiderte sie. »Ihre Gedichte sind wunderschön, und ich kann ihre Einsamkeit so gut nachfühlen . . .«

Die Königin schritt zum Fenster, schaute zum Sternenhimmel hinauf und wiederholte mit zitternder, melancholischer Stimme die Verse, die sie soeben gelesen hatte:

»Hinabgetaucht ist der Mond und
mit ihm die Plejaden; Mitte
der Nächte, vergeht die Stunde;
doch ich lieg allein darnieder.«

Alexander trat neben sie und sah im fahlen Schein des Mondes eine dicke Träne über ihre bleichen Wangen rollen.

8

Der Zeremonienmeister gab Befehl, die Posaunen erklingen zu lassen, und die persischen Würdenträger hielten feierlichen Einzug im Thronsaal. Der höchste Gesandte war der Satrap Arsames, also der Statthalter von Phrygien, der den Zug anführte. Ihm folgten in wenigen Schritten Abstand der Militärgouverneur der Provinz und weitere Honoratioren.

Die Gesandtschaft wurde von zwölf »Unsterblichen« eskortiert, wie man die Soldaten der persischen Königsgarde nannte – Männer, die aufgrund ihrer gewaltigen Körperstatur, ihres tadellosen Lebenswandels und ihrer vornehmen Abstammung für dieses Amt ausgewählt worden waren.

Der Satrap hatte eine phrygische Mütze mit umgeklappter Spitze auf dem Kopf, die ranghöchste Kopfbedeckung nach der phrygischen Mütze mit hochstehender Spitze, die allein dem König zustand. Er trug einen Überwurf aus grünem Byssus, in den silberne Drachen eingestickt waren, darunter reich verzierte Beinkleider und an den Füßen Sandalen aus Antilopenleder. Wie er waren auch die anderen Würdenträger mit unglaublich reichen und erlesenen Gewändern angetan.

Am meisten beeindruckten jedoch die »Unsterblichen« des Großkönigs. Sie waren an die sechs Fuß groß, hatten einen olivefarbenen Teint, pechschwarze, krause Bärte und wundervolle, mit Brenneisen gelockte und zu prächtigen Frisuren drapierte Haare. Über Tuniken aus hellblauem Byssus und Hosen aus demselben Stoff, jedoch mit goldenen Bienen bestickt, trugen sie knöchellange Mäntel aus Goldbrokat. Außerdem hatten sie ihre berüchtigten zusammengesetzten Bogen umhängen und Zedernholzköcher mit Elfenbein- und Silberplättchenintarsien.

Sie schritten rhythmisch voran und stießen dabei ihre von goldenen Granatäpfeln gekrönten Lanzen auf den Boden. Um die Hüften eines jeden baumelte die schönste Paradewaffe, die je die Werkstatt eines Waffenschmiedes verlassen hatte: der glänzende *Akinakes*, ein zweischneidiges Kurzschwert aus purem Gold. Sein ebenfalls goldenes Futteral, in das Greifen mit Rubinenaugen getrieben waren, hing locker am Gürtel der Männer, so daß es jeden Schritt der majestätischen Krieger mit einem leisen Klirren und dem Aufblitzen der Edelsteine begleitete.

Philipp war auf einen so pompösen Auftritt schon gefaßt gewesen und hatte deshalb seinerseits einen entsprechenden Empfang vorbereitet. Auf beiden Seiten des Thronsaals stand jeweils eine Reihe von sechsunddreißig *Pezetairoi*, wie man die hünenhaften Soldaten seiner schweren Infanterie nannte. Sie steckten in bronzenen Rüstungen, hielten Schilde mit dem silbernen Stern der Argeaden vor sich und umklammerten mit der rechten Hand zwölf Fuß hohe Lanzen aus Kornelkirschholz, sogenannte Sarissen, deren glänzende Bronzespitzen fast die Decke berührten.

Auch Alexander trug heute zum erstenmal eine Rüstung; der Schmied hatte sie nach seinem eigenen Entwurf gefertigt. Er war von mehreren persönlichen Leibwächtern umringt und saß auf einem Schemel zu Füßen seines Vaters. Auf der andern Seite, zu Füßen Olympias, saß seine Schwester Kleopatra, die schon jetzt eine Schönheit war. Sie trug ein attisches Peplon, das ihre Arme und ihre Schultern freiließ und in eleganten Falten über die kleinen Brüste fiel; an den Füßen hatte sie silberne Riemchensandalen.

Vor dem Königspaar angelangt, machte Arsames eine tiefe Verbeugung und trat zur Seite, um die Würdenträger mit den Gastgeschenken vorzulassen: für Olympias einen Gliedergürtel aus purem Gold, in den Aquamarine und Tigeraugen eingelassen waren, und für Philipp einen indischen Brustpanzer aus Schildpatt.

Nun ließ auch Philipp seine Zeremonienmeister mit den Geschenken für das persische Herrscherpaar vortreten: einen mit Gold überzogenen, skythischen Helm und eine zypriotische Kette aus silbergefaßten Korallen.

Nach Erledigung der Eingangsformalitäten wurden die Gäste in den angrenzenden Empfangssalon gebeten. Dort ließ man sich auf bequemen Diwanen nieder, um die Verhandlungen aufzunehmen, die auf der Tagesordnung standen. Alexander war auf ausdrücklichen Wunsch seines Vaters dabei. Er sollte sich langsam eine Vorstellung von den Aufgaben eines Herrschers machen und lernen, wie man mit den Abgeordneten fremder Mächte umging.

Gegenstand der Verhandlungen war heute eine Art Protektorat, das Philipp über die griechischen Städte in Asien ausüben wollte – selbstverständlich unter Anerkennung der persischen Souveränität, wie er beteuerte. Die Perser nickten, gaben jedoch zu verstehen, daß sie seine Vorstöße in Richtung der Meerengen nicht billigten. Die Meerengen, die das Verbindungsglied zwischen zwei Kontinenten und drei Machtgebieten darstellten, nämlich Kleinasien, Innerasien und Europa, waren schon immer ein heikler Punkt gewesen.

Philipp bemühte sich, seinen Standpunkt klarzumachen, ohne die persischen Gesandten sofort in Alarmbereitschaft zu versetzen: »Ich habe keinerlei Interesse daran, den Frieden im Gebiet um die beiden Meerengen zu stören«, sagte er ruhig. »Mir kommt es einzig und allein darauf an, die makedonische Vorherrschaft zwischen dem asiatischen Golf und der Westküste des Schwarzen Meers zu festigen. Nebenbei würde das natürlich auch mehr Stabilität und Sicherheit für das Gebiet um die beiden Meerengen bedeuten – die ja nicht nur unser, sondern auch euer wichtigster Handelsweg sind!«

Während der Dolmetscher übersetzte, beobachtete Philipp das Mienenspiel seiner Gäste, doch Arsames ließ keinerlei Regung erkennen. Als er schließlich antwortete, sah er Philipp tief in die Augen, gerade so, als könne er ihn ohne weiteres verstehen: »Das Problem, das der Großkönig gerne lösen würde, verehrter Philipp, betrifft dein zukünftiges Verhältnis zu den in Asien angesiedelten Griechen und zu gewissen griechischen Dynastien in der östlichen Ägäis. Was uns betrifft, so haben wir ihre Autonomiebestrebungen stets unterstützt; wir waren der Ansicht, daß griechische Städte auch von Griechen regiert werden sollten ... von uns nahestehenden Griechen, versteht sich. Und wir sind nach wie vor der Meinung, daß dies die klügste Lösung ist, denn einerseits respektiert sie die Traditionen und die Würde der Griechen, und andererseits gewährleistet sie sowohl ihre wie unsere Interessen. Leider«, hob er von neuem an, als der Dolmetscher ausgesprochen hatte, »leider sprechen wir hier von einem Grenzgebiet, das mehr als einmal Anlaß zu Zwist und Auseinandersetzungen gegeben hat – bis hin zum offenen Krieg.«

Damit hatte Arsames den Finger in die Wunde gelegt, und Philipp hielt es für angebracht, die Atmosphäre vorsorglich ein wenig zu entspannen. Auf ein Zeichen von ihm ließ der Zeremonienmeister eine Gruppe bildschöner Jünglinge und Mädchen hereinkommen, die alle recht spärlich bekleidet waren, um den Gästen Kuchen und süßen Wein zu reichen; letzterer war mit Schnee vom Berge Bermion gekühlt, den man in großen Krügen im Keller des Palasts aufbewahrte. Auch die silbernen Becher waren mit feinem Reif überzogen, was einem, noch bevor man sie in die Hand nahm und daraus trank, ein angenehmes Gefühl der Frische vermittelte. Der König wartete, bis seine Gäste sich gelabt hatten, und nahm dann den Faden wieder auf:

»Ich weiß genau, worauf du anspielst, werter Arsames. Ich weiß, daß Griechen und Perser sich in der Vergangenheit oftmals blutig bekriegt haben. Aber ich möchte dich daran erinnern, daß mein Land und die Könige, die meine Vorfahren waren, in diesen Konflikten immer nur eine Vermittlerrolle gespielt haben. Deshalb bitte ich dich, dem Großkönig auszurichten, daß unsere Freundschaft mit den griechischen Städten in Asien auch jetzt keinen politischen Hintergrund hat. Sie gründet einzig darauf, daß wir gemeinsame Ursprünge, dieselbe Religion und viele verwandtschaftliche Beziehungen zueinander haben.«

Der Satrap hörte die ganze Zeit über mit demselben sphinxhaften Gesichtsausdruck zu, der vom starren Blick seiner mit Bister geschminkten Augen noch unterstrichen wurde. Alexanders Augen dagegen wanderten unermüdlich zwischen dem ausländischen Gast und seinem Vater hin und her, denn er wollte verstehen, was sich hinter der Maske ihrer Höflichkeitsfloskeln verbarg.

»Im übrigen streite ich keineswegs ab«, fuhr Philipp nach einer Weile fort, »daß wir Handelsbeziehungen mit diesen Städten anknüpfen und vor allem von dem reichen Erfahrungsschatz profitieren wollen, den sie auf allen Wissensgebieten haben. Wir möchten die Baukunst und die Seefahrt von ihnen lernen, und wie man den Lauf der Flüsse in unserem Land verändern könnte . . .«

Seltsamerweise kam der Perser dem Dolmetscher zuvor, indem er sagte: »Und was bietet ihr uns dafür an?«

Philipp verbarg seine Verwunderung, wartete, daß man ihm

die Frage übersetzte, und antwortete dann mit unerschütterlicher Miene:

»Freundschaft, Gastgeschenke und Erzeugnisse, die nur Makedonien euch liefern kann: das Holz unserer Wälder, wundervolle Pferde und kräftige Sklaven aus den Ebenen längs des Isters. Versteh mich richtig, Arsames: Ich möchte nur, daß alle um unser Meer angesiedelten Griechen den König der Makedonen als ihren natürlichen Freund betrachten. Weiter nichts.«

Die Perser schienen sich mit Philipps Versprechungen zufriedenzugeben, zumal sie wußten, daß er – selbst wenn er log – gar nicht in der Lage gewesen wäre, sie irgendwie zu behelligen oder gar anzugreifen, und für den Augenblick genügte ihnen das.

Als man sich erhob, um in den Speisesaal hinüberzugehen, näherte sich Alexander seinem Vater und flüsterte ihm ins Ohr: »Wieviel Wahres ist an dem, was du den Leuten da erzählt hast?«

»So gut wie nichts«, erwiderte Philipp, indem er in den Korridor hinaustrat.

»Und die Perser selbst . . .«

»Haben mir nichts gesagt, was ich nicht schon gewußt hätte.«

»Ja, aber wozu dienen dann diese Begegnungen?«

»Um sich gegenseitig zu beschnüffeln.«

»Beschnüffeln?« fragte Alexander verwundert.

»Ja. Ein guter Politiker verläßt sich lieber auf seine Nase als auf schöne Worte. Was meinst du zum Beispiel, daß er lieber mag: junge Männer oder Mädchen?«

»Wer?«

»Unser Gast natürlich!«

»Hm . . . ich weiß nicht.«

»Er mag junge Männer! Mir ist sofort aufgefallen, daß er dauernd zu dem blonden Jüngling hinübergeschielt hat, der uns den Wein ausschenkte. Ich werde dafür sorgen, daß er ihn heute abend im Bett hat. Der Junge kommt aus Bithynien und versteht persisch, das ist ausgezeichnet. Wer weiß, vielleicht erfahren wir ja doch noch ein bißchen mehr über unseren Gast . . . und vor allem darüber, was in seinem Kopf vorgeht. Du, Alexander, führst ihn nach dem Essen bitte ein bißchen herum und zeigst ihm den Palast und die Anlagen.«

Alexander nickte begeistert. Er hatte viel über das Perserreich gelesen, kannte Xenophons »Die Erziehung des Kyros«, fast auswendig und hatte aufmerksam Ktesias' »Persika« studiert, ein Buch, das zwar vor Übertreibungen strotzte, aber sehr interessante Beschreibungen der persischen Geographie sowie der Sitten und Bräuche des Landes enthielt. Trotzdem war es natürlich etwas ganz anderes, mit leibhaftigen Persern zu sprechen.

Von einem Dolmetscher begleitet, führte er seinen Gast durch den Palast und die Unterkünfte der jungen Adligen, wo Lysimachos wieder mal sein Bett nicht ordentlich gemacht hatte – na, warte, dem würde er später eine ordentliche Standpauke halten! Unterdessen erklärte er Arsames erst einmal, daß hier die Sprößlinge des makedonischen Adels schliefen, die zusammen mit ihm am Hof erzogen wurden.

Arsames erzählte, daß man das in der persischen Hauptstadt Susa genauso machte. Auf diese Weise sichere sich der Großkönig die Treue der Stammesführer und der von ihm abhängigen Königtümer und ziehe gleichzeitig eine Generation von Aristokraten heran, die aufs engste mit dem Thron verbunden seien.

Als nächstes zeigte Alexander ihm die Pferdeställe der »Gefährten des Königs«, wie man das berittene Adelsgefolge nannte, und ließ ihm ein paar prächtige thessalische Schlachtrösser vorführen.

»Herrliche Tiere«, bemerkte einer der Perser.

»Habt ihr auch schöne Pferde?« fragte Alexander den hohen

Würdenträger etwas naiv. Dieser lächelte nachsichtig. »Hast du je von den nisäischen Streitrössern reden hören, Prinz?«

Alexander schüttelte verlegen den Kopf.

»Wundervolle Tiere von unglaublicher Kraft; sie weiden ausschließlich auf den Hochebenen von Medien, wo ein sehr nahrhaftes Kraut wächst; man nennt es nach dem Ort ›Medica-Kraut‹ oder auch Luzerne, die purpurroten Blüten sind das wertvollste daran, in ihnen steckt die ganze Energie der Pflanze. Das Pferd unseres Königs bekommt nichts anderes als Luzernenblüten zu fressen; sie werden Stück für Stück von den Stallburschen gesammelt. Im Frühling und Sommer verfüttert man sie frisch, im Herbst und Winter getrocknet.«

Alexander lauschte gebannt und versuchte sich vorzustellen, wie ein blumenfressendes Pferd wohl aussah.

Dann begleitete er Arsames in Olympias' Rosengarten. Seine Mutter hatte hier alle bekannten Arten von Pieria-Rosen anpflanzen lassen, die einen herrlichen Duft verströmten.

»Aus diesen Blumen machen unsere Gärtner auch Tees und Essenzen für die Hofdamen«, erklärte Alexander. »Aber stimmt es, daß eure Gärten noch schöner sind? Wir Griechen nennen sie ›Paradiese‹, ich habe viel darüber gelesen . . .«

»Ja . . . Unser Volk stammt ursprünglich aus der Steppe und aus den unfruchtbaren Hochebenen des Nordens. Von Gärten oder *Pairidaeza,* wie sie in unserer Sprache heißen, konnte es früher nur träumen. Heute ist alles anders. Jetzt haben wir Gärten, sehr weitläufige Gärten, die von hohen Mauern umgrenzt werden. Ein weitverzweigtes Netz von Bewässerungskanälen sorgt dafür, daß sie das ganze Jahr über grün bleiben. Wir pflanzen darin alle Arten von einheimischen und exotischen Gewächsen an und bevölkern sie zur Zierde mit Tieren aus allen Ecken des Reichs: mit Fasanen, Pfauen, Papageien, aber auch mit Tigern, weißen Leoparden und schwarzen Panthern. So versuchen wir die Vollkommenheit der Erde nachzuahmen, wie unser Gott Ahura Mazda sie geschaffen hat.«

Nach der Besichtigung des Gartens fuhr Alexander mit seinen Gästen in einer geschlossenen Kutsche durch Pella und zeigte ihnen die Monumente, Tempel, Portiken und Plätze der Stadt.

»Wir haben neben Pella aber noch eine andere Hauptstadt«, erklärte er Arsames. »Sie heißt Aigai und liegt in der Nähe des Berges Bermion. Dort steht die Wiege unseres Geschlechts, und dort ruhen unsere Könige. Stimmt es, daß ihr auch mehrere Hauptstädte habt?«

»O ja, junger Prinz«, erwiderte Arsames. »Wir haben vier davon. Pasargadai entspricht eurem Aigai, es war der Sitz unserer ersten Könige. Dort erhebt sich, auf einer weiten Hochebene und sanft vom Wind umweht, das Grabmal von Kyros dem Großen, dem Gründer unserer Dynastie. Dann haben wir Ekbatana, das in Elam liegt, im Zagros-Gebirge, dessen Gipfel fast das ganze Jahr über mit Schnee bedeckt sind. Ektabana ist unsere Sommerhauptstadt. Die Mauer ihrer Festung ist mit goldemaillierten Kacheln verkleidet, und wenn abends die Sonne untergeht, glänzt sie wie ein Edelstein vor dem Hintergrund der schneebedeckten Berge – ein ergreifender Anblick, mein lieber Prinz. Unsere dritte Hauptstadt ist Susa, dort residiert der Großkönig den Winter über, und die vierte, die sogenannte Hauptstadt des Jahreswechsels, ist Persepolis; sie ist mit einem Wald aus rotgoldenen Säulen geschmückt und duftet in allen Gassen nach Zedernholz und Weihrauch. In Persepolis wird der Kronschatz aufbewahrt, dessen Herrlichkeit man mit Worten gar nicht beschreiben könnte. Ich hoffe, du kannst das alles eines Tages mit eigenen Augen sehen.«

Arsames' Erzählungen nahmen Alexander völlig gefangen. In der Phantasie konnte er sich alles bestens ausmalen: die zauberhaften Gärten, die märchenhaften Städte, die über Jahrhunderte hinweg angesammelten Schätze und die grenzenlosen Weiten des Perserreichs.

In den Palast zurückgekehrt, ließ er seine Gäste auf Steinbänken Platz nehmen und kredenzte ihnen Honigwein in schönen Kelchen. Während sie tranken, fragte er sie weiter aus: »Und sagt, wie groß ist das Reich des persischen Königs?«

Die Augen des Satrapen leuchteten auf, und seine Stimme klang pathetisch wie die eines Poeten, der seine Heimat besingt: »Unser König regiert über hunder Völker – von den kraushaarigen Äthiopiern, die sich mit Leopardenfellen kleiden, bis hin zu den glatthaarigen Äthiopiern, die sich mit Tigerfellen bedecken. Im Norden dehnt sich sein Reich bis dorthin aus, wo die Menschen der Kälte wegen nicht mehr überleben können, und im Süden bis dorthin, wo der Hitze wegen keine Menschen mehr leben können.

Die Grenzen des Perserreichs umschließen Wüsten, die keiner je zu durchqueren gewagt hat, und Berge, die nie ein menschlicher Fuß erklettert hat und die so hoch sind, daß ihre Gipfel fast den Mond berühren. Die vier größten Flüsse der Erde, Nil, Tigris, Euphrat und Indus, durchfließen es und noch tausend andere, wie der majestätische Choaspes oder der strudelreiche Araxes, der sich ins Hyrkanische Meer ergießt, ein geheimnisvolles Meer, dessen Größe niemand kennt, das aber doch mindestens so groß ist, daß sich der fünfte Teil des Himmels darin spiegelt ... Und wir haben eine Straße, die von der Stadt Sardes bis nach Susa führt und dabei die Hälfte aller Provinzen unseres Reichs durchquert; diese Straße hat goldene Tore und ist vollständig mit Steinen gepflastert.«

Mit einemmal verstummte Arsames und sah Alexander tief in die Augen. Sie leuchteten vor Abenteuerlust und Lebenskraft, und er begriff sofort, daß in der Brust dieses jungen Mannes eine unbändige Seele brannte. Da fiel ihm plötzlich eine Episode ein, die sich vor vielen Jahren zugetragen hatte und die damals in Persien in aller Munde gewesen war: Im Feuertempel auf dem Berg des Lichts hatte ein Windstoß jäh die heilige Flamme zum Erlöschen gebracht.

Bei dieser Erinnerung packte Arsames das kalte Grausen.

9

Die Jagdpartie begann im ersten Morgenrot, und auf ausdrücklichen Wunsch des Königs nahmen auch Alexander und seine Freunde Philotas, Seleukos, Hephaistion, Perdikkas, Lysimachos und Leonnatos sowie die etwas älteren Ptolemaios und Krateros daran teil. Eumenes war zwar ebenfalls eingeladen, bat jedoch um Beurlaubung. Er litt an einer lästigen Darmgrippe und wies ein Rezept des Arztes Philipp vor, der ihm eine Woche strenge Bettruhe und gegen den Durchfall eine Diät aus hartgekochten Eiern verschrieben hatte.

König Alexander von Epeiros hatte eigens für diese Jagd eine Meute Hunde aus seiner Zucht kommen lassen. Die Rasse war vor über hundert Jahren aus dem Orient eingeführt worden, und da sie sich in Epeiros, dem Land der Molosser, gut akklimatisiert hatte und prächtig züchten ließ, nannte man sie »Molosser«. Ihrer Kraft, Größe und Schmerzunempfindlichkeit wegen war sie bestens für die Großwildjagd geeignet, außerdem besaß sie einen ausgezeichneten Spürsinn. Die Treiber hatten bereits in der Nacht mit den Hunden Stellung am Rand eines Gebirgswaldes bezogen.

Schon vor einiger Zeit war von den Hirten ein Löwe gemeldet worden, der ihre Schafs- und Rinderherden heimsuchte, aber Philipp hatte absichtlich diese Gelegenheit abgewartet, um ihn zu jagen. Er wollte den persischen Gesandten eine Unterhaltung bieten, die ihres hohen Ranges würdig war, und nebenbei seinen Sohn in die Jagd einführen, den einzigen Zeitvertreib, der sich für einen Adligen schickte.

Sie waren drei Stunden vor Tagesanbruch losgeritten und mit Sonnenaufgang am Fuß der Bergkette angelangt, die das Axiostal vom Ludiastal trennt. Das Raubtier hielt sich hier irgendwo in den Eichen- und Buchenwäldern versteckt.

Auf ein Zeichen des Königs stießen die Jagdanführer in ihre Hörner. Der vom Echo vervielfältige Hörnerklang stieg bis zu den Gipfeln der höchsten Berge empor und erreichte auch die Treiber. Diese ließen nun die Hunde los, folgten ihnen zu Fuß und veranstalteten einen höllischen Lärm, indem sie mit den Speerschäften auf ihre Schilde schlugen. Das ganze Tal hallte von dem Getöse und vom Bellen der Hunde wider.

Jetzt machten sich auch die Jäger bereit und stellten sich über einen Raum von vielleicht fünfzehn Stadien hinweg im Halbkreis auf, in der Mitte Philipp mit seinen Generälen – Parmenion, Antipatros und Kleitos, genannt »der Schwarze« –, rechts die Perser, mit denen zur allgemeinen Verblüffung eine regelrechte Verwandlung stattgefunden hatte: keine Spur mehr von den reich bestickten, goldglänzenden Gewändern; der Satrap und seine »Unsterblichen« waren jetzt ganz wie ihre Urahnen, die Steppennomaden, mit groben Lederhosen, Korsett und steifer Mütze bekleidet: Sie hatten ihre zusammengesetzten Bogen und Köcher mit Pfeilen umhängen, und an ihren Sätteln war rechts und links ein Speer befestigt. Zur Linken Philipps hatte König Alexander von Epeiros mit Ptolemaios und Krateros Stellung bezogen, und ganz außen hatten die Jüngsten, Alexander, Hephaistion, Seleukos und die anderen, ihre Posten eingenommen.

Ein dünner Nebelschleier hing über dem Fluß und breitete sich von dort über das saftig grüne Tal aus, das einem einzigen Blumenmeer glich und zum Großteil noch im Schatten der Berge lag. Plötzlich zerriß ein schreckliches Brüllen die Morgenstille; es übertönte selbst noch das Bellen der Hunde. Die Pferde begannen aufgeregt zu schnauben und zu wiehern und konnten kaum noch im Zaum gehalten werden, aber keiner rührte sich vom Fleck, alles wartete mit angehaltenem Atem, daß der Löwe aus seinem Versteck kam. Schon meldete er sich mit einem zweiten Brüllen, ganz aus der Nähe, diesem antwortete jedoch ein drittes, etwas weiter entferntes Brüllen: Eine Löwin gab es also auch!

Endlich trat der große Leu aus dem Wald. Wie er sich von allen Seiten umringt sah, stieß er ein noch viel lauteres, wahrhaft fürchterliches Brüllen aus, das die Berge erzittern ließ und die Pferde erschreckte. Kurz darauf erschien auch das Weibchen hinter ihm; die beiden zögerten einen Moment, vorwärts getrauten sie sich wegen der Jäger nicht, hinter sich hörten sie das Bellen der Meute. Schließlich flohen sie in Richtung des Flusses.

Philipp gab das Zeichen zur Jagd, und alles stürmte zum Fluß, just als die Sonne hinter den Bergen hervorkam und sich gleißend ins Tal ergoß.

Alexander und seine Kameraden, die von Anfang an näher am Ufer gewesen waren und nur so darauf brannten, ihre Kühnheit unter Beweis zu stellen, gaben ihren Rössern die Sporen, um den beiden Löwen den Weg abzuschneiden.

Philipp, der das gefährliche Ansinnen der Jungen erahnte, preschte ihnen mit erhobenem Speer hinterher, und die Perser bildeten nun ihrerseits einen weiten Halbkreis und spornten ihre Pferde zu immer schnellerem Ritt an, um zu verhindern, daß die Löwen sich wieder in den Wald zurückzogen und es dort mit den Hunden aufnahmen.

Alexander war mittlerweile ganz nah an dem Löwen, der

ihm überdies die Seite bot; schon hob er seinen Speer und wollte ihn losschleudern, da brach die johlende Meute aus dem Unterholz und versetzte die Löwin derart in Panik, daß sie ruckartig kehrtmachte, Alexanders Rappen ansprang und zu Boden riß. Doch sie war im Nu von den Hunden umringt und mußte ihre Beute fahrenlassen. Das Pferd rappelte sich augenblicklich auf und galoppierte wiehernd und eine Blutspur hinter sich herziehend über die Wiese davon.

Alexander war ebenfalls wieder auf die Beine gesprungen, doch nun fand er sich dem Löwen gegenüber, obendrein unbewaffnet, denn er hatte bei dem Sturz vom Pferd seinen Speer verloren. Ein Glück, daß in diesem Moment Hephaistion dahergestürmt kam und das Tier mit seinem Speer wenigstens streifen konnte, so daß es vor Schmerz brüllte.

Die Löwin hatte unterdessen ein paar Hunden den Garaus gemacht und wandte sich nun nach ihrem Gefährten um, der in blinder Wut Hephaistion und sein Pferd angriff. Der Junge verteidigte sich tapfer mit der Spitze seines Speers, aber der Löwe teilte fürchterliche Prankenhiebe aus, brüllte und peitschte sich mit dem Schwanz die Flanken.

Philipp und Parmenion waren zwar im Anritt, aber in dieser Lage konnten Sekunden entscheiden. Alexander riß seinen Speer wieder an sich und zielte auf den Löwen, merkte dabei aber nicht, daß die Löwin von hinten zum Sprung auf ihn ansetzte. In diesem Moment spannte einer der persischen Reiter, der am weitesten entfernte von allen, ohne auch nur anzuhalten seinen Bogen und schoß. Die Löwin sprang, aber mitten im Sprung erreichte sie zischend der Pfeil des Persers und bohrte sich ihr in die Seite, so daß sie tödlich getroffen zu Boden fiel.

Philipp und Parmenion gingen auf das Löwenmännchen los und lenkten ihn von den Jungen ab. Der König traf ihn als erster, aber gleich darauf griffen auch Alexander und Hephaistion wieder an und verletzten das Tier so schwer, daß

Parmenion ihm nur noch den Gnadenstoß zu versetzen brauchte.

Überall schwärmten aufgeregte Hunde umher, die wie wahnsinnig bellten und jaulten. Die Treiber ließen sie das Blut der beiden Löwen lecken, damit sie sich für die nächste Jagd den Geruch einprägten.

Philipp sprang vom Pferd und umarmte seinen Sohn. »Ich hab' um dich gezittert mein Sohn, vor Angst, aber auch vor Stolz. Du wirst eines Tages ein großer König sein!« Und dann umarmte er auch Hephaistion, der für Alexander sein Leben riskiert hatte. Als die allgemeine Aufregung sich ein wenig gelegt hatte, die Jagdanführer die beiden Löwen zu enthäuten begannen und man die ganze Jagd noch einmal durchging, gedachten alle des schrecklichen Moments, als das Löwenweibchen auf Alexander losgegangen war, und plötzlich erinnerte man sich auch wieder des Fremden, der ihn gerettet hatte. Er saß reglos auf seinem Pferd und hatte noch immer den Bogen in der Hand, mit dem er aus über hundert Fuß Entfernung die Löwin erlegt hatte. Als Alexander und die anderen ihn ansahen, lächelte er und entblößte zwei Reihen perlweißer Zähne inmitten des dichten schwarzen Bartes.

Dem jungen Prinzen kam erst jetzt zu Bewußtsein, daß er ja mit Blutergüssen und Schürfungen übersät war und daß Hephaistion blutete; die Wunde, die der Löwe ihm mit seiner Pranke beigebracht hatte, war zwar nur oberflächlich, aber offensichtlich sehr schmerzhaft. Alexander umarmte seinen Freund und ließ ihn sofort zum Arzt bringen, damit er entsprechend behandelt werden konnte. Dann drehte er sich nach dem persischen Krieger um, der ihn aus der Ferne vom Rücken seines Pferdes aus beobachtete.

Alexander näherte sich ihm bis auf wenige Schritte, sah ihm in die Augen und sagte: »Danke, fremder Gast. Das werde ich dir nie vergessen.«

Der »Unsterbliche« konnte kein Griechisch, aber er begriff

trotzdem, was Alexander ihm sagen wollte. Das sah man daran, daß er erneut lächelte und sich dabei leicht verneigte. Dann gab er seinem Pferd die Sporen und gesellte sich zu den anderen Persern.

Bald darauf wurde die Jagd wieder aufgenommen und ging viele Stunden weiter. Erst kurz vor Sonnenuntergang wurde das Zeichen zum Abbruch gegeben. Die Helfer trugen die erlegten Beutetiere zusammen: einen Hirsch, drei Wildschweine, mehrere Rehböcke.

Mit Einbruch der Nacht versammelte sich alles in einem großen Zelt, das die Diener inmitten des Flußtales aufgebaut hatten, und während man lachend und plaudernd noch einmal die aufregendsten Momente des Tages durchging, brachten die Köche das über offenen Feuern gebratene und fertig tranchierte Wildbret herein. Sie servierten zuerst dem König, dann den Gästen und schließlich dem Prinzen und allen anderen.

Bald floß auch Wein im Überfluß. Sogar Alexander und seinen Freunden wurde immer wieder eingeschenkt. Mit ihren heutigen Heldentaten hatten sie zur Genüge bewiesen, daß sie nun richtige Männer waren.

Zu vorgerückter Stunde kamen dann die Frauen:

Flötenspielerinnen und Tänzerinnen, die es prächtig verstanden, das Bankett mit ihren Tänzen und ihren schlüpfrigen Bemerkungen und Witzen aufzuheitern, vor allem aber mit der jugendlichen Glut, die sie im Liebesspiel bewiesen.

Philipp, der an diesem Abend besonders gut aufgelegt war, beschloß, die Gäste an einem seiner Lieblingsspiele teilnehmen zu lassen. Der Dolmetscher übersetzte seine Erklärungen ins Persische:

»Seht ihr das Mädchen dort?« fragte Philipp und deutete auf ein Mädchen, das sich in diesem Augenblick auszog. »Das müßt ihr mit den letzten Tropfen Wein in euren Krügen genau zwischen die Beine treffen. Wer ins Schwarze trifft, bekommt sie als Preis. Schaut her, wie es geht!« Er nahm mit Zeige- und

Mittelfinger seinen Krug auf und spritzte den Wein in Richtung des Mädchens, traf jedoch nicht sein Ziel, sondern das Gesicht eines der Köche, was mit lautem Gelächter quittiert wurde. »Jetzt mußt du den Koch vögeln, Herr! Den Koch! Den Koch!«

Der König zuckte mit den Schultern und versuchte es noch einmal, diesmal näherte sich ihm das Mädchen sogar bis auf wenige Meter und stellte das Ziel deutlich sichtbar zur Schau, aber Philipps Blick war bereits zu vernebelt.

Die Perser lagen zum größten Teil schon unter den Tischen, sie waren puren Wein nicht gewohnt, und was den höchsten Gast betraf, den Satrap Arsames, so war er bereits wieder mit dem blonden Jüngling zugange, der schon letzte Nacht das Lager mit ihm geteilt hatte.

So wurden zwar noch ein paar halbherzige Versuche unternommen, aber eigentlich fand das Spiel in dieser Nacht keinen großen Anklang; für derartige Präzisionsübungen war man einfach viel zu betrunken. Zuletzt griff sich jeder ein Mädchen, meist das erstbeste, das ihm zwischen die Finger kam; der König als Gastgeber nahm sich die Tänzerin, die er als Preis ausgesetzt hatte, und dann degenerierte das Fest wie üblich zu einer Orgie, zu einem einzigen Knäuel halbnackter, schwitzender Körper.

Alexander stand auf, verließ das Zelt, hängte sich seinen Mantel über und ging zum Fluß. Am Ufer ließ er sich nieder und lauschte dem Gurgeln des Wassers zwischen den Steinen. Kurz darauf erschien der Mond hinter dem Gipfel des Bermion; sein opalfarbener Schimmer breitete sich über den Wiesen aus, und die Wellen des Wasser färbten sich silbern.

Das Stimmengewirr aus dem Zelt drang jetzt nur noch gedämpft an sein Ohr, statt dessen begann sich der Wald mit seinen Geräuschen zu melden: Rascheln, Flattern, Rauschen, Raunen, und dann plötzlich ein Gesang wie das Plätschern eines Brunnens, ein feines Klingeln, zuerst dumpf, dann immer heller und klarer, den Klängen einer Harfe vergleichbar, die ein geheimnisvoller Dichter im dufterfüllten Dunkel des Waldes spielte. Es war der Gesang einer Nachtigall.

Alexander lauschte überwältigt dem schönen Lied des kleinen Sängers und merkte gar nicht, wie die Zeit verstrich. Irgendwann spürte er Blicke in seinem Rücken und drehte sich um. Es war Leptine. Die Frauen hatten sie mitgenommen, damit sie ihnen beim Decken der Tische half.

Sie betrachtete ihn, die Hände vor dem Schoß verschränkt, und ihr Blick war klar und ruhig wie der Himmel über ihnen. Alexander streichelte ihr übers Gesicht, dann zog er sie zu sich herunter, legte schweigend den Arm um ihre Schulter und drückte sie fest an sich.

Am darauffolgenden Morgen kehrte man nach Pella zurück, und die persischen Gäste wurden, bevor sie sich zurückzogen, daran erinnert, daß für den nächsten Tag ein großes Festmahl zu ihren Ehren geplant war.

Königin Olympias verlangte, daß man ihr augenblicklich ihren Sohn schickte, und als sie Alexander mit seinen blauen Flecken und den vielen Hautabschürfungen an Armen und Beinen sah, wollte sie auf ihn losstürzen und ihn umarmen, doch er wich ihr verlegen aus.

»Ich habe gehört, was du gemacht hast. Du hättest sterben können.«

»Ich fürchte den Tod nicht, Mama. Macht und Ruhm gebühren einem König nur, wenn er auch bereit ist, sein Leben dafür zu geben.«

»Ich weiß, aber ich zittere noch immer, wenn ich nur daran denke, was dir alles hätte passieren können. Ich bitte dich, Alexander, beherrsche deine Kühnheit, setz dich nicht unnötig Gefahren aus. Denk dran, du bist erst ein Jüngling. Dein Körper muß noch wachsen und kräftiger werden.«

Alexander sah ihr fest in die Augen. »Ich muß meinem

Schicksal entgegengehen, Mutter, und ich bin bereits auf dem Weg, das weiß ich. Ich weiß nur nicht, wohin er mich führt und wo er enden wird.«

»Das weiß keiner, mein Sohn«, entgegnete die Königin mit bebender Stimme. »Das Schicksal ist ein Gott, der einen schwarzen Schleier vor dem Gesicht trägt.«

10

Am Tag nach der Abreise der Perser betrat Alexander von Epeiros mit einem Bündel im Arm das Zimmer seines Neffen.

»Was ist das?« fragte Alexander ihn.

»Ein armer Waise. Seine Mutter ist von der Löwin getötet worden. Möchtest du ihn? Er ist von erstklassiger Rasse. Wenn du ihn liebhast, wird er dir ein treuer Freund werden.«

Aus dem Bündel kam ein süßer kleiner Hund zum Vorschein mit weichem, rotbraunem Fell und einem weißen Fleck auf der Stirn.

»Er heißt Peritas.«

Alexander setzte sich den kleinen Rüden auf die Knie und streichelte ihn. »Peritas . . . was für ein hübscher Name. Und was für ein niedlicher Hund! Darf ich ihn wirklich behalten?«

»Ja, er gehört dir«, erwiderte sein Onkel. »Aber du mußt gut für ihn sorgen. Er hat bis zum Tod seiner Mutter noch ihre Milch getrunken.«

»Leptine wird sich um ihn kümmern. Mit ihrer Hilfe wächst er sicher schnell. Und dann soll er mein Jagdhund und Gefährte sein. Ich danke dir vielmals.«

Leptine freute sich riesig über die neue Aufgabe und ging ihr mit rührendem Eifer nach. Die Spuren ihrer leidvollen Kindheit verloren sich langsam, und das Mädchen blühte mit jedem Tag auf. Ihre Haut wurde rosiger, ihre Augen wurden glänzender und ausdrucksvoller, und ihr kastanienfarbenes Haar bekam einen schönen, rötlichen Schimmer.

»Nimmst du sie dir ins Bett, wenn sie soweit ist?« fragte Hephaistion eines Tages grinsend.

»Vielleicht«, erwiderte Alexander. »Aber ich habe sie nicht deswegen aus dem Dreck geholt.«

»Ach, nein? Warum dann?«

Alexander gab keine Antwort.

Der nächste Winter war ungewöhnlich streng, und der König wurde oft von heftigen Schmerzen im linken Bein geplagt, die von einer alten Wunde herrührten.

Der Arzt Philipp legte ihm in Tücher gewickelte heiße Steine auf das Bein, um die überschüssige Feuchtigkeit herauszuziehen, und rieb es mit Terebinthen-Essenz ein. Manchmal zwang er den König mit aller Gewalt, das Knie zu beugen, bis die Ferse sein Gesäß berührte, und das war die Übung, die der König am meisten haßte, denn sie war sehr schmerzhaft, hatte aber ihren Sinn, denn es bestand Gefahr, daß sein eh schon etwas kürzeres Bein sich noch weiter verkürzen würde.

Wenn der König die Geduld verlor, bekam es der ganze Palast mit, denn er brüllte dann wie ein Löwe, und nicht selten hörte man gleichzeitig lautes Scherbenklirren – ein Zeichen, daß Philipp wieder mal sämtliche Töpfchen, Tiegelchen und Fläschchen seines Arztes an die Wand geworfen hatte.

Alexander verließ mitunter den Palast von Pella und zog sich wochenlang nach Aigai zurück, die alte Hauptstadt im Gebirge. Dort ließ er sich ein schönes Feuer im Kamin seines Zimmers anzünden und betrachtete entzückt den Schnee, der sich wie eine glitzernde Decke über die Bergesgipfel, die Blautannenwälder und die Täler ausbreitete.

Er sah gern dem Rauch zu, der von den Berghütten der Hirten aufstieg und von den Häusern der Dörfer ringsumher, er genoß die atemberaubende Stille, die zu gewissen Abend- und Morgenstunden über der zauberhaften Landschaft lag, und wenn er sich schlafen legte, blieb er lange wach und lauschte dem Heulen der Wölfe, wie es vom Echo aus entlegenen Tälern herangetragen wurde.

An heiteren Tagen konnte er bei Sonnenuntergang beobachten, wie sich der Gipfel des Olymp rot färbte und die Wolken vom Borrhas-Wind getrieben in ferne Lande entschwebten. Er sah den Schwärmen der Wandervögel zu und hätte mit ihnen über die Fluten des Ozeans fliegen oder sich mit Falken- und Adlersflügeln zum Mond hinaufschwingen mögen.

Und doch fühlte er in diesen Augenblicken stärker denn je, daß dies alles ihm verwehrt war, daß auch er eines Tages wie seine Vorfahren unter einem großen Erdhügel im Tal von Aigai auf ewig ruhen würde.

Und dann kam ihm jäh zu Bewußtsein, daß er auf der Schwelle vom Jünglings- zum Mannesalter stand, ein Gedanke, der ihn mal mit Melancholie und mal mit fiebriger Erwartung erfüllte, je nachdem, ob er gerade die abendliche Wintersonne mit einem letzten Aufglühen hinter dem Berg der Götter verschwinden sah oder den wild lodernden Flammen der Feuer zuschaute, die von den Bauern auf den Bergen entfacht wurden, um der untergehenden Sonne Kraft einzuflößen.

Peritas rollte sich vor dem Kamin zu seinen Füßen zusammen und beobachtete ihn winselnd, als könne er in diesen Momenten seine Gedanken lesen.

Leptine dagegen zog sich für gewöhnlich in irgendeinen Winkel des Palasts zurück und erschien nur, wenn er sie rufen ließ, damit sie ihm das Abendessen zubereitete oder eine Partie »Feldschlacht« mit ihm spielte, ein Brettspiel mit Keramiksoldaten als Spielfiguren.

Sie war so gut darin geworden, daß sie ihn manchmal sogar schlug. Wenn ihr das gelang, strahlte sie übers ganze Gesicht und meinte augenzwinkernd: »Wenn das so weitergeht, mußt du mich zum General ernennen!«

Eines Abends, als sie einmal besonders vergnügt wirkte, nahm Alexander ihre Hand und fragte: »Leptine, erinnerst du dich denn an gar nichts mehr aus deiner Kindheit? Wie du geheißen hast, wer deine Eltern waren, wo du gewohnt hast?«

Die Fröhlichkeit des Mädchens war schlagartig verflogen. Es senkte verwirrt den Kopf und begann wie von plötzlichem Schüttelfrost gepackt am ganzen Leib zu zittern. In dieser Nacht hörte Alexander sie mehrmals im Schlaf in einer fremden Sprache schreien.

Mit der Wiederkehr des Frühlings änderte sich viel. König Philipp begann mit Nachhalt dafür zu sorgen, daß sein Sohn innerhalb und außerhalb Makedoniens bekannt wurde. Nicht nur, daß er ihn mehrmals dem versammelten Heer vorstellte, er nahm ihn nun auch auf kürzere Feldzüge mit.

Zu diesem Anlaß durfte Alexander sich vom königlichen Waffenschmied die schönsten und teuersten Waffen schmieden lassen, die er selbst entwarf. In den Schlachten ließ Philipp seinen Feldherrn Parmenion und dessen tapferste Soldaten über ihn wachen, befahl aber ausdrücklich, daß man ihn bis an die vorderste Kampflinie durchließ, damit er den Geruch des Blutes schnupperte, wie Philipp es nannte. Im übrigen gefiel es ihm, daß die Soldaten Alexander im Scherz »König« nannten und ihn selbst »General«, als unterstehe er seinem Sohn.

Neuerdings lud Philipp auch Künstler an den Hof ein, um Alexander porträtieren zu lassen. Die von ihnen angefertigten Medaillen, Büsten und Tafelgemälde wurden dann Freunden geschenkt, vor allem aber den Gesandtschaften fremder Länder und der griechischen Städte auf der Halbinsel. Dem Kanon der griechischen Kunst entsprechend, war Alexander immer als Ephebe mit völlig ebenmäßigen Gesichtszügen und vom Wind bewegten goldenen Locken dargestellt.

Aber der junge Prinz wurde tatsächlich von Tag zu Tag schöner. Seine von Natur aus leicht erhöhte Körpertemperatur verhinderte, daß es zu der typischen Pubertätsakne kam; seine Haut war glatt, gespannt und ohne jeden Makel, Wangen und Brust waren rosig.

Er hatte dichtes, weich gelocktes Haar, große, ausdrucksvolle Augen und darüber hinaus eine seltsame Art, den Kopf leicht auf die rechte Schulter zu neigen, eine Haltung, die seinem Blick besondere Intensität verlieh; es war, als könne er seinem Gegenüber bis auf den Gund der Seele schauen.

Eines Tages bestellte der Vater ihn in sein Arbeitszimmer – ein nüchtern eingerichteter Raum mit vielen Regalen, die teils literarische Werke, teils Dokumente aus seiner Kanzlei enthielten.

Alexander erschien augenblicklich. Peritas, der ihm mittlerweile auf Schritt und Tritt folgte und sogar mit ihm schlief, ließ er vor der Tür warten.

»Das ist ein sehr wichtiges Jahr für dich, mein Sohn: Das Jahr, in dem du ein Mann wirst«, sagte Philipp und strich ihm dabei mit dem Finger über die Oberlippe. »Da sprießen schon die ersten Barthaare. Hier, ich habe ein Geschenk für dich.«

Er zog eine Schublade auf und holte ein Holzetui heraus, in das der sechzehnzackige Stern der Argeaden eingelegt war.

Alexander nahm das Etui entgegen und öffnete es: Es enthielt ein scharf geschliffenes Rasiermesser aus Bronze und einen Wetzstein.

»Danke. Aber du hast mich wahrscheinlich nicht nur deshalb gerufen.«

»In der Tat, nein«, erwiderte Philipp.

»Warum dann?«

»Weil du kurz vor der Abreise stehst.«

»Du schickst mich weg?«

»In gewisser Weise.«

»Wohin?«

»Nach Mieza.«

»Das ist nicht weit, gerade eine Tagesreise von hier entfernt. Warum?«

»Du wirst die nächsten drei Jahre dort leben, um deine Erziehung und Ausbildung zu vervollständigen. In Pella lenkt dich zu viel ab: der Trubel am Hof, die Frauen, die Bankette. In Mieza dagegen habe ich einen wunderschönen Ort für dich herrichten lassen, einen Hain, durch den ein kristallklarer Bach fließt, mit Rosensträuchern, einem Wäldchen aus Zypressen und Lorbeer . . .«

»Papa«, unterbrach ihn Alexander, »was ist mit dir?«

Philipp schüttelte den Kopf, als erwache er aus einem Traum. »Mit mir? Nichts. Warum?«

»Rosen, Wäldchen, Bäche . . . Du kommst mir vor wie ein Bär, der Alkaios' Verse rezitiert.«

»Mein Sohn, ich wollte dir nur sagen, daß ich für dich die schönste und angenehmste Umgebung geschaffen habe, die man sich denken kann, damit du in aller Ruhe deinen Unterricht fortsetzen und deine Entwicklung zum Mann vollenden kannst.«

»Aber du hast mich doch reiten, kämpfen und den Löwen jagen sehen. Außerdem kann ich zeichnen, kenne mich in der Geometrie aus, spreche makedonisch und griechisch . . .«

»Das genügt nicht, mein Junge. Weißt du, wie die Griechen mich nennen, obwohl ich ihren verfluchten Heiligen Krieg gewonnen und ihnen Frieden und Wohlstand geschenkt habe? Philipp der Barbar nennen sie mich. Und weißt du, was das heißt? Das heißt, daß sie mich nie als ihren Feldherrn und Führer anerkennen werden, denn sie verachten mich, auch wenn sie mich fürchten.

Wir haben grenzenlose Ebenen mit wilden, barbarischen Nomadenvölkern im Rücken und vor uns griechische Städte, die sich im Meer spiegeln und es in der Kunst, in der Wissenschaft, in der Poesie, in der Technik, in der Politik zur höchsten Blüte gebracht haben. Wir Makedonen sind wie Hirten, die in einer Winternacht am Feuer sitzen: Ihr Gesicht leuchtet, und ihre Brust ist vom Feuer erwärmt, aber im Rücken haben sie Dunkelheit und Kälte.

Deshalb habe ich so lange um feste, sichere Grenzen für Makedonien gekämpft, und deshalb werde ich alles tun, was in meiner Macht steht: Du, mein Sohn, sollst von den Griechen als Grieche anerkannt werden. Du sollst denken wie ein Grieche, auftreten wie ein Grieche, ja sogar aussehen wie ein Grieche. Ab sofort wirst du die erlesenste und allumfassendste Erziehung genießen, die man heutzutage überhaupt genießen kann. Dein zukünftiger Lehrer ist ein Ausbund an Geist und Bildung, das Beste, was die gesamte griechische Kultur in Ost und West zu bieten hat.«

»Und wer wäre diese außerordentliche Persönlichkeit?«

Philipp lächelte. »Der Sohn des Arztes, der dich zur Welt gebracht hat. Der berühmteste und brillantest Schüler Platons. Sein Name ist Aristoteles.«

11

»DARF ICH JEMANDEN mitnehmen?« fragte Alexander, nachdem er seinen Vater angehört hatte.

»Von der Dienerschaft, wen du willst.«

»Dann kommt Leptine mit. Und meine Freunde?«

»Hephaistion, Perdikkas und Seleukos auf alle Fälle, die anderen ...«

»Die möchte ich auch mitnehmen!«

»In Ordnung«, sagte Philipp, »aber es wird Unterrichtsstunden geben, die nur du allein besuchst – ich möchte, daß du dich eines Tages von allen anderen Menschen abhebst. Zeit- und Studienplan legt euer Lehrer fest, und er bestimmt auch, welche Fächer ihr gemeinsam besucht und welche nur du. Und noch was: Es wird eiserne Disziplin herrschen. Jeder Ungehorsam, jede Nachlässigkeit oder Unaufmerksamkeit wird bestraft werden – und das gilt für dich so gut wie für die anderen.«

»Wann muß ich abreisen?« fragte Alexander.

»Schon bald.«

»Wie bald?«

»Übermorgen«, erwiderte sein Vater. »Aristoteles ist bereits in Mieza. Pack deine Sachen, wähl die Dienerschaft aus, die du außer dem Mädchen mitnehmen willst, und verbring noch ein wenig Zeit mit deiner Mutter.«

Alexander nickte stumm. Philipp beobachtete ihn aus den Augenwinkeln und sah, daß er sich auf die Unterlippe biß, um nicht weinen zu müssen.

Er ging zu ihm und legte ihm eine Hand auf die Schulter. »Glaub mir, Junge, es geht nicht anders. Ich möchte, daß du ein Grieche wirst, daß du der einzigen Zivilisation auf der ganzen Welt angehörst, die Männer und keine Sklaven heranzieht. Diese Zivilisation verfügt über das fortschrittlichste Wissen und spricht die Sprache der »Ilias« und der »Odyssee«, in denen die Götter wie Menschen dargestellt sind und die Menschen wie Götter.« Er machte eine Pause und sah ihm tief in die Augen. »Das heißt aber nicht, daß du deine Herkunft leugnen mußt! Im Grunde deines Herzens wirst du immer ein Makedone bleiben. Die Kinder des Löwen sind nun mal Löwen.«

Alexander schwieg immer noch, während er nervös an dem Etui mit dem neuen Rasiermesser herumfingerte.

»Wir waren nicht viel zusammen, mein Sohn«, fuhr Philipp fort und zerzauste ihm mit seiner rauhen Hand das Haar. »Dazu war keine Zeit. Schau, ich bin ein Soldat; ich habe für dich getan, was ich konnte: ein Reich erobern, das dreimal so groß ist wie das Land, das dein Großvater Amyntas mir hinterlassen hat, und den Griechen – besonders den Athenern – klarmachen, daß wir eine Großmacht sind, die sie respektieren müssen. Aber geistige Bildung kann ich dir nicht geben, und die Lehrer hier im Palast können es auch nicht. Was sie wissen, haben sie dir bereits beigebracht.«

»Gut«, sagte Alexander mit leiser Stimme. »Wenn du es so für mich entschieden hast, dann gehe ich nach Mieza.«

Philipp versuchte ihn aufzumuntern: »Kopf hoch, mein

Sohn. Das ist keine Verbannung«, sagte er. »Ich komme dich besuchen, und deine Mutter und Kleopatra werden auch Gelegenheit dazu haben. Ich will nur, daß du dich an einem ruhigen Ort völlig dem Studium widmen kannst, das ist alles. Natürlich bekommst du deinen Kampfausbilder, deinen Reitlehrer und deinen Jagdanführer mit. Ich will ja keinen Philosophen, sondern einen König aus dir machen!«

»Wie du möchtest, Papa.«

»Noch etwas: Dein Onkel Alexander verläßt uns.«

»Warum?«

»Er war bisher König, wie ein Schauspieler im Theater König sein kann. Er hatte fürstliche Kleider, ein Diadem, aber kein Reich – das hat ihm, wie du weißt, Arybbas weggenommen. Aber dein Onkel ist mittlerweile zwanzig – höchste Zeit, daß er was leistet. Ich werde Arybbas beseitigen und Alexander auf den Thron von Epeiros setzen.«

»Das freut mich für ihn . . . obwohl es mir leid tut, ihn zu verlieren«, erwiderte Alexander, gewohnt, die Pläne seines Vaters als gegebene Tatsache hinzunehmen. Er hatte gehört, daß Arybbas von den Athenern unterstützt wurde und daß diese in Korkyra eine Flotte mit Landungstruppen liegen hatten.

»Stimmt es, daß die Athener in Korkyra vor Anker liegen und vorhaben, an Land zu gehen?«

»Möglich.«

»Dann geratet ihr aber unvermeidlich aneinander!«

»Ich habe nichts gegen die Athener, im Gegenteil, ich bewundere sie. Aber sie müssen begreifen, daß sie die Hand ins Maul des Löwen legen, wenn sie sich meinen Grenzen nähern. Und was deinen Onkel betrifft – mir fällt der Abschied auch schwer. Er ist ein guter Junge und ein ausgezeichneter Soldat . . . Ich verstehe mich besser mit ihm als mit deiner Mutter.«

»Das weiß ich.«

»Dann haben wir uns wohl alles gesagt. Vergiß nicht, dich von deiner Schwester zu verabschieden, und natürlich von deinem Onkel. Und auch von Leonidas. Er ist kein berühmter Philosoph, aber ein rechtschaffener Mann, der dir sein ganzes Wissen beigebracht hat und so stolz auf dich ist, als wärst du sein eigener Sohn.«

An der Tür hörte man Peritas kratzen, der hereinwollte.

»In Ordnung«, sagte Alexander. »Darf ich jetzt gehen?«

Philipp nickte und wandte sich dann der Regalwand hinter seinem Tisch zu, als suche er nach einem Dokument. In Wirklichkeit aber wollte er vor seinem Sohn verbergen, daß er feuchte Augen bekommen hatte.

12

Alexander ging seine Mutter am nächsten Tag mit Einbruch der Dämmerung besuchen. Sie hatte gerade zu Abend gegessen, und die Mägde waren dabei abzutragen. Die Königin unterbrach sie und ließ statt dessen einen Stuhl für Alexander bringen.

»Hast du schon gegessen?« fragte sie ihn. »Darf ich dir etwas anbieten?«

»Nein, danke, Mama. Ich komme gerade vom Abschiedsbankett für deinen Bruder.«

»Ich weiß, er wollte vor dem Zubettgehen bei mir vorbeischauen. Nun, mein Sohn, dann ist morgen also dein großer Tag.«

»Ja, so sieht es aus.«

»Bist du traurig?«

»Ein bißchen.«

»Das darfst du nicht. Weißt du, wieviel dein Vater dafür ausgibt, die halbe Akademie in Mieza versammeln zu können?«

»Warum die halbe Akademie?«

»Weil Aristoteles nicht alleine dort ist. Er hat seinen Neffen und Schüler Kallisthenes mitgebracht und den berühmten Gelehrten Theophrast.«

»Wieviel gibt er dafür aus?«

»Fünfzehn Talente jährlich über drei Jahre hinweg. Aber er kann es sich leisten, bei Zeus! Die Minen des Pangaion liefern ihm ja tausend Talente pro Jahr – pures Gold!« Olympias lachte trocken auf. »Während der letzten fünf Jahre hat er ungeheuer viel davon in Umlauf gebracht – kostspielige Bauprojekte, Geschenke, Bestechungsgelder ... Und dann beklagt er sich darüber, daß in ganz Griechenland die Preise auf das Fünffache gestiegen sind – einschließlich die der Philosophen.«

»Du bist aber schlechter Laune, Mama.«

»Wundert dich das? Du gehst fort, mein Bruder geht fort ... Und wer alleine zurückbleibt, bin ich.«

»Kleopatra ist doch auch noch da. Sie hängt sehr an dir, und ich finde, ihr beiden ähnelt euch immer mehr – vor allem, was den Charakter betrifft. Sie hat jetzt schon deine Stärke und Entschlossenheit.«

»Ja«, Olympias nickte, »sicher.«

Es folgte ein langes Schweigen. Aus dem Hof drang das rhythmische Stampfen der abendlichen Wachablösung zu ihnen herauf.

»Betrübt es dich vielleicht, daß mein Vater mich nach Mieza schickt?« fragte Alexander schließlich.

Olympias schüttelte den Kopf. »Nein, im Gegenteil: Von allen Entscheidungen, die dein Vater je getroffen hat, ist das vielleicht die klügste. Was mich betrübt, Alexander, ist das Leben hier bei Hofe; es wird von Tag zu Tag unerträglicher. In Pella war ich von Anfang an eine Fremde, und das bin ich geblieben. Man hat mich nie akzeptiert. Solange dein Vater mich noch geliebt hat, ging es ... nein, es war sogar schön. Aber jetzt ...«

»Ich glaube, mein Vater ...«

»Dein Vater ist ein König, mein Sohn, und Könige sind nicht wie andere Menschen. Sie müssen im Interesse ihres Volkes einmal, zweimal, dreimal heiraten, und aus demselben Grund müssen sie ihre Frauen verstoßen. Sie müssen unaufhörlich Kriege führen, Ränke spinnen, Bündnisse schließen und lösen, ja sie müssen Freunde und sogar Brüder verraten, wenn es nötig ist. Meinst du, im Herzen eines solchen Mannes sei Platz für mich?« Sie lächelte traurig. »Aber du brauchst mich nicht zu bedauern. Noch bin ich ja die Königin von Makedonien und vor allem die Mutter Alexanders.«

Der junge Prinz erhob sich seufzend.

»Ich werde jeden Tag an dich denken, Mama«, sagte er. »Und ich verspreche dir, daß ich schreibe und dich besuchen komme, sooft es mir möglich ist. Aber du vergiß nicht, daß mein Vater besser ist als viele andere Männer. Als die Mehrheit der Männer, die ich kenne.«

»Ich weiß«, erwiderte Olympias, indem sie ebenfalls aufstand und auf ihn zutrat. »Darf ich dich umarmen?«

Alexander drückte sie an sich und spürte ihre heißen Tränen auf seiner Wange.

»Leb wohl«, sagte sie, und als er das Zimmer verlassen hatte, sank sie auf ihren Stuhl zurück und starrte ins Leere.

Der Abschied von Kleopatra war nicht weniger schwer. Das Mädchen warf sich ihm sofort weinend an den Hals.

»Komm schon«, sagte Alexander tröstend. »Ich gehe nicht ins Exil, sondern nur nach Mieza. Das ist ein paar Gehstunden von hier entfernt. Du kannst mich besuchen kommen, wann immer du möchtest – unser Vater hat es ausdrücklich erlaubt.«

Kleopatra trocknete ihre Tränen und schneuzte sich. »Das sagst du nur, damit ich nicht heule«, meinte sie mit weinerlicher Stimme.

»Überhaupt nicht. Und meine Freunde kannst du in Mieza

auch besuchen. Von denen macht dir doch mehr als einer den Hof, hab' ich recht?«

Kleopatra zuckte mit den Schultern.

»Gefällt dir keiner von ihnen?«

Das Mädchen antwortete nicht.

»Weißt du, was gemunkelt wird?«

Nun wurde Kleopatra doch ein bißchen neugierig. »Was?« fragte sie.

»Daß du Perdikkas besonders magst. Na ja ... andere behaupten Eumenes. Es sind nicht zufällig beide, oder?«

»Ich mag nur dich«, erwiderte sie und warf sich ihm erneut an den Hals.

»Schön wär's«, lachte Alexander. »Aber ich weiß nur zu gut, daß du schwindelst. Wäre ja auch nichts dabei, wenn dir einer von den Jungs gefiele. Klar, du darfst dir keine Illusionen machen, deinen zukünftigen Ehemann sucht sowieso unser Vater aus ... So betrachtet, ist es vielleicht besser, du verliebst dich erst gar nicht, sonst leidest du nur.«

»Ich weiß«, sagte Kleopatra.

»Von mir aus kannst du einmal heiraten, wen du möchtest«, meinte Alexander. »Aber wie ich Papa kenne, wird er aus deiner Hochzeit politischen Nutzen ziehen wollen – eine so einmalige Gelegenheit läßt er sich bestimmt nicht entgehen ... Zumal es haufenweise Männer gibt, die alles tun würden, um dich zu bekommen. Du bist eben sehr schön, Schwesterchen!« Er hielt sie ein Stück von sich weg und sah ihr in die Augen: »Also, versprichst du mir, daß du mich besuchen kommst?«

»Ja, ich verspreche es.«

»Und daß du nicht weinst, wenn ich jetzt gleich zu dieser Tür hinausgehe?«

Kleopatra nickte, während zwei dicke Tränen über ihre Wangen kullerten. Alexander gab ihr einen letzten Kuß und ging.

Den Rest des Abends verbrachte er mit seinen Freunden; sie hatten ein großes Abschiedsfest für ihn veranstaltet. Zum erstenmal in seinem Leben betrank Alexander sich richtig, und die andern auch. Da sie es aber nicht gewöhnt waren, wurde ihnen durch die Bank schlecht. Die meisten erbrachen sich, und Peritas, der nicht nachstehen wollte, pinkelte auf den Fußboden. Als Alexander sich in sein Schlafzimmer begeben wollte, merkte er, daß das gar nicht so leicht war. Aber plötzlich erschien im Dunkeln eine Laterne, und irgend jemand griff ihm unter die Arme, half ihm ins Bett, wischte ihm mit einem feuchten Tuch übers Gesicht, benetzte seine Lippen mit Granatapfelsaft und verschwand dann wieder. Später kam dieser Jemand mit einer Tasse heißem Kamillentee zurück, half ihm beim Trinken und deckte ihn sorgfältig zu.

In einem hellen Moment erkannte Alexander sie: Es war Leptine.

Mieza war an sich schon ein zauberhafter Ort: am Fuße des Bermion in ein grünes Tal eingebettet, von Eichenwäldern umgeben und von einem kristallklaren Bach durchflossen. Das Anwesen aber, das Philipp für ihn hatte richten lassen, war so atemberaubend schön, daß Alexander überzeugt war, der Gärtner habe den persischen Gästen das eine oder andere Geheimnis abgelauscht, um auch in Makedonien ein »Paradies« zu schaffen, wie man sie aus Elam oder der Susiane kannte.

Ein alter Jagdsitz war vollständig erneuert und verändert worden, so daß es nun neben zahlreichen Gästezimmern mehrere Studierzimmer mit Bibliotheken, ein Odeon für Musikaufführungen und sogar ein kleines Theater beherbergte – Aristoteles' Vorliebe für die dramatische Kunst, besonders für die Tragödie, aber auch für die Komödie, war allgemein bekannt.

Es gab auch einen Raum für Pflanzenbestimmungen und

ein pharmazeutisches Labor. Was Alexander jedoch am meisten beeindruckte, war das Zeichen- und Malatelier und die daran angrenzende Gießerei, die mit den modernsten Werkzeugen ausgestattet war; in Wandregalen waren fein säuberlich die hochwertigen Arbeitsmaterialien angeordnet: Ton- und Wachsklumpen sowie Zinn-, Kupfer- und Silberbarren, die alle den Stempel der Argeaden in Form eines sechzehnstrahligen Sterns als Garantie für Güte und Gewicht trugen.

Alexander wußte, daß er im Zeichnen recht gut war, er hätte ein kleines helles Atelier mit Zeichenkohle und weiß grundierten Gemäldetafeln erwartet, mehr aber auch nicht. Diese aufwendig eingerichtete Künstlerwerkstatt kam ihm übertrieben vor.

»Was du hier siehst, ist nicht nur für dich«, sagte der Aufseher, als habe er seine Gedanken gelesen. »Wir erwarten einen Gast, aber dein Vater hat mir strengstens verboten, dir seinen Namen zu verraten. Es soll eine Überraschung werden.«

»Und wo ist er?« fragte Alexander.

»Komm mit.« Der Aufseher führte ihn an eines der Erdgeschoßfenster, es ging auf den Innenhof des Gebäudes hinaus. »Dort ist er«, sagte er und deutete auf den ältesten in einer Gruppe von drei Personen, die im Ostflügel des Portikus umherwandelten.

Alexander fiel die kerzengerade Haltung und der gemessene Schritt des Mannes auf, der um die Vierzig sein mochte und ziemlich mager war. Seine kleinen, lebhaften Augen verfolgten aufmerksam die Gesten seiner Gegenüber und schienen ihnen förmlich die Worte von den Lippen ablesen zu wollen.

Gleichzeitig entging ihm aber nichts von dem, was um sie herum vor sich ging.

Alexander merkte sofort, daß er ihn beobachtete, obwohl er nicht einmal den Kopf nach ihm umgedreht hatte. Er trat also ins Freie hinaus und wartete, daß der Mann auf seinem Gang durch den Portikus an ihm vorbeikam.

Wenig später hatte er Aristoteles vor sich: Seine Augen waren grau und wurden von einer hohen, klaren Stirn überwölbt, die zwei tiefe Falten durchfurchten. Die eingefallenen Wangen betonten seine an sich schon stark hervortretenden Backenknochen, und der ebenmäßige Mund wurde von einem dichten, sehr gepflegten Vollbart eingerahmt, der seinem ganzen Gesicht einen Ausdruck tiefer Nachdenklichkeit verlieh.

Alexander fiel auf, daß der Philosoph sich das schüttere Nackenhaar nach vorn kämmte, um seine Glatze zu vertuschen; Aristoteles merkte es und bekam einen ganz eisigen Blick, woraufhin der Prinz sofort die Augen niederschlug.

»Es freut mich, dich kennenzulernen«, sagte Aristoteles und reichte ihm die Hand. »Darf ich dir meine Begleiter vorstellen: Das ist mein Neffe Kallisthenes, er befaßt sich mit dem Studium der Literatur und der Geschichte; und hier zu meiner Linken, das ist Theophrast, der bekannte Zoologe und Botaniker, du hast vielleicht schon von ihm gehört. Als wir deinem Vater zum erstenmal in der Stadt Assos begegneten, sind Theophrast sofort die langen Speerstangen eurer Soldaten aufgefallen. Und als der König mit seiner Ansprache fertig war, weißt du, was Theophrast mir da ins Ohr geflüstert hat? ›Männliche Kornelkirschstecklinge, im August bei Neumond gefällt, eine Zeitlang gelagert, abgeschmirgelt und zum Schluß mit Bienenwachs behandelt. Das Härteste und zugleich Biegsamste, was das Pflanzenreich hergibt.‹ Ist das nicht phantastisch?«

»Doch, wirklich«, erwiderte Alexander und drückte zuerst Aristoteles und dann seinen beiden Assistenten die Hand. »Herzlich willkommen in Mieza«, fuhr er fort. »Es wäre mir eine große Ehre, mit euch zu Mittag zu speisen.«

Aristoteles, der ihn vom ersten Moment an eindringlich gemustert hatte, war zutiefst beeindruckt von ihm. »Philipps Junge«, wie sie ihn in Athen nannten, hatte einen ungewöhnlich tiefgründigen Blick, wunderbar harmonische Gesichtszüge und eine tiefe, warme Stimme. Alles an ihm deutete auf unbändige Lebenslust und Wißbegier, aber auch auf Ausdauer und Fleiß hin.

Peritas, der in diesem Moment mit freudigem Bellen in den Hof gerannt kam und sich sofort auf Alexanders Ledersandalen stürzte, unterbrach den stummen Augenkontakt zwischen Meister und Schüler.

»Was für ein hübscher Rüde«, bemerkte Theophrast.

»Er heißt Peritas«, sagte Alexander, indem er sich zu dem kleinen Hund hinunterbeugte und ihn auf den Arm nahm. »Ich habe ihn von meinem Onkel geschenkt bekommen. Seine Mutter ist auf unserer letzten Jagd von einer Löwin getötet worden.«

»Er hat dich sehr lieb«, bemerkte Aristoteles.

Alexander gab darauf keine Antwort und forderte sie statt dessen auf, ihm in den Speisesaal zu folgen. Dort bat er sie, vor den niederen Tischen Platz zu nehmen, dann streckte auch er sich, Aristoteles gegenüber, auf einer Liege aus.

Ein Diener brachte einen Krug Wasser und eine Schüssel für die Handwaschung und reichte ein Handtuch herum. Ein anderer begann das Mittagessen zu servieren: hartgekochte Wachteleier und Hühnerbrühe, danach Taubenbraten, Brot und Wein aus Thasos. Ein dritter Diener stellte eine Schüssel mit Peritas' Fressen neben Alexander auf den Boden.

»Glaubst du wirklich, daß Peritas mich liebhat?« fragte Alexander, während er dem kleinen Hund zusah, der sich schwanzwedelnd über seinen Napf hermachte.

»Davon bin ich überzeugt«, erwiderte Aristoteles.

»Aber würde das nicht heißen, daß ein Hund Gefühle und damit eine Seele hat?«

»Diese Frage übersteigt dein Begriffsvermögen«, antwortete Aristoteles, während er sich ein Wachtelei schälte. »Und meins auch. Sie läßt sich nicht sicher beantworten. Tut mir leid, Alexander, aber einen guten Lehrer erkennt man daran, daß er ehrliche Antworten gibt, vergiß das nie.

Ich werde dir beibringen, wie man Tiere und Pflanzen an bestimmten Merkmalen erkennt und in Arten und Gattungen einteilen kann. Ich werde dir zeigen, wie du mit Hilfe deiner Augen, Ohren und Hände die Natur um uns herum erforschen und begreifen kannst. Die Natur begreifen heißt auch die Gesetze begreifen, denen sie gehorcht, wenigstens bis zu einem gewissen Grad.

Siehst du dieses Ei hier? Dein Koch hat es abgekocht und damit seinen Werdegang unterbrochen, aber im Innern dieser Schale war ein Vogel angelegt, ein Vogel, der gehen, fliegen, fressen, sich fortpflanzen kann und im Herbst über riesige Entfernungen hinweg gen Süden zieht. Als Ei ist es nichts von alledem, aber es trägt bereits die Merkmale seiner Art in sich, die Form sozusagen.

Die Form wirkt in der Materie mit unterschiedlichen Resultaten oder Folgen. Peritas ist eine dieser Folgen, genau wie du und ich.« Er biß in das Ei. »Und wie es dieses Ei gewesen wäre, wenn es ein Vogel hätte werden können.«

Alexander sah ihn an. Der Unterricht hatte bereits begonnen.

13

»Ich habe ein Geschenk für dich«, verkündete Aristoteles, als er in die Bibliothek kam. Er hatte eine Holzschatulle in der Hand, die dem Anschein nach sehr alt war.

»Danke«, sagte Alexander. »Was ist das?«

»Mach es auf«, erwiderte der Philosoph und reichte ihm die Schatulle.

Alexander nahm sie entgegen, stellte sie auf einen Tisch und öffnete sie. Zum Vorschein kamen zwei dicke Papyrusrollen, an deren Stäben jeweils ein mit roter Tinte beschriftetes weißes Kärtchen hing.

»Die ›Ilias‹ und die ›Odyssee‹!« rief Alexander begeistert aus. »Was für ein schönes Geschenk! Die wollte ich schon so lange haben. Nochmals vielen Dank!«

»Es handelt sich um eine ziemlich alte Ausgabe«, erklärte Aristoteles, indem er auf die Überschrift deutete. »Eine der ersten Kopien der Athener Version von Pisistratus. Ich habe sie auf eigene Kosten abschreiben lassen, als ich noch auf der Akademie war. Und es freut mich, dir eine davon schenken zu können.«

Kunststück, so wie du von Philipp bezahlt wirst, dachte sich der Aufseher, der ebenfalls anwesend war, aber natürlich sagte er das nicht laut, sondern fuhr schweigend damit fort, den Unterrichtsraum nach Aristoteles' Anweisungen herzurichten.

»Ein junger Mann kann viel aus den alten Epen lernen«, sagte der Philosoph. »Ich betrachte sie als Grundbaustein seiner Erziehung. Und genauso wichtig ist es, daß er Aufführungen von Tragödien besucht«, fuhr er fort. »Beide erwecken Bewunderung beim Leser oder Zuschauer, Bewunderung für die edlen Taten der Helden und für ihren Großmut, der ja um so nobler ist, als sie oft schwer gelitten und ihr Leben für die Gemeinschaft und ihre Ideale geopfert haben. Viele müssen auch fürchterlich büßen, weil sie oder ihre Vorfahren die Götter beleidigt haben, wie du weißt. All dies ist höchst lehrsam für einen jungen Mann wie dich, meinst du nicht?«

»Doch, ja«, erwiderte Alexander, während er die Schatulle behutsam wieder verschloß. »Aber eins möchte ich dich trotzdem fragen: Warum wollen du und mein Vater mich zu einem Griechen erziehen? Warum kann ich nicht einfach ein Makedone sein?«

»Interessante Frage, Alexander, doch um sie dir beantworten zu können, muß ich dir zunächst erklären, was es heißt, Grieche zu sein. Erst wenn du das verstanden hast, kannst du entscheiden, ob du meine Lehren wirklich annehmen möchtest.« Aristoteles ließ sich nieder. »Grieche sein ist die einzige Form menschenwürdigen Daseins, Alexander. Du kennst doch die Sage von Prometheus, nicht?«

»Ja, das war der Titanensohn, der den Göttern das Feuer geraubt hat, um es den Menschen zu geben und sie aus ihrem Elend zu befreien.«

»Richtig. Nun wisse aber, daß die Menschen, seit sie über den Zustand der gröbsten Primitivität hinaus sind, immer bestrebt waren, in Gemeinschaften zu leben; sie haben sich organisiert und dabei im wesentlichen drei Formen entwickelt: die Monarchie, in der ein einziger herrscht, die Oligarchie, in der einige wenige herrschen, und die Demokratie, in der die Macht auf alle Staatsbürger verteilt ist. Letztere ist der höchste Ausdruck des Griechentums.

Hier in Makedonien ist das Wort deines Vaters Gesetz. In Athen dagegen regieren Männer, die mehrheitlich vom Volk gewählt wurden. Und selbst dann kann ein Flickschuster oder ein einfacher Lastenträger in jeder Volksversammlung aufstehen und verlangen, daß ein von der Regierung verabschiedeter Erlaß noch einmal zurückgenommen wird – einzige Voraussetzung ist, daß er eine ausreichende Anzahl von Mitbürgern findet, die ihn dabei unterstützen.

In Ägypten, in Persien und auch in Makedonien gibt es einen einzigen freien Mann: den König. Alle anderen sind Knechte.«

»Aber die Adligen . . .«, warf Alexander zögerlich ein.

»Die Adligen auch. Sie genießen natürlich mehr Privilegien, führen ein angenehmeres Leben, aber auch sie müssen gehorchen.«

Aristoteles schwieg, um seine Worte auf die Seele des jungen Mannes einwirken zu lassen, denn daß sie ihn getroffen hatten, war deutlich sichtbar.

»Du hast mir die Epen des Homer geschenkt«, erwiderte Alexander nach einer Weile, »die ich zu einem Großteil schon kenne. In der ›Ilias‹ gibt es eine Szene, ich kann mich gut an sie erinnern, in der Thersites mitten in einer Heeresversammlung aufsteht und den König beschimpft. Odysseus schlägt ihn zur Strafe mit seinem Zepter und sagt: ›Nicht ist gut, wenn die Vielen herrschen, einer sei Herrscher, einer König, welchem der Sohn des verschlagenen Kronos Zepter und Satzungen gab, mit ihnen als König zu herrschen.‹ Das sind die Worte Homers.«

»Richtig. Aber Homer erzählt aus einer sehr alten Zeit, in

der Könige wegen der ungemein harten Lebensbedingungen und der ständigen Barbareneinfälle unentbehrlich waren; selbst die Natur war damals noch eine einzige Wildnis voll gefährlicher Raubtiere und Ungeheuer. Ich habe dir die Epen des Homer geschenkt, damit du lernst, die vornehmsten unter deinen Gefühlen zu kultivieren und Werte wie Freundschaft, Tapferkeit und Worthalten zu respektieren. Aber der Mensch von heute ist ein politisches Wesen, Alexander. Daran besteht kein Zweifel. Die einzige Umgebung, in der er sich entwikkeln kann, ist die *Polis,* die Stadt, so wie sie von den Griechen erdacht wurde.

Einzig die Freiheit gestattet dem Geist, sich auszudrücken, schöpferisch tätig zu sein, große Dinge hervorzubringen. Schau: Der Idealfall wäre, wenn alle Menschen im Alter virtuos zu regieren verstünden, nachdem sie in ihrer Jugend virtuos zu gehorchen verstanden haben.«

»Genau das, was ich jetzt mache und in Zukunft machen will«, sagte Alexander.

»Ja, aber du bist nur ein einzelner«, erwiderte Aristoteles. »Ich meine Tausende von Bürgern, die alle gleichgestellt sind und im Schutze des Gesetzes und der Gerechtigkeit leben. Gesetz und Gerechtigkeit machen Ehre, wem sie gebührt, sie regeln Geschäfte und Handel, bestrafen und korrigieren den, der einen Fehltritt begangen hat. Die Gemeinschaften der Griechen werden nicht von Bluts-, Stammes- und Familienbanden zusammengehalten, wie etwa die makedonische, sondern allein vom Gesetz, vor dem alle Bürger gleich sind. Das Gesetz gleicht die Mängel und Schwächen des einzelnen aus, es verhindert Konflikte und Wettstreit, belohnt Unternehmungsgeist und Tatendrang, gibt den Starken Mut und stützt die Schwachen. In so einer Gesellschaft ist es keine Schande, arm und von niederer Herkunft zu sein, wohl aber, nichts dagegen zu unternehmen.«

Alexander schwieg und dachte über das Gehörte nach.

»Und damit du eine praktische Vorstellung von alledem bekommst, möchte ich dir jetzt etwas zeigen«, sagte Aristoteles. »Komm mit.«

Sie verließen das Gebäude durch eine Nebentür und begaben sich zu der Gießerei, in die sie von außen durch ein kleines Fenster hineinschauten.

»Da, siehst du den Mann dort?«

Alexander nickte. Sein Meister hatte auf einen etwa vierzigjährigen Mann gedeutet; er trug eine kurze Arbeitstunika und eine Lederschürze und hatte zwei Helfer neben sich, von denen einer um die sechzehn, der andere um die zwanzig Jahre alt sein mochte. Die drei waren damit beschäftigt, Werkzeug zu ordnen, den Schmelztiegel an eine dicke Kette zu hängen und Kohle ins Schmiedefeuer zu schaufeln.

»Weißt du, wer das ist?« fragte Aristoteles.

»Nein, nie gesehen.«

»Das ist der größte Künstler, den es heute überhaupt gibt: Lysippos von Sikyon.«

»Der berühmte Lysipp ... Ich habe im Heratempel mal eine Skulptur von ihm gesehen.«

»Willst du wissen, was er war, bevor er Künstler geworden ist? Er war Gießereigehilfe. Fünfzehn Jahre lang hat er als simpler Handlanger in einer Gießerei gearbeitet, für zwei Obolus Lohn am Tag. Und weißt du, wie er der göttliche Lysipp geworden ist? Dank der Verfassung seiner Stadt. Denn die *Polis* verhilft dem Talent zu seiner Entfaltung und gestattet es jedem Menschen, wie eine Pflanze zu sprießen und zu wachsen.«

Alexander betrachtete den neu angekommenen Gast neugierig: Er war ungemein kräftig, beinahe vierschrötig, hatte breite Schultern, muskulöse Arme und lange, knorrige Hände, denen man ansah, daß sie an harte Arbeit gewöhnt waren.

»Was macht er hier?«

»Das soll er dir selbst sagen. Komm, ich stelle euch vor.«

Sie betraten die Werkstatt.

Alexander grüßte und sagte:

»Ich bin Alexander, der Sohn Philipps, des Königs von Makedonien. Willkommen in Mieza, Lysippos. Es ist mir eine Ehre, dich kennenzulernen. Das ist mein Lehrer: Aristoteles, der Sohn von Nicomachos aus Stagyra – in gewisser Weise auch ein Makedone.«

Lysipp grüßte ebenfalls und stellte seine beiden Schüler Archelaos und Chares vor. Während er sprach, fühlte Alexander ständig seinen Blick auf sich ruhen, und dieser Eindruck war völlig richtig, denn der Künstler zeichnete mit dem Auge seine Gesichtszüge nach, um sie sich ins Gedächtnis einzuprägen.

»Dein Vater hat mir aufgetragen, dein Porträt in Bronze zu gießen. Ich würde gerne wissen, wann du mir Modell sitzen kannst.«

Alexander sah Aristoteles an, der lächelnd sagte: »Wann du möchtest, Lysippos. Ich kann auch mit Alexander sprechen, während du ihn porträtierst ... Ich meine, wenn es dich nicht stört.«

»Im Gegenteil«, erwiderte Lysippos. »Es ist für mich ein großes Privileg, dir zuhören zu dürfen.«

»Was für einen Eindruck hast du von dem Jungen?« fragte Aristoteles den Künstler, nachdem Alexander gegangen war, um Archelaos und Chares den Palast zu zeigen.

»Er sieht aus wie ein junger Gott.«

14

Das Leben in Mieza war einem strengen Rhythmus unterworfen. Alexander und seine Kameraden wurden vor Sonnenaufgang geweckt und nahmen ihr Frühstück, den sogenannten »Nestor-Pokal«, ein, dessen Rezept bereits in der »Ilias« beschrieben ist: im wesentlichen eine Mischung aus rohen Eiern, Honig, Wein und Mehl. Danach ritt man unter Aufsicht des Reitlehrers zwei Stunden aus.

Kaum in den Palast zurückgekehrt, war die Kampf- und Waffenausbildung an der Reihe: Ringkampf, Fechten, Laufen, Bogenschießen sowie Speer- und Lanzenwerfen. Den Rest des Tages verbrachten die Jungen unter der Aufsicht Aristoteles' und seiner Assistenten.

Bisweilen wurde statt der üblichen Leibesübungen eine Jagd veranstaltet, besonders wenn Gäste im Haus waren. In den Wäldern um Mieza wimmelte es von Wildschweinen, Hirschen, Rehen, Wölfen, Bären und Luchsen; hin und wieder ließ sich auch ein Löwe blicken.

Als die Jungen eines Tages von einer solchen Jagdpartie zurückkamen, wurden sie schon unterm Eingangstor von einem seltsam gekleideten Aristoteles empfangen. Der Philosoph trug kniehohe Stiefel aus gegerbtem Leder und eine Schürze mit Brustlatz. Er untersuchte eins nach dem anderen die erlegten Beutetiere und deutete dann auf eine Wildsau, die sichtlich trächtig war.

»Würdest du mir die bitte in mein Labor schaffen?« bat er den Jagdaufseher und gab Alexander ein Zeichen, ihm zu folgen. Die nächste Lektion war also nur für ihn gedacht.

Im Labor wurde das tote Tier auf einen großen Tisch gelegt, neben dem Theophrast fein säuberlich eine Reihe von Skalpellen angeordnet hatte; sie waren alle scharf geschliffen und glänzten wie neu.

Aristoteles ließ sich eins davon reichen und wandte sich dem jungen Prinzen zu: »Wenn du nicht zu müde bist, hätte ich gern, daß du dieser Operation beiwohnst. Du kannst enorm viel dabei lernen. Da hast du Schreibmaterial«, fügte er hinzu und deutete auf ein Stehpult, auf dem Feder, Tinte und mehrere Papyrusbogen lagen. »Mach dir Notizen und halte fest, was du während der Sezierung beobachtest.«

Alexander stellte Pfeile und Bogen in eine Ecke, griff nach Feder und Papier und näherte sich dem Tisch.

Der Philosoph schnitt den Bauch der Wildsau auf, aus deren Uterus sofort sechs Frischlinge zum Vorschein kamen. Sie wurden einzeln abgemessen.

»Die Sau hätte in zwei Wochen geworfen«, stellte er fest.

»Schau, das ist der Uterus, also die Gebärmutter, in der die Föten heranwachsen. Und hier, dieser Sack, das ist die Plazenta.«

Alexander hatten der Geruch und der Anblick der blutigen Innereien im ersten Moment etwas abgestoßen, aber jetzt begann er sich Notizen zu machen und kurz darauf auch zu zeichnen.

»Siehst du? Die Organe eines Wildschweins oder überhaupt eines Schweins sind denen des Menschen sehr ähnlich.

Da: Das sind die Lungen, mit denen das Tier atmet – man könnte sie mit Blasebälgen vergleichen. Und diese Membran hier, die den oberen, edleren Teil der Eingeweide vom unteren trennt, nennt man den *Phren;* unsere Vorfahren hielten ihn für den Sitz der Seele. Im Griechischen sind alle Wörter, die mit dem Denken oder dem Verstand zu tun haben, von dem Begriff *Phren* abgeleitet – auch der Wahnsinn, bei dem es sich um einen Verfall des Denkvermögens handelt. *Phren,* also. Eine Membran.«

Alexander hätte gerne gefragt, was den *Phren* bewegte, was ihn dazu veranlaßte, sich rhythmisch zu heben und zu senken, aber er wußte schon, was sein Meister erwidert hätte: »Auf komplexe Probleme gibt es keine einfachen Antworten.« Und deshalb schwieg er lieber.

»So, und hier hätten wir das Herz – im Grunde eine Pumpe wie die, mit der man Schiffe leer pumpt, nur unendlich viel komplizierter und leistungsfähiger. Im Herzen siedelt unsereins für gewöhnlich die Gefühle und den Intellekt an, denn es schlägt schneller, beschleunigt also, wenn der Mensch zornig ist, verliebt oder einfach nur unzüchtig. In Wirklichkeit beschleunigt es aber auch, wenn wir eine Treppe hinaufsteigen, und das beweist, daß es das Zentrum *jeglicher* Lebensfunktion des Menschen ist, und nicht nur seiner Gefühle.«

»Stimmt«, gab Alexander zu, während er verblüfft auf die blutigen Hände starrte, die in den Eingeweiden des Wildschweins herumwühlten.

»Wenn der Mensch intensiver lebt, muß sein Blut schneller kreisen – das könnte eine plausible Erklärung dafür sein. Wie du siehst, gibt es zwei Blutkreisläufe, die völlig voneinander getrennt sind: einen, der das Blut vom Herzen wegtransportiert, und einen, der es dorthin zurückbringt. Auch in diesem Punkt sind wir den Tieren sehr ähnlich«, sagte Aristoteles, während er sein Skalpell ablegte. »Den großen Unterschied zwischen Mensch und Tier macht etwas anderes aus«, fuhr er fort, indem er sich von Theophrast Hammer und Meißel reichen ließ und mit wenigen nüchternen und geübten Schlägen den Schädel des Wildschweins spaltete. »Das Gehirn. Unser Gehirn ist um ein Vielfaches größer. Ich habe immer gedacht, daß alle diese Windungen dazu dienen, unsere Körpertemperatur abzukühlen, aber wie es scheint, ist die Körperwärme des Menschen nicht höher als die der Tiere . . . eine Frage, mit der ich mich gelegentlich noch eingehend befassen muß.«

Damit war die Sezierung beendet. Aristoteles wies seinen Assistenten Theophrast an, die Instrumente zu reinigen, wusch sich selbst die Hände und ließ sich dann Alexanders Notizen und Zeichnungen reichen.

»Ausgezeichnet«, sagte er. »Besser hätte ich es auch nicht hinbekommen. So, und jetzt kannst du das Tier dem Schlachter übergeben. Früher habe ich sehr gerne Blutwurst und andere Würste gegessen, aber leider verdaue ich sie seit einiger Zeit nicht mehr gut. Sei so freundlich und laß mir zum Abendessen ein schönes Rippenstück braten.«

Ein anderes Mal überraschte Alexander seinen Meister bei einer ähnlichen Operation, nur daß er diesmal etwas viel, viel Kleineres unter dem Messer hatte, ein gerade zehn Tage angebrütetes Ei nämlich.

»Meine Augen sind leider nicht mehr das, was sie mal waren; ich muß mir von Theophrast helfen lassen. Aber du, Alexander, paß gut auf! Das nächste Mal wirst du mir assistieren.«

Theophrast hielt mit Daumen und Zeigefinger eine hauchdünne Klinge, die er mit unglaublicher Präzision handhabte. Er hatte Eiweiß und Eigelb getrennt und dann aus dem Dotter den winzigen Hühnerfötus herausgeschält.

»Schon nach zehn Tagen Brut kann man das Herz und die Lungen des Kükens erkennen. Siehst du sie? Müßtest du eigentlich, du hast doch gute Augen!«

Theophrast deutete auf die beiden kleinen Blutklümpchen, die der Meister meinte.

»Ja, ich sehe sie«, bestätigte Alexander.

»Schön. Und nach demselben Mechanismus entsteht aus einem Samen eine Pflanze, stell dir vor.«

Alexander sah ihm in die kleinen, grauen Augen. »Hast du so etwas auch schon mit menschlichen Wesen gemacht?« fragte er.

»Mehr als einmal! Ich habe Embryonen von wenigen Wochen seziert. Die hat eine Hebamme mir beschafft; sie arbeitete in einem Athener Bordell, half den Prostituierten abzutreiben.«

Der junge Mann erblaßte.

»Du brauchst dich vor der Natur nicht zu fürchten«, sagte Aristoteles. »Soll ich dir was sagen? Je näher die Lebewesen dem Augenblick ihrer Zeugung sind, desto mehr ähneln sie sich untereinander.«

»Heißt das, daß alle Formen des Lebens letztendlich denselben Ursprung haben?«

»Möglicherweise, aber nicht sicher. Das Problem ist, mein Junge, daß es so viel zu erforschen gibt, das Menschenleben aber so kurz ist und die nötigen Mittel meistens fehlen. Begreifst du, weshalb es so schwierig ist, Antworten zu geben? Wir müssen uns in Bescheidenheit üben ... untersuchen, beschreiben, katalogisieren, geduldig einen Schritt nach dem andern machen. Nur so gelangen wir zu immer höherer Kenntnis – Stufe um Stufe.«

»Natürlich, verstehe«, Alexander nickte, aber sein Gesicht verriet eine Spannung, die diesen Worten widersprach. Es war, als sei die vom Meister gepredigte Geduld unvereinbar mit seinem Drang, die Welt kennenzulernen.

Eine ganze Zeitlang beschränkte Lysipp sich darauf, zu den Unterrichtsstunden zu erscheinen. Und während Aristoteles sprach oder eines seiner Experimente vorführte, zeichnete und skizzierte er Alexanders Gesicht auf Papyrusbogen oder auf Holztafeln, die mit Gips und Zinkweiß grundiert waren. Doch eines Tages trat er auf den jungen Prinzen zu und sagte: »Ich bin soweit.«

Von dem Moment an mußte Alexander mindestens eine Stunde am Tag in der Werkstatt des Meisters Modell stehen. Lysipp formte sein Porträt aus einem dicken Tonklumpen. Flink huschten seine Finger über die feuchte Masse und suchten Formen, die er im Kopf hatte oder Bruchteile von Sekunden lang auf dem Antlitz seines Modells erkannte, und sei es nur in einem Aufleuchten seiner Augen.

Oft zerstörte er auch wieder, was er soeben geformt hatte, ebnete den Ton wieder ein, um augenblicklich von vorn zu beginnen, zu probieren, ob es ihm diesmal nicht besser gelang, ein bestimmtes Gefühl, einen Eindruck, eine blitzartige Intuition festzuhalten.

Alexander hatte selten jemanden erlebt, der so hingebungsvoll, so hartnäckig und ausdauernd arbeitete wie Lysipp.

Auch Aristoteles sah ihm gerne zu, verfolgte fasziniert den Tanz seiner Finger auf dem Ton, die geheimnisvolle Sensibilität seiner großen Hände, die ja die Hände eines Schmieds gewesen waren und sich nun in der feinfühligen, nahezu perfekten Nachahmung der Natur übten.

Das ist nicht er, dachte er in solchen Momenten. Das ist nicht Alexander ... Lysippos modelliert den jungen Gott, den er vor sich zu haben glaubt, einen Gott mit den Augen und Lippen, mit der Nase und den Haaren Alexanders, der aber doch nicht er ist, sondern mehr und zugleich weniger als er.

Der Gelehrte beobachtete den Künstler, er studierte seinen konzentrierten, fiebrigen Blick, diesen Zauberspiegel, der die wahre Erscheinung aufnahm und sie in veränderter Gestalt zurückgab, wiedererschaffen von seinen Händen und davor noch von seinem Geiste.

Das Tonmodell war bereits nach drei Sitzungen fertig, obwohl Lysipp es wohl tausendmal neu- und umgeformt hatte.

Danach kam das Wachsmodell an die Reihe, es würde später schmelzen und doch ewig in Bronze überleben.

Goldene Sonne durchflutete die Werkstatt, als der Künstler die Platte, auf der das Modell stand, drehte und Alexander sein Porträt zeigte.

Der junge Mann starrte wie vom Blitz getroffen auf sein Bildnis. Es kam ihm wie ein Wunder vor: Dieses Antlitz aus blassem, durchscheinendem Wachs war tatsächlich sein Gesicht! Er war zutiefst ergriffen.

Auch Aristoteles wollte sich das Kunstwerk aus der Nähe ansehen, und dabei verließen ihn fast die Kräfte, so unglaublich herrlich war es – wild zerzaustes Haar umrahmte ein Gesicht von übermenschlicher Schönheit, die Stirn wirkte in ihrer Heiterkeit geradezu majestätisch, die leicht mandelförmigen Augen wurden von einer rätselhaften Melancholie überschattet, der Mund mit den scharf gezeichneten, aber sanft geschwungenen Lippen hatte etwas Gebieterisches und zugleich unglaublich Sinnliches. Das war mehr als ein Porträt, viel, viel mehr.

In diesem Augenblick sagte keiner ein Wort. Tiefer Friede herrschte in dem Raum, in den die Abendsonne ihr sanftes Licht ergoß. Alexander mußte an die Worte seines Lehrers denken: Die Form gestaltet die Materie, der Intellekt regiert das Chaos, die Seele drückt dem vergänglichen Fleisch ihren Stempel auf. Er drehte sich nach Aristoteles um, der mit seinen kleinen, grauen Sperberaugen ein Wunderwerk betrachtete, das selbst ein Genie wie er kaum fassen konnte, und fragte ihn: »Was hältst du davon?«

Der Philosoph riß seinen Blick von dem Porträt los und richtete ihn auf den Künstler, der erschöpft auf einen Hocker gesunken war, als hätte er in seinem kreativen Furor alle Energien verbraucht.

»Wenn es einen Gott gibt«, sagte Aristoteles, »dann hat er die Hände Lysipps.«

15

Lysippos blieb den ganzen Frühling über in Mieza. Alexander freundete sich bald auch mit seinen Gehilfen an, die ihm unterhaltsame Geschichten über die Kunst und den Charakter des Meisters erzählten.

Er mußte Lysipp noch oft Modell stehen, hauptsächlich für Statuen, aber auch für ein Reiterstandbild. Einmal kam er in die Werkstatt, als der Meister zufällig nicht da war, und entdeckte unter den Zeichnungen, die sich auf dem Arbeitstisch häuften, ein herrliches Porträt von Aristoteles.

»Gefällt er dir?« hörte er den Bildhauer plötzlich hinter sich fragen.

Alexander drehte sich erschrocken um.

»Entschuldige, daß ich in deinen Sachen herumstöbere«, sagte er verlegen. »Aber diese Zeichnung hier, die ist wirklich phantastisch. Hat Aristoteles dir Modell gesessen?«

»Nein, ich habe ihn beim Spazierengehen und Unterrichtgeben beobachtet und flüchtig skizziert. Möchtest du das Porträt haben?«

»Nein, besser, du behältst es. Vielleicht mußt du von ihm ja auch noch irgendwann eine Statue machen ... ein so großer Weiser wie Aristoteles hätte es wahrhaftig verdient. Eigentlich noch mehr als ein König oder Prinz, findest du nicht?«

»Ich glaube, alle drei haben es verdient – vor allem, wenn auch der König und der Prinz weise sind«, erwiderte Lysipp schmunzelnd.

Von Zeit zu Zeit bekam Alexander Besuch von zu Hause, und manchmal konnte er über Monate hinweg das frühere Gemeinschaftsleben mit seinen Freunden wieder aufnehmen, besonders wenn Aristoteles zu irgendwelchen persönlichen Forschungen oder im Auftrag Philipps unterwegs war. Andere Male begab er selbst sich nach Pella, um seine Eltern und Kleopatra zu besuchen, die jeden Tag hübscher wurde. Wenn er dann nach Mieza zurückkehrte, machte er sich mit neuer Begeisterung an seine Studien. Sie nahmen ihn mittlerweile geistig wie physisch völlig in Anspruch.

Aristoteles war übrigens nicht nur in der Forschung sehr methodisch, sondern auch in seiner Unterrichtsplanung. Damit keines der Fächer zu kurz kam, hatte er im Hof eine Sonnen- und in der Bibliothek eine hydraulische Uhr aufstellen lassen, beide von ihm selbst entworfen. Mit diesen maß er haargenau die Dauer jeder Unterrichtsstunde und Laborsitzung.

In einem der Gebäudeflügel hatte er inzwischen eine Sammlung von Heilpflanzen, ausgestopften Tieren, Insekten, Schmetterlingen und Mineralien angelegt, die täglich größer wurde. Sogar orientalisches Bitumen gab es dort, von Freunden aus Atarneon gesandt. Alexander wollte seinen Augen nicht trauen, als er den Meister das »Erdpech« anzünden und ein Feuer entfachen sah, das zwar ungewöhnlich hell und heiß war, aber fürchterlich stank.

»Ich glaube, Olivenöl ist für unsere Lampen doch besser«, bemerkte er, und darin mußte sein Lehrer ihm Recht geben.

Aristoteles' Drang, die Natur in allen ihren Erscheinungen zu katalogisieren, war so stark, daß er sammelte, was ihm unter die Finger kam. Er hatte sogar eine Karte angefertigt, auf der sämtliche Thermalquellen des ganzen Reichs verzeichnet waren, und selbstverständlich kannte er deren therapeutische Eigenschaften. So konnte er Philipp auch raten, sein krankes Bein mit heißen Moorbädern zu behandeln, was sich tatsächlich als recht wirksam erwies.

Liebstes Forschungsobjekt des Meisters waren jedoch Versteinerungen. In der Bibliothek von Mieza war ein ganzes Wandregal damit vollgestellt. Es handelte sich hauptsächlich um versteinerte Fische, aber auch Pflanzen, Blätter, Insekten und sogar ein Vogel waren darunter.

»Ist es nicht seltsam, daß wir hier in den Bergen Fische finden? Meiner Meinung nach ist das ein Beweis dafür, daß es tatsächlich so etwas wie eine Sintflut gegeben hat«, stellte Alexander scharfsinnig fest.

Aristoteles hätte das Phänomen gern anders begründet, doch er mußte zugeben, daß der Mythos von der großen Überschwemmung momentan die einzige plausible Begründung darstellte. Allerdings war dieses Problem für ihn von sekundärer Bedeutung. Einstweilen hielt er es für wichtiger, die versteinerten Pflanzen und Tiere zu sammeln, auszumessen, zu beschreiben und abzuzeichnen. Er wollte sozusagen Vorarbeit für zukünftige Forscher leisten, denn früher oder später würde sicher irgend jemand eine überzeugende Erklärung finden und dank des von ihm zusammengetragenen Materials dann auch wissenschaftlich untermauern können.

Die Politik war ein weiteres Gebiet, mit dem Aristoteles sich intensiv beschäftigte. Mit Hilfe seiner Assistenten und Alexanders sammelte er Verfassungen von Ländern und Städten in Ost und West, egal ob von Griechen oder von Barbaren.

»Möchtest du alle Verfassungen der Welt zusammentragen?« hatte Alexander ihn einmal gefragt.

»Wenn ich das nur könnte«, seufzte Aristoteles, »aber ich fürchte, das ist ein aussichtsloses Unterfangen.«

»Und was bezweckst du mit deinen Forschungen? Herauszufinden, welches die beste Verfassung ist?«

»Nein, das wäre unmöglich«, erwiderte der Philosoph. »Schon allein deshalb, weil es für die ideale Verfassung gar keine allgemeingültigen Kriterien gibt … auch wenn mein Lehrer Platon da anderer Meinung war. Mir dagegen kommt es nicht auf die ideale Verfassung an, sondern auf die Beobachtung, daß jede Gemeinschaft die Ordnung hat, die ihren spezifischen Bedürfnissen am besten entspricht – eine Ordnung, die sich unter ganz bestimmten, für das jeweilige Volk typischen Verhältnissen entwickelt – dazu zählen beispielsweise die Mittel, die diesem Volk zur Verfügung stehen, oder seine Beziehungen zu den Nachbarvölkern, also, ob es im Frieden lebt oder ständig Krieg führen muß.

Du siehst, *die* ideale Verfassung kann es gar nicht geben. Das ändert allerdings nichts an der Tatsache, daß für freie Menschen die demokratische Ordnung der griechischen Städte die beste, und ich würde sagen einzige Lösung ist.«

In diesem Moment durchquerte Leptine, eine Wasseramphore auf die Hüfte gestützt, den Innenhof, und Alexander mußte an das Inferno auf dem Pangaion zurückdenken.

»Was ist mit den Sklaven?« fragte er. »Kannst du dir eine Welt ohne Sklaven vorstellen?«

»Nein«, antwortete Aristoteles. »Sowenig, wie ich mir einen Webstuhl vorstellen kann, der alleine webt – sollte das irgendwann einmal möglich sein, dann bräuchte man keine Sklaven mehr. Aber ich glaube nicht, daß es je soweit kommen wird.«

Eines Tages stellte der junge Prinz seinem Lehrer die Frage, die er bis dahin nie zu stellen gewagt hatte: »Aristoteles, du behauptest, einzig die demokratische Ordnung der griechischen Städte sei eines freien Menschen würdig. Warum hast du dich dann aber bereit erklärt, den Sohn eines Königs zu erziehen, und warum bist du mit meinem Vater befreundet?«

»Keine menschliche Einrichtung ist perfekt, und das System der griechischen Städte hat ein großes Problem: die ständigen Kriege. Viele der Städte sind zwar nach innen demokratisch geordnet, aber nach außen wollen sie über die anderen herrschen; sie wollen die reichsten Märkte kontrollieren, das fruchtbarste Land beackern, die vorteilhaftesten Bündnisse schließen. Das führt zu endlosen Kriegen, die unsere besten Energien aufbrauchen und letztendlich nur dem Urfeind der Griechen nützen, sprich: den Persern.

Ein König wie dein Vater kann diese inneren Kämpfe und Zwistigkeiten schlichten, er kann dazu beitragen, daß das Zusammengehörigkeitsgefühl den Samen der Zwietracht erstickt, er kann Ratgeber sein und eine Art Schiedsrichter, der den Frieden, wenn nötig, gewaltsam durchsetzt. Ich meine: Besser ein König, der die griechische Zivilisation vor dem Untergang rettet, als dieser ständige Krieg aller gegen alle . . . der womöglich noch damit endet, daß die Barbaren uns versklaven! Das ist der Grund, weshalb ich eingewilligt habe, einen König zu erziehen. Andernfalls hätte alles Geld dieser Welt nicht ausgereicht, um Aristoteles zu kaufen.«

Alexander gab sich mit dieser Antwort zufrieden. Mit der Zeit fühlte er jedoch einen unüberbrückbaren Widerspruch in sich reifen: Auf der einen Seite neigte er aufgrund von Aristoteles' Erziehung zu Kunst und Wissenschaft und bemühte sich um Mäßigung im Verhalten, Denken und Begehren. Auf der anderen Seite verleitete ihn sein feuriges Temperament dazu, den von Homer und den tragischen Dichtern besungenen archaischen Idealen den Vorrang zu geben, also kriegerischer Tapferkeit, Heldenmut, Kühnheit.

Die Vorstellung, mütterlicherseits von Achilles abzustammen, dem Helden der »Ilias«, dem unüberwindlichen Feind Trojas, war für ihn ganz selbstverständlich geworden, und wenn er vor dem Einschlafen wie üblich das Epos las, das er immer neben dem Kopfkissen liegen hatte, so schlug sein

Herz höher, und er begann in Phantasien zu schwelgen, die ihn geradezu in fiebrige Erregung versetzten.

In solchen Augenblicken gelang es nur Leptine, ihn zu beruhigen. Er gestattete ihr schon seit einiger Zeit, immer um ihn herum zu sein, und oft war er selbst es, der ihre Wärme und Nähe suchte. Vielleicht war es das Heimweh nach Mutter und Schwester, die ihm sehr fehlten; ganz sicher war es auch die Sehnsucht nach sanften, streichelnden Händen, die ihm ein bislang unbekanntes Wohlgefühl vermittelten, eine Wonne, die sich langsam steigerte, bis sein Blick und sein ganzer Körper brannten. Leptine bereitete ihm jeden Abend ein heißes Bad, schöpfte mit dem Becher Wasser und goß es ihm über Schultern und Körper, massierte ihm Kopfhaut und Rücken, bis er sich völlig entspannte und gehenließ.

Aber nach solchen Augenblicken der Entspannung packte ihn immer häufiger und immer heftiger der Drang, etwas Großes zu unternehmen, der friedlichen Idylle von Mieza den Rücken zu kehren und in die Fußstapfen seiner berühmten Vorfahren zu treten. Es war eine Art primitiver Furor, der sich da meldete, ein Verlangen nach handfester, physischer Auseinandersetzung, das bisweilen auch im Alltag zum Durchbruch kam. So geriet er auf einem Jagdausflug einmal derart in Zorn, daß er seinem Freund Philotas förmlich an die Gurgel sprang und ihn mit Sicherheit erwürgt hätte, wenn die anderen nicht dazwischengetreten wären – und das alles wegen eines Rehs, das Philotas als erster getroffen zu haben behauptete.

Ein anderes Mal war er drauf und dran, Kallisthenes zu verprügeln, nur weil er Homers Glaubwürdigkeit in Zweifel gezogen hatte. Aristoteles beobachtete seinen Schüler aufmerksam und besorgt. In der Brust des Prinzen wohnten zwei Seelen: die eines gebildeten, ungemein wißbegierigen jungen Mannes, der ihm tausend Fragen stellte, singen, zeichnen und die Tragödien des Euripides auswendig rezitieren konnte, und die eines heißblütigen, barbarischen Kriegers, der gnadenlos zuschlug. Leider trat gerade diese Facette in letzter Zeit immer stärker in den Vordergrund, egal, ob auf der Jagd, beim Wettrennen oder während der täglichen Kampfübungen mit seinem Ausbilder, dem er im Eifer des Gefechts die Schwertspitze an die Kehle setzen konnte.

In solchen Momenten glaubte Aristoteles auch das Geheimnis seines rätselhaften Blicks zu verstehen, diesen dunklen Schatten, der sich plötzlich über Alexanders linkes Auge senken konnte und den Philosophen an die Nacht des primitiven Urchaos erinnerte. Aber es war noch nicht an der Zeit, den jungen Löwen der Argeaden in die Freiheit zu entlassen.

Aristoteles hatte das Gefühl, ihm noch unendlich viel beibringen zu müssen. Er mußte seine überschäumende Energie in feste Bahnen lenken und ihm einen Lebenszweck, ein Ziel mit auf den Weg geben. Er wollte Alexanders für die rohe Schlacht geborenen Körper mit politischem Verstand ausstatten, damit er eines Tages in der Lage sein würde, ein Programm zu ersinnen und zielstrebig darauf hinzuarbeiten. Nur so würde auch ihm wie Lysipp ein Meisterwerk gelingen.

Der Herbst war vergangen, als ein Bote die Nachricht brachte, daß Philipp diesen Winter nicht nach Pella zurückkehren würde, da er den thrakischen Königen, die sich erneut gegen ihn aufgelehnt hatten, eine Lektion erteilen wolle.

Für das makedonische Heer wurde es ein sehr harter Winter. Die Soldaten litten fürchterlich unter den eisigen Winden, die aus den grenzenlosen skythischen Steppen und von den schneebedeckten Gipfeln des Haemon herabfegten.

Im Gegensatz zu ihnen war der Feind an die extremen Witterungsverhältnisse gewöhnt, er kämpfte ja auf eigenem Territorium, weshalb er sich im übrigen auch bestens auskannte und kaum zu fassen war. Kurz, Philipps Rachezug erwies sich als ungemein schwierig, aber als der Frühling übers Land zog, war von den Gestaden der Ägäis bis zum Ister alles befriedet und dem makedonischen Reich einverleibt.

Der König gründete im Zentrum dieser wilden Gegend eine Stadt und gab ihr seinen Namen – Philippopolis –, was Demosthenes in Athen in seiner Ironie prompt dazu veranlaßte, von der »Stadt der Diebe« oder »Stadt der Halunken« zu sprechen.

Mit Frühlingsbeginn trieben die Schäfer und Viehhüter von Mieza ihre Herden aus den Tälern wieder auf die grünen Bergwiesen hinauf.

Eines Tages wurden der friedliche Ort und seine Bewohner vom Hufgetrappel eines heranreitenden Pferds aufgescheucht. Aus dem Hof waren aufgeregtes Stimmengewirr und scharfe Befehle zu hören. Kurz darauf klopfte ein Reiter der königlichen Garde bei Aristoteles an.

»König Philipp ist hier. Er will seinen Sohn sehen und mit dir sprechen.«

Aristoteles sprang auf, um seinen berühmten Gast zu empfangen, und während er den Korridor entlangeilte, teilte er nach allen Seiten Order aus, damit man dem König und seinen Begleitern ein heißes Bad richtete und das Abendessen vorbereitete.

Alexander überholte ihn auf der Treppe, die in den Hof hinunterführte.

»Papa!« schrie er und rannte seinem Vater entgegen.

»Mein Junge!« rief der König aus und drückte ihn lange fest an sich.

16

Alexander löste sich aus der Umarmung seines Vaters und sah ihn an. Der thrakische Feldzug hatte ihn schwer gezeichnet: Seine Schläfen waren ergraut, seine Haut in der Eiseskälte rissig geworden, und über der rechten Augenbraue verlief eine große Narbe, derentwegen er das Auge nur noch halb öffnen konnte.

»Papa, was ist dir zugestoßen?«

»Mir? Gar nichts, aber das war der härteste Feldzug meines ganzen Lebens, Junge. Und unser schlimmster Feind war die Kälte – mit ihr war viel schwerer fertig zu werden als mit den Thrakern. Dafür erstreckt sich unser Reich heute von der Adria bis zum Schwarzen Meer, vom Ister bis zu den Thermopylen. Jetzt müssen die Griechen mich als ihren Führer anerkennen.«

Alexander hatte noch tausend Fragen auf dem Herzen, aber als Knechte und Mägde herbeieilten, um sich seines Vaters anzunehmen, sagte er nur: »Nimm erst mal ein heißes Bad, Papa. Wir können uns beim Abendessen noch ausführlich unterhalten. Hast du auf etwas Besonderes Appetit?«

»Gibt es Reh?«

»Soviel du willst. Und Wein aus Attika.«

»Dann trinken wir auf Demosthenes!«

»Auf Demosthenes, Papa!« rief Alexander lachend und lief in die Küche, um persönlich die Anweisungen für das Abendmahl zu geben.

Aristoteles kam auf Befehl ins Badezimmer des Königs. Und während die Mägde Philipps Rücken abschrubbten und seine Schultern massierten, ließ sich der Philosoph auf einem Hocker nieder und sagte: »Das ist ein erfrischendes Salbeibad; danach wirst du dich wohler fühlen. Wie geht es dir, Herr?«

»Miserabel. Mir tut jeder Knochen weh, und ich bin total erschöpft. Dabei gibt es noch so viel zu tun!«

»Wenn du wenigstens zwei Wochen hierbleiben würdest ... Die Jugend könnte ich dir nicht zurückgeben, aber auf die Beine würde ich dich allemal bringen: eine heilsame Entschlackungskur, Massagen, Thermalanwendungen, Übungen für dein Bein. Und das Auge da ... das sieht mir gar nicht gut aus; es ist nicht richtig behandelt worden. Ich muß es sobald wie möglich einmal untersuchen ...«

»Unsinn, für so was hab ich keine Zeit«, schnaubte Philipp. »Ich muß dich übrigens loben: Deine winterliche Kampfdiät für die Soldaten hat Wunder gewirkt. Ich glaube, sie hat vielen das Leben gerettet.«

Der Philosoph verneigte sich leicht.

»Aristoteles«, fuhr der König nach einer Weile fort, »du mußt mir einen Rat geben ... Ich weiß, du bist dagegen, aber ich will alle Städte um die Meerengen belagern – alle Städte, die noch mit Athen verbündet sind«, fügte er hinzu. »Perinthos und Byzantion müssen auf die Probe gestellt werden: Ich will wissen, zu wem sie halten.«

»Wenn du sie zwingst, zwischen dir und Athen zu wählen, entscheiden sie sich mit Sicherheit für Athen. Und dann bleibt dir kein anderer Weg, als mit Gewalt gegen sie vorzugehen.«

»Na und? Ich habe den besten Kriegsbaumeister aller Zeiten unter Vertrag genommen! Er entwirft gigantische, neunzig Fuß hohe Belagerungsmaschinen für mich – sie kosten mich, nebenbei bemerkt, ein Vermögen, aber ich denke, der Aufwand lohnt sich.«

»Wenn deine Pläne schon so weit gediehen sind, werde ich dich schwerlich davon abbringen können ...«

»Da hast du recht. Aber ich wollte dich wegen einer anderen Sache um Rat fragen. Es geht um Demosthenes.« Der König schnitt eine abfällige Grimasse, während er den Namen des berühmten Redners aussprach. »Meine Athener Informanten berichten, daß er einen panhellenischen Bund gegen mich gründen will.«

»Das sollte mich nicht wundern. In seinen Augen bist du der Feind Nummer eins und eine ernste Gefahr für die Unabhängigkeit und Demokratie der griechischen Städte.«

»Wenn es mir um Athen gegangen wäre, hätte ich es schon längst erobert!« polterte Philipp. »Es ging mir aber nicht um Athen, sondern ausschließlich um die Städte im Einflußgebiet Makedoniens – dort wollte und mußte ich mich behaupten!«

»Indem du Olynthos dem Erdboden gleichgemacht hast ...«

»Weil es mich bis aufs Blut gereizt hat!«

Aristoteles zog die Augenbrauen hoch. »Verstehe.«

»Also, was kann ich gegen diesen Bund unternehmen?« fragte der König ungeduldig. »Wenn Demosthenes ihn zustande bringt, kommt es früher oder später zum Krieg, das steht fest.«

»Im Moment sehe ich keine Gefahr. Für ein Bündnis gibt es zuviel Streit, Rivalität und Neidereien unter den Griechen. Wenn du allerdings mit deiner aggressiven Politik fortfährst, werden sie immer enger zusammenrücken und schließlich eine Einheitsfront bilden. Wie zu Zeiten der persischen Invasion.«

»Ich bin aber kein Perser!« donnerte der König und schlug mit der Faust so heftig auf den Wannenrand, daß das Wasser überschwappte.

Aristoteles wartete, bis die Wogen sich geglättet hatten. »Das ändert nicht viel«, fuhr er dann fort. »Wenn ein Land Hegemoniebestrebungen zeigt, verbünden sich die anderen dagegen – so war es schon immer. Und was die Griechen betrifft, so gibt es für sie kein höheres Gut als ihre Unabhängigkeit. Um unabhängig zu bleiben, wären sie zu allem bereit. Demosthenes würde zur Not sogar mit den Persern verhandeln, dessen bin ich mir sicher.«

»Mit einem Wort: abwarten und Däumchen drehen.«

»Nein, das nicht. Aber du mußt wissen, daß du mit jedem Angriff auf eine griechische Stadt deine Freunde in dieser Stadt gefährdest, denn man wird sie als korrupte Verräter brandmarken.«

»Einige von ihnen zu Recht«, erwiderte Philipp verächtlich. »Wie auch immer, ich weiß, daß ich letzten Endes Recht behalte, und deshalb bleibe ich bei meiner Taktik. Ich möchte dich aber um einen Gefallen bitten, Aristoteles. Dein Schwiegervater ist doch der Herr von Assos. Wenn es Demosthenes einfallen sollte, mit den Persern zu verhandeln, so würde er bestimmt davon erfahren . . .«

»Ich will ihm schreiben«, versprach der Philosoph. »Aber denk dran: Wenn du dein Vorhaben auf diese Weise durchsetzt, wirst du es früher oder später mit Demosthenes und seinem Bund zu tun bekommen – oder wer sonst hinter ihm steht.«

Der Herrscher antwortete nichts. Als er aus der Wanne stieg und von den Frauen abgetrocknet wurde, konnte Aristoteles sehen, daß sein Körper viele frische Narben hatte.

»Wie macht sich mein Junge?« fragte Philipp, während er in frische Kleider schlüpfte.

»Alexander ist einer der außergewöhnlichsten Menschen,

die mir je begegnet sind. Aber ich kann ihn kaum noch zügeln, so ungeduldig verfolgt er deine Feldzüge. Er möchte sich auszeichnen, seinen Mut unter Beweis stellen. Er fürchtet, daß es nichts mehr zu erobern gibt, wenn die Reihe an ihn kommt.«

Philipp schüttelte lächelnd den Kopf. »Als ob es sonst keine Probleme gäbe . . . Ich will mit ihm sprechen. Für den Augenblick soll er noch hier bleiben. Du mußt seine Erziehung zur Vollendung bringen.«

»Hast du schon das Bildnis gesehen, das Lysippos von ihm geschaffen hat?«

»Nein, noch nicht. Ich habe gehört, es sei grandios geworden.«

»Wahrhaftig. Auch Alexander war sehr beeindruckt.«

»Ich habe bereits Anweisung gegeben, ausreichend Kopien davon anzufertigen. Ich möchte allen verbündeten Städten eine schenken, damit sie sie öffentlich zur Schau stellen. Die Griechen sollen sehen, daß mein Junge am Fuße des Berges der Götter aufgewachsen ist.«

Als der König angekleidet war, begleitete Aristoteles ihn in den Speisesaal, obwohl man vielleicht besser von einem Refektorium sprechen sollte, denn der Philosoph hatte all die Liegen und wertvollen Speisetafeln entfernen und durch einen einfachen Tisch und Holzstühle ersetzen lassen, wie sie in den Häusern der Armen und in Militärzelten üblich waren. Er fand, dies entspreche besser der Atmosphäre des Studiums und der Sammlung, die in Mieza herrschen sollten.

»Ist dir aufgefallen, ob er Beziehungen zu Mädchen hat? Ich meine, es wäre ja an der Zeit«, wollte der König wissen, während sie den Korridor entlanggingen.

»Alexander ist von Natur aus sehr reserviert, beinahe scheu. Aber es gibt da ein Mädchen, ich glaube, sie heißt Leptine.«

Philipp runzelte die Stirn. »Was ist mit ihr?«

»Nun, viel zu erzählen gibt es da nicht. Sie vergöttert Alexander und ist mit Sicherheit das einzige weibliche Wesen, das zu jeder Tages- und Nachtstunde Zugang zu ihm hat. Mehr kann ich dir nicht sagen.«

Philipp kratzte sich die Bartstoppeln am Kinn. »Eine Magd . . . Der soll mir bloß keinen Bastard in die Welt setzen! Besser, ich schicke ihm demnächst mal eine ›Gefährtin‹, die etwas von ihrem Handwerk versteht – das erspart uns Probleme, und Alexander lernt was dazu.«

Aristoteles blieb vor der Tür zum Speisesaal stehen. »Eine Gefährtin?« fragte er mit hochgezogenen Augenbrauen. »Das würde ich an deiner Stelle nicht tun.«

»Warum nicht? Sie würde euch in keiner Weise stören. Ich spreche natürlich von einer Frau ersten Ranges, was Bildung und Erfahrung betrifft.«

»Das ist nicht der Punkt«, entgegnete Aristoteles. »Alexander hat dich bereits seinen Lehrer auswählen lassen und den Künstler, der ihn porträtiert. Eine Einmischung in seine Intimsphäre ginge meiner Meinung nach zu weit – das würde er kaum dulden.«

Philipp brummte etwas Unverständliches vor sich hin und sagte dann laut: »Ich habe einen Bärenhunger. Gibt es denn in diesem Haus nichts zu essen?«

Es wurde ein ausgesprochen fröhliches und angenehmes Abendessen – auch für Peritas, der unterm Tisch an den Rehknochen herumnagte, die man ihm zuwarf.

Alexander wollte den thrakischen Feldzug bis in alle Einzelheiten geschildert bekommen. Er wollte wissen, was für Waffen und Kampftechniken der Feind anwandte, wie seine Dörfer und Städte befestigt waren und wie sich die feindlichen Könige Kersobleptes und Teres geschlagen hatten.

Als die Dienerschaft mit dem Abräumen begann, stand Philipp auf und sagte: »Erlaubt mir, daß ich euch jetzt verabschiede und allen eine gute Nacht wünsche. Ich möchte noch ein bißchen mit meinem Jungen reden.«

Die Versammelten erhoben sich augenblicklich, grüßten und zogen sich zurück. Nun saßen Philipp und Alexander sich im Schein der Fackeln alleine gegenüber. In dem großen leeren Saal war nichts zu hören als das Krachen von Knochen unterm Tisch – Peritas war inzwischen groß geworden und hatte ein richtiges Löwengebiß.

»Stimmt es, daß du morgen schon wieder fortgehst?« fragte Alexander.

»Ja.«

»Ich hatte gehofft, du würdest wenigstens ein paar Tage bleiben.«

»Das hatte ich auch gehofft, mein Sohn. Aber es geht nicht.«

Es folgte ein langes Schweigen. Philipp begründete seine Entscheidungen nie.

»Was hast du vor?«

»Alle Niederlassungen der Athener auf dem thrakischen Chersones zu besetzen. Wir sind dabei, die größten Sturmmaschinen zu bauen, die es je gegeben hat. Ich will unsere Flotte in den Meerengen haben!«

»Durch die Meerengen passiert das Getreide für Athen.«

»So ist es.«

»Dann gibt es Krieg.«

»Nicht unbedingt. Ich will, daß sie mich respektieren. Wenn je ein panhellenischer Bund zustande kommt, kann nur ich sein Führer sein. Das müssen sie einsehen.«

»Nimm mich mit, Papa.«

Philipp sah ihm in die Augen. »Dafür ist es noch zu früh, mein Junge. Du mußt geistig und körperlich noch wachsen und deine Studien zu Ende führen.«

»Aber ich . . .«

»Hör zu: Du warst bereits auf einem kurzen Feldzug dabei, und du hast bewiesen, daß du ein mutiger Jäger bist – inzwischen auch ein erstklassiger Kämpfer, wie mir berichtet wurde. Aber glaub mir, Junge: Was eines Tages auf dich zukommt, ist noch tausendmal härter, als du es dir vorstellst. Ich habe meine Männer erfrieren und vor Erschöpfung krepieren sehen. Ich habe sie mir zerschmetterten Gliedern vor mir liegen und Höllenqualen ausstehen sehen – du glaubst ja nicht, wie viele Soldaten beim Sturm einer Stadtmauer abstürzen. Sie werden mit fürchterlichen Knochenbrüchen ins Lager zurückgetragen, und dort gellen dann stundenlang ihre Schreie durch die Nacht, bevor es still wird.

Und schau mich an, schau meine Arme an: Sehen sie nicht aus wie Baumstämme, an denen ein Bär seine Krallen gewetzt hat? Ich bin elfmal schwer verwundet worden, außerdem hinke ich und bin auf einem Auge halb blind . . . Alexander, Alexander, du bekommst nur den Ruhm mit, die Glorie, aber Krieg, das bedeutet vor allem Greuel . . . Blut, Schweiß, Exkremente, Staub und Matsch, Hunger und Durst, Eiseskälte und mörderische Hitze. Laß das alles mich für dich ertragen, solange ich kann. Bleib in Mieza, Alexander. Noch ein Jahr.«

Der junge Mann erwiderte nichts. Er wußte, daß diese Worte keine Widerrede zuließen, doch er las im erschöpften Blick seines Vaters, daß er ihn um Verständnis und Zuneigung bat.

In der Ferne hörte man Donnergrollen, und aus den schwarzen Gewitterwolken, die sich um den Gipfel des Bermion ballten, zuckten plötzlich grelle Blitze nieder.

»Wie geht es Mama?« fragte Alexander auf einmal. »Ich habe erfahren, daß du eine neue Frau mitgebracht hast. Die Tochter eines Barbarenkönigs . . .«

»Eines skythischen Stammesfürsten«, erwiderte Philipp mit gesenktem Blick. »Ich mußte es tun. Und du wirst es einmal genauso machen.«

»Ich weiß. Aber wie geht es Mama?«

»Gut . . . den Umständen entsprechend.«

»Dann gehe ich jetzt. Gute Nacht, Papa.« Alexander stand

auf und verließ, von seinem Hund gefolgt, den Speisesaal. Philipp beneidete das Tier, das an seiner Seite schlafen und die ganze Nacht seinen Atem hören würde.

Draußen begann es zu regnen. Zuerst fielen nur einzelne dicke Tropfen, aber bald schon goß es in Strömen. Der König stand ebenfalls auf und trat unter den Portikus hinaus, just als ein greller Blitz den großen Innenhof taghell erleuchtete; dumpfes Donnergrollen folgte ihm. Philipp lehnte sich an eine der vielen Säulen und schaute gedankenverloren dem prasselnden Regen zu.

17

Es kam genau so, wie Aristoteles es vorhergesehen hatte. Mit dem Rücken an die Wand gestellt, schlugen die Städte Perinthos und Byzantion sich auf die Seite Athens. Philipps Antwort darauf war die Belagerung von Perinthos, das an der Nordküste des Hellespont auf einem Felsrücken erbaut und nur durch eine schmale Landzunge mit dem Festland verbunden war.

Er hatte sein Zelt auf eine Anhöhe stellen lassen, von der aus man einen guten Überblick hatte und die Lage kontrollieren konnte. Jeden Abend hielt er Rat mit seinen Generälen: Antipatros, Parmenion und Kleitos, der wegen seiner dunklen Haut und der pechschwarzen Haare und Augen auch »der Schwarze« genannt wurde.

»Also, wollen sie die Übergabe verhandeln oder nicht?« fragte Philipp seine Generäle schon beim Eintreten.

»Nein«, erwiderte Parmenion, »sie denken gar nicht daran. Kein Wunder: Die byzantinische Flotte versorgt sie ja weiterhin vom Meer her. Da nützt es wenig, daß wir ihnen den Landweg abgeschnitten haben.«

»Was blieb uns anderes übrig?« sagte der Schwarze. »Die Kontrolle übers Meer haben wir nun mal nicht.«

Philipp schlug mit der Faust auf den Tisch. »Die Kontrolle übers Meer kann mir gestohlen bleiben!« schrie er. »In ein paar Tagen sind meine Belagerungstürme fertig, und dann sollt ihr mal sehen! Ihre Mauern werden wie Kartenhäuser in sich zusammenfallen! Bin gespannt, ob sie sich danach auch noch so zieren.«

Kleitos schüttelte den Kopf.

»Was hast du einzuwenden?«

»So einfach wird das nicht werden.«

»Nicht? Dann hört mir jetzt mal alle gut zu: In spätestens zwei Tagen will ich die Maschinen einsatzbereit haben. Und wenn ihr den Kriegsbaumeister und seine Schreiner mit Fußtritten antreiben müßt! Habt ihr mich verstanden?«

»Bestens, Herr«, erwiderte Antipatros, geduldig wie immer.

Philipps Zorn konnte Wunder wirken. Drei Tage später rollten die monströsen Kriegsmaschinen ächzend und quietschend auf die Stadtmauern von Perinthos zu. Es handelte sich um selbstbewegliche Türme, die über ein ausgeklügeltes System von Gegengewichten bedient wurden. Sie waren höher als die Stadtmauer und faßten mehrere hundert Soldaten nebst Katapulten und Sturmböcken.

Die Belagerten begriffen umgehend, was sie erwartete, zumal sie noch das grauenhafte Beispiel Olynthos' vor Augen hatten, das Philipp in Schutt und Asche gelegt hatte. Anstatt jedoch aufzugeben, verdoppelten sie ihren Einsatz. So hoben sie unterirdische Gänge aus, die sie bis zu Philipps Maschinen führten, und setzten diese bei Nacht in Brand. Doch der König ließ neue bauen und die Fundamente der Mauern untergraben, die überdies tagaus, tagein mit Rammböcken bearbeitet wurden – die ganze Stadt dröhnte unter dem ohrenbetäubenden Lärm ihrer Stöße.

Endlich gab die Stadtmauer nach, aber die makedonischen Generäle erlebten dennoch eine herbe Enttäuschung. Antipatros, der älteste und angesehenste von ihnen, bekam den Auftrag, die schlechte Nachricht dem König zu überbringen.

»Herr, die Mauer ist gefallen, aber ich rate dringend davon ab, die Stadt zu stürmen.«

»Warum? Was ist los?«

»Komm und schau es dir selbst an.«

Philipp begab sich zu einem der Türme und kletterte ganz nach oben. Beim ersten Blick über die zerstörte Mauer verschlug es ihm die Sprache: Die Belagerten hatten die unterste Häuserreihe der terrassenförmig angelegten Stadt hermetisch abgedichtet und praktisch zu einem zweiten Mauerring gemacht. Und dasselbe ließ sich natürlich mit allen nachfolgenden Häuserreihen machen, Terrasse um Terrasse, bis in alle Ewigkeit.

»Verdammter Mist«, knurrte der König, während er den Turm wieder hinunterkletterte.

Tagelang schloß er sich in sein Zelt ein und suchte zähneknirschend nach einem Ausweg aus der Sackgasse, in die er da hineingeraten war, aber es kamen noch mehr üble Nachrichten. Diesmal wurden sie ihm von seinem versammelten Generalstab überbracht.

»Herr«, hob Parmenion an, »die persischen Satrapen in Kleinasien haben den Athenern Geld gegeben. Damit sind zehntausend Söldner angeworben und nach Perinthos verschifft worden. Sie sind bereits an Land gegangen.«

Philipp senkte den Kopf. Dann hatte Aristoteles also doch recht gehabt: Persien hatte gegen Makedonien Stellung bezogen.

»Schöne Bescherung«, seufzte der Schwarze, als wäre die Stimmung nicht schon mies genug. »Und das ist noch nicht alles ...«

Philipp war einem Tobsuchtsanfall nahe: »Was gibt es denn

noch?« schrie er. »Muß ich euch die Wörter wie Regenwürmer aus der Nase ziehen?«

»Unsere Flotte liegt im Schwarzen Meer fest.«

»Was?« brüllte der König noch lauter. »Was hat unsere Flotte im Schwarzen Meer zu suchen?«

»Sie hat versucht, eine Getreidelieferung an Perinthos zu verhindern«, erwiderte Parmenion. »Aber die Athener sind dahintergekommen. Sie haben bei Nacht und Nebel ihre eigene Flotte losgeschickt und den Bosporus abgeriegelt.«

Philipp sank stöhnend auf einen Stuhl und raufte sich die Haare.

»Einhundertdreißig Schiffe und dreitausend Mann«, murmelte er. »Ich darf sie nicht verlieren. Ich darf sie nicht verlieren!« schrie er, sprang auf und ging mit großen Schritten im Zelt auf und ab.

Die Besatzungen der athenischen Schiffe im Bosporus feierten unterdessen siegesgewiß ihren Triumph. Jeden Abend mit Einbruch der Dunkelheit entfachten sie an Deck ihrer Trieren große Feuer, deren Schein sie mit polierten Schilden auf das dunkle Wasser hinausprojizierten, damit auch nicht ein makedonisches Schiff im Schutze der Nacht den Bosporus passieren konnte. Sie wußten freilich nicht, daß Philipp, wenn er in der Falle saß und nicht mit Gewalt vorgehen konnte, auf seine Schlauheit zurückgriff und nur um so gefährlicher wurde.

Eines Nachts sichtete der Kommandant einer athenischen Triere, die am Westufer der Meerenge patrouillierte, ein Ruderboot, das sich dicht am Ufer hielt, um nicht gesehen zu werden.

Er befahl, den mit den Schilden erzeugten Lichtstrahl auf das Boot zu richten, und schrie: »Anhalten, oder ich versenke euch!« Gleichzeitig gab er dem Steuermann ein Zeichen zu drehen, so daß der mächtige Bronzerammsporn der Triere auf die Flanke des winzigen Kahns zeigte.

Die Männer des Boots verharrten, scheinbar zu Tode erschrocken. Auf Befehl des athenischen Offiziers ruderten sie zu dem griechischen Schiff und kletterten an Bord.

Irgend etwas an ihrem Verhalten und Aussehen kam dem Kommandanten seltsam vor, und als sie den Mund aufmachten, wußte er, warum: Das waren keine thrakischen Fischer, wie sie vorgaben. Das waren Makedonen!

Er ließ die Männer durchsuchen, und dabei wurde bei einem von ihnen ein kleines Lederetui gefunden; es war ihm um den Hals gebunden und enthielt tatsächlich eine Botschaft. Die Nacht fing ja gut an! Der Kommandant ließ sich von einem seiner Männer leuchten und begann zu lesen:

> »Philipp, König von Makedonien, an Antipatros.
> Sei gegrüßt, General!
> Völlig unerwartet bietet sich uns die Gelegenheit zu einem glänzenden Sieg über die athenische Flotte, die im Bosporus kreuzt. Schicke augenblicklich hundert Schiffe von Thasos los und laß sie die südliche Einfahrt in den Hellespont blockieren. Ich komme mit meiner Flotte von Norden, und dann nehmen wir sie in die Zange. Es wird kein Entrinnen für sie geben. Sei in der ersten Neumondnacht vor der Mündung der Meerenge!«

»Götter im Himmel!« rief der Kapitän aus, kaum daß er den Brief zu Ende gelesen hatte. »Wir dürfen keine Sekunde verlieren!«

Er gab augenblicklich Order zu drehen und mit voller Kraft Kurs auf das Admiralsschiff zu nehmen, das in der Mitte der Meerenge vor Anker lag. Dort angekommen, ging er an Bord, verlangte mit dem Oberkommandanten zu sprechen, einem erfahrenen, alten Offizier namens Phokion, und zeigte ihm die abgefangene Botschaft. Phokion überflog sie rasch und reichte sie dann an seinen Schreiber weiter, einen tüchtigen

Mann, der viele Jahre Sekretär der Versammlung in Athen gewesen war.

»Kein Zweifel: Das ist Philipps Handschrift«, lautete sein Urteil, nachdem er das Dokument eingehend untersucht hatte. »Ich habe schon andere von ihm verfaßte Briefe in unserem Archiv gesehen und bin mir völlig sicher. Und sein Siegel ist es auch.«

Kurz darauf ließ der Oberkommandant vom Bug des Schiffes aus mit einem Schild Blitzsignale aussenden: Sie waren das Zeichen zum Rückzug der gesamten Flotte.

Drei Tage später kamen sie vor der Insel Thasos an, um festzustellen, daß von Antipatros' hundert Schiffen keine Spur zu sehen war – diese Schiffe hatte es nämlich nie gegeben. Die makedonische Flotte aber konnte in der Zwischenzeit in aller Ruhe den Bosporus und den Hellespont passieren und sich in einem sicheren Hafen in Schutz bringen.

Demosthenes hatte Philipp in einer seiner Reden »den Fuchs« genannt. Doch erst als er von dem Vorfall im Bosporus erfuhr, wurde ihm klar, wie treffend dieser Spitzname war.

Anfang Herbst hob der Makedone die Belagerung Perinthos' auf und verlegte seine Truppen nach Norden, um die skythischen Stämme dafür zu bestrafen, daß sie ihm keine Verstärkung geschickt hatten. Er besiegte und tötete ihren König Atas, der mit seinen neunzig Jahren noch ins Feld gezogen war.

Auf dem Weg in die Heimat, als bereits tiefer Winter herrschte, wurde Philipps Heer jedoch vom wildesten aller thrakischen Stämme angegriffen, den Triballern. Es gab viele Opfer zu beklagen, und die gesamte vorher gemachte Kriegsbeute ging verloren. Der König selbst wurde schwer verwundet und schafte es nur mit allergrößter Mühe, seinen Soldaten mit dem Schwert den Weg nach Hause zu bahnen.

Als er in Pella ankam, war er am Ende seiner Kräfte, zermürbt von den Schmerzen, die die Wunde im Bein ihm bereitete, und überhaupt kaum wiederzuerkennen. Aber noch am selben Tag berief er eine Ratsversammlung ein und ließ sich ausführlich berichten, was in Griechenland und Makedonien während seiner Abwesenheit vorgefallen war.

Die Nachrichten waren durchweg schlecht, und wenn er nicht so vollkommen entkräftet gewesen wäre, hätte er einen seiner berüchtigten Wutanfälle bekommen.

So aber beschloß er nur, die Sache zu überschlafen. Am nächsten Morgen rief er seinen Leibarzt Philipp zu sich und sagte: »Schau mich an. Was meinst du, wie steht es um mich?«

Der Arzt musterte ihn von Kopf bis Fuß, verzeichnete seine aschfahle Gesichtsfarbe, den erloschenen Blick, die ausgetrockneten, rissigen Lippen, die zitternde Stimme.

»Miserabel, Herr.«

»Du nimmst wahrlich kein Blatt vor den Mund«, bemerkte der König.

»Wenn du statt eines guten Arztes einen Schmeichler möchtest, weißt du, wo du ihn finden kannst.«

»Du hast recht«, sagte Philipp. »Und jetzt hör mir gut zu. Ich bin zu allem bereit. Du kannst mir die übelsten Gesöffe zusammenbrauen und von deinen Masseuren das Rückgrat brechen und den Hals verrenken lassen. Steck mir dutzendweise Klistiere in den Hintern und setze mir monatelang stinkenden Fisch statt Ochsenbraten vor, wenn du willst. Du kannst mich auch Wasser saufen lassen, bis ich Frösche im Bauch habe, aber bei den Göttern, bring mich wieder auf die Beine! Anfang des Sommers muß man mein Gebrüll bis nach Athen und darüber hinaus hören!«

»Und du wirst alle meine Anweisungen befolgen?« fragte der Arzt zweifelnd.

»Das verspreche ich dir.«

»Und meine Arzneien und Kräutertees nicht an die Wand schleudern?«

»Nein, so wahr ich hier stehe.«

»Dann komm mit in mein Zimmer. Ich muß dich untersuchen.«

Einige Wochen später, an einem heiteren Frühlingsabend, erschien Philipp unangekündigt in den Gemächern der Königin. Olympias, die erst im letzten Moment von ihren Mägden benachrichtigt wurde, warf nur rasch einen Blick in den Spiegel und ging ihm dann entgegen. »Was für eine Ehre, den König der Makedonen empfangen zu dürfen! Es freut mich, daß es dir wieder gutgeht. Tritt ein und nimm Platz.«

Philipp setzte sich und starrte eine Weile auf den Boden. »Ist dieses steife Zeremoniell unbedingt nötig?« fragte er dann. »Können wir uns nicht wie zwei ganz normale Eheleute unterhalten, die seit vielen Jahren zusammen sind?«

»Zusammen ist wohl kaum das richtige Wort«, erwiderte Olympias spitz.

»Deine Zunge ist scharf wie ein Schwert.«

»Weil ich kein richtiges Schwert habe.«

Philipp seufzte. »Ich bin gekommen, um mit dir zu sprechen«, sagte er.

»Dann sprich.«

»Ich möchte dich um einen Gefallen bitten, Olympias. Meine letzten Feldzüge waren nicht sehr erfolgreich. Ich habe viele Männer verloren und meine Kräfte umsonst verschwendet. Die Athener glauben, ich sei am Ende. Sie hören nur noch auf Demosthenes und nehmen jedes Wort von ihm wie ein Orakel auf.«

»Das ist mir auch zu Ohren gekommen.«

»Im Moment kann ich mir aber eine offene Auseinandersetzung mit ihnen nicht leisten. Wenigstens eine Zeitlang muß noch der gute Wille regieren . . .«

»Sag, was du von mir verlangst.«

»Ich möchte, daß du eine Gesandtschaft nach Athen schickst. Für mich ist das in diesem Augenblick unmöglich, das verstehst du sicher. Aber ich dachte, wenn du, die Königin, es tust, dann sieht die Sache anders aus. Du hast ja nie Stellung gegen Athen bezogen. Es gibt sogar Leute, die dich für mein Opfer halten . . .«

Olympias ging nicht auf seine Bemerkung ein.

»Eine Gesandtschaft von dir käme der Gesandtschaft eines neutralen Landes gleich, begreifst du? Olympias, ich brauche Zeit, bitte hilf mir!« beschwor er sie. »Und wenn du mir nicht helfen willst, dann denk an deinen Sohn! Es ist ja sein Reich, das ich da aufbaue, seine Vorherrschaft über die gesamte griechische Welt.«

Er schwieg und holte Luft, denn er hatte in einem Atemzug gesprochen. Olympias drehte den Kopf zum Fenster.

»In Ordnung«, sagte sie nach langem Schweigen. »Ich werde meinen Sekretär Oreos entsenden. Er ist ein weiser und kluger Mann.«

»Eine ausgezeichnete Wahl«, erwiderte Philipp erfreut. Mit soviel Entgegenkommen hatte er gar nicht gerechnet.

»Kann ich sonst noch etwas für dich tun?« fragte die Königin, aber ihr Ton war kalt und abweisend.

»Nein«, entgegnete Philipp. »Ich wollte dir nur noch sagen, daß ich in ein paar Tagen nach Mieza gehe und Alexander nach Hause zurückhole.«

Olympias' Miene hellte sich schlagartig auf, ihre blassen Wangen nahmen Farbe an, doch sie verbarg ihr Gesicht in der Stola, um sich die Rührung nicht anmerken zu lassen.

»Du hast mich nicht einmal gefragt, ob ich schon gegessen habe«, sagte der König leise.

Olympias hob den feuchten Blick.

»Hast du schon gegessen?«

»Nein. Ich . . . ich hatte gehofft, du würdest mich bitten zu bleiben.«

Die Königin senkt den Kopf wieder. »Verzeih mir, aber ich fühle mich heute nicht wohl.«

Philipp biß sich auf die Unterlippe, sprang auf und verließ türenschlagend das Zimmer.

Olympias lehnte sich an die Wand, als wäre sie einer Ohnmacht nahe, und lauschte den dröhnenden Schritten, die sich den Korridor hinunter entfernten.

18

Alexander lief in der warmen Frühlingssonne über eine blumenübersäte Wiese. Er lief barfuß und mit nacktem Oberkörper, das Gesicht der frischen Meeresbrise preisgegeben, die sein Haar zerzauste.

Peritas rannte neben ihm her, wohl darauf bedacht, daß er Schritt hielt und seinen Herrn weder überholte noch aus den Augen verlor. Von Zeit zu Zeit bellte er, wie um die Aufmerksamkeit auf sich zu ziehen, und Alexander drehte sich lächelnd, doch ohne stehenzubleiben, nach ihm um.

Es war einer der Momente, in denen er seine Seele befreite und sich wie ein fliegender Vogel fühlte oder wie ein Pferd in wildem Galopp. In solchen Augenblicken schien sich seine zwiespältige, rätselhafte Zentauren-Natur, die ihn zugleich gewalttätig und sensibel, heiter und finster sein ließ, in absolut harmonischen Bewegungen auszudrücken, in einer Art Tanz, den er unterm brennenden Auge der Sonne oder im Schatten einer plötzlich aufziehenden Wolke vollführte.

Wer ihm zusah, konnte beobachten, wie sich die Muskel seines statuengleichen Körpers bei jedem Schritt, jedem

Sprung an- und wieder entspannten, wie sein golden schimmerndes Haar einer Pferdemähne gleich hinter ihm herwehte und die Arme, leicht wie Flügel, das Heben und Senken der atmenden Brust begleiteten.

Philipp, der am Waldrand – halb von Bäumen verdeckt – auf seinem Pferd saß, machte sich nicht bemerkbar, bis Alexander ganz in seiner Nähe war und Peritas laut zu bellen begann. Erst dann gab er seinem Pferd die Sporen und ließ es neben dem Jungen herreiten, begeistert von seiner Kraft und Ausdauer und von der Ebenmäßigkeit seines athletischen Körpers.

Alexander lief bis zu einem Bach und sprang an einer etwas tieferen Stelle kopfüber ins Wasser, Peritas ihm hinterher.

Philipp stieg vom Pferd und wartete, bis die beiden wieder ans Ufer kletterten und sich das Wasser abschüttelten, dann trat er auf seinen Sohn zu und drückte ihn fest an sich. Er spürte, daß Alexander die Umarmung nicht weniger kräftig erwiderte – und daß er ein Mann geworden war.

»Ich bin dich abholen gekommen«, erklärte er ihm.

Alexander starrte ihn ungläubig an. »Königliches Ehrenwort?«

»Königliches Ehrenwort«, versicherte Philipp. »Aber du wirst sehen, es kommt der Tag, an dem du dich mit Wehmut an diese Phase deines Lebens erinnerst. Ich selbst durfte nie etwas so Schönes erleben. Für mich gab es weder Gesänge noch Poesie, noch weise Reden. Wahrscheinlich lasten die Jahre deshab so schwer auf mir und machen mich so müde.«

Alexander sagte nichts, während sie gemeinsam die Wiese überquerten und zum Palast zurückgingen – der Junge von seinem Hund gefolgt, der Vater sein Pferd am Zügel führend. Plötzlich ertönte hinter dem Hügel, der Mieza verdeckte, ein helles, durchdringendes Wiehern und wildes Schnauben, beinahe wie von einem Fabelwesen. Im nächsten Moment erschütterte furchterregendes Hufedonnern den Boden, man konnte aufgeregte Schreie und Zurufe hören, dann wieder das Wiehern, diesmal noch lauter und ungestümer.

»Ich habe dir ein Geschenk mitgebracht«, antwortete Philipp auf den fragenden Blick seines Sohnes.

Als sie oben auf dem Hügel ankamen und Blick auf die andere Seite hinunter hatten, blieb Alexander wie angewurzelt stehen: Vor seinen Augen bäumte sich ein schwarzer Hengst auf, wie er noch nie einen schöneren gesehen hatte. Er war schweißgebadet und glänzte wie eine Bronzestatue im Regen; fünf Männer versuchten ihn mit Seilen und Zügeln zu bändigen.

Das Pferd war pechschwarz und hatte einen weißen Fleck in Form eines Stierschädels auf der Stirn. Mit jeder Bewegung des Halses oder Rückens gelang es ihm, die Stallburschen abzuwerfen, um sie gleich danach wie tote Gliederpuppen übers Gras zu schleifen. Bald stieg es vorn in die Luft, bald schlug es nach hinten aus, und dabei schüttelte es seine lange, schimmernde Mähne und ließ den Schweif wie eine Peitsche kreisen.

Blutiger Schaum quoll aus den Nüstern des wundervollen Tiers. Bisweilen blieb es unvermittelt stehen, senkte den Kopf und holte Luft, so tief es konnte, um sie einem Feuerdrachen gleich wieder auszustoßen. Und dann wieherte es erneut, schüttelte den prächtigen Nacken und spannte sämtliche Muskeln seines Körpers an, um die fünf Männer wie lästige Mücken abzuschütteln.

Da erwachte Alexander plötzlich wie vom Blitz getroffen aus seiner Starre: »Laßt ihn frei! Bei Zeus, laßt diesen Hengst sofort frei!« schrie er.

Philipp legte ihm eine Hand auf die Schulter. »Hab noch ein wenig Geduld, Junge. Warte, bis sie ihn gebändigt haben. Es dauert nicht mehr lange, dann gehört er dir.«

»Nein!« rief Alexander. »Nein! Nur ich kann ihn zähmen. Laßt ihn frei, habt ihr mich gehört? Freilassen!«

»Aber er wird davonlaufen«, sagte Philipp. »Und das wäre schade. Ich habe ein Vermögen für ihn bezahlt.«

»Wieviel?« fragte Alexander. »Wieviel hast du für ihn bezahlt, Papa?«

»Dreizehn Talente.«

»Und noch mal soviel wette ich, daß ich es schaffe, ihn zu bändigen. Aber sag diesen Rüpeln, sie sollen ihn freilassen. Bitte, Papa!«

Philipp sah ihn und begriff, daß er vor Erregung ganz außer sich war: Seine Halsschlagadern waren geschwollen wie die des schwarzen Hengstes.

»Also gut. Laßt ihn frei!« schrie er den Männern zu, die seinem Befehl unverzüglich nachkamen und bis auf die Zügel sämtliche Stricke und Seile lösten.

Der Hengst stob wie der Wind davon, hinaus in das breite Tal, das den Wasserlauf begleitete. Doch Alexander sah nicht tatenlos zu: Vor den Augen seines verblüfften Vaters und der Stallburschen rannte er dem Pferd nach und holte es tatsächlich ein.

»Steht ihm bei, ihr Götter«, murmelte der König kopfschüttelnd. »Diesem Jungen zerspringt noch das Herz!« Und Peritas knurrte mit zusammengebissenen Zähnen. Plötzlich machte einer der Männer ein Zeichen, wie um zu sagen: »Hört!« Und wirklich, nun konnten auch die andern hören, daß Alexander mit dem Pferd sprach, daß er ihm im Laufen Worte zurief, die der Wind davontrug wie das Wiehern des Pferdes, das Alexander zu antworten schien.

Dann, als der König schon den Eindruck hatte, sein Sohn werde jeden Moment vor Erschöpfung zusammenbrechen, verfiel das Pferd urplötzlich in gemütlichen Trab und kurz darauf gar in Schrittempo.

Es schnaubte und schüttelte den Kopf, rannte aber nicht

weg, während Alexander sich ihm vorsichtig, die Sonne im Rücken, näherte. Erst jetzt konnte er das herrliche Pferd eingehend bewundern und den weißen Fleck auf seiner breiten schwarzen Stirn betrachten – er hatte tatsächlich die Form eines Stierkopfes, eines »Bukephalos«.

»Bukephalos«, flüsterte er ihm ins Ohr. »Bukephalos ... Siehst du, schon hast du einen Namen. Was ist, gefällt er dir?«

Alexander ging jetzt ganz dicht neben dem Pferd her, nach einer Weile konnte er sogar die Hand nach ihm ausstrecken, seinen Hals, seinen Kiefer und seine Nüstern streicheln, die weich wie Moos waren.

»Möchtest du mit mir laufen?« fragte er. »Möchtest du rennen?«

Das Pferd wieherte und reckte den stolzen Kopf, was Alexander als Einverständnis deutete. Er schaute ihm fest in die feurigen Augen und schwang sich dann mit einem Satz auf seinen Rücken: »Los, Bukephalos!« schrie er und drückte ihm die Knie in die Weichen.

Das Pferd galoppierte los. Mit wehendem Schweif, den prächtigen Rücken gestreckt, Kopf und Hals nach vorn gereckt, flog es über die Wiesen. Bei dem kleinen Fluß angekommen, vollführte es eine dressurmäßige Wendung und kehrte hufedonnernd zurück, um genau vor Philipp stehenzubleiben. Der König traute kaum seinen Augen.

Alexander ließ sich zu Boden gleiten. Er war restlos begeistert.

»Diesen Hengst reiten ist wie auf dem Pegasus fliegen. Genau so müssen Achills Pferde Balios und Xanthos gewesen sein, die Söhne des Windes. Ein schöneres Geschenk hättest du mir nicht machen können. Vielen Dank, Vater!« Der junge Prinz tätschelte seinem Pferd den Hals. Peritas, der wohl ahnte, daß er Konkurrenz bekommen hatte, begann aus lauter Eifersucht zu bellen, und Alexander streichelte auch ihn, um ihn seiner Zuneigung zu versichern.

Philipp hatte ihn die ganze Zeit über sprachlos angesehen. Jetzt packte er plötzlich seinen Kopf mit beiden Händen, drückte ihm einen Kuß aufs Haar und sagte: »Such dir ein Reich, das deiner würdig ist, mein Sohn. Makedonien ist zu klein für dich.«

19

»Hast du wirklich dreizehn Talente für Bukephalos bezahlt?« fragte Alexander, während er neben seinem Vater herritt.

Philipp nickte. »Ich nehme an, das ist der höchste Preis, der je für ein Pferd bezahlt worden ist ... Dafür ist Bukephalos aber auch das schönste Roß, das Philonikos in Thessalien je gezüchtet hat.«

»Ja«, erwiderte Alexander, und tätschelte seinem Pferd den Hals. »Wenn du mich fragst, ist er sogar noch mehr wert. Kein anderes Pferd auf der Welt wäre meiner würdig gewesen.«

Sie aßen mit Aristoteles und Kallisthenes zu Mittag. Der andere Assistent, Theophrast, war nach Asien zurückgekehrt, um seine Studien fortzusetzen, und schickte dem Meister regelmäßig Berichte über die neuesten Entdeckungen.

Heute saßen außerdem zwei Keramikmaler mit am Tisch. Aristoteles hatte sie aus Korinth kommen lassen, aber nicht um Vasen zu bemalen, sondern für eine andere, weitaus diffizilere Arbeit. Philipp hatte nämlich eine Landkarte der gesamten bekannten Welt in Auftrag gegeben!

»Kann ich jetzt die Karte sehen?« fragte der König voller Ungeduld, als sie mit dem Essen fertig waren.

»Natürlich«, sagte Aristoteles. »Sie ist groß geworden, größer als frühere Karten, und das ist auch deinen Eroberungen zu verdanken.«

Man begab sich in einen geräumigen, hellen Saal, der sozusagen ganz von der breiten Karte beherrscht wurde. Sie war auf eine gegerbte Ochsenhaut gezeichnet und mit Nägeln auf einer Holzplatte fixiert. Meere und Berge, Flüsse und Seen, Meerbusen und Inseln waren von den Malern in leuchtenden Farben koloriert worden.

Philipp war begeistert. Sein Blick zeichnete alle Umrisse und Grenzen nach, von Ost nach West, von den Säulen des Herkules bis zur skythischen Steppe, vom Bosporus bis zum Kaukasus, von Ägypten bis nach Syrien.

Er strich mit einem Finger vorsichtig, fast scheu über die Karte, suchte die Länder, die mit Makedonien befreundet oder auch verfeindet waren, erkannte mit leuchtenden Augen die Stadt, die er vor kurzem in Thrakien gegründet hatte – Philippopolis.

Endlich konnte er sein immenses Reich einmal in seinem ganzen Ausmaß überblicken!

Im Osten und Norden verloren sich die bunten Landschaften wie in einem Nebel, und so auch im Süden, wo sich die grenzenlose Libysche Wüste ausdehnte.

Auf einem Tisch daneben lagen zahlreiche Papyrusbögen mit vorbereitenden Studien. Philipp sah sie kurz durch und nahm dann einen zur Hand, der ihn besonders zu interessieren schien.

»Du meinst also, die Erde sei eine Kugel?« fragte er Aristoteles.

»Das meine ich nicht nur, dessen bin ich mir völlig sicher«, erwiderte der Philosoph. »Einfache Naturbeobachtungen genügen, um das zu beweisen. Wenn du beispielsweise einem

Schiff nachschaust, das den Hafen verläßt, siehst du zuerst den Rumpf und danach den Mast verschwinden. Und bei näher kommenden Schiffen ist es umgekehrt, da erscheint zuerst der Mast und dann der Rumpf. Dieses Phänomen kann auf nichts anderes als darauf zurückgeführt werden, daß die Erde rund ist ... Im übrigen ist ja auch der Schatten, den sie während einer Finsternis auf den Mond wirft, kugelrund.«

»Und was ist hier unten?« fragte der König, indem er auf eine Region mit der Aufschrift *Antipoden* deutete.

»Das weiß keiner. Allerdings liegt die Vermutung nahe, daß es dort Länder und Kontinente gibt, die an Ausdehnung den unseren ähnlich sind – eine Frage des Gleichgewichts, du verstehst. Das Problem ist, daß wir nicht wissen, wie weit sich die nördlichen Regionen ausdehnen.«

Alexander sah ihn an und ließ den Blick dann nachdenklich über das Imperium schweifen, von dem behauptet wurde, es reiche von der Ägäis bis nach Indien. Mit einemmal waren ihm nämlich wieder die schwärmerischen Worte eingefallen, mit denen der persische Satrap vor drei Jahren sein Vaterland beschrieben hatte.

Er stellte sich vor, auf Bukephalos über grenzenlose Steppen zu jagen, über Berge und Wüsten bis ans Ende der Welt zu fliegen, bis ans Ufer des Flusses Ozean, der nach Ansicht Homers die ganze Erde umgab.

Eine Hand auf der Schulter und die Stimme seines Vaters rissen ihn aus seinen Träumereien. »Bring deine Sachen in Ordnung, Junge, befiehl deinen Dienern einzupacken, was du nach Hause mitnehmen willst, und verabschiede dich von deinem Lehrer. Du wirst ihn eine ganze Weile nicht mehr sehen.«

Mit diesen Worten ging der König hinaus und ließ sie alleine.

»Wie schnell die Zeit vergangen ist«, meinte Aristoteles. »Mir ist, als wäre ich gestern erst in Mieza angekommen.«

»Wo gehst du jetzt hin?« fragte Alexander ihn.

»Ich bleibe noch eine Zeitlang da. Wir haben soviel Material angesammelt, das ich erst einmal sichten und ordnen muß – an die Berge von Notizen und Aufzeichnungen möchte ich gar nicht denken. Das wird seine Zeit brauchen. Außerdem treibe ich gerade interessante Studien zur Übertragung von Krankheiten von einem Körper auf den anderen.«

»Freut mich, daß du noch hierbleibst«, sagte Alexander. »So kann ich dich manchmal besuchen kommen. Ich hab dir noch viele Fragen zu stellen . . .«

Aristoteles sah ihm in die Augen und las unendliche Wißbegierde in seinem unruhigen Blick.

»Auf die Fragen, die du jetzt noch mit dir herumträgst, gibt es keine Antwort, Alexander . . . und wenn es sie doch geben sollte, mußt du sie in deiner Seele suchen.«

Die nachmittägliche Frühlingssonne schien auf die zerstreut herumliegenden Blätter mit ihren Zeichnungen und Notizen, auf die Farbtiegel und Pinsel der Maler, auf die große Karte der bekannten Welt und die kleinen, heiteren grauen Augen des Philosophen.

»Und was machst du danach?« wollte Alexander wissen.

»Wahrscheinlich gehe ich zuerst einmal eine Weile in meine Heimatstadt Stagyra.«

»Meinst du, es ist dir gelungen, einen Griechen aus mir zu machen?«

»Ich glaube, ich habe dir vor allem geholfen, ein Mann zu werden, und darüber hinaus habe ich eins begriffen: Du wirst weder ein Grieche noch ein Makedone werden. Du wirst immer nur Alexander bleiben. Ich habe dir beigebracht, was ich konnte. Jetzt gehst du deinen Weg alleine weiter, und niemand kann sagen, wohin er dich führen wird. Ich weiß nur eins: Wer immer dir folgen will, wird alles andere, sein Haus, seine Familie, sein Vaterland, hinter sich lassen und den Vorstoß ins Unbekannte wagen müssen. Leb wohl, Alexander. Die Götter mögen ihre Hand über dich halten.«

»Leb wohl, Aristoteles. Die Götter mögen auch dich beschützen, wenn sie wollen, daß ein klein wenig Licht in die Finsternis dieser Welt dringt.«

Mit einem langen, stummen Blick nahmen sie endgültig Abschied voneinander. Und sie sollten sich nie wiedersehen.

Alexander lag in dieser Nacht lange wach. Er war so aufgeregt, daß er einfach keinen Schlaf finden konnte. Vor seinem Fenster breitete sich eine wundervolle, stille Landschaft aus, im Schein des Mondes sah er die schneebedeckten Gipfel des Bermion und des Olymp, aber in seinen Ohren donnerten bereits die Hufe der Schlachtrösser.

Er dachte an tosende Schlachten und Waffenklirren, an seinen Vorfahren Achill, dessen Ruhmestaten Homer in seinem Epos verewigt hatte, aber er wußte nicht, wie er all dies mit den Lehren Artistoteles', den Skulpturen Lysipps, den Gedichten von Alkaios und Sappho vereinen konnte, ohne daß seine Brust dabei zerbarst.

Vielleicht lag es ja an seiner Abstammung, daß ihm dies so schwerfiel, am Naturell seiner Mutter – bald ungestüm, bald melancholisch – und am Wesen seines Vaters, der liebenswürdig und grausam, aufbrausend und besonnen in einem war.

Vielleicht lag es auch am Wesen seines Volkes, das den wildesten aller Barbarenstämme im Rücken hatte und vor sich die griechischen Städte mit ihren Tempeln und Bibliotheken.

Am nächsten Morgen würde er seine Mutter und Kleopatra wiedersehen. Ob sie sich sehr verändert hatten? Und er selbst, war er noch derselbe? Was für eine Stellung würde er jetzt im Palast von Pella haben?

Vielleicht half ja ein wenig Musik gegen den Aufruhr in seinem Herzen. Er griff nach seiner Kithara, setzte sich auf die Fensterbank und spielte ein Lied, das er die Soldaten seines Vaters unzählige Male hatte singen hören, wenn sie nachts am Feuer Wache hielten. Es war ein derbes Lied, derb wie ihr Gebirgsdialekt, aber voller Leidenschaft und Wehmut. Irgendwann merkte er, daß Leptine, von der schönen Melodie angezogen, ins Zimmer gekommen war. Sie saß auf seinem Bett und lauschte verzückt.

Der Mondschein liebkoste ihr Gesicht, ihre Schultern und die glatten weißen Arme. Alexander legte die Kithara beiseite, während das Mädchen mit einer sanften Bewegung seine Brust entblößte und die Arme nach ihm ausstreckte. Er legte sich neben sie aufs Bett, und Leptine drückte seinen Kopf an ihren Busen und streichelte ihm das Haar.

20

Drei Tage nach seiner Rückkehr in die Hauptstadt wurde Alexander von seinem Vater dem versammelten Heer präsentiert. In voller Rüstung ritt er auf Bukephalos die Verbände ab: rechts Philipps berittenes und schwerbewaffnetes Adelsgefolge – die *Hetairoi* oder »Gefährten des Königs«, wie man sie auch nannte – links die *Pezetairoi*, die »Fußgefährten«, bei denen es sich ursprünglich um Flachlandbauern handelte. Sie bildeten die berühmte Phalanx und waren mit Stoßlanzen von unterschiedlicher Länge, den Sarissen, bewaffnet, deren Spitzen eine einzige Schlachtreihe bildeten, wenn das fünfgliedrige Bataillon zum Angriff überging.

Als Alexander und sein Vater an den »Fußgefährten« vorüberritten, befahl ein Offizier, die Waffen zu präsentieren, worauf ein Wald von eisenverkleideten Stangen sich nach vorn senkte, um dem König und dem Prinzen die Ehre zu erweisen.

»Denk dran, mein Sohn«, sagte Philipp. »Die Phalanx ist der Amboß, die Kavallerie der Hammer. Wenn der Feind von unseren Reitern auf diese Barriere aus Lanzenspitzen zugetrieben wird, gibt es für ihn kein Entrinnen.«

Zuletzt ritten sie ganz außen links die »Königsschwadron« ab, ein Elitekorps der königlichen Reiterei, das im entscheidenden Moment einer Schlacht gezielt eingesetzt wurde, um die Schlachtordnung des Feindes aufzubrechen.

Die Reiter schrien: »Heil, Alexander!« und schlugen mit ihren Speeren auf die Schilder – eine Ehrung, die eigentlich dem Anführer vorbehalten war.

»Ab sofort übernimmst du das Kommando der Königsschwadron«, erklärte Philipp in der Tat. »Du wirst es sein, der diese Männer in die Schlacht führt.« In diesem Moment löste sich eine Gruppe von Reitern aus der Elitetruppe; sie waren mit prächtigen Rüstungen angetan und trugen reichverzierte Helme mit hohen Federbüschen. Ihre Pferde – mächtige Schlachtrösser – hatten silbernes Zaumzeug und purpurrote Satteldecken. Dies alles und ihre vornehme Haltung hoben diese Reiter auf den ersten Blick von den anderen ab.

Plötzlich verfielen sie alle gleichzeitig, wie zu einem Sturmangriff, in wilden Galopp, um nur wenige Sekunden später auf Kommando eine perfekt abgestimmte, unglaublich beeindruckende Kehrtwende zu vollführen, indem sie alle miteinander einen weiten Bogen beschrieben. Der Reiter, der sich in der Mitte des Bogens befand, ließ sein Roß praktisch auf dem hinteren Huf drehen, der nachfolgende bremste sein Pferd schon weniger, der übernächste noch weniger und so fort bis zum letzten, der den weiten Bogen in vollem Tempo ausritt.

Nachdem sie das spektakuläre Manöver vollendet hatten, preschten die Reiter erneut los, Schulter an Schulter, Kopf an Kopf und eine dicke Staubwolke hinter sich aufwirbelnd. Erst wenige Meter vor dem Prinzen zügelten sie ihre Pferde und brachten sie abrupt zum Stehen.

»Die Alexander-Schwadron!« brüllte ein Offizier.

Dann rief er sie einen nach dem anderen mit ihren Namen auf: »Hephaistion! Seleukos! Lysimachos! Ptolemaios! Krateros! Perdikkas! Leonnatos! Philotas!«

Seine Freunde!

Am Ende des Appells reckten die jungen Krieger ihre Speere in die Luft und schrien: »Heil, Alexander!« Und dann setzten sie sich einfach über das Protokoll hinweg, umringten ihn, rissen ihn beinahe vom Pferd und umarmten ihn stürmisch vor den Augen des Königs und seiner strammstehenden Soldaten.

Später warfen sie sogar ihre Waffen in die Luft und sprangen jubelnd um ihren Prinzen herum.

Nach der Parade gesellte sich auch Eumenes zu ihnen. Als Grieche gehörte er nicht zum Heer, aber er war inzwischen Philipps Privatsekretär geworden und bekleidete damit eines der wichtigsten Ämter bei Hofe.

Noch am selben Abend war Alexander zu einem Bankett eingeladen, das die Freunde im Hause Ptolemaios' für ihn organisiert hatten. Der Speisesaal war kostbar eingerichtet und prächtig dekoriert. Die Tische und Liegen aus kunstvoll eingelegtem Holz waren mit schönen Bronzebeschlägen verziert, und aus Bronze waren auch die wertvollen korinthischen Kandelaber in Gestalt von laternentragenden Mädchen. Von der Decke hingen durchbrochene Ampeln, die phantastische Schatten an die Wände zauberten. Die Teller und das Besteck waren aus ziseliertem Reinsilber.

Köche aus Smyrna und Samos hatten asiatische Delikatessen nach griechischem Geschmack zubereitet.

Die Weine kamen aus Zypern, Rhodos und Korinth, ja sogar aus der weit entfernten Kolonie Sizilien – deren Weinbauern stellten mittlerweile nämlich einen köstlichen Tropfen her, der sich mit den Weinen des Mutterlandes durchaus messen konnte.

Ausgeschenkt wurde aus einem riesigen, fast hundert Jahre alten attischen Krug; er war mit tanzenden Satyrn bemalt, die halbnackte Mänaden verfolgten. Die zum gleichen Geschirr gehörenden Kelche auf den Tischen hatte der Künstler mit pikanten Szenen eines Festgelages bemalt: nackte Flötenspielerinnen in den Armen weintrinkender, efeubekränzter Jünglinge – fast eine Vorwegnahme dessen, was der Abend noch alles bieten würde.

Alexander wurde mit stürmischem Beifall empfangen. Der Hausherr ging ihm mit einem wundervollen zweihenkeligen Kelch entgegen, der mit zypriotischem Wein gefüllt war. »Weißt du überhaupt noch, was das ist, Alexander? Nach drei Jahren Quellwasser wirst du wohl Kaulquappen im Bauch haben! Wir andern haben uns ja rechtzeitig abgesetzt«, meinte er augenzwinkernd.

»Komm, trink, das bringt dich wieder auf Trab.«

Alexander kam nicht dazu, den dargebotenen Kelch auch nur an die Lippen zu setzen, so sehr wurde er von allen Seiten mit Zurufen und Fragen bestürmt.

»Na, was hat Aristoteles dir hinter verschlossener Tür alles beigebracht? Jetzt kannst du's uns ja verraten«, rief Seleukos ihm zu.

»Aber zuerst erzählst du uns, wo du das prächtige Pferd herhast«, schrie Hephaistion. »Bei Zeus, ich habe noch nie ein schöneres gesehen!«

»Das will ich gerne glauben«, erwiderte Eumenes an Alexanders Stelle. »Hat ja auch dreizehn Talente gekostet. Ich habe die Zahlungsanweisung eigenhändig unterschrieben.«

»Stimmt, aber ich hab noch mal soviel gewettet, daß ich es allein zureiten kann«, schrie Alexander, der sich nun ebenfalls ereiferte. »Ihr hättet dabeisein sollen! Zu fünft haben sie den Gaul festgehalten und an ihm herumgezerrt, der arme war völlig verängstigt.«

»Und was hast du gemacht?« fragte Perdikkas.

»Nichts. Ich hab diesen Rüpeln befohlen, ihn loszulassen, und dann bin ich ihm nachgerannt . . .«

»Kein Wort mehr über Pferde!« brüllte Ptolemaios, das allgemeine Stimmengewirr überschreiend. »Jetzt wird über

Frauen gesprochen! Und nehmt endlich Platz, das Essen ist fertig.«

»Apropos Frauen«, meinte Seleukos. »Weißt du, daß Perdikkas in deine Schwester verliebt ist?«

Perdikkas wurde hochrot und rempelte seinen Kameraden so heftig an, daß er hinfiel.

»Doch, ich schwör's dir!« beharrte Seleukos. »Er kriegt einen richtig schmachtenden Blick, wenn er sie anschaut, das hab ich beim letzten Hofzeremoniell mit eigenen Augen gesehen«, spottete er.

»Und das Beste wißt ihr ja noch gar nicht«, schrie Ptolemaios dazwischen. »Morgen macht die Prinzessin einen Ausflug zum Artemistempel, um der Göttin ihr Initiationsopfer zu bringen, und wißt ihr, wer ihren Begleitschutz anführt? Dreimal dürft ihr raten ... Also, an deiner Stelle würde ich mich nicht auf ihn verlassen, Alexander!«

Perdikkas tat Alexander leid. Um ihm aus der Verlegenheit zu helfen, bat er um einen Augenblick Ruhe: »Ich hab euch nicht viel zu sagen, Männer, nur eins: Ich bin froh, wieder daheim zu sein. Und ich bin stolz darauf, daß meine Freunde und Kameraden die Alexander-Schwadron bilden!« Mit diesen Worten hob er endlich den Kelch und leerte ihn in einem Zuge.

»Wein! Schenkt allen Wein ein!« befahl Ptolemaios und klatschte in die Hände, worauf einige Diener mit dem attischen Krug herumgingen und die Kelche füllten, während andere die Speisen aufzutragen begannen – Rebhuhnspieße, Drosseln, Birkhühner, Enten und zuletzt eine köstliche Rarität: Fasane.

Die Gäste hatten sich unterdessen auf den Speiseliegen niedergelassen. Alexander hatte seinen besten Freund, Hephaistion, zur Rechten und zur Linken Ptolemaios, den Hausherrn.

Natürlich blieb es nicht bei dem Wildbret. Kaum, daß man damit fertig war, folgte ein Viertel gebratenes Kalb, das vom

Koch sorgfältig zerlegt und serviert wurde. Dazu reichten die Diener Körbe mit ofenfrischem Weißbrot, geschälte Walnüsse und hartgekochte Enteneier herum.

Gleichzeitig zogen auch die Flötenspielerinnen mit ihren Instrumenten ein. Die wunderschönen, exotisch aussehenden Frauen kamen aus Mysien, Karien, Thrakien und Bythinien. Manche hatten sich bunte Bänder ins Haar geflochten, andere trugen silber- und goldverbrämte Hauben, und alle waren als Amazonen verkleidet, mit kurzen Tuniken, Bogen und Köcher, wie man sie aus Theateraufführungen kannte.

Nach dem ersten Lied legten einige von ihnen ihre Bogen ab, nach dem zweiten die Köcher, nach dem dritten Schuhe und Tuniken und so weiter, bis sie völlig nackt waren und ihre mit duftenden Ölen gesalbte Haut im Licht der Lampen glänzte. Nun begannen sie zum Klang der Flöten und Trommeln zwischen den Tischen und Liegen herumzuwirbeln.

Mit dem Essen war man inzwischen fertig, aber dem Wein wurde weiterhin kräftig zugesprochen. Die allgemeine Erregung war groß. Einige von Alexanders Freunden standen auf, zogen sich aus und begannen mit den Mädchen zu tanzen. Der immer schneller werdende Rhythmus der Trommeln und Tamboure versetzte nach und nach alle in Ekstase.

Auf einmal packte Ptolemaios eines der umherwirbelnden Mädchen an der Hand und führte es zu Alexander.

»Das ist die schönste von allen«, sagte er. »Ich hab sie für dich ausgesucht.«

»Und ich?« fragte Hephaistion.

Alexander griff nach einem anderen bildhübschen Mädchen mit rotem Haar und sagte: »Hier, mit der gibst du dich doch auch zufrieden, oder?«

Ptolemaios hatte den Dienern vor dem Fest Anweisungen gegeben, das Öl der Lampen so zu dosieren, daß sie nach und nach erloschen und der Raum in schummrigem Halbdunkel versank. So brannten zuletzt nur noch einzelne Lampen in den Ecken des freskenbemalten Raums. Auf den Liegen, Teppichen und Bodenfellen umarmten und wälzten sich mattschimmernde Körper, deren Stöhnen und Keuchen die Musikerinnen rhythmisch untermalten.

Alexander zog sich tief in der Nacht zurück, berauscht und erregt wie noch nie. Es war, als sei eine lange unterdrückte Naturgewalt vulkanartig zum Ausbruch gekommen und beherrsche ihn nun völlig.

Um wieder einen klaren Kopf zu bekommen, trat er auf eine dem Nordwind ausgesetzte Terrasse des Palasts hinaus, umklammerte ihr Geländer und blieb dort stehen, bis er den Mond hinter den Bergen untergehen sah.

Weit dort hinten lag das stille Mieza, in dem Aristoteles jetzt vielleicht noch wachte und an einer seiner komplizierten Theorien herumknobelte. Erst vor wenigen Tagen hatten sie voneinander Abschied genommen, und doch schien es Alexander, als seien seither Jahre vergangen.

Kurz vor Sonnenaufgang wurde er von einem Leibwächter geweckt. Er setzte sich verstört im Bett auf und hielt sich mit beiden Händen den dröhnenden Kopf.

»Bete zu den Göttern, daß du einen guten Grund hattest, mich zu wecken, sonst . . .«

»Der Grund ist dein Vater, Alexander. Er möchte, daß du augenblicklich zu ihm kommst.«

Der junge Prinz erhob sich wankend, stolperte zur Waschschüssel, steckte mehrmals den Kopf ins eiskalte Wasser, warf sich dann einen Umhang um die nackten Schultern, schnürte seine Sandalen und folgte dem Wächter.

Philipp empfing ihn im königlichen Waffensaal. Er war übelster Laune.

»Schlimme Nachrichten«, sagte er. »Kurz bevor du aus Mieza zurückgekommen bist, hatte ich deine Mutter gebeten, mir in einer heiklen Angelegenheit zu helfen; es ging darum, einen Gesandten nach Athen zu schicken und Demosthenes daran zu hindern, daß er gewisse Pläne durchführt, die sehr schädlich für uns sein könnten. Ich dachte, ein Gesandter der Königin würde eher angehört werden und mehr erreichen als einer von mir. Leider habe ich mich getäuscht. Der Mann ist als Spitzel verdächtigt und zu Tode gefoltert worden. Weißt du, was das bedeutet?«

»Daß wir gegen Athen in den Krieg ziehen müssen«, erwiderte Alexander, der plötzlich hellwach war.

»Nein, so einfach ist das nicht. Demosthenes ist dabei, einen panhellenischen Bund zu gründen, den er gegen uns in den Krieg führen will.«

»Wir werden ihn schlagen.«

»Nicht alle Probleme lassen sich mit Waffengewalt lösen – es wird Zeit, daß du das lernst. Wozu habe ich mich denn all diese Jahre abgerackert? Um der Führer eines panhellenischen Bündnisses zu werden – nicht sein Feind! Ich arbeite auf ein einziges Ziel hin, Alexander: die Perser in Asien zu bekriegen; den Erbfeind der Griechen ein für allemal aus der Ägäis zu vertreiben und damit alle Handelswege aus dem Orient hierher unter Kontrolle zu bekommen. Um diesen Plan verwirklichen zu können, muß ich Anführer einer Allianz werden, die sämtliche griechischen Staaten vereint. Und ich muß durchsetzen, daß in allen wichtigen Städten diejenigen ans Ruder kommen, die mich unterstützen – und nicht diejenigen, die mich am liebsten im Grab sähen. Verstehst du mich?«

Alexander nickte. »Und was hast du jetzt vor?«

»Zunächst nur Zeit gewinnen. Mein letzter Feldzug hat viele Todesopfer gefordert. Der Krieg im Hellespont und in Thrakien hat auch große Lücken gerissen – ich muß als erstes unser Heer wieder aufbauen. Nicht daß ich Angst hätte, mich zu schlagen . . . aber es muß wenigstens Aussicht bestehen, zu gewinnen. Unsere Informanten in Athen, Theben und den anderen Städten in Griechenland müssen mich ab sofort über jede politische oder militärische Veränderung im Land unterrichten, und sei sie noch so gering. Demosthenes ist auf die Thebaner angewiesen, wenn er gegen uns auch nur die geringste Chance haben will; sie haben nach uns das stärkste Landheer. Wir müssen verhindern, daß sie sich verbünden. Das sollte eigentlich nicht schwierig sein: Athener und Thebaner haben sich schon immer gehaßt wie die Pest. Wenn sie sich aber entgegen aller Erwartungen doch zusammentun, dann müssen wir zuschlagen – blitzschnell und knallhart.

Die Zeit des Lernens und Studierens ist vorbei, Alexander. Vom heutigen Tag an wird man dich über alle Vorkommnisse informieren, die unser Land betreffen – bei Tag und bei Nacht, bei schönem und bei schlechtem Wetter. Und jetzt gehst du bitte zu deiner Mutter und überbringst ihr die Nachricht vom Tod ihres Gesandten. Ich weiß, daß sie an ihm hing, aber du darfst sie nicht schonen: Sie muß genau erfahren, was passiert ist. Und du, halte dich bereit. Das nächste Mal führst du deine Kameranden nicht in einer Löwen- oder Bärenjagd an, sondern im Krieg.«

Alexander machte sich augenblicklich zu den Gemächern seiner Mutter auf. Unterwegs traf er Kleopatra, die in Begleitung einiger Mägde gerade die Treppe herunterkam. Sie trug ein prächtig besticktes ionisches Peplon und hatte einen großen Henkelkorb am Arm hängen.

»Dann stimmt es also, daß du heute einen Ausflug machst«, sagte er.

»Ja, ich gehe zum Artemistempel, um der Göttin mein altes Spielzeug und meine Puppen zu opfern«, erwiderte die Schwester mit Blick auf ihren Korb.

»Klar, du bist inzwischen auch eine Frau geworden. Wie die Zeit vergeht . . . Und du willst wirklich alles opfern?«

Kleopatra lächelte. »Nicht ganz. Erinnerst du dich noch an die ägyptische Puppe, die Papa mir mal zum Geburtstag geschenkt hat – die mit den beweglichen Armen und Beinen? Sie hatte sogar eine kleine Truhe mit Schminksachen . . .«

»Ja, ich weiß schon«, sagte Alexander.

»Also. Die möchte ich behalten. Meinst du, die Göttin nimmt es mir übel?«

»Aber nein, bestimmt nicht. Gute Reise, Schwesterchen!«

Kleopatra gab ihm einen Kuß auf die Wange und rannte dann von ihren Mägden gefolgt die Trepe in den Hof hinunter, wo eine Kutsche und die von Perdikkas angeführte Eskorte sie erwarteten.

»Och, ich möchte aber nicht in der Kutsche fahren«, jammerte sie. »Ich möchte viel lieber reiten!«

Perdikkas schüttelte den Kopf. »Ich habe Order . . . Und außerdem – mit diesem Kleid, Prinzessin?«

Kleopatra hob den Saum ihres Peplon an und zeigte, daß sie darunter einen kurzen Chiton trug: »Was sagst du jetzt? Sehe ich nicht aus wie die Königin der Amazonen?«

Perdikkas wurde rot. »Doch, stimmt«, erwiderte er schlukkend.

»Also?« fragte Kleopatra, indem sie ihr Peplon wieder fallen ließ.

Perdikkas seufzte: »Du weißt, daß ich dir nichts abschlagen kann, Prinzessin. Aber machen wir es so: Jetzt steigst du erst einmal in die Kutsche. Wenn wir außerhalb der Stadt sind und keiner uns mehr sieht, laß ich dich reiten. Und in die Kutsche . . . setzen wir einen von meinen Männern. Ich denke, deine Mägde werden nichts dagegen haben.«

»Fein!« jubelte die Prinzessin.

Sie machten sich auf den Weg, als die Sonne gerade hinter dem Berg Rhodope zum Vorschein kam, und schlugen die Straße Richtung Europos ein, das nördlich von Pella lag. Der Artemistempel befand sich auf einer schmalen Landzunge, die zwei Seen miteinander verband – ein Ort, der seiner magischen Schönheit wegen berühmt war.

Sobald sie vor der Stadtmauer waren, ließ Kleopatra anhalten, zog unter den verblüfften Blicken der Leibwache ihr Peplon über den Kopf, hieß einen der Männer von seinem Pferd ab- und in die Kutsche einsteigen und kletterte selbst auf sein Pferd. Dann ging es unter lautem Gekicher der Mägde weiter.

»Siehst du?« sagte Kleopatra. »So haben wir alle unseren Spaß.«

Perdikkas nickte und versuchte verzweifelt, den Blick nach vorn zu richten, aber seine Augen kehrten immer wieder zu den nackten Beinen der Prinzessin zurück und zu ihren wiegenden Hüften, die ihn ganz schwindlig machten.

»Tut mir leid, daß ich dir soviel Umstände bereite«, sagte das Mädchen.

»Das tust du nicht«, erwiderte Perdikkas. »Im Gegenteil . . . Ich habe mich ja selbst um diesen Auftrag beworben.«

»Wirklich?« fragte Kleopatra und schielte ihn aus den Augenwinkeln an.

Perdikkas nickte verlegen.

»Danke. Ich finde es auch schön, daß du mich begleitest. Du bist ja so tapfer . . .«

Dem jungen Mann klopfte das Herz bis zum Halse, aber er versuchte, sich nichts anmerken zu lassen, auch weil er sich von seinen Männern beobachtet fühlte.

Als die Sonne hoch am Himmel stand, rasteten sie im Schatten eines großen Baums. Danach bat Perdikkas die Prinzessin, sich wieder umzuziehen und das letzte Stück Weg in der Kutsche zu fahren.

Kleopatra war einverstanden.

Am frühen Nachmittag erreichten sie den Tempel. Kleopatra betrat ihn, von ihren Mägden mit dem Korb gefolgt, trat vor die Statue der Göttin – eine wundervolle alte Schnitzfigur aus bemaltem Holz – und legte ihre Spielsachen und Puppen, ihre Miniaturamphoren und -becher vor ihr nieder. Dann betete sie zu ihr: »Jungfräuliche Göttin, zu deinen Füßen lege ich alle meine Kindheitsandenken. Und erbarm dich meiner, wenn ich weder die Kraft noch den Willen aufbringe, Jungfrau zu bleiben wie du. Bescheide dich mit diesen Gaben, ich flehe dich an, und neide mir nicht die Freuden der Liebe.« Danach machte sie den Priestern des Tempels eine großzügige Spende und trat wieder ins Freie hinaus.

Es war wirklich ein atemberaubend schöner Ort. Der kleine, von Rosenbüschen umwucherte Tempel stand auf einer grünen Wiese und spiegelte sich in den beiden Seen zu seiner Rechten und Linken. Über ihnen der Himmel strahlte in tiefem Azurblau.

Perdikkas ging Kleopatra entgegen.

»Ich habe dir und deinen Mägden für die Nacht Gemächer im Gästehaus des Tempels richten lassen«, sagte er.

»Und du?«

»Ich werde über deinen Schlaf wachen, Prinzessin.«

Das Mädchen senkte den Kopf. »Die ganze Nacht?«

»Selbstverständlich. Ich bin dafür verantwortlich . . .«

Kleopatra lächelte ihn von unten herauf an. »Ich weiß, daß du sehr tüchtig bist, Perdikkas, aber ich möchte nicht, daß du meinetwegen die ganze Nacht wachst. Ich dachte . . .«

»Was dachtest du, Prinzessin?« fragte der junge Mann mit angehaltenem Atem.

»Nun, ich dachte . . . wenn du dich langweilst . . . ich meine, dann könntest du vielleicht zu mir kommen, damit wir ein bißchen plaudern.«

»Oh, das würde mich natürlich riesig freuen und ehren und . . .«

»Dann lasse ich meine Tür also offen.«

Mit einem verführerischen Lächeln verabschiedete sie sich von ihm und rannte zu ihren Mägden, die inmitten von blühenden Rosensträuchern auf der Wiese Ball spielten.

21

Alexander war noch nicht lange zurück in Pella, als der Tempelrat von Delphi seinen Vater um Unterstützung gegen die Stadt Amphissa bat, deren Bewohner sich angeblich erdreistet hatten, Äcker im Besitz des Apollonheiligtums zu bestellen. Während der König noch darüber nachsann, was wohl der wahre Grund für diesen neuerlichen Heiligen Krieg sein mochte, ereilten ihn wichtige Nachrichten aus Asien. Sie wurden ihm von einem seiner Spitzel, dem in Kilikien ansäßigen Griechen Eumolpos, persönlich überbracht. Der Mann, der Händler war und einen Laden in der Stadt Soloi hatte, war per Schiff gekommen und im Hafen von Therme an Land gegangen. Philipp empfing ihn unter vier Augen in seinem privaten Arbeitszimmer.

»Ich habe dir ein Geschenk mitgebracht, Herr«, sagte Eumolpos und stellte eine kostbare kleine Lapislazulistatue der Göttin Astarte auf Philipps Schreibtisch. »Diese Skulptur ist sehr alt und eine große Rarität. Sie stellt die Aphrodite der Kanaanäer dar und wird dir deine Manneskraft bis ins hohe Alter erhalten.«

»Ich danke dir. Meine Manneskraft liegt mir tatsächlich sehr am Herzen, aber ich hoffe, du bist nicht nur deswegen gekommen.«

»Nein, natürlich nicht«, erwiderte Eumolpos. »Es gibt große Neuigkeiten aus der persischen Hauptstadt: Der Großkönig Artaxerxes III. ist von seinem Arzt vergiftet worden – wie es scheint auf Anordnung eines Hofeunuchen.«

Philipp schüttelte den Kopf. »Heimtückische Burschen, diese Kastraten; irgendwer wollte mir mal einen schenken, aber ich hab dankend abgelehnt. Sie sind auf jeden neidisch, der im Gegensatz zu ihnen noch vögeln kann. Andererseits auch wieder verständlich ... Jedenfalls habe ich anscheinend gut daran getan, mir keinen ins Haus zu holen!«

»Wie wahr, Herr«, pflichtete Eumolpos ihm bei. »Der Eunuch heißt übrigens Bagoas. Man munkelt, er habe aus Eifersucht gehandelt.«

»Kastriert und dann auch noch den Arsch aufgerissen bekommen ... da braucht man sich nicht wundern«, meinte Philipp. »Und jetzt?«

»Dieser Bagoas hat die Adligen dazu überredet, Arses, den Sohn des verblichenen Artaxerxes, die Krone aufzusetzen. Hier, so sieht er aus ...« Der Spitzel zog eine Münze aus der Tasche und schob sie Philipp über den Tisch zu. »Frisch geprägt.«

Philipp betrachtete das Profil des neuen Perserkönigs, dessen auffallendstes Merkmal die große Adlernase war.

»Macht keinen besonders vertrauenerweckenden Eindruck«, sagt er. »Sein Vater war schon ein harter Brocken, aber dieser Arses wirkt auf mich noch schlimmer. Glaubst du, er hält lange durch?«

»Schwer zu sagen«, meinte Eumolpos schulterzuckend. »Unsere Beobachter sind allerdings einhellig der Meinung, daß er nach Bagoas' Pfeife tanzt und nur so lange König bleibt, wie er dem Eunuchen zu Kreuze kriecht.«

»Klingt vernünftig«, sagte Philipp. »Ich werde dem neuen Herrscher und diesem Schlappschwanz von Bagoas meine Grüße entsenden, und dann wollen wir mal sehen, wie sie reagieren. Du, unterrichte mich weiterhin über alles, was am Hof von Susa passiert, und du wirst es nicht bereuen. So, und jetzt läßt du dir von meinem Sekretär die vereinbarte Summe auszahlen und sagst ihm, daß ich ihn erwarte.«

Eumolpos zog sich katzbuckelnd zurück, während Philipp bereits über die nächsten Schritte nachdachte, die zu unternehmen waren. Als Eumenes eintrat, stand sein Entschluß fest.

»Du hast mich gerufen, Herr?«

»Ja. Setz dich und schreib.«

Eumenes ließ sich auf einem Hocker nieder, ergriff Tafel und Griffel und begann zu schreiben, was der König ihm diktierte:

»Philipp, König von Makedonien, an Arses, Großkönig von Persien, König der Könige, Stern der Arier et cetera, et cetera . . . Heil!

König Artaxerxes, der dritte seines Namens, dein Vater und Vorgänger, hat uns ohne den geringsten Anlaß schwer gekränkt. Er hat auf eigene Kosten ein Söldnerheer ausgehoben und unseren Feinden zur Verfügung gestellt, während wir die Stadt Perinthos belagerten und in den Krieg gegen Byzantion verstrickt waren.

Aus diesem Vorgehen sind uns enorme Schäden erwachsen. Zur Wiedergutmachung fordere ich deshalb eine Summe in Höhe von . . .

Eumenes hob erwartungsvoll den Kopf.

. . . fünfhundert Talenten.

Eumenes pfiff leise durch die Zähne.

Solltest du dieser Forderung nicht nachkommen, müssen wir dich leider als unseren Feind betrachten, und zwar mit allen Folgen, die dies mit sich bringt.

Sei gegrüßt et cetera, et cetera.«

»So, das überträgst du jetzt sauber auf Papyrus, und dann bringst du es mir, damit ich das Siegel draufsetzen kann. Unser schnellster Bote muß noch heute damit losgeschickt werden.«

»Bei Zeus, Herr!« rief Eumenes aus. »Das ist der undiplomatischste Brief, der mir je untergekommen ist. Arses wird nicht umhin können, im selben Ton zu antworten.«

»Einen größeren Gefallen könnte er mir gar nicht tun«, erwiderte der König. »Wenn wir davon ausgehen, daß der Brief ein bis zwei Monate unterwegs ist und das Antwortschreiben noch mal ein bis zwei Monate, dann bleibt mir gerade genug Zeit, in Griechenland nach dem Rechten zu sehen. Danach kümmere ich mich um diesen Kastraten und seine Marionette. Und noch etwas: Gib den Brief auch Alexander zu lesen und laß mich wissen, was er davon hält.«

»Zu Befehl, Herr«, sagte Eumenes und verließ mit der Tafel unterm Arm den Raum.

Alexander las das Schreiben und begriff, daß sein Vater fest entschlossen war, in Asien einzufallen, und nur noch einen Vorwand suchte.

Seit seiner Ankunft in Pella konnte Alexander sich vor Verpflichtungen kaum noch retten: Kabinettsversammlungen, Empfänge ausländischer Gäste und Gesandtschaften und vor allem Heeresversammlungen, die für die Beziehungen zwischen Krone und Adel von fundamentaler Bedeutung waren. Doch bei erster Gelegenheit kehrte er noch einmal für ein paar Tage nach Mieza zurück.

Aristoteles war bereits abgereist, aber er hatte seinen Neffen in Mieza zurückgelassen. Kallisthenes sollte die Naturaliensammlung neu ordnen und die Werke herausgeben, die der Philosoph eigens seinem königlichen Schüler gewidmet hatte: eine Abhandlung über die Monarchie und eine Studie über den Kolonialismus. In beiden setzte er sich für die Verbreitung des Stadtstaates nach griechischem Modell ein, denn nur ein Land mit freien Bürgern, so meinte Aristoteles, könne es zu geistiger und wirtschaftlicher Blüte bringen.

Alexander blieb mehrere Tage in Mieza, um sich auszuruhen und seine Gedanken ein wenig zu ordnen. Die Mahlzeiten nahm er in Gesellschaft Kallisthenes' ein, der ein hochgebildeter junger Mann war und sich mit der politischen Lage der griechischen Staaten bestens auskannte. Seine Leidenschaft für die Geschichte war so groß, daß er sich die Werke sämtlicher Klassiker auf dem Gebiet beschafft hate, von Ecataios bis Miletos, von Herodot bis Thukidides. Darüber hinaus las Kallisthenes aber auch die weniger bekannten westlichen Geschichtsschreiber wie den Syrakusaner Philistos, der von den griechischen Städten in Sizilien und Italien berichtete – ein Land, in dem sich neue Machtzentren herausbildeten, wie die vom trojanischen Helden Äneas gegründete Stadt Rom, die schon Herakles auf seiner Rückfahrt aus dem fernen Iberien besucht hatte.

Nach dem Abendessen setzten Alexander und Kallisthenes sich für gewöhnlich unter den Portikus hinaus und plauderten bis spät in der Nacht.

»Der Tempelrat von Delphi hat schon wieder zum Heiligen Krieg aufgerufen – diesmal gegen die Bewohner von Amphissa«, sagte Kallisthenes eines Abends.

»Ich weiß«, erwiderte Alexander. »Aber keine der beiden Parteien ist in der Lage, über die andere zu triumphieren; sie sind beide gleich stark. Hinter Amphissa stehen die Thebaner; zwar haben sie sich aus Angst vor dem Amphiktionenrat bisher noch nicht ans offene Licht getraut, aber die Situation ist kritisch – vor allem im Hinblick auf ein mögliches Eingreifen Athens. Der Tempelrat für seinen Teil hat sich an uns gewandt – mein Vater hat bereits ein offizielles Hilfegesuch erhalten, und ich glaube nicht, daß er sich zweimal bitten läßt.«

Kallisthenes schenkte beiden etwas Wein ein. »Ganz deiner Meinung. Der Rat steht unter dem Vorsitz der Thessaler, die eure Freunde sind. Ich vermute sogar, daß dein Vater die ganze Sache eingefädelt hat ...«

Alexander beobachtete ihn von der Seite, wie er nachlässig an seinem Weinkelch nippte.

»Muß ich daraus schließen, daß du geheime Informanten hast, Kallisthenes?«

Der junge Mann stellte ruhig seinen Kelch auf den Tisch zurück. »Ich bin Geschichtswissenschaftler, Alexander, und ich glaube, wie du ein guter Schüler meines Onkels gewesen zu sein. Es sollte dich daher nicht wundern, daß ich mit den Mitteln der Logik arbeite, anstatt Gerüchten aus zweiter oder dritter Hand nachzugehen.

Also, laß mich raten: Dein Vater weiß natürlich nur zu gut, daß die öffentliche Meinung in Athen gegen die Thebaner ist, aber er weiß auch, daß Demosthenes alles daransetzen wird, dies zu ändern, sprich, seine Mitbürger dahin zu bringen, daß sie sich auf die Seite Thebens schlagen – das seinerseits Amphissa gegen den Tempelrat unterstützt und also gegen Philipp.

Demosthenes für seinen Teil ist sich völlig darüber im klaren, daß nur ein Zusammenschluß Athens mit Theben die endgültige Vorherrschaft der Makedonen in Griechenland verhindern könnte. Deshalb wird er, wie schon gesagt, mit allen Mitteln auf ein Bündnis mit den Thebanern hinarbeiten – selbst wenn er dazu gegen die oberste religiöse Institution der Griechen und das Orakel des Apollon angehen müßte.«

»Und wie werden sich die Thebaner deiner Ansicht nach verhalten?« fragte Alexander, dem an Kallisthenes' Einschätzung des Sachverhalts viel gelegen war.

»Das hängt von zwei Faktoren ab: erstens vom Verhalten Athens und zweitens davon, was das makedonische Heer in Mittelgriechenland anstellt. Dein Vater wird bestimmt enormen Druck auf Theben ausüben, damit es sich nicht mit Athen verbündet. Er weiß ganz genau, daß er in diesem Fall das größte Landheer und die stärkste Flotte ganz Griechenlands gegen sich hätte, und einen so dicken Brocken kann selbst der große Makedonenkönig Philipp nicht schlucken.«

Alexander schwieg, als lausche er den Geräuschen der Nacht, die aus dem nahe gelegenen Wald herüberdrangen. Kallisthenes schenkte ihnen noch einmal Wein nach.

»Was wirst du tun, wenn du deine Arbeit hier in Mieza beendet hast?« fragte der Prinz, nachdem er gerade mal an seinem Kelch genippt hatte.

»Wahrscheinlich gehe ich zu meinem Onkel nach Stagyra ... so gerne ich den Krieg aus der Nähe miterleben würde.«

»Du könntest mir folgen, wenn mein Vater mich nachkommen läßt.«

»Mit größtem Vergnügen«, erwiderte Kallisthenes, und man merkte ihm an, daß er diese Antwort erwartet hatte, denn sie entsprach sowohl seinen eigenen wie Alexanders Wünschen und Zielen.

»Dann komm nach Pella, wenn du hier fertig bist.«

Kallisthenes stimmte begeistert zu. Sie gingen erst spät in der Nacht auseinander, nachdem sie sich noch lange über philosophische Themen unterhalten hatten. Am darauffolgenden Morgen überreichte der junge Mann seinem Gast die beiden Werke, die Aristoteles ihm versprochen hatte. Einem jeden lag ein handgeschriebener Brief des Philosophen bei.

Alexander kehrte drei Tage später, gegen Abend, in den Königspalast zurück, gerade rechtzeitig, um am Kriegsrat teilzunehmen, den sein Vater einberufen hatte. Außer Philipp und ihm als Anführer der Königsschwadron waren die Generäle Antipatros, Parmenion und Kleitos der Schwarze anwesend sowie die Befehlshaber aller wichtigen Truppeneinheiten, von der Phalanx bis zur Reiterei.

An der hinteren Wand des großen Versammlungssaals hing eine Karte von Griechenland, die Philipp vor ein paar Jahren von einem Geographen aus Smyrna hatte anfertigen lassen. Mit Hilfe dieser Karte erklärte der König, wie er vorzugehen gedachte: »Ich möchte Amphissa nicht gleich angreifen«, sagte er. »In Mittelgriechenland gibt es viel gefährliches, unwegsames Gelände. Man gerät leicht in enge Täler, in denen man keinerlei Manövrierfähigkeit hat und vom Feind überrumpelt werden kann. Als erstes geht es mir darum, die Schlüssel zu dieser Region in die Hand zu bekommen, und damit meine ich: die Städte Kytinion und Elateia in Phokis. Danach sehen wir weiter. Unsere Truppen befinden sich bereits auf dem Vormarsch durch Thessalien. Parmenion und ich brechen morgen auf und werden in Kürze zu ihnen stoßen. Antipatros führt das Oberkommando über die Armee, die zum Schutz Makedoniens zurückbleibt.«

Alexander brannte darauf, zu erfahren, welche Aufgabe sein Vater ihm innerhalb des Kriegsgeschehens zugedacht hatte, aber er wurde bitter enttäuscht.

»Meinem Sohn lasse ich das Siegel der Argeaden, damit er mich während meiner Abwesenheit vertritt. Jede Anordnung von ihm kommt einem königlichen Erlaß gleich.«

Alexander wollte schon aufspringen, aber der Blick seines Vaters nagelte ihn auf dem Stuhl fest. Im selben Moment kam Eumenes mit dem Siegelring herein. Alexander nahm ihn entgegen, steckte ihn sich widerwillig an den Finger und sagte: »Ich danke dem König für die Ehre, die er mir zuteil werden läßt, und werde bemüht sein, seine Erwartungen zu erfüllen.« Philipp nickte und wandte sich dann an seinen Sekretär: »Lies meinen Generälen den Brief vor, den ich dem neuen König von Persien geschickt habe. Sie sollen wissen, daß vielleicht schon sehr bald einer von ihnen nach Asien ziehen muß, um uns den Weg zu ebnen.«

Eumenes las das Schreiben mit klarer Stimme und in feierlichem Ton vor.

»Wenn die Antwort ausfällt, wie ich erwarte«, fuhr Philipp fort, »könnte Parmenion die Meerengen überqueren und uns im Hinblick auf unseren Einfall in Asien schon mal das Ostufer sichern. Wir bringen unterdessen den Griechen ein für allemal bei, daß es nur ein panhellenisches Bündnis geben kann: nämlich das unter meiner Führung. Mehr habe ich euch für heute nicht zu sagen. Ihr seid entlassen.«

Alexander wartete, bis alle den Saal verlassen hatten, um mit seinem Vater unter vier Augen zu sprechen.

»Warum läßt du mich in Pella? Ich muß die Königsschwadron in der Schlacht anführen, nicht bei Paraden. Und Antipatros wäre so gut wie ich in der Lage, die Regierungsgeschäfte während deiner Abwesenheit zu erledigen.«

»Ich habe lange über diesen Entschluß nachgedacht, mein Sohn, und gedenke nicht, ihn noch einmal rückgängig zu machen. Ein Land zu regieren ist schwieriger als Kriegführen, und dabei viel wichtiger. Ich habe einen Haufen Feinde, Alexander, nicht nur in Athen und Theben, sondern auch in Makedonien und sogar in Pella – von den Persern ganz zu schweigen. Wenn ich weit weg auf irgendeinem Schlachtfeld kämpfe, muß ich meine Heimat in sicheren Händen wissen, und dir vertraue ich.«

Der junge Mann senkte resigniert den Kopf. Aber Philipp wußte, wie ihm zumute war, und versuchte ihn zu trösten: »Das Siegel, das ich dir übertragen habe, gehört zu den höchsten Würden auf der ganzen Welt. Damit umgehen zu können, erfordert hundertmal mehr Geschick, als eine Kavallerieschwadron im Krieg anzuführen.

Das Königsein, mein Junge, lernst du nicht auf dem

Schlachtfeld, sondern nur hier, im Palast. Ein Herrscher ist in erster Linie Politiker und erst danach Krieger. Aber ich verspreche dir eins: Wenn es zur entscheidenden Schlacht kommt und ich alle Truppeneinheiten brauche, lasse ich dich nachkommen. Und dann wirst du es sein, der die Königsschwadron anführt. Kein anderer.« Er klopfte ihm freundschaftlich auf die Schulter. »Komm, mach nicht so ein Gesicht. Ich hab auch eine Überraschung für dich vorbereitet – die wird dich aufmuntern.«

Alexander schüttelte den Kopf. »Was hast du mir jetzt schon wieder eingebrockt, Papa?«

»Du wirst schon sehen«, erwiderte Philipp grinsend.

Mit diesen Worten stand er auf und verließ den Versammlungssaal. Wenig später hörte Alexander ihn nach der Leibwache brüllen und vom Stallmeister sein gesatteltes Pferd verlangen. Als Alexander auf die Galerie hinaustrat, konnte er ihn gerade noch in gestrecktem Galopp aus dem Hof reiten sehen.

Der junge Prinz blieb bis tief in die Nacht in seinem Arbeitszimmer, denn am nächsten Tag gab es viel zu erledigen, und er wollte vorbereitet sein. Erst kurz vor Mitternacht löschte er die Öllampe und begab sich in seine Gemächer. Dort rief er gleich nach Leptine, aber das Mädchen antwortete ihm nicht.

»Leptine!« wiederholte er gereizt, doch nichts rührte sich. Vielleicht war sie krank oder aus irgendeinem Grund böse auf ihn – etwas anderes konnte er sich nicht vorstellen. Da meldete sich plötzlich eine andere Stimme aus dem Halbdunkel seines Schlafzimmers: »Leptine mußte verreisen. Sie kommt morgen zurück.«

»Bei Zeus!« rief Alexander erschrocken aus und rannte mit gezücktem Schwert in das angrenzende Zimmer.

»Wenn du mich durchbohren möchtest, brauchst du ein anderes Schwert«, sagte die Stimme. Und jetzt sah Alexander auch, wem sie gehörte: einem wunderschönen Mädchen, das auf seinem Bett saß.

»Wer bist du, und wer hat dich in mein Schlafzimmer gelassen?« fragte er.

»Ich bin die Überraschung, die dein Vater, König Philipp, dir versprochen hat. Mein Name ist Kampaspe.«

Alexander wies mit der Hand zur Tür und sagte:

»Tut mir leid, Kampaspe, aber diese Art von Überraschungen wüßte ich mir schon selbst zu besorgen, wenn mir danach wäre. Auf Wiedersehen.«

Das Mädchen stand auf, aber statt zur Tür zu gehen, löste sie mit einer raschen Handbewegung die Fibeln ihres Peplon, worauf sie – bis auf die silbernen Sandalen – völlig nackt vor ihm stand. Alexanders zur Tür zeigender Arm sank kraftlos nach unten, während er das Mädchen sprachlos anstarrte. Eine schönere Frau hatte er noch nie im Leben gesehen, sie war so schön, daß es ihm den Atem verschlug und das Blut in seinen Adern zu kochen begann. Kampaspe hatte einen glatten, weichen Hals, straffe Schultern und pralle Brüste; ihre runden wohlgeformten Beine wirkten wie in Marmor gemeißelt. Alexander spürte seine Zunge am Gaumen kleben.

Die junge Frau trat auf ihn zu, nahm ihn an der Hand und führte ihn ins Badezimmer. »Darf ich dich ausziehen?« fragte sie und begann auch schon die Schnallen zu öffnen, die seinen Umhang und den Chiton zusammenhielten.

»Ich fürchte, Leptine wird außer sich geraten und ...« stammelte Alexander.

»Schon möglich, aber du wirst bestimmt glücklich und zufrieden sein. Das verspreche ich dir.« Jetzt war auch der Prinz nackt, und das Mädchen preßte sich an ihn, doch kaum spürte sie seine übermächtige Reaktion, löste sie sich wieder und zog ihn mit sich in die Badewanne.

»Hier ist es noch schöner, du wirst sehen.«

Alexander gab jeden Widerstand auf und überließ sich ihren Händen. Kampaspe begann ihn so geschickt und gekonnt zu streicheln, wie er es noch nie erlebt hatte; mehrmals trieb sie seine Lust bis fast auf den Höhepunkt, um im letzten Moment abzulassen und sich entlegeneren Körperteilen zuzuwenden.

Als sie merkte, daß sie ihn nicht länger würde beherrschen können, hüpfte sie aus der Wanne, streckte sich auf seinem Bett aus und öffnete die Schenkel. Ihr nasser, herrlich duftender Körper glänzte im goldenen Licht der Kerzen. Alexander fiel stürmisch über sie her, aber sie flüsterte ihm ins Ohr: »Ich bin keine Stadtmauer, die du mit dem Sturmbock einrennen mußt. Laß dich von mir führen, und du wirst sehen . . .«

Alexander beugte sich ihrem Wunsch und hatte das Gefühl, in die Lust einzutauchen wie ein Stein ins Wasser; und die Lust steigerte sich mehr und mehr, bis sie ihn völlig übermannte und er regelrecht explodierte. Aber Kampaspe wollte ihn noch einmal und begann ihn mit ihrem nassen, heißen Mund zu erregen, um sich dann auf ihn zu legen und zu einem neuen Liebestanz zu verführen. In dieser Nacht begriff der junge Prinz, daß der Genuß ihn noch tausendmal höher emportragen konnte, als er es in der naiven, etwas linkischen Liebe mit Leptine erfahren hatte.

22

Seit sein Vater Pella verlassen hatte, erhielt Alexander pünktlich jeden Tag eine Depesche von ihm, in der er über den Verlauf der Operationen und die Truppenbewegungen unterrichtet wurde. So erfuhr er auch, daß Philipp sein erstes Ziel – nämlich die Belagerung Kytinions und Elateias – gegen Ende des Sommers planmäßig durchgesetzt hatte.

»Philipp, König von Makedonien, an Alexander, Heil!
Heute, am dritten Tag des Monats Metagithnion, habe ich Elateia belagert. Mein Vorgehen hat in Athen Panik ausgelöst. Die Athener glaubten, ich würde als nächstes auf ihre Stadt marschieren und dafür auch Theben gewinnen, aber Demosthenes hat die Bürgerschaft davon überzeugt, daß ich nur Druck auf Theben ausüben möchte, damit es sich nicht mit Athen verbündet. Nun ist Demosthenes mit einer Abordnung nach Theben unterwegs, um die Stadt zu einem Bündnis mit Athen zu bewegen. Um das zu verhindern, habe ich ebenfalls Botschafter nach Theben gesandt. Über alles Weitere werde ich dich auf dem laufenden halten.

Hab acht auf dich und deine Mutter, die Königin.«

Alexander ließ Kallisthenes rufen, der aus Mieza gekommen war und seit einigen Tagen im Palast weilte.

»Die Dinge entwickeln sich mehr oder weniger, wie du es vorhergesehen hast«, teilte er ihm mit. »Ich habe gerade eine Depesche von meinem Vater erhalten. Er schreibt mir, daß augenblicklich zwei Gesandtschaften, eine athenische und eine makedonische, versuchen, die Thebaner für sich zu gewinnen. Was meinst du, welcher wird es gelingen?«

Kallisthenes zupfte sich wichtigtuerisch den Umhang über dem linken Arm zurecht und sagte: »Derlei Prognosen anzustellen, ist immer gefährlich und ziemt sich eigentlich mehr für einen Hellseher als für einen Geschichtsschreiber. Dennoch: Wer führt denn die athenische Gesandtschaft an?«

»Demosthenes.«

»Dann macht er das Rennen! Heute gibt es in ganz Griechenland keinen besseren Redner als ihn. Stell dich darauf ein, von deinem Vater gerufen zu werden.«

»Warum?«

»Weil es zu einer Entscheidungsschlacht kommen wird und dein Vater dich an diesem Tag bestimmt an seiner Seite haben will.«

Alexander sah ihm in die Augen.

»Wenn sich das bewahrheitet«, sagte er, »nehme ich dich in Zukunft als persönlichen Geschichtsschreiber auf alle meine Kriegszüge mit.«

Der Prinz merkte schnell, daß sein Vater recht gehabt hatte: Die politische Macht zu verwalten war viel komplizierter, als auf offenem Feld zu kämpfen. Alle am Hof glaubten, ihm Ratschläge erteilen zu müssen, und alle hofften, seine Entscheidungen beeinflussen zu können – an erster Stelle seine Mutter.

Eines Abends lud sie ihn zum Essen unter dem Vorwand in ihre Gemächer ein, ihm einen Umhang schenken zu wollen, den sie eigenhändig für ihn bestickt hatte.

»Danke, der ist wunderschön«, sagte Alexander, obwohl ihm sofort auffiel, daß es sich um eine berühmte Handarbeit aus Ephesus handelte. »Du mußt ja monatelang daran gearbeitet haben.«

Er merkte, daß nur zwei Tische und Liegen aufgestellt waren. »Ich dachte, wir sind heute abend zu dritt. Kommt Kleopatra denn nicht?«

»Nein, sie läßt sich entschuldigen. Sie ist erkältet und hat ein bißchen Fieber. Aber mach's dir doch bequem. Das Essen wird gleich aufgetragen.«

Alexander streckte sich auf einer der beiden Liegen aus und knabberte ein paar Mandeln, während eine Magd heiße Gänsebrühe und frisch gebackenes Fladenbrot auftischte – eine schlichte Mahlzeit, wie er es von seiner Mutter gewöhnt war. Olympias nahm ihrerseits Platz und ließ sich eine Tasse Brühe geben.

»Also, wie sitzt es sich auf dem Thron deines Vaters?« fragte sie, nachdem sie einen Löffel Suppe probiert hatte.

»Auch nicht anders als auf einem ganz gewöhnlichen Stuhl«, erwiderte Alexander etwas ruppig.

»Weich meiner Frage nicht aus«, tadelte ihn Olympias. »Du weißt ganz genau, was ich meine.«

»Ja, Mama. Aber was kann ich dir schon groß erzählen? Ich versuche, mein Bestes zu tun, Fehler zu vermeiden und alle Staatsangelegenheiten aufmerksam zu verfolgen.«

»Das ist löblich.«

Die Magd stellte eine Schüssel mit Hülsenfrüchten und Salat auf den Tisch, die sie mit Essig, Öl und Salz anmachte.

»Alexander«, hob seine Mutter von neuem an. »Hast du je daran gedacht, daß deinem Vater jeden Moment etwas zustoßen könnte?«

»Mein Vater kämpft an vorderster Front, Seite an Seite mit seinen Soldaten. Klar, daß ihm da jeden Moment etwas zustoßen kann.«

»Und wenn es dazu käme?«

Die Magd schenkte ihm Wein ein, servierte seine Suppentasse ab und brachte ihm einen Kranichfleischspieß und ein Schüsselchen Erbsenpüree, das der Prinz jedoch mit einer Geste zurückwies.

»Verzeih mir, ich hätte daran denken müssen, daß du keine Erbsen magst . . . Also, hast du dir darüber schon mal Gedanken gemacht?«

»Natürlich, Mama. Ich liebe meinen Vater und wäre sicher sehr traurig.«

»Ich rede nicht davon, Alexander. Ich rede von deiner Thronfolge . . .«

»Meine Thronfolge macht mir niemand streitig.«

»Solange dein Vater lebt, und solange ich lebe . . .«

»Du bist siebenunddreißig, Mama!«

»Das heißt gar nichts. Jedem kann ein Unglück zustoßen. Was ich dir sagen möchte, Alexander . . . Dein Vetter Amyntas ist fünf Jahre älter als du und war vor deiner Geburt der rechtmäßige Thronfolger; da könnte leicht jemand auf den Gedanken kommen, ihn für den Thron vorzuschlagen. Außerdem hat dein Vater außer dir noch einen Sohn mit einer seiner . . . anderen Frauen.«

Alexander zuckte mit den Schultern. »Arrhidaios ist strohdumm.«

»Strohdumm, aber von königlichem Blute. Auch er könnte dir Steine in den Weg legen.«

»Sag schon: Was soll ich deiner Meinung nach tun?«

»In diesem Moment hast du alle Macht des Landes inne, und dein Vater ist weit weg. Du kannst frei über den Kronschatz verfügen und anordnen, was du willst. Du bräuchtest nur zu bezahlen . . .«

Alexanders Miene verdüsterte sich. »Diese Anspielung habe ich überhört. Papa hat Amyntas auch nach meiner Geburt am Leben gelassen, und dasselbe werde ich tun.«

Olympias schüttelte den Kopf. »Dieser Aristoteles hat dir das Hirn mit seinen demokratischen Ideen vollgestopft, aber für einen König sieht die Sache anders aus. Ein König muß sich seinen Thron beizeiten sichern . . .«

»Genug, Mama! Mein Vater lebt, du bist kerngesund, und damit ist das Thema für mich erledigt. Wenn ich eines Tages Hilfe brauche, kann ich mich an deinen Bruder, den König von Epeiros, wenden. Er mag mich und würde mich bestimmt unterstützen.«

»Hör auf mich«, insistierte Olympias, aber Alexander sprang auf und küßte sie flüchtig auf die Wange.

»Danke für das Abendessen, Mama. Ich muß jetzt gehen. Gute Nacht.«

Er ging in den Innenhof des Palastes hinunter und kontrollierte die Wache am Eingangstor, dann begab er sich zu Eumenes, der trotz der späten Stunde noch in der Kanzlei arbeitete. Als Alexander eintrat, war er gerade dabei, die Tagespost zu protokollieren.

»Nachricht von meinem Vater?«

»Ja, aber nichts Neues. Die Thebaner sind noch immer unentschlossen.«

»Was macht eigentlich Amyntas zur Zeit?«

Eumenes sah ihn überrascht an. »Wie meinst du das?«

»Genau so, wie ich es gesagt habe.«

»Nun, ich glaube, er ist auf der Jagd.«

»Gut. Sobald er zurückkommt, betraust du ihn mit einer diplomatischen Mission.«

»Mit was für einer diplomatischen Mission?«

»Das ist mir egal. Such etwas Passendes für ihn aus, irgendwo in Asien, Thrakien oder auf einer Insel, was weiß ich . . .«

»Also, ehrlich gesagt, ich wüßte nicht ...«, begann Eumenes einzuwenden, aber Alexander war schon zur Tür hinaus.

Philipps Gesandtschaft kam Mitte Herbst in Theben an und erhielt dort die Erlaubnis, ihr Anliegen vor der Bürgerschaft vorzutragen, die sich zu diesem Zweck im Theater versammelte.

Noch am selben Tag wurde auch die athenische Gesandtschaft unter der Führung Demosthenes' vorgelassen. Das Volk sollte die beiden Vorschläge kurz hintereinander zu hören bekommen, damit es sie besser vergleichen und entsprechend bewerten konnte.

Philipp hatte mit seinem Generalstab lange darüber beraten, was man den Thebanern anbieten sollte, und war der Ansicht, das Ergebnis könne sich sehen lassen. Obwohl er wußte, daß sie hinter Amphissa standen, der Stadt, gegen die der Amphiktionenrat den Heiligen Krieg ausgerufen hatte, verlangte er nicht, daß sie sich mit ihm verbündeten; ihre Neutralität hätte ihm genügt. Im Gegenzug stellte er umfangreiche finanzielle und territoriale Zugeständnisse in Aussicht. Für den Fall einer Ablehnung drohte er verheerende Verwüstungen an, aber seiner Meinung nach konnte nur ein Wahnsinniger ein so verlockendes Angebot ausschlagen.

Der Anführer der makedonischen Abordnung, Eudemos von Oreos, hielt eine vorbildliche Rede, in der er Schmeicheleien und Drohungen geschickt dosierte. Kurz nachdem er geendet und das Theater verlassen hatte, traf er sich mit einem thebanischen Freund und Informanten und ließ sich von ihm an einen Ort bringen, von dem aus man Blick ins Theater hatte und hören konnte, was dort gesprochen wurde. Er wußte, daß Philipp Nachrichten aus erster Hand und keine Gerüchte wollte.

Die Volksversammlung ließ etwas Zeit verstreichen, gerade soviel wie nötig, damit sich die beiden Delegationen nicht begegneten und womöglich in die Haare gerieten, dann wurden die Athener und Demosthenes eingelassen.

Der große Orator war schlank, beinahe hager, und hatte das würdevolle Aussehen eines Philosophen. Seine Augen waren lebhaft, sein Blick sprang unruhig umher, und seine Stirn war ständig in Falten gelegt. Es hieß, Demosthenes habe als junger Mann einen Sprachfehler und eine sehr schwache Stimme gehabt; da er aber unbedingt die Laufbahn eines Redners einschlagen wollte, habe er seine Stimme dadurch geübt, daß er sich bei stürmischem Wetter auf eine Meeresklippe stellte und in die Brandung hinaus Gedichte von Euripides deklamierte. Ebenso war bekannt, daß er nie frei sprach, weil er nicht gut improvisieren konnte. Deshalb wunderte sich auch keiner, als er einen Stoß engbeschriebener Blätter aus den Falten seines Umhangs hervorholte.

Demosthenes begann ruhig und gesetzt zu sprechen, indem er seinem Publikum zunächst die einzelnen Phasen von Philipps unaufhaltsamem Vormarsch und seine fortgesetzten Bündnisbrüche ins Gedächtnis rief. Irgendwann ging jedoch sein Temperament mit ihm durch und er fing an, unverblümt gegen den Makedonenkönig zu wettern:

»Ja merkt ihr denn nicht, Thebaner, daß dieser Heilige Krieg nur ein Vorwand ist, genau wie der letzte und der vorletzte auch schon? Philipp möchte, daß ihr neutral bleibt, weil er Griechenland entzweien und die Bollwerke der Freiheit eins nach dem andern zerstören will. Wenn ihr ihm Athen jetzt wehrlos ausliefert, werdet ihr die nächsten sein, über die er herfällt. Und umgekehrt gilt dasselbe: Wenn ihr es heute alleine mit ihm aufnehmt und verliert, kann Athen morgen auch nur verlieren. Er möchte uns entzweien, weil er weiß, daß wir ihm mit vereinten Kräften sehr wohl die Stirn bieten und gegen seine Übermacht ankommen können.

Natürlich hat es in der Vergangenheit viel Zwist und sogar Kriege zwischen uns gegeben, aber das waren Konflikte zwischen freien Städten. Heute haben wir auf der einen Seite den Tyrannen und auf der anderen die freien Bürger. Es gibt für euch nur eine Wahl, Thebaner!

Um euch entgegenzukommen, wären wir bereit, den Oberbefehl im Krieg an euch abzutreten – wir würden lediglich das Kommando über die Flotte behalten. Außerdem würden wir für zwei Drittel der Gesamtkosten aufkommen.«

Bei diesen Worten ging ein Murmeln durch die Reihen der Versammlung, und der Redner begriff, daß er ins Schwarze getroffen hatte. Die Thebaner waren so gut wie erobert, er brauchte ihnen nur noch den Gnadenstoß zu versetzen. Und genau das tat er, wohl wissend, daß er dabei viel riskierte und daß seine eigene Regierung ihm womöglich widersprochen hätte:

»Seit über einem halben Jahrhundert«, hob er an, »sind die Städte Plataia und Thespiai mit Athen verbündet, obwohl sie eigentlich zu Böotien gehören. Athen hat stets ihre Unabhängigkeit verfochten. Jetzt wären wir bereit, sie wieder eurer Führung anzuvertrauen, wenn ihr unserem Vorschlag zustimmt und mit uns den Kampf gegen den Tyrannen aufnehmt.«

Demosthenes' feurige Rede, sein pathetischer Tonfall, seine schlagenden Argumente erzielten die beabsichtigte Wirkung. Als er schwer atmend und mit schweißbedeckter Stirn innehielt, standen viele auf, um ihm zu applaudieren, ihnen folgten andere und immer mehr, und zum Schluß spendete die ganze Versammlung tosenden Beifall.

Aber es war nicht nur der Feuereifer des Athener Redners, der sie überzeugt hatte, sondern auch die Arroganz, mit der Philipps Gesandter seine im Grunde unverschämten Drohungen vorgebracht hatte. Der Versammlungsvorsitzende ließ den gefaßten Beschluß ratifizieren und beauftragte den Sekretär, die Gesandtschaft des makedonischen Königs darüber zu informieren, daß die Stadt sowohl seine Forderungen als auch seine Angebote rundweg ablehne und die Gesandten überdies auffordere, Böotien bis zum kommenden Tag bei Sonnenuntergang zu verlassen, wenn sie nicht gefangengenommen und als Spione angeklagt werden wollten.

Philipp tobte wie ein Stier, als er die Antwort erfuhr. Er hätte nie gedacht, daß die Thebaner es wagen würden, ihn herauszufordern, wo er doch praktisch vor ihren Toren stand. Aber er mußte wohl oder übel hinnehmen, daß seine Gesandtschaft in der Gegenüberstellung mit Demosthenes den kürzeren gezogen hatte.

Als der erste Zorn verraucht war, ließ er sich auf einen Stuhl fallen und murmelte ein paar Dankesworte an Eudemos von Oreos, der im Grunde ja nichts anderes gemacht hatte, als seine Befehle auszuführen. Der Botschafter, der Philipps Tobsuchtsanfall stehend abgewartet hatte, bat, sich zurückziehen zu dürfen. Er war schon im Gehen, als Philipp ihn noch einmal zurückrief:

»Moment. Sag mir noch eins: Wie ist dieser Demosthenes? Beschreib ihn mir!«

Eudemos blieb auf der Schwelle stehen und drehte sich um: »Ein Nervenbündel, das ›Freiheit!‹ schreit«, erwiderte er und ging hinaus.

Philipp hatte sich noch nicht von seiner Überraschung erholt, als die neu verbündeten Athener und Thebaner bereits die ersten Schritte unternahmen und von leichtbewaffneten Heeresabteilungen sämtliche Bergpässe nach Phokis besetzen ließen, um makedonischen Vorstößen in böotisches oder attisches Gebiet vorzubeugen. Da überdies sehr schlechtes Wetter herrschte, war Philipp die Lage nun wirklich zu riskant. Er ordnete schweren Herzens den Rückzug nach Pella an und ließ in Thessalien nur ein kleines Kontingent unter der Führung Parmenions und Kleitos' zurück.

Alexander empfing ihn an der Grenze zu Thessalien an der

Spitze eines Trupps der königlichen Garde und eskortierte ihn bis nach Hause.

»Siehst du?« sagte Philipp, nachdem sie sich begrüßt hatten. »Es gab keinerlei Eile. Wir haben keinen einzigen wichtigen Schritt unternommen. Das Spiel ist so offen wie zuvor.«

»Es scheint sich aber alles gegen uns gewandt zu haben«, meinte Alexander. »Theben und Athen haben sich miteinander verbündet und bedeutende Erfolge erzielt.«

»Pah, laß sie feiern. Bald wird es ein böses Erwachen für sie geben. Ich wollte mit Athen keinen Streit und habe die Thebaner gebeten, sich aus der Sache rauszuhalten. Aber sie haben mich mit Gewalt in den Krieg hineingezogen, und jetzt muß ich ihnen zeigen, wer der Stärkere ist. Es wird Tote und Verheerung geben. Ich hasse das, aber man läßt mir keine andere Wahl.«

»Was genau hast du vor?« fragte Alexander.

»Im Augenblick nur, den Frühling abzuwarten. Bei Wärme kämpft es sich besser. Vor allem aber möchte ich Zeit zum Nachdenken haben. Denk dran, Junge: Ich kämpfe nie aus purer Rauflust. Für mich ist der Krieg nur eine Form der Politik.«

Sie ritten eine Weile schweigend nebeneinander her. Der König schien die Landschaft zu betrachten und die Leute, die auf den Feldern arbeiteten. Doch unversehens wandte er den Kopf und sagte: »Apropos ... wie war eigentliche meine Überraschung?«

23

»Ich versteiie meinen Vater nicht«, rief Alexander aus. »Warum hat er sich nicht mit Waffengewalt durchgesetzt? Warum hat er es auf eine Gegenüberstellung mit der athenischen Gesandtschaft ankommen lassen? Um gedemütigt und verhöhnt zu werden?«

»Stimmt«, pflichtete Hephaistion ihm bei. »Er hätte zuerst angreifen und dann verhandeln sollen.«

Eumenes und Kallisthenes ritten neben ihnen her und hörten zu. Die jungen Männer waren nach Pharsalos unterwegs, um den thessalischen Bundesgenossen eine Botschaft von Philipp zu überbringen.

»So einfach ist das alles nicht«, schaltete Eumenes sich ein. »Ihr müßt den König verstehen. Er hängt an Theben, er hat in seiner Jugend über ein Jahr dort gelebt – wenn auch als Geisel.«

»Das wußte ich nicht«, sagte Hephaistion.

»Er wohnte im Hause von Pelopidas, und das war immerhin der größte Stratege, den Griechenland in den letzten hundert Jahren hervorgebracht hat. Der König hat mir oft erzählt, wie sehr ihn der kleine Stadtstaat beeindruckt hat: seine politische Ordnung, die hervorragende militärische Organisation, die hohe Kultur der Thebaner. Ich glaube, diese Erfahrung hat ihn bis heute geprägt. Ja, mehr noch: Auf sie geht sein Wunsch zurück, die hellenische Zivilisation auch in Makedonien zu verbreiten und alle Griechen in einer großen Konföderation miteinander zu vereinen.«

»Wie zu Zeiten des Trojanischen Kriegs«, warf Kallisthenes ein. »Ja, letzten Endes ist es genau das, was unserem König vorschwebt: die griechischen Staaten miteinander zu vereinen und sie dann gegen Asien in den Krieg zu führen, genau wie es Agamemnon vor beinahe tausend Jahren gegen das Reich von König Priamos getan hat.«

»Was? Seit dem Trojanischen Krieg sind schon tausend Jahre vergangen?« meinte Alexander verwundert.

»Ja, beinahe. Es fehlen gerade mal noch fünf Jahre«, entgegnete Kallisthenes.

»Ein Vorzeichen«, murmelte Alexander. »Das könnte ein Vorzeichen sein . . .«

»Was willst du damit sagen?« fragte Eumenes.

»Nichts. Aber kommt es euch nicht sonderbar vor, daß ich in fünf Jahren genauso alt bin wie Agamemnon, als er nach Troja aufbrach, und daß bis dahin tausend Jahre seit dem Krieg vergangen sein werden, den Homer besungen hat?«

»Nein«, sagte Kallisthenes, »das ist überhaupt nicht sonderbar. Es kommt häufig vor, daß die Geschichte uns mit Situationen konfrontiert, die es so oder ähnlich schon einmal gegeben hat und die damals vielleicht Auslöser für grandiose Unternehmungen waren. Aber nichts wiederholt sich auf ein und dieselbe Weise.«

»Meinst du?« Alexander runzelte geistesabwesend die Stirn.

Hephaistion legte ihm die Hand auf die Schulter.

»Ich weiß, woran du denkst«, sagte er. »Aber egal, was du

tust und wohin du gehst: Ich komme mit. Und sei es ans Ende der Welt oder in den Hades!«

Alexander wandte den Kopf und sah ihm in die Augen.

»Ich weiß.«

Gegen Sonnenuntergang erreichten sie ihr Ziel, und Alexander wurde mit allen Ehren empfangen, die ihm als makedonischem Thronfolger gebührten. Später nahmen er und seine Freunde an einem festlichen Abendmahl teil, das die Vertreter des thessalischen Bundes für sie veranstaltet hatten. Alexanders Vater hatte zu jener Zeit auch das Amt des *Tagos* inne, das heißt er war Vorsitzender der thessalischen Konföderation und damit eigentlich Oberhaupt von zwei Staaten.

Die Thessaler waren – genau wie die Makedonen – große Trinker. Einzig Eumenes nahm in dieser Nacht keinen Tropfen Wein zu sich. Er wollte bei einem der Gäste, einem adligen Großgrundbesitzer, Pferde kaufen, und da der Mann stockbetrunken war, schaffte Eumenes es, ungewöhnlich günstige Preise und Zahlunsbedingungen auszuhandeln – sowohl für sich selbst als auch für das Königreich Makedonien.

Am nächsten Morgen brachen Alexander und seine Freunde wieder auf. Sie waren noch nicht lange geritten, als Alexander plötzlich abstieg, die Kleider wechselte, seine Leibgarde verabschiedete und sich anschickte, in südlicher Richtung weiterzureiten.

»Wo willst du hin?« fragte Eumenes verwundert.

»Ich gehe mit ihm«, sagte Hephaistion sofort.

»Ja, aber wohin?«

»Nach Aulis«, erwiderte Alexander.

»Der Hafen, von dem aus die Achaier auf ihrem Weg nach Troja in See stachen«, kommentierte Kallisthenes gelassen.

»Aulis? Das liegt in Böotien, mitten in feindlichem Gebiet!«

»Das ist mir egal«, sagte Alexander. »Ich will Aulis sehen und ich werde es sehen. Es wird uns schon keiner entdecken.«

»Und ob«, ereiferte sich Eumenes. »Wenn ihr sprecht, verratet ihr euch durch euren Akzent, und wenn ihr nicht sprecht, erregt ihr dadurch erst recht Verdacht. Außerdem sind deine Büsten in Dutzenden von Städten ausgestellt, Alexander. Was, wenn sie dich schnappen? Dein Vater müßte mit den Böotiern verhandeln und alle seine Pläne begraben. Im günstigsten Fall würden sie ein Lösegeld verlangen, so hoch, daß er damit einen ganzen persischen Krieg finanzieren könnte. Nein, das ist der reinste Wahnsinn, ich will nichts damit zu tun haben. Ich hab euch gar nicht darüber sprechen hören, oder besser noch, ich hab euch nicht mal gesehen: Ihr seid schon vor Sonnenaufgang heimlich aufgebrochen.«

»In Ordnung«, Alexander nickte. »Aber deine Sorgen sind übertrieben. Wir müssen doch lediglich ein paar hundert Stadien in böotisches Gebiet eindringen. In zwei Tagen sind wir wieder zurück. Und wenn uns jemand anhält, sagen wir einfach, wir sind Pilger und zum Orakel von Delphi unterwegs.«

»In Böotien? Aber Delphi liegt doch in Phokis!«

»Dann erzählen wir eben, wir hätten uns verirrt«, schrie Hephaistion und gab seinem Pferd die Sporen.

Kallisthenes machte ein unschlüssiges Gesicht.

»Und du?« fragte Eumenes.

»Ich? Na ja, einerseits würde mich meine Zuneigung zu Alexander ja verpflichten, ihm zu folgen. Andererseits gebietet mir die Klugheit . . .«

»Ich hab schon begriffen«, fiel Eumenes ihm ins Wort. »Anhalten! Haltet an, oder der Blitz des Zeus soll euch treffen!« Alexander und Hephaistion zügelten ihre Pferde und schauten zurück. »Wir kommen mit«, schrie Eumenes. »Ich hab wenigstens keinen makedonischen Akzent und könnte zur Not als Böotier durchgehen.«

»Ha, ha, daran besteht nicht der geringste Zweifel.« Hephaistion lachte.

»Lach du nur«, brummte Eumenes, während er den andern

nachritt. »Wenn König Philipp hier wäre, würde er dir das Lachen mit der Peitsche austreiben. Los, bewegt euch schon, sonst sind wir in drei Wochen noch nicht wieder zurück!«

»Und Kallisthenes?« fragte Alexander.

»Keine Angst, der kommt schon nach«, sagte Eumenes. »Wo soll er allein auch hin?«

Bereits am nächsten Tag überquerten sie die Thermopylen und besuchten das Massengrab der spartanischen Soldaten, die hier vor einhundertvierzig Jahren im Kampf gegen die persischen Eindringlinge gefallen waren. Alexander las die schlichte Inschrift in lakonischem Dialekt, mit der man der heroischen Toten gedachte, und lauschte schweigend dem leisen Säuseln der Meeresbrise.

»Wie flüchtig ist doch das Schicksal des Menschen!« sagte er irgendwann. »Nichts als ein paar Zeilen zeugen heute von einer Schlacht, deren Tosen die ganze Erde erschüttert hat, und von einer Heldentat, die es wert war, von Homer besungen zu werden. Und jetzt ist alles still.«

Innerhalb von zwei Tagen hatten sie ohne weitere Zwischenfälle Lokris und Phokis durchquert und gelangten auf der am Meer entlangführenden Straße nach Böotien. Von hier aus konnten sie die Küste Euböas sehen, die das glitzernde Wasser des Kanals von Euripos und die stechende Sonne des Südens zerklüftet hatten. Eine kleine Flotte von etwa zwölf Trieren kreuzte ihm türkisgrünen Meer, auf ihren geblähten Segeln konnte man die Athener Eule erkennen.

»Wenn auf diesen Schiffen jemand ahnen würde, wer ihnen hier vom Strand aus zuschaut . . .«, murmelte Eumenes.

»Los, reiten wir weiter!« drängte Kallisthenes. »Laßt uns diesen Ausflug so schnell wie möglich beenden . . . wir haben es ja fast geschafft«, fügte er noch hinzu, aber insgeheim fürchtete er, Alexander könne verlangen, daß sie ihn bei einem noch gewagteren Abenteuer begleiteten.

Die kleine Bucht von Aulis zeigte sich ihnen völlig unerwartet von einer kleinen Anhöhe aus. In der Ferne, am Gestade Euböas, leuchtete weiß die Stadt Chalkis. Das Wasser unter ihnen war tiefblau, und die Eichen- und Steineichenwälder, die den Hügel bedeckten, reichten bis fast ans Meeresufer hinunter; nur ein paar Myrtenbüsche und Erdbeerbäume und ein schmaler Streifen roter Kiesel- und Sandstrand hatten noch Platz.

Im Hafen, von dem aus einst die tausend Schiffe der Achaier in See gestochen waren, schaukelte heute nur ein einzelnes Fischerboot träge in der Nachmittagssonne.

Die vier jungen Männer stiegen von ihren Pferden und betrachteten still den mythischen Ort; entlang der hellenischen Küste gab es viele, die ihm glichen, und doch war er ganz anders.

Irgendwann brach Hephaistion ihr andächtiges Schweigen: »Tausend Schiffe passen da nie und nimmer rein«, sagte er und deutete auf die Bucht unter ihnen.

»Nein«, stimmte Kallisthenes ihm zu, »aber weniger konnten es für Homer nicht sein. Ein Dichter verfaßt keine Tatsachenberichte, Hephaistion, er besingt die Gefühle und Leidenschaften der Helden, damit wir auch nach Jahrhunderten noch nachvollziehen können, was in ihnen vorging.«

Alexander wandte sich mit glänzenden Augen nach ihm um. »Glaubst du, es gibt heute noch einen Menschen, der mit seinen Taten einen Dichter wie Homer zu einem Epos inspirieren könnte?«

»Es ist der Dichter, der die Helden schafft, Alexander, nicht umgekehrt. Und Dichter gibt es nur, wo Himmel, Meer und Erde in friedlichem Einklang miteinander sind.«

Auf dem Heimritt wurden sie schon an der Grenze zu Thessalien von einem Trupp der königlichen Garde empfangen, der sie überall gesucht hatte, und Eumenes mußte erzählen, er sei ein paar Tage krank gewesen und die andern hätten ihn nicht im Stich lassen wollen – eine Ausrede, die ihm freilich keiner abnahm. Alexander hatte nun jedenfalls den Beweis, daß seine Freunde bereit waren, durch dick und dünn mit ihm zu gehen, auch die, die eigentlich Angst hatten wie Eumenes und Kallisthenes. Darüber hinaus war ihm aber noch etwas anderes klargeworden, nämlich, daß er Kampaspe vermißte. Er konnte es kaum erwarten, sie wie an jenem ersten Abend im goldenen Schein der Kerzen nackt auf seinem Bett liegen zu sehen.

Doch leider stellte sich heraus, daß sie im Augenblick nicht nach Pella zurückkehren konnten, denn inzwischen hatten sich die Ereignisse überstürzt und Philipp gezwungen, das Heer zu mobilisieren. Er befand sich bereits auf dem Vormarsch in Richtung Phokis, um zunächst die besetzten Gebirgspässe zu erobern. Das Abwarten hatte also nichts genützt: Weder die Athener noch die Thebaner waren zur Vernunft gekommen, und so mußten eben die Waffen sprechen.

Alexander wurde noch am selben Abend in das Zelt seines Vaters beordert. Philipp stellte ihm keinerlei Fragen wegen seines langen Ausbleibens; er deutete nur auf die Landkarte, die vor ihm lag, und sagte:

»Der athenische Feldherr Chares hat zehntausend Söldner auf der Straße zwischen Kytinion und Amphissa stationiert, aber er weiß nicht, daß wir hier sind. Ich werde die ganze Nacht marschieren und ihn morgen früh höchstpersönlich wecken. Du behauptest die Stellung hier und rührst dich nicht vom Fleck. Sobald ich Chares aus dem Weg geräumt habe, komme ich über das Krissos-Tal zurück und schneide die Athener und Thebaner von den Bergpässen ab; daraufhin werden sie sich gezwungenermaßen auf die erste befestigte Stellung zurückziehen müssen, die sie in Böotien haben.« Er zeigte ihm auf der Landkarte den Ort, an den der Feind seiner Meinung nach zurückweichen würde. »Und hier stößt du mit deiner Reiterei zu mir: in Chaironeia.«

24

Chares und seine Söldner wurden im Morgengrauen überrascht und von Philipps Sturmtruppen niedergemetzelt, die wenigen Überlebenden von der Reiterei in alle Winde zerstreut. Danach rückte der König nicht nach Amphissa vor, sondern kehrte wie angekündigt um und schnitt die von Athenern und Thebanern belagerten Pässe vom Nachschub ab, worauf die Bundesgenossen gar keine andere Wahl hatten, als den Rückzug anzutreten.

Alexander erhielt drei Tage später Nachricht, daß sein Vater mit fünfundzwanzigtausend Fußsoldaten und fünftausend Reitern in der Ebene von Chaironeia Stellung bezogen habe und ihn dort alsbald erwarte. Um ja keine Zeit zu verlieren, überließ er es den Knechten, das Lager abzubrechen und sich um den Troß zu kümmern, und blies noch vor Sonnenaufgang zum Abmarsch – die Pferde hatten es in der kühlen Morgenluft leichter und ermüdeten nicht so schnell.

Im Licht von Fackeln ritt er auf Bukephalos die Königsschwadron ab. Seine Kameraden, die den verschiedenen Korps vorstanden, hoben zum Gruß ihre Lanzen, wenn er an ihnen vorüberkam. Sie waren bis an die Zähne bewaffnet und abmarschbereit, aber dem ein oder anderen sah man an, daß er in der Nacht kein Auge zugetan hatte. Immerhin stand ihnen ihre erste große Feldschlacht bevor.

»Denkt dran, Männer!« feuerte er sie an. »Die Phalanx ist der Amboß, die Reiterei der Hammer und die Königsschwadron ist ... die Pinne des Hammers!« Dann ritt er dicht an Ptolemaios heran, der den rechten Flügel anführte, und teilte ihm die Losung mit:

»Phobos kái Deimos.«

»Die Pferde des Kriegsgotts«, wiederholte Ptolemaios.

»Treffende Losung!« Und dann gab er sie an den Reiter zu seiner Rechten weiter, dieser an den nächsten und so weiter, bis die ganze Truppe unterrichtet war.

Auf ein Zeichen Alexanders ertönte die Trompete, und die Schwadron setzte sich im Gleichschritt in Bewegung, er voraus, hinter ihm Hephaistion und dann alle anderen. Ptolemaios' Abteilung bildete den Abschluß.

Noch vor der Morgendämmerung konnten sie an einer Furt den Krissos überqueren, und bei Sonnenaufgang sahen sie schon die Lanzenspitzen des makedonischen Heers wie die Ähren eines Weizenfelds in der Ebene leuchten.

Als er sie entdeckte, gab Philipp seinem Roß die Sporen und ritt Alexander entgegen. »Heil, mein Junge!« grüßte er und klopfte ihm mit der Hand auf die Schulter. »Es ist alles so gekommen, wie ich es vorhergesehen habe. Dort oben siehst du sie stehen und auf uns warten, die hehren Bundesgenossen«, spöttelte er. »Stell deine Männer auf dem linken Flügel auf und komm dann zu mir. Ich bin dabei, mit Parmenion und dem ›Schwarzen‹ unseren Schlachtplan abzusprechen, wir haben nur auf dich gewartet, um die letzten Einzelheiten zu besprechen. Du bist gerade rechtzeitig gekommen. Wie fühlst du dich?«

»Bestens, Vater. Ich bin gleich zurück«, antwortete Alexander und gesellte sich wieder zu seiner Schwadron, um sie auf dem linken Flügel aufzustellen. Hephaistion streckte die Hand in Richtung der Hügel aus und schrie: »Oh, Götter im Himmel, schau nur! Dein Vater hat uns gegen die Heilige Schar der Thebaner Stellung beziehen lassen – siehst du sie? Dort oben, mit den Tuniken und den roten Mänteln? Himmel, Alexander, die hat noch keiner geschlagen!«

»Wir schlagen sie, Hephaistion. Ordne die Männer in drei Reihen an – wir fallen in Angriffswellen über sie her.«

»Großer Zeus!« schrie nun auch Seleukos. »Wißt ihr, warum man sie die Heilige Schar nennt? Weil jeder von ihnen durch einen heiligen Schwur an seine Kameraden gebunden ist: Er darf ihnen bis zum Tod nicht von der Seite weichen.«

»Stimmt«, bestätigte Perdikkas. »Und angeblich sind alle untereinander Liebhaber – das bindet sie natürlich noch enger aneinander.«

»Aber vor unseren Schlägen wird es sie nicht schützen«, rief Alexander. »Rührt euch nicht vom Fleck, bis ich wieder hier bin.«

Er gab seinem Pferd die Sporen und ritt zu Philipp, Parmenion und Kleitos zurück. Die drei hatten sich inzwischen auf eine kleine Anhöhe zurückgezogen, von der aus sie das ganze Schlachtfeld überblicken konnten. Rechts vor ihnen erhob sich die Akropolis von Chaironeia mit ihren Tempeln, und nach links hin schloß sich eine Hügelkette an, von der die Ebene eingegrenzt wurde. Oben auf den Hügeln hatte der Feind Stellung bezogen – im Zentrum die Athener, links die Thebaner. Ihre Schilde blitzten im Licht der aufgehenden Sonne, der auch die dicken weißen Wolken am Frühlingshimmel nicht viel anhaben konnten. Ganz außen rechts konnte man einen blutroten Fleck erkennen: die sogenannte Heilige Schar der Thebaner.

Philipp selbst wollte den rechten Flügel in die Schlacht führen. Dort hatte er zwei Bataillone der sogenannten »schildtragenden Garde« positioniert, der Sturmtruppen, die erst vor drei Tagen das Heer des Chares aufgerieben hatten. Ihren Namen hatten diese Fußsoldaten von den großen Schilden mit dem Argeadenstern in Kupfer und Silber, mit denen sie sich schützten.

Im Zentrum bildeten die zwölf Bataillone der Phalanx mit ihren baumhohen Sarissen einen Wald aus eisernen Speerspitzen. Die Soldaten, die wie immer in fünf Gliedern aufgestellt waren, wurden von Parmenion und Kleitos befehligt.

Auf dem linken Flügel schließlich war die gesamte Reiterei versammelt, ganz außen die Königsschwadron unter der Führung Alexanders.

»Ich greife als erster an und lenke die Athener ab«, sagte Philipp. »Nach einer Weile fange ich an, mich zum Schein zurückzuziehen, und wenn sie mir folgen, treibst du, Parmenion, mit einem Bataillon der Phalanx einen Keil in die feindlichen Truppen. Wenn sie erst mal getrennt sind, läßt du die restlichen Bataillone der Phalanx auf sie losgehen. Der ›Schwarze‹ rückt mit dem übrigen Heer nach. Dann bist du an der Reihe, Alexander. Du führst die Reiterei gegen den rechten Flügel der Thebaner und läßt die Königsschwadron auf die Heilige Schar los. Wenn du den Durchbruch schaffst, weißt du, was du zu tun hast.«

»Das weiß ich nur zu gut, Vater. Die Phalanx ist der Amboß, die Reiterei der Hammer.«

Philipp zog ihn an seine Brust und sah sich einen Moment lang wieder im Zimmer der Königin stehen und ein Neugeborenes an sich drücken. »Paß auf dich auf, mein Sohn«, sagte er. »In einer Schlacht prasseln die Hiebe von allen Seiten auf dich ein.«

»Keine Sorge, Papa«, erwiderte Alexander, sprang auf sein Pferd Bukephalos und galoppierte an dem kampfbereiten Heer entlang zu seiner Abteilung. Philipp sah ihm lange nach, dann wandte er sich nach seinem Pagen um: »Meinen Schild!«

»Aber, Herr ...«

»Meinen Schild!« wiederholte er in einem Ton, der keine Widerrede zuließ.

Der Knappe streifte ihm den königlichen Schild über den Arm, er war wie die Schilde seiner Soldaten mit dem Argeadenstern geschmückt, doch nur sein Stern war aus purem Gold.

Auf den Hügeln erschallten Trompeten, und gleich darauf trug der Wind den rhythmischen Klang von Trommeln und Flöten heran, die das Vorrücken des feindlichen Heers verkündeten. Schon wälzten sich, mächtigen Wogen gleich, die ersten Reihen den Abhang herunter, und bald blitzte ein Meer von Waffen im Sonnenlicht. Der bedrohliche Anblick wurde noch verstärkt vom Geräusch, das die mit Eisen gerüsteten Soldaten beim Gehen machten – ein unheilvolles Donnergrollen, unter dem die ganze Ebene erbebte.

Die makedonische Phalanx unten im Tal wartete reglos und schweigend ab. Nur die Pferde der Reiter rechts außen schnaubten und schüttelten die Köpfe, wobei ihr bronzenes Zaumzeug klirrte.

Die Königsschwadron hatte sich bereits keilförmig formiert, Alexander war der erste. Er verlor den rechten Flügel des feindlichen Heers – die unbesiegbare Heilige Schar – keinen Moment aus den Augen, während Bukephalos ungeduldig mit den Hufen scharrte, die Nüstern blähte und mit seinem Schwanz peitschte.

Als Philipp gerade das Zeichen zum Angriff geben wollte, preschte ein Reiter heran, sprang ab und rief: »Herr! Demosthenes kämpft bei den Athenern mit! Ich habe ihn bei den schwerbewaffneten Reitern gesehen – in der vordersten Reihe!«

»Er soll nicht getötet werden«, sagte der König. »Verbreite diesen Befehl unter meinen Soldaten.«

Dann wandte er sich nach seiner schildtragenden Garde um

und sah durch die Helmvisiere hindurch schweißüberströmte Gesichter und Augen, die gebannt auf das Blitzen der feindlichen Waffen starrten. Die Männer warteten krampfhaft auf das Zeichen zum Angriff, ihre Glieder waren aufs äußerste gespannt. Das war der Moment, in dem jeder von ihnen dem Tod in die Augen sah, in dem der Wunsch zu leben, zu siegen, alles andere überwog. Philipp konnte nicht länger warten, er mußte das Signal zum Angriff geben.

Er riß sein Schwert in die Höhe und stieß einen gellenden Schlachtruf aus, in den seine Soldaten sogleich einstimmten. Und während die Männer sich förmlich die Lungen aus dem Leib schrien, war auf einmal alle Angst vergessen, und sie dachten nur noch daran, sich ins Schlachtgetümmel zu stürzen. Dann stürmten sie los, begleitet vom Brüllen ihrer Offiziere, die sie aufforderten, Gleichschritt zu halten, in Reih und Glied zu bleiben, den Feind gegen eine Mauer rennen zu lassen. Viel fehlte nicht mehr bis zum Zusammenstoß. Auch die Athener kamen mit angelegten Lanzen, Schulter an Schulter, Schild an Schild den Abhang heruntergestürmt, vorangetrieben vom schrillen Klang der Flöten und vom rhythmischen Dröhnen der Trommeln. Bei jedem Schritt brüllten sie: *»Alalài!«*

Im Augenblick des Zusammenpralls erbebte das ganze Tal wie unter einem fürchterlichen Donnerschlag, dessen Echo von den Bergwänden zurückgeworfen wurde, um sich mit dem Geschrei von zwanzigtausend blindwütigen Kriegern zu vermengen. Philipp, der am goldenen Stern zu erkennen war, kämpfte in vorderster Reihe. Wie ein Rasender teilte er Hiebe und Stiche nach allen Seiten aus, nur teilweise gedeckt durch zwei hünenhafte Thraker, die mit doppelschneidigen Streitäxten um sich schlugen und allein schon durch ihr Aussehen – borstiges rotes Haar, dichte Bärte und Tätowierungen am ganzen Körper – Angst und Schrecken verbreiteten.

Die Front der Athener begann unter dem fürchterlichen

Ansturm zu wanken, aber ein spitzer, durchdringender Schrei, ähnlich dem eines Falken, hielt sie aufrecht und trieb sie weiter. Es war Demosthenes' Stimme, die selbst Flöten und Trommeln noch übertönte: »Mut, ihr Athener«, brüllte er. »Kämpft, Männer! Für eure Freiheit, für eure Frauen und für eure Kinder! Werft den Tyrannen zurück!«

Immer heftiger wütete die Schlacht, und es gab auf beiden Seiten viele Verluste, aber Philipp hatte angeordnet, keine einzige der Leichen auszuplündern, bevor die Schlacht nicht gewonnen war. Hier wie da schlugen, stachen und hieben die Soldaten um sich und dachten nur daran, wie sie die feindlichen Linien durchbrechen und niedermetzeln konnten, was sich ihnen in den Weg stellte.

Die Schilde des Fußvolks waren längst mit Blut verschmiert, von manchen tropfte es gar auf den Boden, der an sich schon schlüpfrig genug war. Das Schlachtfeld war, so weit das Auge reichte, mit Toten und Verwundeten übersät, aber sobald ein Krieger fiel, rückte sofort einer seiner Kameraden aus der zweiten Reihe nach und kämpfte für ihn weiter.

Plötzlich ertönte – auf Befehl Philipps – ein Trompetensignal, und die beiden Bataillone der schildtragenden Garde begannen sich zurückzuziehen – nicht überstürzt, sondern langsam, Schritt für Schritt. Dabei fochten sie tapfer weiter, erwiderten mit ihren Lanzen und Speeren Schlag auf Schlag die Vorstöße des Gegners und schützten sich mit ihren großen Schilden. Die Toten und Verwundeten ließen sie auf dem Feld zurück.

Als die Athener merkten, daß ihre Feinde zurückwichen, strengten sie sich doppelt an, zumal sie – vom Hang kommend – eine günstigere Ausgangsposition hatten. Sie feuerten sich gegenseitig mit wilden Schlachtrufen an, und die Fußsoldaten des zweiten und dritten Glieds drückten mit ihren Schilden gegen die Kameraden vor ihnen.

Aber die zurückweichenden Männer wußten genau, was sie

taten. Philipp hatte ihnen vor dem Angriff präzise Order gegeben, und als sie nach etwa hundert Schritten bei einem Felsen ankamen, der zu ihrer Linken weithin sichtbar aus der Ebene aufragte, war es soweit: Wie auf ein heimliches Kommando hin drehten sich alle um und stoben fluchtartig davon.

Die Athener stürzten ihnen blindlings hinterher. Sie waren berauscht vom Blut, vom Lärm der Waffen und von ihrem eigenen Schlachtgebrüll und schwelgten schon in Siegeseuphorie. Wie Vieh gedachten sie die verhaßten Makedonen abzuschlachten. Und ihr Anführer Stratokles versuchte erst gar nicht, der wilden Auflösung Herr zu werden, im Gegenteil, er stachelte seine Männer zusätzlich an und brüllte ihnen zu, den Feind bis nach Pella zu verfolgen.

Auf einmal erschallten links erneut Trompeten, und eine riesige, zwischen zwei Karren aufgehängte Pauke ließ ihre Donnerstimme in der ganzen Ebene vernehmen. Auf ein Zeichen Parmenions setzten sich alle zwölf Bataillone der Phalanx gleichzeitig in Bewegung und begannen in schräg abgestufter Formation vorzurücken.

Bei diesem Anblick stürmten auch die Thebaner los. In kompakten Reihen, die schweren Lanzen aus Eschenholz nach vorn gerichtet, ergossen sie sich ins Tal, aber sie konnten nicht verhindern, daß das erste makedonische Bataillon wie ein Keil zwischen den linken Flügeln des Bundesheers und die Athener drang, die in völliger Auflösung Philipps »fliehenden« Schildträgern hinterherjagten. Damit war eine erste Bresche geschlagen.

Philipp gab seinen völlig verbeulten, blutüberströmten Schild einem Pagen, sprang auf sein Pferd und ritt zu Parmenion. Der General starrte besorgt zur Heiligen Schar der Thebaner hinüber, die langsam, aber stetig vorrückte; sie erinnerte ihn an einen mit Eisenspitzen gespickten Klotz, der gegen alles gefeit war.

Im Zentrum war das erste makedonische Bataillon, das den

terrassenförmig ansteigenden Hügel hinaufmarschierte, mittlerweile bereits auf dem ersten Absatz angekommen, und als eine Abteilung thebanischer Fußsoldaten sie in aller Eile zurückschlagen wollten, senkten die *Pezetairoi* ihre Lanzen und überrannten sie einfach. Danach setzten sie ihren Vormarsch im dröhnenden Rhythmus der riesigen Pauke fort, der sie von der Ebene aus leitete.

Und von hinten rückten noch mehr nach, keilförmig formiert, die ersten drei Glieder mit gesenkten, die letzten mit aufrechten Sarissen, die beim Marschieren wie Ähren im Wind wogten. Die Krieger gingen so eng nebeneinander, daß ihre Schilde sich berührten und ein unheimliches Klirren verursachten; den Feinden, die auf der anderen Seite den Hügel herunterkamen, mochte es wie eine Ankündigung ihres nahen Todes in den Ohren klingen.

»Jetzt!« befahl der König seinen Generälen, worauf Parmenion mit einem polierten, die Sonne reflektierenden Schild dreimal zu Alexander hinüberblitzte. Das war das Zeichen für den Angriff der Reiterei und der Königsschwadron.

Der Prinz packte seine Lanze und schrie: »Drei Angriffswellen, Männer!« Und dann noch lauter: *»Phobos kái Deimos!«* Dann gab er seinem Roß die Sporen. Wie eine schwarze Höllenfurie flog Bukephalos über das mit stöhnenden Verwundeten und Toten übersäte Schlachtfeld, und auf ihm sein Reiter mit blitzender Rüstung und fliegendem Helmbusch.

Die Königsschwadron ritt ihm geschlossen hinterher; ihre Schlachtrösser wieherten und schnaubten, so erregt waren sie von den anfeuernden Schreien der Männer und vom hektischen Rhythmus der Trommeln.

Die Heilige Schar rückte noch dichter zusammen, rammte ihre Lanzen in die Erde und richtete die Spitzen auf die heranstürmenden Krieger, doch Alexander und seine Männer ließen, sobald sie in Schußweite waren, einen Hagel von Speeren auf sie niederregnen und machten dann eine Wendung. Diesem ersten folgte wellenartig ein zweiter Ansturm, ein dritter, vierter und so weiter, bis viele der thebanischen Schilde derart mit Speeren gespickt waren, daß die Soldaten sie wegwerfen und ungeschützt weiterkämpfen mußten. An diesem Punkt ließ Alexander seine Schwadron hinter sich Keilformation annehmen und trieb sie mitten in die Heilige Schar hinein; zuerst kämpfte er noch mit der Lanze, später warf er seinen Schild weg und griff zum Schwert. Hephaistion, der an seiner Seite focht, schützte ihn, so gut es ging, mit dem eigenen Schild.

Irgendwie schaffte es die Heilige Schar, jede Lücke, die ein gefallener Krieger hinterließ, augenblicklich wieder zu schließen, die Mauer aus Schilden kompakt zu erhalten und dem Ansturm des Feindes heroisch zu widerstehen. Die Kräfte ihrer Soldaten schienen überhaupt nie zu versiegen.

Alexander zog sich ein Stück zurück und rief Hephaistion zu sich: »Führ deine Männer außen herum, schlag dir eine Bresche und fall den im Zentrum kämpfenden Thebanern in den Rücken. Die Heilige Schar überläßt du mir!«

Hephaistion gehorchte und drang zusammen mit Perdikkas, Seleukos, Philotas, Lysimachos, Krateros und Leonnatos keilförmig zwischen die Heilige Schar und den Rest der thebanischen Truppen, dann vollführten sie eine weite Kehrtwende, wie damals bei der Parade zu Alexanders Ehren, griffen die gegnerischen Soldaten von hinten an und trieben sie auf den Lanzenwald der Phalanx zu, die unermüdlich vorrückte.

Die Krieger der Heiligen Schar schlugen sich mit dem Mut der Verzweiflung, konnten den unablässigen Angriffsstürmen der Königsschwadron auf Dauer jedoch nicht standhalten und fielen alle bis zum letzten Mann – getreu ihrem Schwur, bis zum Tode zusammenzustehen und dem Feind niemals den Rücken zuzukehren.

Noch bevor die Sonne im Zenit stand, war die Schlacht gewonnen. Alexander präsentierte sich Parmenion mit gezücktem Schwert und blutverschmierter Rüstung. Auch Bukephalos' schwarzes Fell war an vielen Stellen rot verfärbt.

»Die Heilige Schar existiert nicht mehr.«

»Sieg auf der ganzen Linie!« rief Parmenion aus.

»Wo ist der König?« fragte Alexander.

Parmenion wandte sich der Ebene zu, über der immer noch eine dichte Staubwolke lag, und deutete auf einen einzelnen Mann, der wie betrunken zwischen den Leichenbergen umhertorkelte und tanzte.

»Dort!«

25

Zweitausend Athener fielen im Kampf, und viele andere wurden gefangengenommen. So auch der berühmte Orator Demades, der noch seine Rüstung anhatte und heftig aus einer Wunde am Arm blutete, als er bereits verlangte, zum König vorgelassen zu werden. Demosthenes für seinen Teil hatte über einen Gebirgspaß in Richtung Süden fliehen können.

Noch schwerere Verluste als die Athener hatten die im Zentrum kämpfenden Thebaner und ihre achäischen Verbündeten hinnehmen müssen. Alexanders Reiterei war ihnen nach Überwindung der Heiligen Schar in den Rücken gefallen und hatte sie auf die Lanzenmauer der makedonischen Phalanx zugetrieben. Ein fürchterliches Blutbad war die Folge gewesen.

Nach gewonnener Schlacht konnte Philipp seinen Zorn natürlich erst recht auslassen, und genau das tat er. Vor allem die Thebaner, von denen er sich verraten fühlte, bekamen ihn zu spüren. Er verkaufte alle thebanischen Kriegsgefangenen in die Sklaverei und weigerte sich lange, die Leichen der Gefallenen herauszurücken, damit sie in ihrer Heimat begraben werden konnten. Ohne Alexanders Fürsprache wäre es wahrscheinlich dabei geblieben.

»Vater, du selbst hast mir beigebracht, großmütig zu sein, wann immer es möglich ist«, sagte er zu ihm, nachdem der erste Siegesrausch vorüber war. »Selbst Achilles hat dem alten König Priamus, der ihn auf Knien anflehte, den Leichnam Hektors zurückgegeben. Diese Männer haben wie Löwen gekämpft und ihr Leben für ihre Stadt gegeben. Ich finde, das verdient Respekt. Und abgesehen davon bringt es auch gar nichts, sich an den Toten zu rächen.«

Philipp antwortete nicht, aber man merkte, daß Alexanders Worte Eindruck auf ihn gemacht hatten.

»Übrigens steht draußen ein athenischer Gefangener, der mit dir sprechen möchte«, fügte Alexander noch hinzu.

»Nicht jetzt!« knurrte Philipp.

»Er sagt, er verblutet, wenn du ihn nicht empfängst.«

»Um so besser. Ein Athener weniger . . .«

»Wie du meinst. Dann nehme ich mich seiner an.«

Alexander ging hinaus und rief zwei Gardisten zu sich: »Begleitet diesen Mann in mein Zelt und holt einen Chirurgen.«

Sein Befehl wurde ausgeführt, der Athener wurde auf eine Feldpritsche gelegt, entkleidet und gewaschen.

Wenig später kam einer der beiden Soldaten zurück: »Alexander, die Chirurgen haben alle Hände voll mit unseren Soldaten zu tun und sind eigentlich nicht abkömmlich. Aber wenn du es trotzdem verlangst . . .«

»Nein«, unterbrach ihn Alexander, »laß gut sein. Ich kümmere mich selbst um den Griechen. Bringt mir Operationsbesteck, Nadel und Faden und saubere Binden. Außerdem brauche ich kochendes Wasser.«

Die Männer und vor allem der Patient sahen ihn verdattert an.

»Wenn du einen Arzt willst, mußt du wohl oder übel mit

mir vorliebnehmen«, sagte Alexander. »Ich kann nicht einen makedonischen Soldaten sterben lassen, um einen Feind zu retten.«

In diesem Moment kam Kallisthenes herein und sah, wie Alexander sich eine Schürze umband und die Hände wusch.

»Du willst . . .«

»Ja, und das bleibt unter uns. Aber du kannst mir assistieren. Schließlich warst du auch bei Aristoteles' Anatomieunterricht dabei. Wasch die Wunde mit Wein und Essig aus und fädle mir eine Nadel ein; ich hab noch Schweiß in den Augen und kann nichts sehen.«

Kallisthenes ging genauso fachmännisch wie Alexander zu Werke, während dieser die klaffende Wunde des Orators näher untersuchte. »Schere!« befahl er dann. »Ich muß die Hautfetzen hier abschneiden.«

Das gewünschte Instrument wurde ihm gereicht.

»Wie heißt du?« fragte Alexander den Gefangenen.

»Demades.«

Kallisthenes riß die Augen auf. »Das ist der berühmte Redner!« flüsterte er Alexander ins Ohr, doch der zeigte sich nicht sonderlich überrascht.

Demades verzog das Gesicht zu einer Schmerzensgrimasse, als der Behelfschirurg seine ausgefranste Wunde »zurechtschnitt«. Als nächstes ließ Alexander sich Nadel und Faden reichen, hielt die Nadel über die Flamme einer Öllampe und begann dann die von Kallisthenes zusammengehaltenen Hautfetzen sorgfältig zusammenzunähen.

»Was kannst du mir über Demosthenes erzählen?« fragte der Prinz, ohne sich von seiner Arbeit ablenken zu lassen.

»Er . . . er ist ein Patriot«, erwiderte Demades mit zusammengebissenen Zähnen. »Aber wir sind nicht einer Meinung.«

»Inwiefern?« fragte Alexander, und an seinen Assistenten gewandt: »Kannst du hier mal den Finger draufhalten?«

Kallisthenes tat, wie ihm geheißen, und half ihm beim Verknoten des Fadens.

»Insofern, als ...« erwiderte der Verwundete stöhnend, »insofern, als ich dagegen war, mit Theben in den Krieg zu ziehen. Und das habe ich auch öffentlich zum Ausdruck gebracht«, sagte er und atmete erleichtert auf, als Alexander den Faden verknotet hatte.

»Das stimmt«, flüsterte Kallisthenes. »Ich habe Kopien von seinen Reden.«

»Fertig!« verkündete der Prinz. »Wir können verbinden. Und du, Kallisthenes, führst ihn morgen einem von unseren Ärzten vor. Wenn die Wunde anschwillt oder eitert, muß man sie drainieren, und das macht besser ein richtiger Arzt.«

»Wie kann ich dir danken?« fragte Demades und setzte sich auf.

»Das hat Aristoteles mir beigebracht. Ihm mußt du danken, nicht mir. Aber mir scheint, Athen hat nicht viel unternommen, um ihn zu halten ...«

»Aristoteles ist gegangen, weil es interne Probleme in der Akademie gab. Die Stadt hatte nichts damit zu tun.«

»Hör zu. Könnte eure Heeresversammlung hier vor Ort abstimmen und dir einen politischen Auftrag erteilen?«

»Theoretisch ja. Wahrscheinlich gibt es momentan sogar mehr wahlberechtigte Bürger hier als in Athen.«

»Dann sprich mit ihnen und bring sie dazu, daß sie dich den Friedensvertrag mit uns aushandeln lassen.«

»Ist das dein Ernst?« fragte Demades erstaunt, während er sich wieder ankleidete.

»Ja, und nimm dir saubere Kleider aus meiner Truhe. Alles andere regle ich mit meinem Vater. Kallisthenes wird dir eine Unterkunft zuweisen.«

»Danke, ich ...«, stotterte Demades, aber Alexander war bereits verschwunden.

Als er das Zelt seines Vaters betrat, saß dieser gerade mit

Parmenion, Kleitos und einigen Bataillonskommandanten beim Abendessen.

»Komm, iß etwas mit uns«, lud Philipp ihn dazu. »Wir haben Rebhühner gejagt.«

»Die fliegen hier zu Tausenden herum«, meinte Parmenion. »Sie kommen morgens vom Kopaissee her und suchen sich den Tag über Nahrung entlang des Flusses.«

Alexander nahm sich einen Hocker und setzte sich zu ihnen. Der König wirkte inzwischen ruhiger und schien guter Laune zu sein.

»Na, was sagst du zu meinem Jungen, Parmenion?« fragte er, indem er Alexander auf die Schulter klopfte.

»Vorbildlich, Philipp. Er hat den Angriff besser geführt, als wir es gekonnt hätten.«

»Auch dein Sohn Philotas hat sich tapfer geschlagen, General«, bemerkte Alexander.

»Was hast du mit dem athenischen Gefangenen gemacht?« fragte der König ihn.

»Weißt du, wer das ist, Vater? Der athenische Redner Demades!«

»Was?« schrie der König und sprang auf. »Bist du dir sicher?«

»Frag Kallisthenes.«

»Bei den Göttern, laß ihn sofort von einem unserer Chirurgen verarzten! Dieser Mann war immer ein Verfechter unserer Politik.«

»Ich hab ihn schon zusammengeflickt, sonst hätte er jetzt keinen Tropfen Blut mehr in den Adern«, erwiderte Alexander. »Außerdem hab ich ihm die Erlaubnis erteilt, sich mehr oder weniger frei im Lager zu bewegen. Wenn ich recht verstanden habe, willst du keinen Krieg mit Athen, oder?«

»Nein. Und überhaupt: Um eine Stadt am Meer zu erobern, muß man eine Seemacht sein, und wir sind keine Seemacht – das habe ich in Perinthos und Byzantion am eigenen Leib erfahren. Wenn Demades mir Vorschläge zu machen hat, werde ich ihn anhören. Und danach unterbreite ich ihm meine eigenen. Komm, iß, bevor alles kalt wird.«

Die Überlebenden von Chaironeia stürzten Athen bei ihrer Rückkehr in große Verzweiflung. Als sie von der Niederlage und von den vielen Gefallenen und Gefangenen berichteten, erhob sich fürchterliches Wehklagen in der Stadt. Ganze Familien waren außer sich vor Kummer, weil sie nicht wußten, ob ihre Angehörigen unter den Lebenden oder Toten waren.

Und unmittelbar auf den ersten Schreck folgte die Besorgnis, wie es weitergehen sollte. Alle noch verfügbaren Männer wurden zu den Waffen gerufen, selbst wenn sie schon sechzig oder noch älter waren, und Sklaven, die mitkämpfen wollten, versprach man die Freiheit.

Demosthenes, der verwundet und total erschöpft heimgekehrt war, rief zwar weiterhin zum Widerstand auf und plädierte dafür, die attische Landbevölkerung innerhalb der Stadtmauern aufzunehmen, aber es sollte sich alles als überflüssig erweisen.

Wenige Tage später traf nämlich ein Kurier Philipps ein und verlangte, der Bürgerversammlung einen Friedensvertrag unterbreiten zu dürfen. Wie die Volksvertreter zu ihrer großen Überraschung feststellten, trug dieser Vertrag die Unterschrift Demades' und war von einem Teil der Bürgerschaft bereits angenommen, nämlich von den in Chaironeia gefangenen Soldaten.

Es wurde also eiligst eine Versammlung einberufen. Als alle anwesend waren, betrat der Kurier das große, offene Halbrund, das von der Frühlingssonne beschienen wurde, und begann zu sprechen:

»Euer Mitbürger Demades, der augenblicklich noch Gast unseres Königs Philipp ist, hat für euch einen Friedensvertrag ausgehandelt – zu denkbar günstigen Bedingungen, wie ihr gleich sehen werdet. Der König ist nicht euer Feind, im Gegenteil, er hegt große Bewunderung für eure Stadt und die Herrlichkeiten, die sie birgt. Er ist schweren Herzens gegen euch ins Feld gezogen, und nur, weil der Gott von Delphi es von ihm verlangt hat.«

Die Versammlung zeigte entgegen den Erwartungen des Redners keinerlei Reaktion. Alles schwieg und wartete gespannt darauf, Philipps Bedingungen zu erfahren. Der Bote räusperte sich und fuhr fort:

»Aus diesem Grund verzichtet unser König heute darauf, sich wie auch immer an euch zu rächen. Ja, mehr noch: Er läßt euch alle eure Inseln im Ägäischen Meer und gibt euch sogar Oropos, Thespiai und Plataia zurück, die eure Anführer unter Mißachtung lange währender Freundschaftsbande an die Thebaner abgetreten haben.«

Demosthenes, der zusammen mit den Regierungsvertretern in vorderster Reihe saß, beugte sich zu seinem Nachbarn hinüber und flüsterte: »Und unsere Städte um die Meerengen? Die kassiert er stillschweigend ein!«

»Es hätte schlimmer kommen können«, war die Antwort. »Laß uns anhören, was der Mann sonst noch zu sagen hat.«

»Der König verlangt weder Schadensersatz noch Wiedergutmachung von euch«, fuhr Philipps Bote fort. »Er entläßt eure Gefangenen und gibt euch die sterblichen Überreste eurer Gefallenen zurück, damit ihr ihnen ein würdevolles Begräbnis bereiten könnt. Sein Sohn Alexander wird sich höchstpersönlich dieser Aufgabe annehmen.«

Auf diese Worte folgte allgemeine Rührung, und Demosthenes begriff endgültig, daß er auf verlorenem Posten stand. Philipp hatte die empfindlichste Saite der Athener berührt. Nichts war für eine Familie schlimmer, als sich vorstellen zu müssen, daß ein gefallener Sohn oder Vater, dem Fraß von Geiern und Hunden preisgegeben, unbeerdigt auf dem Schlachtfeld lag. Und nun sollte gar der

Thronfolger von Makedonien die Rückführung der Toten vornehmen!

»So viel Großzügigkeit ist nicht umsonst, wartet's nur ab«, zischte Demosthenes.

»Im Gegenzug erwartet Philipp von den Athenern nichts, als daß sie seine Freunde und Verbündeten werden. Im Herbst möchte er alle Vertreter der Griechen in Korinth treffen, um die alten Feindschaften beizulegen, einen dauerhaften Frieden auszuhandeln und überdies ein grandioses Unternehmen anzukündigen, an dem alle teilnehmen sollen. Für Athen bedeutet das, daß es seinen Seebund auflösen und dem großen panhellenischen Bündnis beitreten muß, das Philipp derzeit aufbaut. Ein anderes Bündnis als dieses kann es nicht geben. Es wird die griechische Halbinsel, die jahrhundertelang in sich zerstritten war, endlich befrieden und die griechischen Städte in Asien vom persischen Joch befreien.

Und nun entscheidet weise, ihr Athener, und laßt mich dann wissen, welche Antwort ich meinem König überbringen soll.«

Philipps Angebot wurde mit breiter Mehrheit angenommen. Daran konnte auch Demosthenes nichts ändern, der mit einem letzten feurigen Plädoyer versuchte, die Athener zum Widerstand zu bewegen – vergeblich. Zum Zeichen ihrer Wertschätzung übertrug die Versammlung ihm jedoch die ehrenvolle Aufgabe, die Begräbnisrede für die gefallenen Soldaten zu halten. Der Friedensvertrag, der bereits Demades' Unterschrift trug, wurde nun auch noch von allen Regierungsvertretern gegengezeichnet und an Philipp zurückgesandt.

Sobald der König ihn in Händen hatte, machte Alexander sich an der Spitze einer Wagenkolonne mit den Urnen der noch auf dem Schlachtfeld verbrannten Leichen auf den Weg nach Athen. Da die meisten von ihnen von den Gefangenen identifiziert worden waren, hatte Eumenes die kleinen Holzgefäße mit Schildchen versehen können, auf denen Vor- und Familienname des Toten standen.

Die Asche und Knochen der unbekannten Soldaten befanden sich auf den hinteren Wagen der langen Karawane, aber die Ärzte hatten Beschreibungen der Toten hinzugefügt, in denen ihre Augen- und Haarfarbe erwähnt wurde, sowie besondere Merkmale, falls vorhanden.

Zum Zeichen seiner Gutwilligkeit hatte Philipp sogar erlaubt, den namenlosen Kriegern einen Teil ihrer Waffen mitzugeben, damit die Angehörigen es einfacher hatten, sie zu erkennen.

»Wie ich dich beneide, mein Sohn«, sagte Philipp, als Alexander sich von ihm verabschiedete. »In Kürze wirst du die schönste Stadt der Welt zu Gesicht bekommen.«

Auch seine Freunde kamen, um ihm eine gute Reise zu wünschen. Zu Hephaistion sagte er: »Dir vertraue ich Bukephalos an. Ich will ihn schonen. Der lange Ritt wäre eine unnötige Strapaze für ihn.«

»Keine Sorge, ich werde ihn wie eine schöne Frau behandeln«, erwiderte sein Freund. »Schade nur, daß . . .«

»Was?«

»Daß du mir nicht auch Kampaspe anvertraust . . .«

»Das hätte dir so gepaßt!« Alexander lachte. Dann kletterte er auf den Rappen, den ein Reitknecht ihm gebracht hatte, und gab das Zeichen zum Abmarsch.

Die Wagenkolonne setzte sich mit knarrenden Rädern in Bewegung. Hinter ihr gingen die athenischen Gefangenen, von denen jeder ein Bündel mit seinen kläglichen Habseligkeiten und etwas Proviant bei sich trug. Nur Demades durfte als maßgeblicher Förderer des Friedensvertrags auf einem Pferd reiten.

Und während sich der Zug langsam entfernte, lagen die thebanischen Gefallenen weiterhin unbeerdigt auf dem Schlachtfeld herum. Unter den Augen ihrer Mütter und Frauen, die aus der Stadt gekommen waren und sich weinend und wehklagend am Rand des Feldes zusammendrängten, wurden ihre Leichname bei Tag von Geiern und Raben, bei Nacht von streunenden Hunden zerfetzt. Die in Chaironeia Zurückgebliebenen beschworen Götter und Dämonen und wünschten Philipp den grausamsten aller Tode an den Hals, doch selbst damit erreichten sie nicht, daß der König ihre Toten herausgab. Erst auf Drängen seiner eigenen Freunde hin, die ihm die möglichen Folgen dieses Racheakts klarmachten, gab Philipp schließlich nach.

Wenige Stunden später zogen die schwarz verhüllten Thebaner unter dem Heulen ihrer Klageweiber hinaus vor die Stadt, hoben eine riesige Grube aus und bestatteten darin die fürchterlich zugerichteten Leichen ihrer jungen Gefallenen. Über dem Massengrab häuften sie einen Hügel an, neben dem sie später – als Symbol für den Mut ihrer Krieger – einen gigantischen Steinlöwen aufstellten.

Auch ihnen wurde letzten Endes ein Friedensangebot unterbreitet, doch mußten sie eine Besetzung ihrer Akropolis hinnehmen und außerdem den böotischen Bund auflösen, um Philipps panhellenischer Allianz beizutreten.

Alexander wurde in Athen mit allen Ehren eines hohen Gastes empfangen. Zum Zeichen der Dankbarkeit für die Rückführung der Toten und für die gute Behandlung, die er den Kriegsgefangenen hatte zuteil werden lassen, beschloß der Stadtrat, ihm auf der Agora ein Standbild zu errichten. Zu diesem Zweck mußte er dem berühmten Bildhauer Protogenes Modell stehen und seinem Versprechen untreu werden, sich ausschließlich von Lysipp porträtieren zu lassen.

Demosthenes, der trotz der Niederlage immer noch sehr beliebt war, hatte man vorsichtshalber auf die kleine Insel Kalauria geschickt. Eine Begegnung wäre für beide Seiten peinlich gewesen, und so vermied es Alexander auch, nach ihm zu fragen. Sobald er alle offiziellen Verpflichtungen hinter sich gebracht hatte, wollte der junge Prinz die Akropolis besichtigen, von der Aristoteles ihm oft vorgeschwärmt hatte und deren Kunstwerke er schon aus Zeichnungen des Philosophen kannte.

Eines Morgens, nach nächtlichem Gewitter, begab er sich auf den heiligen Berg und war geblendet von den herrlichen Farben und der überwältigenden Schönheit der vielen Statuen und Malereien. Im Zentrum der großen, abgeflachten Bergkuppe erhob sich der Parthenon, gekrönt von dem riesigen Tympanon mit der Skulptur des Phidias – die Geburt der Göttin Athene aus der Stirn des Zeus. Die Figuren waren überlebensgroß, und ihre Haltung war der Abschrägung des Tempeldachs angepaßt: Die Hauptfiguren in der Mitte standen, die neben ihnen waren kniend oder liegend dargestellt. Alle waren in leuchtenden Farben angemalt und zusätzlich mit Metallverzierungen aus Bronze und Gold geschmückt.

Links neben der breiten Aufgangstreppe des Heiligtums stand eine weitere Bronzestatue des Phidias: die *Athena Promachos.* Sie stellte die Göttin mit erhobener Lanze dar. Die in der Sonne funkelnde Lanzenspitze aus purem Gold war das erste, was die Athener Seeleute sahen, wenn sie in den heimatlichen Hafen zurückkehrten.

Am gespanntesten war Alexander jedoch auf das gigantische Kultbild der Athene im Innern des Tempels – ebenfalls ein Werk des genialen Phidias.

Leisen, ehrfürchtigen Schritts betrat er die Wohnstätte der Göttin und fand sich einem wahren Koloß aus Gold und Elfenbein gegenüber. Obwohl man ihm seit seiner frühesten Kindheit von dem riesenhaften Standbild erzählt hatte, war er nun, wo er es mit eigenen Augen sah, doch restlos überwältigt. Da die Priester zu Ehren der Göttin unablässig Weihrauch verbrannten, war die »Cella«, der Raum mit dem

Kultbild, mit Düften geschwängert und lag in geheimnisvoll anmutendes Halbdunkel getaucht. In diesem Licht wirkte die matt schimmernde Statue der Göttin am Ende der doppelten Säulenreihe geradezu magisch.

Ihr knöchellanges Peplon, der Helm, die Lanze und der Schild strahlten in purem Gold, während Gesicht, Arme und Beine aus hautfarbenem Elfenbein waren. Die blaugrünen Augen der Göttin hatte Phidias mit Perlmutt und Türkis nachgeahmt.

Besonders gut gefiel Alexander der prächtige Helmschmuck in Form einer von zwei Pegasos flankierten Sphinx. Und in jeder dieser Figuren steckte ein Büschel aus langen, rot gefärbten Roßhaaren.

In der rechten Hand hielt die Göttin eine Figur der geflügelten Viktoria. Da diese bereits Lebensgröße hatte, wie ein Priester Alexander erklärte, mußte die Statue der Athena mindestens fünfunddreißig Fuß hoch sein!

Alexander war völlig hingerissen von dem Wunderwerk. Wie ruhmreich und mächtig mußte eine Stadt sein, die so etwas hervorgebracht hatte, wie groß mußten die Männer sein, die solche Tempel errichtet hatten und darüber hinaus Hunderte von weiteren Heiligtümern und Theatern, von denen ein jedes mit den herrlichsten Statuen und Fresken ausgestattet war. Er dachte auch an die kühnen Seeleute Athens, die über so viele Jahre hinweg unangefochten das Meer beherrscht hatten, an die Philosophen, die unter herrlichen Portiken wandelnd ihre Weltbilder entwickelten, an die Dichter, deren Tragödien Tausende von Menschen zu Tränen rührten.

All diese Gedanken erfüllten Alexander mit grenzenloser Hochachtung und Bewunderung für die Athener. Wenn er dagegen an seinen Vater dachte, wie er freudetrunken zwischen den Toten von Chaironeia umhergetorkelt war, stieg ihm die Schamesröte ins Gesicht.

26

ALEXANDER BESICHTIGTE AUCH das Dionysostheater am Fuße der Akropolis und die Gebäude und Monumente rund um die Agora, in denen die Stadt die Zeugnisse ihrer Vergangenheit zusammengetragen hatte. Was ihn jedoch am meisten entzückte, war die »Bunte Halle« mit dem riesigen Freskenzyklus über die Perserkriege.

Hier hatte der große Künstler Polygnotos die Schlacht von Marathon in ihren heroischsten Momenten gemalt und den berühmten Läufer, wie er mit der Siegesbotschaft in Athen eintrifft und vor Erschöpfung tot zusammenbricht.

Ein Stück weiter waren Episoden des zweiten Perserzuges dargestellt: Die Athener, wie sie aus ihrer Stadt flohen und später von der Insel Salamis aus weinend mitansahen, wie ihre Akropolis niederbrannte und ihre Tempel zerstört wurden. Die Seeschlacht von Salamis, in der die athenische die persische Flotte vernichtend geschlagen hatte; das Wandbild zeigte den fliehenden Großkönig, dem panische Angst ins Gesicht geschrieben stand, während er von schwarzen Gewitterwolken verfolgt im aufgewühlten Meer das Weite suchte.

Ja, Athen glich wirklich einer Schatztruhe, in der sich die höchsten Zeugnisse menschlicher Kultur fanden. Alexander wäre am liebsten gar nicht mehr von hier fortgegangen, aber die Pflicht und die zahlreich eintreffenden Depeschen seines Vaters riefen ihn nach Pella zurück.

Auch seine Mutter hatte ihm mehrmals geschrieben. Sie gratulierte ihm zum Sieg von Chaironeia und ließ ihn wissen, wie sehr er ihr fehlte, aber Alexander spürte, daß noch etwas anderes hinter ihren Briefen steckte, eine nicht eingestandene Sorge, ein Kummer. Er war sich beinahe sicher, daß daheim in Pella etwas vorgefallen war, was sie innerlich quälte.

Und so machte er sich Anfang des Sommers mit seiner Leibgarde auf die Heimreise. Man überquerte in Tanagra die Grenze nach Böotien, ritt an Theben vorüber und kam eines schönen Nachmittags an den Kopaissee, dessen Ufer der schwülen Hitze wegen in dichten Dunst gehüllt waren.

Von Zeit zu Zeit zogen gespensterhaft anmutende Reiher vorüber und wirbelten mit ihrem trägen Flügelschlag die Dunstschwaden über den sumpfigen Gestaden auf. Dann löste sich wieder, einem erstickten Hilferuf gleich, der Schrei irgendeines unsichtbaren Vogels aus dem feuchtheißen Nebel. In den Dörfern hingen schwarze Tücher vor den Haustüren der Familien, bei denen der Tod eingekehrt war, und es waren viele.

Am nächsten Tag erreichten sie mit Einbruch der Nacht Chaironeia. Unter dem finsteren Neumondhimmel kam es Alexander wie eine Geisterstadt vor. Nicht einmal die Erinnerung an den vor kurzem errungenen Sieg konnte diesen unheimlichen Eindruck verscheuchen, ja der Sieg selbst erschien ihm heute in düsterstem Lichte. Alexander ließ sein Zelt im Schutz einer großen Eiche aufstellen, die einsam inmitten der Ebene stand, aber das Klagen der Käuzchen und das Heulen der Schakale raubten ihm den Schlaf, und wenn er bisweilen doch einnickte, wurde er von schrecklichen Alpträumen geplagt.

Sein Vater ritt ihm nicht entgegen, da er sich zu einem Treffen mit illyrischen Stammesführern in der Lynkestis befand, und so kehrte der junge Prinz lange nach Sonnenuntergang fast unbemerkt in den Palast von Pella zurück. Nur Peritas kam sofort auf ihn zugerannt, sprang winselnd und schwanzwedelnd an ihm hoch und leckte ihm zur Begrüßung Gesicht und Hände ab. Alexander streichelte ihn eine Weile, dann begab er sich jedoch schnurstracks in seine Gemächer, wo Kampaspe ihn bereits erwartete.

Das Mädchen lief ihm entgegen, küßte und umarmte ihn und half ihm, die staubigen Reisekleider auszuziehen. Beim anschließenden Bad massierte und liebkoste sie seine verspannten, schmerzenden Glieder, und als Alexander aus der Wanne stieg, begann auch sie sich zu entkleiden, aber genau in diesem Moment kam Leptine herein.

»Olympias bittet dich, so schnell wie möglich zu ihr zu kommen«, sagte sie mit glühenden Wangen und niedergeschlagenen Augen. »Sie hofft, daß du zum Abendessen bei ihr bleibst.«

»In Ordnung«, erwiderte Alexander. Und während Leptine sich wieder entfernte, flüsterte er Kampaspe ins Ohr, sie solle auf ihn warten.

Die Königin stürzte, kaum daß sie ihn sah, auf ihn zu und umschlang ihn so heftig, daß er fast keine Luft mehr bekam.

»Was ist los, Mama?« fragte er, indem er sich von ihr löste und sie anschaute.

Olympias' große Augen waren düster wie die Bergseen in ihrer Heimat, und ihr Blick spiegelte überdeutlich den Sturm widersprüchlicher Gefühle, der in ihrer Seele tobte.

Sie senkte den Kopf und biß sich auf die Unterlippe.

»Was ist los, Mama?« fragte Alexander noch einmal.

Olympias wandte sich dem Fenster zu, um Wut und Scham vor ihm zu verbergen.

»Dein Vater hat eine Geliebte.«

»Mein Vater hat sieben Ehefrauen. Er ist ein feuriger Mann und hat sich noch nie mit einer einzigen zufriedengegeben. Abgesehen davon ist er unser König.«

»Diesmal ist es anders. Dein Vater hat sich in ein Mädchen verliebt, das so alt ist wie deine Schwester.«

»Das ist nicht das erste Mal. Es wird schon wieder vorbeigehen ...«

»Wenn ich dir doch sage, daß es diesmal anders ist! Dieses Mädchen hat ihm völlig den Kopf verdreht, er vergöttert sie«, Olympias unterbrach sich und seufzte, » ...wie mich in unserer Anfangszeit.«

»Da ist doch nichts dabei«, entgegnete Alexander leichthin.

»Doch«, widersprach die Königin. »Dieses Mädchen ist nämlich schwanger von ihm, und er möchte sie heiraten.«

»Wer ist sie?« fragte Alexander mit düsterer Miene.

»Euridike, die auch Kleopatra genannt wird, die Nichte von General Attalos. Verstehst du jetzt, warum ich so besorgt bin? Euridike ist Makedonin, obendrein von höchstem Adel, keine Ausländerin wie ich.«

»Aber du stammst aus einem Königsgeschlecht, bist Nachfahrin von Achilles' Sohn Pyrrhos und von Andromache, der Gemahlin des Hektor.«

»Das ist Vergangenheit, mein Sohn. Nehmen wir mal an, das Mädchen gebiert einen Jungen ...«

»Was willst du damit sagen?« Alexander blickte sie mißtrauisch an. »Heraus mit der Sprache, hier hört uns keiner.«

»Wenn Philipp mich verstößt und Euridike zur Königin erklärt, was ohne weiteres in seiner Macht steht, dann wird Euridikes Kind, sofern es ein Junge ist, rechtmäßiger Thronfolger. Und du, der Sohn der verstoßenen Ausländerin, wärst mit einemmal ein Bastard.«

»Ach, das ist doch alles Unsinn«, erwiderte Alexander. »Mein Vater liebt mich und hat immer nur mein Bestes gewollt. Außerdem hat er mich zum König erzogen!«

»Du verstehst das nicht. Ein hübsches, feuriges Mädchen kann einen älteren Mann um den Verstand bringen. Mit ihr fühlt er sich in seine Jugend zurückversetzt und kann sich vorgaukeln, der Strom der Zeit sei spurlos an ihm vorübergeflossen – um so mehr, wenn er dann noch einmal Vater wird.«

Alexander wußte nicht, was er darauf antworten sollte, aber man merkte ihm an, daß Olympias' Worte Eindruck auf ihn gemacht hatten.

Er setzte sich auf einen Stuhl und stützte nachdenklich das Kinn in die linke Hand. »Was erwartest du von mir?« fragte er nach einer Weile.

»Das weiß ich selbst nicht«, antwortete die Königin. »Ich fühle mich zutiefst gedemütigt, beleidigt und erniedrigt. Wäre ich nur ein Mann ...«

»Ich bin ein Mann«, sagte Alexander.

»Ja, aber auch sein Sohn.«

»Was meinst du damit?«

»Ach, nichts. Ich weiß schon gar nicht mehr, was ich sage in meiner Verzweiflung.«

»Noch einmal, Mama: Was erwartest du von mir?«

»Nichts. Im Augenblick kannst du gar nichts tun. Ich wollte dich nur warnen. Ab jetzt müssen wir uns auf alles gefaßt machen.«

»Ist sie wirklich so hübsch?« wollte Alexander wissen.

Olympias neigte den Kopf, und man sah ihr an, wie schwer es ihr fiel, auf diese Frage zu antworten: »Hübscher, als du es dir vorstellen kannst. Ihr Onkel Attalos hat sie ihm förmlich ins Bett gesteckt. Er verfolgt ganz offensichtlich einen präzisen Plan und kann sicher sein, daß die meisten makedonischen Adligen hinter ihm stehen. Sie hassen mich, das weiß ich.«

Alexander stand auf und schickte sich zum Gehen an.

»Bleibst du denn nicht zum Abendessen? Ich habe deine Leibspeisen zubereiten lassen.«

»Ich habe keinen Hunger, Mama, und außerdem bin ich hundemüde. Entschuldige mich bitte. Ich besuche dich bald wieder. Laß den Kopf nicht hängen und grüble nicht den ganzen Tag vor dich hin. Im Augenblick können wir sowieso nicht viel unternehmen.«

Trotz dieser beruhigenden Worte war Alexander völlig durcheinander, als er die Gemächer seiner Mutter verließ. Der Gedanke, daß sein Vater ihn von heute auf morgen aus seinen Plänen streichen könnte, war ihm nie gekommen, am allerwenigsten jetzt, wo er sich in der Schlacht von Chaironeia so glänzend hervorgetan und mit der heiklen Mission in Athen zusätzliches Lob verdient hatte.

Um auf andere Gedanken zu kommen, ging er in den Stall hinunter, zu Bukephalos. Das Pferd erkannte augenblicklich seine Stimme und begann freudig zu wiehern und mit den Hufen zu scharren. Der Stall war blitzsauber und duftete nach frischem Heu, das Fell des Tieres glänzte, seine Mähne und der Schwanz waren gekämmt wie die Haare eines Mädchens. Alexander ging auf den Rappen zu, tätschelte ihm liebevoll den Hals und streichelte seine Nüstern.

»Da bist du ja endlich wieder!« sagte plötzlich jemand hinter seinem Rücken. »Wußte ich's doch, daß ich dich hier finde. Und? Was sagst du zu Bukephalos? Gehegt und gepflegt wie eine schöne Frau, genau wie ich's dir versprochen hatte ...«

»Hephaistion!«

Der Freund trat auf ihn zu und klopfte ihm auf die Schulter.

»Du hast mir gefehlt, alter Räuber!«

»Du mir auch, Pferdedieb!« gab Alexander lachend zurück.

Dann drückten und umarmten sie sich, wie es nur Männer tun können, deren Freundschaft selbst noch den Tod überdauert.

Alexander kehrte spät in seine Gemächer zurück und fand neben seiner Tür die schlafende Leptine am Boden kauern. Die Öllampe neben ihr war längst erloschen.

Er beugte sich zu ihr hinunter und betrachtete sie lange, bevor er sie behutsam hochhob, auf sein Bett legte und einen Kuß auf ihre Lippen hauchte. In dieser Nacht wartete Kampaspe vergeblich auf ihn.

Philipp kehrte wenige Tage später nach Pella zurück, bestellte ihn augenblicklich zu sich und umarmte ihn stürmisch, als er ihn sah. »Bei den Göttern, du siehst fabelhaft aus! Athen ist dir gut bekommen. Erzähl, was hast du dort getrieben?« fragte er, aber er spürte, daß Alexander seine Umarmung nur schwach erwiderte.

»Was ist los, Junge? Haben die Athener dich verweichlicht? Oder bist du verliebt? Bei Herakles, sag bloß, du hast dich verliebt! Also wirklich: Ich schenke ihm die erfahrenste aller Gefährtinnen, und was macht er? Verliebt sich in eine ... in eine was? In eine schöne Athenerin? Ja, ich weiß, du brauchst mir nichts zu erzählen: Die Athenerinnen machen den stärksten Mann schwach. Na, das ist ja eine Neuigkeit! Die muß ich sofort Parmenion erzählen ...«

»Ich bin nicht verliebt, Vater. Aber ich habe gehört, du seist es.«

Philipps gute Laune war mit einem Schlag verflogen. Er begann, mit großen Schritten im Zimmer auf- und abzugehen. »Deine Mutter. Deine Mutter!« schimpfte er. »Neidisch, unzufrieden und eifersüchtig wie noch was! Sie will mich bei dir schlechtmachen, stimmt's?«

»Nun, du hast eine andere Frau«, erwiderte Alexander kühl.

»Na und?« brüllte Philipp. »Das ist nicht die erste, und das wird nicht die letzte sein! Dieses Mädchen ist schöner als die Sonne – die reinste Aphrodite! Ich bin nicht hinter ihr her gewesen, sie lag eines Tages einfach in meinen Armen, nackt, mit breiten Schenkeln und mit zwei Brüsten, die geduftet haben wie reife Birnen. Was hättest du an meiner Stelle getan? Deine Mutter haßt mich, sie würde mir am liebsten ins Gesicht spucken, wenn sie mich sieht! Dieses Mädchen dagegen ist süß wie Honig.«

Er ließ sich auf einen Stuhl fallen und schnaubte wütend.

»Mir mußt du keine Rechenschaft über die Frauen abgeben, mit denen du schläfst, Vater ...«

»Und hör endlich auf, mich Vater zu nennen! Wir sind unter uns.«

»Aber meine Mutter fühlt sich gedemütigt, zurückgestoßen und ...«

»Hör auf!« schrie Philipp. »Sie will dich gegen mich aufhetzen, das ist alles! Und wissen die Götter, warum! Komm, komm mit und sieh dir an, womit ich dich überraschen wollte, bevor du mir mit diesem Unsinn den Tag vergällt hast! Komm!«

Er zerrte ihn hinter sich eine Treppe hinunter und dann einen Korridor entlang, der zu den Werkstätten führte. Dort öffnete er eine Tür und stieß ihn beinahe mit Gewalt in den dahinterliegenden Raum.

»Da, schau!«

Alexander fand sich in einer großen, lichtdurchfluteten Künstlerwerkstatt wieder. Auf einem der Tische lag eine Scheibe aus Ton, und bei genauerem Hinsehen merkte er, daß darauf sein Kopf im Profil abgebildet war, und zwar mit einem Lorbeerkranz auf den Locken wie der Gott Apollon.

»Was sagst du dazu?« fragte eine Stimme hinter ihm.

»Lysippos!« schrie Alexander, fuhr herum und umarmte den Meister.

»Komm schon, was sagst du dazu?« fragte nun auch Philipp.

»Was ist das?«

»Das ist die Vorlage für eine Goldmünze, die ich ab morgen zum Andenken an den Sieg des makedonischen Thronfolgers in Chaironeia prägen lasse. Zehntausend von diesen Münzen werden bald überall in der Welt im Umlauf sein«, erwiderte der König.

Alexander lächelte verwirrt und senkte den Kopf.

27

Philipps Überraschung und die Anwesenheit Lysipps bei Hofe zerstreuten eine Zeitlang die finsteren Wolken, die das Verhältnis zwischen Vater und Sohn getrübt hatten, und das, obwohl Alexander schon sehr bald feststellen mußte, daß seine Mutter recht hatte: Philipp war wirklich bis über beide Ohren in die junge Euridike verliebt.

Im Augenblick hatten jedoch weder der König noch der Prinz Zeit, sich um private Dinge zu kümmern. Es gab nämlich brisante politische Entwicklungen, an erster Stelle das Antwortschreiben des Perserkönigs Arses, das noch viel schärfer ausgefallen war als Philipps Brief. Eumenes las es dem König unmittelbar nach Erhalt vor:

»Arses, König von Persien, König der Könige, Stern der Arier und Herr über alle vier Ecken der Welt, an Philipp, den Makedonen.

Was mein Vater Artaxerxes getan hat, war gut getan, und *du* bist derjenige, der als Vasall Tribut an uns bezahlen sollte, wie es deine Vorgänger gemacht haben.«

Der König rief augenblicklich Alexander zu sich, zeigte ihm das Schreiben und sagte: »Es läuft alles wie geschmiert, Junge. Mein Plan geht Punkt für Punkt auf. Der Perser weigert sich, uns für die Verluste zu entschädigen, die sein Vater uns zugefügt hat, und das ist Grund genug für einen Krieg. Endlich wird mein Traum Wirklichkeit, Alexander! Ich werde alle Griechen vereinen – die der östlichen Kolonien und die des Mutterlandes! Ich werde die hellenische Kultur retten und über die ganze Welt verbreiten! Demosthenes hat mein Vorhaben nicht begriffen und mich als Tyrannen hingestellt, aber schau dich um, Junge: Die Griechen sind frei! Nur die Akropolis der thebanischen Verräter ist von uns besetzt worden. Aber ich habe die Arkader und die Messener beschützt, ich habe mehrmals das Heiligtum von Delphi verteidigt, ich . . .«

»Willst du wirklich nach Asien ziehen, Vater?« fragte Alexander, den nur dieser eine Punkt interessierte.

Philipp sah ihm in die Augen.

»Ja, mein Sohn. Und das will ich unseren Verbündeten in Korinth mitteilen. Jeder von ihnen muß Kontingente von Soldaten und Kriegsschiffen zur Verfügung stellen, und dann werde ich das Unternehmen wagen, das noch keinem Griechen gelungen ist!«

»Glaubst du, sie folgen dir?«

»Todsicher«, erwiderte Philipp. »Sie können sich nicht drücken, vor allem, wenn ich ihnen erkläre, daß ich die griechischen Kolonien in Asien von der Barbarenherrschaft befreien will.«

»Und das ist wirklich das Ziel der Expedition?«

»Wir haben das stärkste Heer der Welt. Asien ist riesig, und der Ruhm, nach dem ein Mann streben kann, kennt keine Grenzen, mein Junge«, gab der König zur Antwort.

Wenige Tage später traf ein neuer Gast in Pella ein: Apelles, den viele für den größten Maler aller Zeiten hielten. Philipp hatte ihn an den Hof gerufen, um sich zusammen mit der Königin von ihm porträtieren zu lassen – selbstverständlich nicht ganz naturgetreu, sondern so, daß es den herrschenden Schönheitsidealen entsprach. Das Bild sollte dann als offizielles Gemälde des Herrscherpaars im Tempel von Delphi aufgehängt werden. Wie zu erwarten, lehnte Olympias es jedoch ab, an der Seite ihres Mannes Modell zu stehen, und Apelles blieb nichts anderes übrig, als sie heimlich aus der Ferne zu beobachten, um die vorbereitenden Skizzen anfertigen zu können.

Das fertige Bild war trotzdem so schön, daß Philipp auch Alexander porträtieren lassen wollte, aber der lehnte ab.

»Ich möchte, daß du statt meiner eine Freundin von mir verewigst«, sagte er. »Und zwar nackt.«

»Nackt?« fragte Apelles verwundert.

»Ja. Ich vermisse ihre Schönheit, wenn ich unterwegs bin. Das Bild darf nicht zu groß werden, damit ich es auf meinen Reisen und Feldzügen mitnehmen kann. Aber es muß ihr ähnlich sehen, darauf lege ich Wert!«

»Keine Sorge, Herr. Du wirst glauben, sie leibhaftig vor dir zu sehen«, versprach der Künstler.

Und so kam es, daß Kampaspe, die schönste Frau Griechenlands, nackt und in ihrer ganzen Pracht für Apelles, den größten Maler Griechenlands, Modell stand.

Alexander wartete gespannt auf das Ergebnis dieser außergewöhnlichen Verbindung und sah jeden Tag in der Werkstatt vorbei, doch er merkte bald, daß Apelles so gut wie keine Fortschritte machte. Er fertigte eine Skizze nach der anderen an, um sie hinterher alle wieder zu zerreißen.

»Mit diesem Gemälde verhält es sich ja fast wie mit dem Tuch der Penelope«, sagte der Prinz eines Tages. »Woran hakt es denn?«

Apelles war sichtlich verlegen. Seine Augen wanderten hilflos zwischen der schönen Kampaspe und Alexander hin und her.

»Meister, ich warte auf eine Antwort!«

»Die Sache ist, Herr ... Ich ertrage einfach den Gedanken nicht, mich von soviel Schönheit trennen zu müssen.«

Nun war es Alexander, der seine Augen zwischen Kampaspe und dem Maler hin- und herwandern ließ. Plötzlich war ihm klar, warum diese Sitzungen immer so lange dauerten, und daß es darin wahrscheinlich nicht nur um die hohe Malkunst ging. »Ich habe verstanden«, sagte er. In diesem Moment fiel ihm Leptine ein, deren Augen immer rot verweint waren, und er sagte sich, daß es ihm an schönen Frauen wie Kampaspe wohl auch in Zukunft nicht fehlen würde – ganz abgesehen davon, daß Kampaspe in letzter Zeit recht anspruchsvoll und ziemlich quengelig geworden war. Ohne noch lange zu zögern, trat er deshalb auf den Maler zu und flüsterte ihm ins Ohr: »Ich mache dir einen Vorschlag: Du malst mir das Bild, und ich gebe dir das Mädchen. Sofern sie nichts dagegen hat, versteht sich.«

»Oh, Herr ...«, stammelte der große Künstler gerührt. »Wie ... wie kann ich dir danken? Ich ... ich ...«

Der Prinz klopfte ihm auf die Schulter und sagte: »Hauptsache, das Bild wird schön und ihr beide seid glücklich.« Und mit diesen Worten ging er zur Tür hinaus.

Gegen Ende des Sommers begaben Philipp und Alexander sich nach Korinth, wo sie als Gäste der Stadt untergebracht wurden. Daß man gerade diese Stadt für das wichtige Treffen ausgewählt hatte, war kein Zufall: Hier hatten die Griechen vor einhundertfünfzig Jahren geschworen, den persischen Invasoren mit vereinten Kräften zu widerstehen. Wo anders als in Korinth konnte deshalb der neue Schwur geleistet werden, mit dem alle Griechen – die auf dem Festland lebenden und die Insulaner – den großen Asienfeldzug besiegelten, ein grandioses Unternehmen, das selbst den von Homer besungenen Trojanischen Krieg noch in den Schatten stellen würde?

Philipp versuchte, die Abgesandten der griechischen Staaten mit einer leidenschaftlichen Rede für sein Vorhaben zu gewinnen. Er rief ihnen die wichtigen Momente der jahrhundertelangen Auseinandersetzungen zwischen Europa und Asien ins Gedächtnis und griff dabei auch auf Episoden aus der Mythologie zurück. So erinnerte er beispielsweise an die Toten von Marathon und den Thermopylen oder an den Brand der Athener Akropolis und ihrer Tempel, Ereignisse, die viele Generationen zurücklagen, im Bewußtsein des Volkes aber nach wie vor lebendig waren. Natürlich hatten die Perser auch nie ganz aufgehört, sich in die inneren Angelegenheiten der griechischen Staaten einzumischen.

Mehr noch als diese Geschichten überzeugte jedoch die Entschlossenheit Philipps. Die Gesandten begriffen sehr schnell, daß der Makedone seinen Willen durchsetzen würde – zur Not mit Waffengewalt, das war einfach seine Art, Politik zu machen. Das traurige Schicksal Thebens und seiner Verbündeten stand allen noch zu deutlich vor Augen, als daß es irgend jemand gewagt hätte, ernsthaft zu protestieren.

Am Ende der Versammlung wurde Philipp jedenfalls zum Führer des »Hellenischen Bundes« ernannt, und zwar ausdrücklich im Hinblick auf eine baldige Asienexpedition. Viele der Anwesenden hielten die Sache mit der Expedition für einen propagandistischen Kniff, aber sie sollten sich getäuscht haben.

Alexander hatte in diesen Tagen Gelegenheit, Korinth zu besichtigen, das er bislang nicht kannte. In Begleitung Kallisthenes' stieg er auf die berühmte, praktisch uneinnehmbare Akropolis hinauf und bewunderte den herrlichen Apollontempel und den Tempel des Meergottes Poseidon, des Beschützers der Stadt.

Was ihn jedoch am meisten beeindruckte, war der »Schiffszug«, eine phantastische Erfindung, dank derer man Schiffe aus dem Golf von Ägina in den Golf von Korinth transportieren konnte, und zwar über die schmale Landzunge hinweg, die beide voneinander trennte. Dies ersparte die gefährliche Umschiffung des Peloponnes mit seinen zerklüfteten Inseln.

Bei der Erfindung handelte es sich um eine große Holzrutschbahn, die vom höchsten Punkt der Landzunge aus nach beiden Seiten hin abfiel und unablässig mit Rindertalg eingefettet wurde. Galt es, mehrere Schiffe von einem Golf in den andern zu befördern, so wurde das erste von Ochsen auf die Hügelkuppe des Isthmus hinaufgezogen. Dort angelangt, hängte man mittels langer Taue ein zweites Schiff an.

Wenn nun das erste Schiff ins Tal rutschte, zog es das angehängte Schiff – das gleichzeitig als Gegengewicht fungierte – im Schlepptau nach oben. Und während das erste bereits wieder zu Wasser gelassen wurde, hängte man an das zweite oben auf dem Hügel ein drittes an, und so weiter.

»Warum ist noch keiner auf die Idee gekommen, einen Kanal zu graben, um die beiden Golfe miteinander zu verbinden?« fragte Alexander seine korinthischen Gastgeber.

»Wenn die Götter dort, wo heute Land ist, Meer gewollt hätten, dann hätten sie aus dem Peleponnes eine Insel gemacht, meinst du nicht?« erhielt er zur Antwort. »Denk dran, wie es dem persischen Großkönig bei seiner Invasion in Griechenland ergangen ist: Er legte eine Schiffbrücke über den Bosporus, damit sein Heer die Meerenge überqueren konnte, und danach ließ er quer durch die Halbinsel des Berges Athos einen Kanal graben, durch den er seine Flotte schleuste, aber letzten Endes hat er sowohl zu Lande wie zu Wasser fürchterliche Niederlagen erlitten – als Strafe für seine Anmaßung.«

»Stimmt«, gab Alexander zu. »Ich kenne die Geschichte, und den Graben des Großkönigs habe ich auch schon gesehen, mein Vater hat mich einmal dorthin geführt.«

Seine Begleiter erzählten ihm auch, daß ganz in der Nähe der Philosoph Diogenes lebe, der berühmte Zyniker, über den die tollsten Geschichten im Umlauf waren.

»Ich habe von ihm gehört«, sagte Alexander. »Aristoteles hat mir seine Theorien auseinandergesetzt. Diogenes meint, daß der Mensch auf alles Überflüssige verzichten soll, denn wer völlig bedürfnislos sei, habe keinen Grund zum Unglücklichsein.«

»Eine absurde Theorie«, schaltete Kallisthenes sich ein. »Auf alles zu verzichten, um bestenfalls Zufriedenheit zu erlangen, nicht Glück, das finde ich einfach töricht. Es lohnt gar nicht den Aufwand. Das wäre doch wie Holz verbrennen, um Asche zu verkaufen, oder?«

»Vielleicht«, erwiderte Alexander. »Trotzdem würde ich ihn gerne kennenlernen. Stimmt es wirklich, daß er in einer Tonne haust?«

»O ja, oder besser in einem großen Ölkrug. Apropos ... dazu muß ich dir eine Episode erzählen, die während des letzten Krieges passiert ist. Paß auf: Die Truppen deines Vaters belagern die Stadt. Groß und klein ist damit beschäftigt, die Stadtmauer zu verstärken. Wie Diogenes seine Mitbürger so emsig hin und her eilen sieht, beginnt er plötzlich seinen Krug einen Hang hinaufzurollen. Oben angekommen, läßt er ihn wieder hinunterrollen, und dann fängt er von vorn an. ›Was soll das?‹ fragen ihn die Leute. Und er: ›Nichts. Aber wo ihr alle so geschäftig seid, wollte ich nicht einfach nur dasitzen und tatenlos zusehen.‹« Kallisthenes grinste mitleidig. »Und von diesen Anekdoten könnte ich dir noch Hunderte erzählen. Stell dir mal vor, lange Zeit besaß dieser Mann nichts als eine Schale, mit der er Wasser aus dem Brunnen schöpfen konnte. Und eines schönen Tages wirft er die auch noch weg, weil er nämlich ein Kind dabei beobachtet hat, wie es aus der hohlen Hand trinkt. Das mag dir alles sagen. Und so einen seltsamen Mann willst du wirklich kennenlernen?«

»Ja, bitte«, sagte Alexander.

»Wie du möchtest«, erwiderte Kallisthenes mit einem verächtlichen Schnauben. »Aber mach dich auf was gefaßt ...«

Du weißt doch, weshalb Diogenes und seine Schüler ›Zyniker‹ genannt werden, nicht wahr? Ihren Theorien zufolge ist nichts, was in der Natur vorkommt, obszön. Also verrichten sie sogar ihre Notdurft in aller Öffentlichkeit – wie die Hunde.«

»Das ist wahr«, bestätigte der Führer. »Kommt, er haust nicht weit von hier – am Straßenrand, wo er von Passanten am leichtesten Almosen bekommt.«

Sie gingen ein gutes Stück die Straße entlang, die vom »Schiffszug« zum Poseidontempel führte. Alexander erkannte den Philosophen schon von weitem.

Er sah einen alten Mann um die Siebzig, der völlig nackt an einem großen Tonkrug lehnte. Im Innern des Kruges konnte man eine Strohmatte und eine halb zerrissene Decke erkennen. Peritas' Hundehütte war gegen diese Behausung der reinste Palast! Neben dem Philosophen saß ein Hund auf dem Boden, ein kleiner Straßenköter, mit dem er vermutlich Essen und Schlafstatt teilte.

Diogenes hockte mit zurückgelegtem Kopf da, die Arme auf die Knie gestützt, die Augen geschlossen, und wärmte seine runzelige Haut an der Spätsommersonne. Die wenigen Haare, die ihm auf dem Hinterkopf geblieben waren, reichten ihm bis fast zum Gesäß. Tiefe Falten zerfurchten sein ausgemergeltes Gesicht, das von einem schütteren Bart gerahmt wurde. Außerdem hatte er stark hervortretende Wangenknochen, tiefliegende Augenhöhlen und eine hohe, auf ihre Art »helle« Stirn.

Alexander stellte sich vor den Philosophen und sah ihn lange schweigend an, ohne daß dieser auch nur einen Moment lang die Augen öffnete, ja er schien ihn gar nicht bemerkt zu haben. Der Prinz fragte sich, was wohl hinter dieser hohen Stirn vorgehen mochte, in dem mächtigen Schädel, der auf so groteske Weise mit dem dünnen Hals und dem schmächtigen, abgezehrten Körper des Philosophen kontrastierte. Was brachte ihn dazu – ihn, der sein Leben lang den Geist des Menschen erforscht hatte, – arm und nackt am Straßenrand zu kauern und sich von den Vorübergehenden bemitleiden und verspotten zu lassen?

Und doch: Die stolze Armut, die völlige Schlichtheit dieses Mannes, der dem Tod so nackt entgegentreten wollte, wie er zur Welt gekommen war, rührten Alexander zutiefst. Wäre nur Aristoteles hiergewesen! Wie gerne hätte er die beiden Hochgeister eines jener Wortgefechte miteinander austragen sehen, die spannender waren als alle Gefechte mit Schwert und Lanze. Da dies nicht möglich war, wollte er Diogenes wenigstens seine Bewunderung zum Ausdruck bringen. Aber es kam ein ziemlich unglücklicher Satz dabei heraus:

»Sei gegrüßt, Diogenes! Vor dir steht Alexander von Makedonien. Verlange, was du willst, von mir. Ich werde dir jeden Wunsch erfüllen.«

Der zahnlose Mund des Alten öffnete sich. »Jeden?« fragte er mit zittriger Stimme, die Augen weiterhin geschlossen.

»Jeden«, bestätigte Alexander.

»Dann geh mir bitte aus der Sonne.«

Alexander trat augenblicklich einen Schritt zur Seite und ließ sich wie ein demütiger Bittsteller neben dem Philosophen nieder.

»Laß uns allein, mein Freund«, sagte er zu Kallisthenes. »Ich weiß nicht, ob er mir noch etwas sagt, aber wenn, dann sind es Dinge, die nicht aufgeschrieben werden können.« Kallisthenes sah, daß er feuchte Augen hatte. »Vielleicht hast du recht«, fuhr Alexander fort. »Vielleicht lohnt das alles so wenig wie Holz verbrennen und die Asche davon verkaufen, aber ich würde alles darum geben, zu erfahren, was hinter diesen Augenlidern vor sich geht. Und glaub mir, wenn ich nicht der wäre, der ich bin, wenn ich nicht Alexander wäre, dann wollte ich Diogenes sein.«

28

Keiner sollte je erfahren, was die beiden sich sagten, aber Alexander vergaß diese Begegnung nie wieder, und wer weiß, ob es Diogenes nicht genauso erging.

Zwei Tage später trat Philipp mit seinem Gefolge den Heimweg nach Makedonien an. Alexander brach mit ihnen auf.

In Pella angelangt, begann der König sofort mit den Vorbereitungen der Orientexpedition. Er hielt fast täglich einen Kriegsrat mit den Generälen Attalos, Kleitos, Antipatros und Parmenion ab, um alles Nötige zu organisieren: die Einberufung der Krieger, ihre Ausstattung, den Nachschub. Die guten Beziehungen zu Athen garantierten Sicherheit auf dem Meer, und das war für den Truppentransport nach Asien natürlich wichtig – egal, ob dieser von der makedonischen Flotte oder von Schiffen anderer Verbündeter durchgeführt wurde.

Auch Alexander war in diesen Tagen so beschäftigt, daß er kaum an etwas anderes dachte – weder an Euridikes Schwangerschaft noch an die Ängste seiner Mutter, die ihm, wenn er auswärts war, laufend Botschaften schickte, und wenn er im Palast weilte, um private Unterredungen bat.

Von ihm abgesehen stand Olympias auch mit ihrem Bruder, Alexander von Epeiros, in regem Briefwechsel. Sie wollte sich seiner Unterstützung vergewissern, denn sie fühlte ihre Macht von Tag zu Tag mehr schwinden und war immer einsamer. Manchmal hatte sie geradezu den Eindruck, wie eine Geächtete in ihre Gemächer verbannt zu sein.

Mit den wenigen Menschen, die treu zu ihr hielten, sprach sie nur über ihre triste Lage, und sie konnte auch an gar nichts anderes denken. Zumal sich ihre derzeitige Isolation nur noch verschlimmern konnte, denn war die neue Königin erst einmal in ihre Rechte eingesetzt, durfte sie – die Verstoßene – überhaupt nicht mehr in der Öffentlichkeit erscheinen. Damit war sie auch noch um die Möglichkeit gebracht, wenigstens bei offiziellen Anlässen Gäste zu empfangen und deren Frauen oder Freundinnen zu einem Plausch in ihre Gemächer einladen zu können.

Am allermeisten plagte sie jedoch die Befürchtung, nun auch noch den letzten Rest von Macht einbüßen zu müssen, die sie als Mutter des Thronfolgers innegehabt hatte.

Alexander machte sich diesbezüglich lange nicht so viele Sorgen wie sie – er hatte ja genügend Freunde, die ihm unablässig ihre Verehrung und Treue zum Ausdruck brachten.

Davon abgesehen genoß er große Wertschätzung von Seiten der Generäle Parmenion und Antipatros, die die rechte und die linke Hand seines Vaters waren. Sie hatten ihn ebenso als Krieger auf dem Schlachtfeld wie als Politiker beim Regieren erlebt und wußten daher, daß das Reich in sicheren Händen sein würde, wenn die Krone eines Tages an ihn überging. In Wirklichkeit war die Thronfolge jedoch alles andere als geklärt. Alexanders Vetter Amyntas und dessen Bruder Archelaos hätten in gewissen Adelskreisen vermutlich jederzeit Unterstützung gefunden. Sein Halbbruder Arrhidaios dagegen, der nicht ganz recht im Kopf war, stellte kein ernsthaftes Problem dar – wenigstens im Augenblick nicht.

Philipps Hochzeit wurde Anfang des Winters offiziell bekanntgegeben, und obwohl eigentlich jeder damit gerechnet hatte, schlug die Nachricht wie ein Blitz ein.

Am meisten verblüfften die große Feierlichkeit und der übertriebene Pomp, mit denen der König das Fest begehen wollte.

Eumenes, der mittlerweile zum Leiter der königlichen Kanzlei aufgestiegen war und als solcher die Hochzeitsvorbereitungen überwachte, informierte Alexander über jedes noch so kleine Detail, angefangen vom Rang der Gäste und den Ausgaben für Kleider, Dekor, Festmahl und Weine bis hin zum Schmuck der Braut und ihrer Ehrendamen.

Alexander versuchte zwar, seiner Mutter diese Einzelheiten zu ersparen, damit sie nicht noch mehr litt, aber Olympias hatte überall Augen und Ohren und erfuhr das meiste noch vor ihm.

Kurz vor dem großen Tag erhielten sowohl Olympias als auch Alexander eine offizielle Einladung zu dem Fest, und da sie wußten, daß die Einladungen des Königs in Wahrheit Befehle waren, richteten sich beide – wenn auch widerwillig – darauf ein, an der Hochzeitsfeier und dem anschließenden Festbankett teilzunehmen.

Mit der Tischordnung war Eumenes ein wahres Kunststück an Diplomatie gelungen. Er hatte Tische und Speiseliegen so verteilen müssen, daß es unter den Geladenen auf keinen Fall zu Auseinandersetzungen kommen konnte. Dies war gar nicht so abwegig, denn unter den makedonischen Stammesführern und Prinzen hatten sich zwei Parteien herausgebildet: diejenigen, die für, und diejenigen, die gegen diese Hochzeit waren. Und wenn erst mal der Wein in Strömen floß, konnte auch das Blut in Strömen fließen, da genügte ein einziger falscher Satz oder eine mißverständliche Geste.

Die Braut war mit allen Attributen einer Königin ausgestattet und bildschön, wiewohl man ihr die Schwangerschaft bereits deutlich ansah. Sie trug ein goldenes Diadem und hatte sich das Haar im Nacken mit goldenen Haarnadeln aufgesteckt, deren Köpfe aus roten Korallen bestanden. Das prächtige Hochzeitspeplon war aus silberdurchwirktem Stoff und im Stil der attischen Vasenmalerei mit herrlichen Mustern bestickt, darunter eine Szene, in der junge Mädchen im Reigen um eine Aphroditen-Statue tanzten. Natürlich trug Euridike auch einen wunderschönen Hochzeitsschleier, der zur Hälfte ihre Stirn bedeckte.

Alexander mußte als Thronfolger der Vermählungszeremonie aus nächster Nähe beiwohnen, und auch beim anschließenden Festmahl hatte er einen Platz, der nicht weit von seinem Vater entfernt war.

Olympias und ihre Hofdamen dagegen hatte man weit weg von Philipp am gegenüberliegenden Saalende plaziert, und dort konnte man auch Kleopatra antreffen, die sich mit der gleichaltrigen Euridike, wie es hieß, überhaupt nicht verstand.

Die Speiseliegen waren so angeordnet, daß sie ein geschlossenes Rechteck bildeten. Dieses hatte lediglich auf der rechten Längsseite einen Durchgang für Köche und Diener, die streng nach Protokoll die verschiedenen Gänge auftrugen, Wein nachschenkten und unablässig den Fußboden von Essensresten säuberten.

Seit eine Gruppe von Flötenspielerinnen zu spielen begonnen hatte, wirbelten zwischen den Tischen und in der Mitte des großen Rechtecks mehrere Tänzerinnen umher. Die Atmosphäre begann sich aufzuheizen, und Alexander, der keinen Tropfen Wein zu sich genommen hatte, beobachtete heimlich seine Mutter. Mit bleichem Gesicht und eisigem Blick saß sie da, aber sie war wunderschön. Streng und würdevoll wie die Statue einer Rachegöttin blickte sie auf das ausgelassene Bacchanal, unbeeindruckt vom Lärm der Betrunkenen und vom schrillen Klang der Flöten.

Sie rührte die ganze Zeit über weder Speise noch Trank an,

während Philipp bald an den Tänzerinnen, bald an seiner jungen Frau herumfummelte, die ihn kichernd abwehrte. Und ähnlich verhielten sich die übrigen Tischgäste, insbesondere die Makedonen.

Dann kam der Moment, um auf die Jungvermählten anzustoßen. Der Brautvater Attalos, dem laut Protokoll der erste Trinkspruch zustand, stand auf und erhob seinen randvoll gefüllten Kelch. Da er nicht weniger betrunken war als alle anderen, schaffte er es kaum, sich auf den Beinen zu halten. Außerdem begoß er nicht nur die wertvoll bestickten Kissen seiner Liege, sondern auch sämtliche Tischnachbarn mit Wein. »Ich trinke auf das Königspaar«, sagte oder besser lallte er. »Auf die Manneskraft des Bräutigams und auf die Schönheit der Braut. Mögen die Götter ihnen und ganz Makedonien einen rechtmäßigen Thronfolger schenken!«

Etwas Unpassenderes hätte er in diesem Augenblick nicht sagen können. Die unverhohlene Anspielung auf Olympias' Untreue, über die unter den makedonischen Adligen viel gemunkelt wurde, stellte eine unerhörte Beleidigung des designierten Thronfolgers dar.

Olympias wurde leichenblaß. Die Gäste verstummten auf einen Schlag und wandten sich nach Alexander um, der in einem seiner berühmten Jähzornanfälle, hochrot im Gesicht, aufgesprungen war.

»Dreckskerl!« schrie er. »Hundesohn!« Bin ich etwa ein Bastard? Nimm diese Frechheit sofort zurück, oder ich steche dich ab wie ein Schwein!« Und mit diesen Worten zog er sein Schwert. Doch auch der stockbetrunkene Philipp, der vor Wut schäumte, weil Alexander seinen Schwiegervater gekränkt und ihm das Hochzeitsfest vermasselt hatte, zog das Schwert aus der Scheide, um auf Alexander loszugehen. Ein Aufschrei ging durch den Saal, die Tänzerinnen flohen, und die Köche versteckten sich aus Angst vor dem Sturm, der jeden Moment losbrechen würde, unter den Tischen.

Alexander stand reglos da und wartete auf Philipp, der – um zu ihm zu gelangen – über seinen Tisch hinweg von einer Liege zur andern springen wollte, dabei jedoch ausrutschte und mit mächtigem Gepolter zu Boden stürzte; nicht nur, daß er das Tischtuch mit Tellern, Schüsseln, Kelchen und Krügen mit sich riß, er landete auch noch in einer riesigen Rotweinlache, in der alle möglichen Essensreste herumschwammen. Beim Versuch aufzustehen, rutschte er wieder aus und fiel diesmal sogar mit dem Gesicht nach unten in die unappetitliche Brühe.

Alexander trat mit gezücktem Schwert auf ihn zu, während sich Grabesstille über den Saal senkte. Die Tänzerinnen drängten sich wie zitternde Lämmer in einer Ecke zusammen. Attalos, dem ein dünner Speichelfaden aus dem halb geöffneten Mund floß, war kreidebleich, und seine Tochter, die junge Braut, winselte: »So tut doch etwas, im Namen der Götter, haltet ihn auf!«

»Da, seht ihn euch an!« schrie Alexander mit einem höhnischen Lachen. »Will von Europa nach Asien springen und schafft es nicht mal von einer Liege zur andern, ohne auf die Nase zu fallen!«

»Ich bring dich um! Ich bring dich um!« brüllte Philipp, während er sich in Wein und Speiseresten wälzte.

Aber Alexander zuckte nicht einmal mit der Wimper. »Versuch erst mal aufzustehen, wenn du kannst«, erwiderte er kalt und wandte sich ein paar Dienern zu: »Schafft ihn raus und wascht ihn!«

Dann ging er zu Olympias und sagte: »Laß uns gehen, Mutter. Du hattest recht: Hier ist kein Platz mehr für uns.«

29

Alexander rannte, von Philipps wütendem Geschrei verfolgt, aus dem Palast und zog seine Mutter hinter sich her. Im Hof angekommen, fragte er sie:

»Bist du in der Lage zu reiten, oder soll ich dir eine Kutsche richten lassen?«

»Ich reite«, sagte die Königin.

»Gut. Dann zieh dich um und warte vor dem Eingang deiner Gemächer auf mich. Ich bin sofort bei dir. Nimm warme Kleider und einen dicken Umhang mit! Wir gehen ins Gebirge.«

»Endlich!« rief Olympias.

Alexander lief in die Ställe, zäumte in aller Eile Bukephalos und einen sarmatischen Fuchs, legte ihnen Satteldecken auf, holte mehrere Quersäcke aus einem Regal und führte die beiden Pferde dann in die nördlichste Ecke des Hofes hinaus.

Da rief ihn von hinten jemand an: »Alexander! Warte!«.

»Hephaistion! Was machst du hier? Geh bloß zurück, sonst bekommst du es auch noch mit meinem Vater zu tun.«

»Das ist mir egal, ich weiche nicht von deiner Seite. Wo willst du hin?«

»Ich bringe meine Mutter nach Epeiros, zu meinem Onkel.«

»Auf welchem Weg?«

»Über Beroea.«

»Reitet ihr schon los. Ich komme euch nach.«

»In Ordnung. Grüß mir die andern und sag Eumenes, er soll sich um Peritas kümmern.«

»Wird gemacht.« Und damit rannte Hephaistion davon.

»Mindestens einen Knochen pro Tag!« schrie Alexander ihm nach. »Für die Zähne!«

Der Freund gab ihm durch ein Handzeichen zu verstehen, daß er verstanden hatte, und verschwand in den Stallungen.

Olympias war schon bereit. Sie hatte sich das Haar zu einem Nest aufgedreht, trug ein Lederkorsett und illyrische Hosen und hatte sich zwei Quersäcke mit Decken und Proviant sowie eine Tasche mit Geld umgehängt. Eine ihrer Zofen folgte ihr weinend:

»Aber Königin . . . Königin . . .«

»Geh in dein Zimmer und schließ dich ein«, befahl ihr die Königin.

»Mama, wo ist Kleopatra?« fragte Alexander, während er ihr den Steigbügel hielt. »Ich kann nicht gehen, ohne ihr auf Wiedersehen gesagt zu haben.«

»Sie hat eine Magd geschickt und ausrichten lassen, daß sie im Atrium der Frauengemächer auf dich wartet. Aber du weißt, daß jeder Augenblick, den wir verlieren, verhängnisvoll sein kann.«

»Ich bin sofort zurück, Mama«, sagte er, zog sich die Kapuze seines Umhangs übers Gesicht und rannte los. Seine Schwester erwartete ihn schon. Sie hatte noch ihr Festgewand an, war bleich und zitterte am ganzen Leib.

Kaum daß Alexander eintrat, warf sie sich ihm an den Hals und begann laut zu weinen: »Geh nicht fort, bitte, geh nicht fort! Ich werde mich Papa zu Füßen werfen und ihn um Vergebung für dich bitten. Mir kann er das nicht abschlagen!«

»Wo ist er?«

»Sie haben ihn in sein Schlafzimmer geschafft.«

»Betrunken?«

Kleopatra nickte.

»Ich muß fliehen, bevor er wieder zu sich kommt. Hier ist kein Platz mehr für mich, und für unsere Mutter auch nicht. Ich schreibe dir, wenn ich kann. Sei nicht traurig, Schwesterchen. Ich hab dich sehr lieb.«

Kleopatra begann noch heftiger zu weinen, und Alexander mußte sich beinahe gewaltsam aus ihrer Umarmung befreien.

»Wann sehen wir uns wieder?« schrie ihm das Mädchen nach.

»Das wissen die Götter, aber ich denke jeden Tag an dich«, erwiderte er, während er bereits die Treppen in den Hof hinuntereilte, wo seine Mutter ihn ungeduldig erwartete.

»Es kann losgehen!« sagte er. Dann musterte er sie einen Augenblick und lächelte. »Wie schön du bist, Mama. Man könnte dich für eine Amazone halten.«

Olympias schüttelte den Kopf. »In den Augen ihres Kindes ist jede Mutter schön. Trotzdem, danke für das Kompliment, mein Junge.« Behende kletterte sie auf ihr Pferd und gab ihm die Sporen. Alexander saß bereits auf Bukephalos, den er nun ebenfalls zum Galopp antrieb.

Mutter und Sohn hielten sich von allen belebten Straßen fern und schlugen statt dessen Feldwege ein, die Alexander noch aus seiner Zeit in Mieza kannte. Ein paarmal rasteten sie, um ihre Tiere verschnaufen und Wasser trinken zu lassen.

Mit Einbruch der Dunkelheit hatten sie ohne nennenswerte Zwischenfälle ein gutes Stück Weg hinter sich gelegt und den großen Wald erreicht, der Eordeia und das Haliakmon-Tal bedeckte. Alexander beschloß, die Nacht in einer Höhle zu verbringen, vor deren Eingang eine kleine Quelle entsprang. Er nahm den Pferden die Satteldecken ab und ließ sie frei grasen. Dann machte er sich daran, mit zwei Stöckchen und einem Bohrholz ein Feuer zu entfachen.

»Das habe ich bei Aristoteles gelernt«, erklärte er seiner Mutter. »Durch die Reibung entsteht Hitze.«

»Du warst gern in Mieza, nicht?«

»Ja, das waren schöne Jahre, aber auf die Dauer ist so ein Leben nichts für mich.« Er häufte trockene Blätter über die Stöckchen und begann, als er den ersten Rauch aufsteigen sah, vorsichtig zu blasen.

Bald konnte man eine kleine Flamme sehen, die er mit weiterem Laub und dürren Ästen nährte, bis ein regelrechtes Feuer prasselte. Nun legte Alexander größere Holzscheite auf und breitete seinen Umhang auf dem Boden aus.

»Setz dich Mama«, sagte er. »Heute kümmere ich mich um unser Abendessen.«

Olympias ließ sich nieder und starrte gebannt auf den Tanz der Flammen in der Einsamkeit des Waldes. Ihr Sohn holte unterdessen aus einem der Quersäcke Brot heraus und röstete es über dem Feuer. Dann schnitt er mit dem Messer ein Stück Käse ab und reichte ihr beides.

»Das ist für mich das beste Abendessen seit vielen Jahren«, sagte Olympias, nachdem sie eine Weile schweigend gegessen hatten. »Und dieser Ort ist schöner als jeder Palast. Ich fühle mich wie damals als Kind in den Bergen von Epeiros . . .«

Alexander schöpfte mit einem Holzbecher Wasser aus der Quelle und gab es ihr zu trinken. »Und doch würdest du es hier nicht lange aushalten«, sagte er. »Ich glaube, du würdest dich sehr bald nach der Politik zurücksehnen, nach deinem gesellschaftlichen Leben, deinen Intrigen . . . Meinst du nicht?«

»Schon möglich. Aber jetzt laß mich träumen. Als du das

letzte Mal bei mir geschlafen hast, konntest du gerade laufen. Und dein Vater hat mich damals noch geliebt.«

Sie redeten noch lange miteinander, aber immer so leise, daß sie das Rauschen des Windes in den Baumkronen und das Knistern ihres kleinen Lagerfeuers hören konnten. Irgendwann schliefen sie dann ein, erschöpft von dem langen, anstrengenden Tag, der in ihnen beide tiefe Wehmut hinterlassen hatte. Und wie hätte es anders sein können, sie waren ja Verbannte auf der Flucht, von allen verlassen und ohne Dach überm Kopf. Außerdem litten beide, so ungern sie es sich eingestehen wollten, unter der Trennung von Philipp, denn so grob, gewalttätig und despotisch er sein konnte, er war der Mann, den sie – jeder auf seine Art – liebten.

Mitten in der Nacht wachte Alexander auf. Ein Geräusch hatte ihn geweckt, und er merkte, daß seine Mutter nicht mehr neben ihm lag. Er drehte sich um und sah in einiger Entfernung einen Schatten im mondbeschienenen Wald: Es war Olympias. Sie stand vor einem großen, hohlen Baumstamm und schien mit jemandem zu sprechen. Alexander schlich näher, der moosbedeckte Waldboden schluckte jedes Geräusch. Als er nur noch wenige Schritte von ihr entfernt war, hörte er sie in einer fremden Sprache seltsame Dinge murmeln, dann schweigen, als lausche sie auf Antwort, dann wieder murmeln.

Von seinem Versteck hinter einer Eiche aus konnte er beobachten, wie Olympias im fahlen Licht des Mondes einen Waldweg entlangwandelte. Immer wieder tauchte sie in die Schatten der riesigen Bäume ein, aber es gelang ihm trotzdem, ihr zu folgen. Plötzlich blieb sie auf einer Lichtung stehen. Alexander erkannte eine Tempelruine und eine uralte hölzerne Kultfigur, die halb vermodert war: Dionysos, Gott des Weines und der Fruchtbarkeit. Die Skulptur wurde vom flackernden Schein mehrerer Öllampen beschienen – ein Zeichen, daß das Heiligtum noch nicht ganz verlassen war.

Olympias trat leichten Schritts, beinahe tänzelnd, auf die Statue zu und berührte ihren Sockel. Und siehe da, auf einmal hatte sie, wie durch Zauberhand, eine Rohrflöte in den Fingern, der sie schmachtende Töne zu entlocken begann. Ein sanfter Wind trug die eindringliche, magisch wirkende Melodie hinauf in die stillen Baumkronen, und von dort übertönte sie bald alle anderen Geräusche der Nacht.

Nach einer Weile schien es ihr aus dem Wald zu antworten. Alexander hätte zunächst nicht zu sagen gewußt, ob es sich um Musik handelte oder um Windessäuseln, das sich mit dem Gesang einer Nachtigall verwob. Doch dann kamen die seltsamen Töne näher und wurden deutlicher. Nun erinnerten sie ihn bald an das dumpfe Gurgeln einer Höhlenquelle, bald an das helle Plätschern eines Gebirgsbachs. Aber auch dies mußten die Klänge einer oder vieler Rohrflöten sein.

Olympias legte ihr Instrument auf den Säulensockel zurück, zog ihren Umhang aus und begann zum Rhythmus der mysteriösen Musik zu tanzen, bis plötzlich rings um sie herum maskierte Frauen und Männer aus dem Wald traten, die wie Satyrn und Mänaden aussahen. Einige von ihnen spielten tatsächlich auf Rohrflöten, andere tanzten um die Dionysos-Statue und um die Königin herum, als wäre auch sie eine Gottheit.

Nun traten auch noch Pauken- und Trommelspieler aus dem Unterholz und heizten die Atmosphäre mit frenetischen Rhythmen an. Immer schneller und wilder wirbelten die Tänzer umher. Ihre Gesichter waren aufgrund der Masken nicht zu erkennen, aber ihre Körper enthüllten sich Stück für Stück, bis sie völlig nackt waren. Nun begannen sie sich gar ineinander zu verschlingen, unter spastischen Zuckungen auf dem Boden zu wälzen und sich in wilden Orgasmen um die Götterfigur zu winden.

Olympias war inmitten dieses Chaos plötzlich erstarrt. Reglos wie die Holzstatue des Dionysos, einer Göttin der

Nacht gleich, stand sie im Mondlicht da, während nackte Männer mit Masken sich ihr näherten oder besser unterwürfig auf sie zukrochen.

Alexander, den die Szene zugleich empörte und erregte, wollte schon sein Schwert zücken, als er etwas gewahrte, das ihn in bodenloses Staunen versetzte und förmlich an den Stamm der Eiche nagelte, hinter der er sich versteckt hielt. Wenige Schritte von ihm entfernt kam nämlich plötzlich eine riesige Schlange aus der Erde, kroch auf die Götterstatue zu und schlang sich langsam um die Beine seiner Mutter.

Olympias rührte sich nicht vom Fleck. Ihre Glieder waren völlig steif, ihre Augen starrten ins Leere, und es schien, als bekäme sie von allem, was um sie herum passierte, überhaupt nichts mit. Nun kam gar eine zweite Schlange aus der Erde und dann noch eine und noch eine, und alle wanden sich über und untereinander an den Beinen seiner Mutter empor.

Die erste und größte von ihnen umschlang ihren ganzen Körper und kroch so weit an ihr hinauf, daß ihr Kopf schließlich das Haupt der Königin überragte.

Mit einemmal verstummte die frenetische Musik, und die maskierten Personen, die das übernatürliche Phänomen so gut wie er mitbekommen hatten, zogen sich beeindruckt – oder erschrocken – an den Rand der Lichtung zurück. In diesem Moment öffnete die Schlange das Maul, zeigte ihre feine, gespaltene Zunge und stieß dieselben Töne aus, die Olympias vorher ihrer Flöte entlockt hatte: eindringliche, magisch wirkende Töne, die an das Rauschen des Winds in den Eichen erinnerten. Die Lampen erloschen eine nach der anderen. Eine Weile noch sah Alexander die Schuppen der Schlangenhäute im Mondlicht glänzen, dann war plötzlich alles weg, die Schlangen, die Tempelruine, die Dionysos-Statue, alles. Er atmete tief durch und wischte sich mit der Hand den kalten

Schweiß von der Stirn. Still und friedlich, als wäre nichts geschehen, lag die kleine Lichtung vor ihm.

In diesem Augenblick legte ihm von hinten jemand eine Hand auf die Schulter. Er fuhr mit gezücktem Schwert herum und sah Olympias vor sich stehen.

»Was ist los, mein Sohn?« fragte sie ihn verwundert. »Ich bin aufgewacht und habe gesehen, daß du nicht mehr neben mir liegst. Was tust du hier?«

Alexander streckte die Hand nach ihr aus, als könne er seinen Augen nicht trauen.

»Was ist los?« fragte die Königin erneut.

Alexander schüttelte den Kopf, wie um einen bösen Traum zu verscheuchen, und begegnete den Augen seiner Mutter. Sie waren schwärzer als die Nacht.

»Nichts«, sagte er. »Laß uns zurückgehen.«

Am nächsten Morgen standen sie früh auf. Die kleine Quelle glitzerte gerade im Licht der ersten Sonnenstrahlen, als sie ihre Pferde bestiegen und gen Osten weiterritten. Lange sagte keiner von ihnen etwas, als hätten beide Angst, gewisse Dinge auszusprechen.

Doch irgendwann hielt Alexander es nicht länger aus. »Über dich erzählt man sich seltsame Geschichten«, hob er an.

»Was für Geschichten?« fragte seine Mutter, ohne ihn anzusehen.

»Es heißt . . . es heißt, du nimmst an geheimen Riten und an nächtlichen Dionysos-Orgien teil. Manche glauben sogar, daß du magische Kräfte besitzt . . .«

»Und du? Glaubst du das auch?«

»Ich weiß nicht.«

Olympias erwiderte nichts, und eine Zeitlang ritten sie schweigend nebeneinander her, bis Alexander erneut zu sprechen begann:

»Ich habe dich heute nacht gesehen.«

»Was hast du gesehen?«

»Ich habe dich mit deiner Flöte eine Orgie entfachen und Schlangen aus der Erde heraufbeschwören sehen.«

Olympias warf ihm einen eiskalten Blick zu – wie die Schlangen, die ihm in der vergangenen Nacht erschienen waren.

»Du hast meine Träume Fleisch werden lassen und bist meinem Geist in die Wälder gefolgt. Das kannst du, weil du Teil meiner selbst bist und wie ich von einer göttlichen Macht durchdrungen. Und doch handelt es sich nur um Traumgespinste – flüchtig wie die Schatten der Toten.«

»Das war kein Traumgespinst«, erwiderte Alexander. »Das habe ich wirklich erlebt.«

»Es gibt Orte und Momente, in denen Traum und Realität miteinander verschmelzen. Und manche Menschen können die Grenzen der Wirklichkeit überschreiten und in geheimnisvollen Gefilden wandeln. Eines Tages wirst du von mir gehen, und dann werde ich meinen Körper verlassen und in der Nacht zu dir fliegen müssen, um dich zu sehen, um deine Stimme und deinen Atem zu hören, und um bei dir zu sein, wenn du mich brauchst.«

Nach diesen Worten sprach keiner von beiden mehr irgend etwas, bis die Sonne hoch am Himmel stand und sie die Straße nach Beroea erreicht hatten. Am frühen Nachmittag hörte Alexander Hufgetrappel hinter sich und erkannte schon von weitem Hephaistion, der ihnen nachgeritten kam. Er wandte sein Pferd, und ritt ihm entgegen.

»Wie hast du es geschafft, uns zu finden?« fragte er.

»Das war nicht schwer. Dein Bukephalos hinterläßt Spuren wie ein wilder Stier.«

»Gibt es Neuigkeiten in Pella?«

»Viel kann ich nicht berichten. Ich bin ja schon kurz nach euch aufgebrochen. Aber ich glaube, der König war so betrunken, daß er sich gar nicht auf den Beinen halten konnte. Wahrscheinlich haben sie ihn gewaschen und ins Bett gesteckt.«

»Meinst du, er läßt uns verfolgen?«

»Warum?«

»Gestern wollte er mich umbringen.«

»Unsinn, das kam vom Wein. Weißt du, was seine erste Frage sein wird, wenn er aufwacht? ›Wo ist Alexander?‹ Darauf kannst du Gift nehmen.«

»Ich weiß nicht. Es sind häßliche Worte gefallen, die wir beide nicht leicht vergessen können. Und selbst wenn mein Vater sie vergessen wollte, wäre immer jemand da, der ihn wieder daran erinnern würde.«

»Kann sein.«

»Hast du Eumenes das mit dem Hund gesagt?«

»Natürlich. Das war das erste, was ich gemacht habe.«

»Armer Peritas. Er wird mich vermissen. Bestimmt denkt er, ich hätte ihn verlassen.«

»Du wirst vielen fehlen, Alexander. Ich selbst hätte es ohne dich nicht ausgehalten. Deshalb bin ich dir ja gefolgt.«

Nach dieser Begrüßung gaben sie ihren Pferden die Sporen und preschten Olympias nach, die schon ein gutes Stück vorausgeritten war.

»Heil meiner Königin«, sagte Hephaistion.

»Sei gegrüßt, Junge«, erwiderte Olympias. Dann setzten sie gemeinsam ihre Reise fort.

»Wo ist Alexander?«

Philipp war gerade aus dem Bad gekommen, und die Frauen massierten ihm mit einem Leinentuch Schultern und Rücken.

Sein Generaladjutant trat einen Schritt näher und sagte: »Er ist nicht hier, Herr.«

»Das sehe ich auch, daß er nicht hier ist! Laß ihn rufen!«

»Nein, was ich sagen wollte . . . er ist weggegangen.«

»Weggegangen? Wohin?«

»Das weiß keiner.«

»Ah!« schrie Philipp empört, schleuderte das Leinentuch auf den Boden und begann nackt im Zimmer auf und ab zu rennen. »Ich will ihn auf der Stelle hier haben! Ich verlange, daß er sich bei mir entschuldigt! Er hat mich vor allen Gästen lächerlich gemacht. Und vor meiner Frau! Also, sucht ihn gefälligst und schafft ihn mir her. Und eins sag ich dir jetzt schon, dieses Bürschchen schlag ich windelweich, Hören und Sehen soll ihm vergehen ...«

Der Generaladjutant starrte schweigend zu Boden.

»Bei Zeus, hörst du mir eigentlich zu?« brüllte Philipp ihn an.

»Ja, Herr, ich höre dir zu, die Sache ist nur, daß Alexander schon gestern weggegangen ist, gleich, nachdem er den Festsaal verlassen hat, und du, Herr, du warst zu ... ich meine, dir ging es nicht gut, und deshalb konntest du nicht verhindern, daß ...«

»Ich bin also zu besoffen gewesen, um Befehle zu erteilen, hä?« schrie Philipp ihm ins Gesicht.

»So kraß wollte ich es nicht ausdrücken, Herr.«

»Schafft mir die Königin zur Stelle! Sofort!«

»Welche, Herr?« fragte der Generaladjutant immer kleinlauter.

»Na, welche wohl, verfluchter Kerl? Ruf mir die Königin, sage ich dir, mit einem kleinen Mädchen fange ich nichts an!«

»Königin Olympias ist mit Alexander fortgegangen.«

Diesmal war Philipps Brüllen bis in die letzte Ecke des Hofs hinunter zu hören. Kurz darauf sah man den Generaladjutanten die Treppen hinunterlaufen und an sämtliche Gardisten, denen er begegnete, Order austeilen, worauf diese eilends ihre Pferde aus den Ställen holten und nach allen Richtungen ausschwärmten.

Philipp mußte an diesem Tag zu allem Überfluß auch noch die ausländischen Delegationen empfangen, die zu seiner

Hochzeit gekommen waren, um ihnen für die kostbaren Geschenke zu danken und sie zu verabschieden. Darüber verging der ganze Tag.

Am Abend war ihm hundeelend, und das lag nicht nur an der Völlerei und Trinkerei der letzten Woche, sondern vor allem daran, daß er sich zum erstenmal in seinem Leben mutterseelenallein fühlte.

Er schickte Euridike zu Bett, stieg auf die Dachterrasse des Palasts hinauf und ging dort lange im Mondschein auf und ab. Plötzlich hörte er es im Ostflügel bellen, dann lange jaulen und schließlich ganz kläglich winseln.

Peritas, der inzwischen auch gemerkt hatte, daß Alexander nicht mehr da war, heulte in seiner Verzweiflung den Mond an.

30

Eine Woche später hatten die drei Flüchtlinge die Grenze von Epeiros erreicht und ließen sich König Alexander ankündigen.

Der junge Herrscher wußte bereits von dem unglücklichen Vorfall. Seine Informanten, die keine großen Umwege zu machen brauchten, um nicht gesehen zu werden, waren schneller gewesen als Schwester und Neffe.

So ritt er den dreien entgegen und umarmte sie aufs herzlichste, zuerst Olympias, dann Alexander und schließlich auch Hephaistion, den er aus seiner Zeit am Hofe von Pella gut kannte.

In dieser Nacht übernachteten sie in einem Jagdanwesen, doch bereits am nächsten Morgen ritten sie im Geleitschutz einer Ehrengarde weiter und erreichten zwei Tage später den Königspalast in Buthroton. Die mythische Hafenstadt war das Herz des kleinen Königreichs von Epeiros. Der Sage nach war hier Achills Sohn Pyrrhos an Land gegangen, der Andromache und den trojanischen Seher Helenos als Sklaven mit sich führte; bekanntlich hatte Pyrrhos Andromache zunächst zu seiner Konkubine gemacht, sie dann aber an Helenos abgetreten. Aus beiden Verbindungen waren Kinder hervorgegangen, die untereinander geheiratet und die Dynastie begründet hatten, die heute noch in Epeiros herrschte.

Alexander von Makedonien stammte also mütterlicherseits sowohl vom größten aller griechischen Helden als auch vom asiatischen Geschlecht des Priamos ab. Dies und vieles mehr sangen die Dichter, die den König und seine Gäste des Abends und während der üppigen Bankette unterhielten. Mehrere Tage lang störte nichts ihren Frieden, aber Alexander von Epeiros machte sich keine Illusionen: Er wußte, daß er bald Besuch bekommen würde.

Der erste wurde ihm eines Morgens noch vor Sonnenaufgang angekündigt. Schlaftrunken ließ er sich von einem Diener in den Audienzsaal geleiten, wo ein Reiter aus Philipps Leibgarde auf ihn wartete. Da es im Gebirge geregnet hatte, war der Mann völlig durchnäßt und von Kopf bis Fuß mit Schlamm bedeckt. Trotzdem schlug er das Angebot eines heißen Bades aus.

»Der König rast vor Wut«, sagte er unumwunden. »Er hat erwartet, daß Alexander am Tag nach dem Fest bei ihm erscheinen und sich dafür entschuldigen würde, daß er ihn vor allen Gästen und seiner Braut verspottet und lächerlich gemacht hat.«

»Mein Neffe berichtete mir, der König sei mit dem Schwert auf ihn losgegangen und Attalos habe ihn einen Bastard geschimpft. Philipp sollte einsehen, daß sein Sohn genauso stolz und verletzlich ist wie er. Die beiden sind nun mal vom selben Blute ...«

»Der König sieht im Augenblick überhaupt nichts ein. Er verlangt, daß Alexander umgehend nach Pella zurückkehrt und ihn um Vergebung bittet.«

»Das wird er nicht tun, wie ich ihn kenne.«

»Dann muß er aber auch die Konsequenzen tragen.«

Alexander, der aufgrund seines leichten Schlafs das Hufgetrappel im Hof gehört hatte, war aufgestanden, hate sich einen Umhang über die Schultern geworfen und lauschte unbemerkt der Unterhaltung zwischen seinem Onkel und Philipps Boten.

»Was für Konsequenzen?«

»Philipp wird alle seine Freunde als Verschwörer und Verräter aus Makedonien verbannen. Nur Eumenes, sein Privatsekretär, und General Parmenions Sohn Philotas dürfen bleiben. Die anderen müssen ins Exil.«

»Ich werde mit meinem Neffen sprechen und dir seine Antwort überbringen.«

»Gut. Ich warte, bis du zurückkommst, und breche dann gleich wieder auf.«

»Möchtest du nicht wenigstens etwas zu dir nehmen und dich waschen? In diesem Haus ist Gastfreundschaft oberstes Gebot.«

»Danke, aber ich kann nicht. Das schlechte Wetter hat mich schon lange genug aufgehalten«, erklärte der makedonische Gesandte.

Der König verließ den Audienzsaal und stieß vor der Tür auf seinen Neffen.

»Hast du gehört?« fragte er ihn.

Alexander nickte.

»Was willst du tun?«

»Zu Kreuze kriechen werde ich meinem Vater niemals! Attalos hat mich in aller Öffentlichkeit beleidigt – der König hätte eingreifen und meine Ehre wiederherstellen müssen. Statt dessen hat er das Schwert gegen mich gezogen ...«

»Deine Freunde werden diese Entscheidung teuer bezahlen.«

»Ich weiß, und es tut mir in der Seele weh. Aber ich habe keine andere Wahl.«

»Ist das dein letztes Wort?«

»Ja.«

Der König umarmte ihn. »Ich an deiner Stelle würde genauso handeln. Dann überbringe ich dem Boten jetzt deine Antwort ...«

»Nein«, sagte Alexander. »Das mache ich selber.«

Er wickelte sich fest in seinen Umhang und betrat, barfuß wie er war, den Audienzsaal. Der Gesandte fuhr überrascht auf, neigte dann jedoch sofort den Kopf zum Zeichen seiner Ehrerbietung.

»Die Götter mögen dich beschützen, Alexander.«

»Dich auch, mein Freund. Hier ist die Antwort für meinen Vater, den König: Richte ihm aus, daß Alexander nicht um Vergebung bitten kann, solange Attalos seine Beleidigung nicht zurückgenommen hat. Außerdem muß Philipp versprechen, daß meine Mutter Olympias keinerlei Demütigung erfährt und ihren Rang als Königin von Makedonien beibehält.«

»Ist das alles?«

»Ja, das ist alles.«

Der Gesandte verbeugte sich und schickte sich an, den Raum zu verlassen.

»Richte ihm auch aus ... richte ihm auch aus, daß ...«

»Was?«

»Er möge gesund bleiben.«

»Zu Befehl.«

Wenig später hörte man ein Pferd wiehern und in gestrecktem Galopp davonreiten.

»Er hat weder gerastet noch gegessen«, meinte der König von Epeiros, der inzwischen wieder hereingekommen war. »Philipp muß sehr gespannt auf deine Antwort sein ... Aber komm, ich hab uns das Frühstück richten lassen.«

Sie begaben sich in die königlichen Privatgemächer und dort in einen kleinen Salon, in dem zwei Tische und zwei Sessel mit bequemen Armlehnen standen. Dort warteten frisch gebackenes Brot sowie am Spieß gebratete Makrelen und Schwertfischfilets auf sie.

»Tut mir leid, daß ich dich in diese mißliche Lage gebracht habe«, meinte Alexander. »Mein Vater hat dir zu deinem Thron verholfen, er erwartet sich von dir Dankbarkeit...«

»Und zu Recht, aber er muß auch bedenken, daß ich inzwischen kein wehrloses Kind mehr bin. Im Gegenteil: Heute bin ich es, der ihm in dieser Region Rückendeckung gibt, und glaub mir, das ist nicht immer leicht: Die Illyrer sind mehr als aufmüpfig, unsere Küsten werden ständig von Piraten heimgesucht, und im Landesinnern tauchen immer wieder fremde Völker auf, die dem Ister folgend aus dem Norden kommen. Dein Vater braucht mich also dringend. Davon abgesehen muß ich die Ehre meine Schwester Olympias verteidigen.«

Alexander aß etwas Fisch und trank ein Glas Wein, der leicht und spritzig war wie alle Weine von den ionischen Inseln. Dann trat er gedankenversunken an ein Fenster und schaute aufs Meer hinaus.

»Wo liegt Ithaka?« fragte er.

Der König deutete gen Süden. »Die Insel des Odysseus liegt etwa in dieser Richtung«, sagte er. »Bei günstigem Wetter erreichst du sie mit dem Schiff in einem Tag. Was du vor uns siehst, ist Korkyra, die Insel der Phaiaken, wo Odysseus die Nausikaa getroffen hat und im Palast ihres Vaters Alkinoos so freundlich aufgenommen wurde.«

»Warst du schon einmal dort?«

»Auf Ithaka? Nein. Warum auch? Außer Ziegen und Schweinen gibt's dort nicht viel zu sehen.«

»Ich möchte trotzdem einmal hin, nachfühlen, was Odysseus bei seiner Rückkehr empfunden hat ... Ich möchte wie er mit Einbruch der Dämmerung ankommen, wenn das Meer die Farbe wechselt und die Nacht sich langsam über das Land senkt ... Das muß sehr eindrucksvoll sein!«

»Wenn du willst, laß ich dich auf die Insel begleiten. Wie gesagt, sie liegt nicht weit von hier.«

Alexander schien ihn gar nicht zu hören. Er blickte verträumt nach Korkyra hinüber, dessen Bergspitzen sich im Licht der aufgehenden Sonne rosa zu färben begannen.

»Hinter dieser Insel, auf der andern Seite des Meers, liegt Italien, stimmt's?«

Das Gesicht des jungen Königs leuchtete auf: »Ja, Alexander, Italien und das große Hellas – all die reichen, mächtigen Städte, die die Griechen dort gegründet haben: Taras, Kroton, Lokroi, Rhegion und viele, viele mehr. Dort gibt es immens große Wälder und riesige Viehherden, Weizenfelder, die kein menschliches Auge überblicken kann, und Berge, die zu allen Jahreszeiten mit Schnee bedeckt sind und doch plötzlich Feuer und Flamme spucken können. Und unterhalb von Italien liegt Sizilien, das schönste und blühendste Land, das man sich überhaupt vorstellen kann. Du kennst die Namen seiner prächtigen Städte: Sirakousai, Akragas, Ghela und Selinus. Jenseits von Italien liegt die Insel Sardinien und dahinter Spanien, das reichste Land der Erde – seine Silber-, Zinn- und Eisenminen sind unerschöpflich.«

»Heute nacht hatte ich einen Traum«, unterbrach ihn Alexander.

»Was für einen Traum?«

»Ich habe geträumt, wir beide befänden uns auf dem Gipfel des Imaros, des höchsten Berges von Epeiros; ich auf Bukephalos und du auf deinem Schlachtroß Keraunos. Obwohl im Westen die Sonne im Meer unterging, waren wir beide lichtüberflutet, und weißt du warum? Weil gleichzeitig auf der anderen Seite, im Osten, eine zweite Sonne aufging. Zwei Sonnen, stell dir das vor ... ein ergreifendes Schauspiel! Irgendwann haben wir uns dann voneinander verabschiedet, weil du der untergehenden Sonne entgegenreiten wolltest und ich der aufgehenden Sonne. Überleg mal: Ein Alexander reitet zur aufgehenden Sonne, und der andere Alexander reitet zur untergehenden Sonne – phantastisch, nicht wahr? Bevor wir unseren Pferden die Sporen gaben und jeder auf eine der zwei glühenden Kugeln zupreschte, haben wir aber einen feierlichen Schwur geleistet: den Schwur, uns nicht eher wiederzusehen, als bis jeder von uns beiden das Ziel seiner Reise erreicht haben würde, und für den Fall sollte der Ort unserer Begegnung . . .«

»Welcher sein?« fragte der König von Epeiros gespannt.

Alexander antwortete nicht, doch über seinen Blick senkte sich ein kaum wahrnehmbarer düsterer Schatten.

»Los, sag schon«, drängte ihn der König. »Wie heißt der Ort, an dem wir uns wiedersehen würden?«

»Daran erinnere ich mich nicht mehr.«

31

Alexander sah bald ein, daß sein Aufenthalt in Buthroton keine Dauerlösung sein konnte. Er selbst langweilte sich hier, und sein Onkel war einem immer stärkeren Druck von seiten Philipps ausgesetzt, der ihn zwingen wollte, ihn, Alexander, nach Hause zu schicken, auf daß er vor versammeltem Hofe ein Schuldgeständnis ablegte und um Vergebung bat.

So entschloß sich der junge Prinz, Buthroton zu verlassen.

»Wo willst du hin?« fragte ihn der König.

»Nach Norden, wo mein Vater mich nicht finden kann.«

»Unmöglich! Dort leben wilde Nomadenstämme, die sich ständig bekriegen – das ist viel zu gefährlich! Außerdem schneit es, und du bist Eis und Kälte nicht gewöhnt. Das würdest du gar nicht aushalten.«

»Pah«, meinte Alexander, »ich hab vor nichts Angst.«

»Das weiß ich«, erwiderte sein Onkel, »trotzdem . . .«

»Mach dir keine Sorgen um mich. Irgendwie schlage ich mich schon durch.«

»Gut, aber du gehst nicht, ohne mir haarklein deine Reiseroute darzulegen. Ich muß wissen, wo ich dich notfalls finde.«

»In Ordnung«, sagte Alexander. »Gestern habe ich deine Karten studiert ... Zuerst möchte ich nach Lychnidos am Ostufer des Lychnitis-Sees. Und von dort dringe ich dann über das Drilontal weiter ins Landesinnere vor.«

»Wann willst du denn aufbrechen?«

»Morgen. Hephaistion begleitet mich.«

»Nein, Alexander, du kannst frühestens in zwei Tagen hier weg. Eine so lange Reise will gründlich vorbereitet sein ... Ich gebe euch auf alle Fälle ein Lastpferd mit Proviant mit. Wenn ihr es nicht mehr braucht, könnt ihr es verkaufen.«

»Danke«, sagte Alexander.

»Außerdem bekommst du ein paar Geleitbriefe an illyrische Stammesoberhäupter mit. In Chelidonia und bei den Dardanern habe ich Freunde, an die du dich auf alle Fälle wenden mußt.«

»Wir werden sehen. Ich hoffe nur, daß ich dir eines Tages zurückzahlen kann, was du alles für mich tust.«

»Das ist nicht der Rede wert, Alexander. Bleib guten Muts!«

Noch am selben Tag schrieb der König von Epeiros in aller Eile einen Brief und übergab ihn dem schnellsten seiner Boten mit dem Befehl, ihn nach Pella zu bringen und dort Aristoteles' Neffen Kallisthenes auszuhändigen.

Am Tag seiner Abreise begab Alexander sich zu seiner Mutter, um Abschied von ihr zu nehmen. Olympias umarmte ihn unter Tränen, während sie lauthals Philipp verfluchte.

»Verfluche ihn nicht, Mama«, bat Alexander traurig.

»Warum nicht?« schrie Olympias mit haß- und schmerzerfüllter Stimme. »Er hat mich gedemütigt, mit Dreck hat er mich beworfen und dich und mich ins Exil getrieben. Jetzt zwingt er dich, mitten im Winter zu fliehen und mich alleine zu lassen! Sterben soll er, wie ein Hund krepieren, damit er fühlt, was ich erleide.«

Alexander sah sie an, und ein kalter Schauer rann ihm über den Rücken. In ihrem Haß erinnerte sie ihn an die Heldinnen der Tragödien, die er im Theater gesehen hatte: schreckliche Weiber wie Klytaimnestra, die ihren Mann Agamemnon mit der Axt ermordet, oder Medaia, die aus Rache an ihrem Gatten Iason die eigenen Kinder umbringt.

Zu allem Überfluß fiel ihm auch noch eine der vielen scheußlichen Geschichten ein, die man sich in Pella über die Königin erzählte. Ihr zufolge hatte Olympias an einem Initiationsritus des orphischen Kultes teilgenommen, in dessen Verlauf Menschen geopfert wurden und ihr Fleisch gegessen wurde! Ob wahr oder erfunden, in diesem Moment las er soviel Haß in ihren großen, pechschwarzen Augen, daß er ihr tatsächlich jede Greueltat zugetraut hätte.

»Verfluche ihn nicht, Mama«, sagte er noch einmal. »Vielleicht ist es gut, daß ich auch Einsamkeit und Verbannung, Kälte und Hunger kennenlerne. Mein Vater hat mir unendlich viel beigebracht, aber diese Erfahrung fehlt mir noch. Vielleicht will er auf diese Weise erreichen, daß ich sie mache. Möglicherweise ist es die letzte Lektion, die er mir erteilen möchte. Und wahrhaftig, kein anderer hätte sie mir erteilen können!«

Er mußte sich fast gewaltsam aus der Umarmung seiner Mutter lösen, sprang auf Bukephalos und bohrte ihm die Sporen in die Weichen.

Das Roß bäumte sich wiehernd auf und stob, glühenden Dampf aus den Nüstern blasend, im Galopp davon. Nun hob auch Hephaistion den Arm zum Gruße und ritt los, wobei er das Lastpferd am Zügel hinter sich herzog.

Olympias sah den beiden mit tränenverschleierten Augen nach, bis sie in nördlicher Richtung um die erste Wegbiegung verschwunden waren.

Der Brief des Königs von Epeiros kam wenige Tage später in

Pella an und wurde, wie befohlen, Kallisthenes übergeben, der ihn sogleich öffnete und gespannt zu lesen begann:

»Alexander, König der Molosser, an Kallisthenes. Heil!
Möge dieses Schreiben Dich bei bester Gesundheit antreffen! Laß mich berichten, daß mein Neffe Alexander hier in Epeiros ein höchst beschauliches Dasein führt, fernab von den Strapazen monatelanger Feldzüge und nervenaufreibender Regierungsgeschäfte. Er verbringt seine Tage mit der Lektüre der tragischen Dichter, vor allem Euripides, aber auch Homer, und zwar in der Ausgabe, die sein Lehrer, Dein Onkel Aristoteles, ihm geschenkt hat. Manchmal spielt er dazu auf der Kithara.
Auch mangelt es ihm nicht an Gelegenheit, vergnügliche Jagdausflüge zu unternehmen ...«

Je weiter Kallisthenes las, desto mehr wunderte er sich über die Belanglosigkeit des Schreibens. Es enthielt keinerlei wichtige oder persönliche Mitteilungen, nur ganz banales Zeug. Warum hatte ihm der König von Epeiros einen so unnützen Brief geschrieben?

Enttäuscht legte er den Papyrusbogen auf seinen Schreibtisch zurück und begann, ratlos im Zimmer auf- und abzugehen. Während er noch über den Sinn des eigenartigen Schreibens nachgrübelte und dieses immer wieder zur Hand nahm, fiel ihm plötzlich auf, daß die Ränder des Blatts in regelmäßigen Abständen kleine Kerben aufwiesen, die auf den ersten Blick wie Risse aussahen. Bei genauerem Hinsehen merkte man jedoch, daß sie sorgfältig mit einer Schere ins Blatt geschnitten waren.

Kallisthenes schlug sich mit der Hand vor die Stirn: »Warum habe ich da nicht früher drangedacht! Natürlich, das ist unser Code der sich überschneidenden Vielecke!«

Es handelte sich um einen Geheimcode, den er bei Aristoteles gelernt und an den König von Epeiros weitergegeben hatte, in der Annahme, daß er ihm eines Tages bei irgendwelchen Militärkampagnen nützlich sein könnte.

Kallisthenes nahm augenblicklich Lineal, Winkel und Stift zur Hand und begann, einem bestimmten System folgend, zunächst alle Kerben durch Linien miteinander zu verbinden und danach deren Schnittpunkte untereinander – genau, wie Aristoteles es ihm beigebracht hatte. Dann zog er von jeder Seite des Vielecks aus senkrechte Linien, die sich ihrerseits überschnitten und das Polygon in weitere Felder unterteilten.

Jedes dieser Felder enthielt ein Wort, das Kallisthenes sich auf ein Blatt notierte. Alle Wörter zusammen ergaben dann, wenn man sie in einer bestimmten numerischen Abfolge las, die geheime Botschaft – eine ebenso einfache wie geniale Methode.

Als Kallisthenes die Botschaft entziffert hatte, verbrannte er den Brief und rannte zu Eumenes, den er inmitten eines Berges von Papieren antraf – er war nämlich damit beschäftigt, einen Kostenvoranschlag für weitere vier Phalanxbataillone auszuarbeiten.

»Ich brauche eine Information«, sagte Kallisthenes und flüsterte ihm etwas ins Ohr.

»Die sind schon vor drei Tagen aufgebrochen«, erwiderte Eumenes und hob den Kopf von seinen Papieren.

»Ja, aber wo sind sie hin?«

»Weiß ich nicht.«

»Das weißt du sehr wohl.«

»Für wen ist die Information bestimmt?«

»Für mich.«

»Dann weiß ich es nicht.«

Kallisthenes beugte sich zu ihm hinunter und flüsterte ihm noch einmal etwas ins Ohr. »Also, schaffst du es, ihnen diese Botschaft zukommen zu lassen?« fragte er dann.

«Wieviel Zeit gibst du mir?«

»Höchstens zwei Tage.«

»Unmöglich.«

»Dann mache ich es selbst.«

Eumenes schüttelte den Kopf und riß ihm das Blatt aus der Hand. »Gib her. Was willst du schon ausrichten?«

Alexander und Hephaistion überwanden das Gebirge mit seinen verschneiten Bergkuppen und setzten ihren Weg auf der anderen Seite im Aoos-Tal fort. Es war Herbst. Die dicht bewaldeten Berghänge begannen sich bunt zu färben, und der Fluß wob sich einem goldenen Band gleich durch die grünen Niederungen. Am Himmel zogen die ersten Reiherschwärme nach Süden, dem sonnigen Land der Pygmäen entgegen.

Zwei Tage lang folgten Alexander und sein Freund dem Lauf des Aoos in Richtung Norden, dann verließen sie ihn und ritten das Apsos-Tal hinauf, das sie nach Illyrien führte, also in ein Gebiet, das nicht mehr dem König von Epeiros unterstand.

Seine Bewohner lebten in weit zerstreuten, kleinen Dörfern, die durch Mauerringe befestigt waren, und gingen vor allem der Viehzucht nach, mitunter allerdings auch der Wegelagerei.

Alexander und Hephaistion, die dies wußten, hatten sich entsprechend gekleidet, um nicht aufzufallen, nach Barbarenart nämlich, mit Hosen und Mänteln aus grobem Wollstoff – eine Kluft, die scheußlich aussah, aber prächtig gegen Regen, Wind und Kälte schützte.

Als sie die Bergketten im Landesinneren zu erklimmen begannen, fiel der erste Schnee, und die Temperaturen sanken bis weit unter den Gefrierpunkt. An diese Wetterverhältnisse waren die makedonischen Pferde nicht gewöhnt. Aus ihren Nüstern quollen dichte Dampfwolken, während sie sich die steilen, hartgefrorenen Trampelpfade hinaufquälten. Alexander und Hephaistion mußten immer wieder absteigen, um sie zu schonen. Wenn sie oben auf einem Paß angelangt waren und auf die einförmige, weiße Schneedecke zurückblickten, in der nichts als ihre einsamen Spuren zu erkennen waren, wurden sie von bangen Gefühlen beschlichen.

Für die Nacht suchten sie sich halbwegs geschützte Orte und entfachten kleine Feuer, an denen sie ihre nassen Kleider trocknen und sich aufwärmen konnten. Zum Schlafen breiteten sie ihre Umhänge auf dem Boden aus, aber bevor sie die Augen schlossen, schauten sie lange den dicken Schneeflokken zu, die im rötlichen Schein des Lagerfeuers tanzten, und lauschten dem Heulen der Wölfe in den einsamen Bergtälern.

In diesen Momenten überkamen sie Schwermut, Heimweh und tiefe Trostlosigkeit – und wie hätte es auch anders sein können, sie waren ja fast noch Kinder. Manchmal klammerten sie sich im Dunkeln aneinander, schutzsuchend unter einem einzigen Umhang. Und wenn sie in die kalte weiße Einöde hinausstarrten, erinnerten sie sich daran, wie sie als kleine Jungen zueinander ins Bett geschlüpft waren, aufgeschreckt von einem Alptraum oder den verzweifelten Schreien eines zum Tode Verdammten.

Und es waren die Eiseskälte der Nacht und die quälende Ungewißheit über ihre Zukunft, die sie einander zutrieben, Wärme und Trost beim anderen suchen ließen und auch Betäubung in seinem nackten Körper, so verwundbar und zugleich stählern in der stolz getragenen tristen Einsamkeit.

Das fahle, kalte Morgenlicht holte sie in die Wirklichkeit zurück, und ihr knurrender Magen zwang sie, auf Nahrungssuche zu gehen.

Wenn sie Tierspuren im Schnee entdeckten, stellten sie Fallen auf, aber die Beute war meist recht mager – ein Karnickel oder Schneehuhn, deren Blut sie gierig tranken und deren Fleisch sie roh und noch warm verschlangen. Andere Male gingen sie mit leeren Händen aus und mußten ihren Weg fortsetzen, hungrig und vor Kälte zitternd wie ihre Pferde, die auch nicht viel fanden – gerade ein wenig verdorrtes Gras, das sie mit ihren Hufen unter der geschlossenen Schneedecke hervorscharrten.

Nach tagelangem härtestem Marsch, als sie vor Hunger und Kälte der Erschöpfung nahe waren, lag eines Morgens völlig unverhofft der Lychnitis-See vor ihnen. Seine gefrorene Wasseroberfläche glänzte wie ein Spiegel in der blassen Wintersonne. Sie ritten im Trott das Nordufer entlang und hofften, noch vor Einbruch der Dunkelheit das Dorf zu erreichen, um endlich einmal wieder eine Nacht im Warmen verbringen zu können.

»Siehst du den Rauch am Horizont?« fragte Alexander seinen Freund. »Hatte ich also recht: Dort muß das Dorf sein. Kopf hoch, Bukephalos, gleich gibt's Heu! Und für uns eine warme Suppe und weiches Stroh zum Schlafen.«

»Das wäre zu schön, um wahr zu sein«, entgegnete Hephaistion. »Meinst du wirklich, das bekommen wir dort alles?«

»Aber sicher, und vielleicht kriegen wir sogar Frauen. Die Barbaren bieten ihren Gästen das eigene Weib an, hab ich meinen Vater mal erzählen hören.«

Es hatte mittlerweile zu schneien begonnen. Dichte Wehen vernebelten ihnen die Sicht, und die Pferde kamen durch den hohen Schnee nur mühsam voran.

Plötzlich zügelte Hephaistion sein Pferd und stöhnte: »Oh, bei den Göttern! Was ist denn das?«

Alexander streifte seine Kapuze zurück und spähte angestrengt nach vorn. Im dichten Wirbel der Schneeflocken zeichnete sich eine Gruppe von berittenen Männern ab. Sie waren mit Speeren bewaffnet und rührten sich nicht vom Fleck.

»Glaubst du, die warten auf uns?« fragte der Prinz, während er sein Schwert aus der Scheide zog.

»Das wird sich gleich herausstellen«, erwiderte Hephaistion, indem er ebenfalls blankzog.

Alexander setzte sein Pferd wieder in Bewegung und meinte: »Ich fürchte, wir müssen uns einen Weg bahnen.«

»Das fürchte ich auch«, erwiderte Hephaistion leise.

»Mir nimmt heute abend keiner meine heiße Suppe und mein Bett ... und mein Mädchen schon gar nicht!«

»Mir auch nicht!«

»Auf mein Zeichen?«

»In Ordnung.«

Doch als sie gerade losstürmen wollten, zerriß ein Schrei die tiefe Winterstille:

»Die Alexander-Schwadron grüßt ihren Anführer!«

»Ptolemaios!«

»Hier!«

»Perdikkas!«

»Hier!«

»Leonnatos!«

»Hier!«

»Krateros!«

»Hier!«

»Lysimachos!«

»Hier!«

»Seleukos!«

»Hier!«

Während das letzte Echo auf dem geforenen See verhallte, starrte Alexander mit schwimmenden Augen auf die sechs reglosen Reiter im Schnee und schüttelte ungläubig den Kopf. Irgendwann wandte er sich nach Hephaistion um:

»Gütiger Zeus!« sagte er. »Das sind wirklich die Jungs!«

32

Drei Monate nach ihrer Hochzeit gebar Euridike ein Mädchen namens Europa, und kurze Zeit später war sie bereits wieder schwanger. Philipp konnte die wiedergefundenen Vaterfreuden jedoch kaum genießen, denn die brisante politische Lage und seine persönlichen Probleme nahmen ihn völlig in Anspruch. Auch ließ seine Gesundheit sehr zu wünschen übrig. So war er inzwischen als Folge der Verletzung, die er sich im Feld zugezogen und nie richtig kuriert hatte, auf dem linken Augen völlig erblindet.

Irgendwann, mitten im Winter, ließ sich sein Informant Eumolpos aus Soloi wieder anmelden. Der Mann hatte die beschwerliche Seefahrt trotz des schlechten Wetters auf sich genommen, denn er war im Besitz von Neuigkeiten, die der Makedonenkönig sofort erfahren mußte. An das milde Klima von Soloi gewöhnt, war ihm in Pella fürchterlich kalt, so daß Philipp ihn als erstes am Kamin Platz nehmen ließ. Dann kredenzte er ihm ein Glas heißen Branntwein, der ihn auch von innen erwärmen und überdies seine Zunge lösen sollte.

»Nun mein Freund, was für Neuigkeiten bringst du mir?«

»Fortuna ist dir hold, Philipp von Makedonien. Höre, was am persischen Hof vorgefallen ist: Wie zu erwarten, hat der neue König Arses schnell begriffen, wer in seinem Palast der wahre Herr ist, und da er dies nicht dulden wollte, hat er versucht, Bagoas zu vergiften.«

»Den Eunuchen?«

»Genau den. Nur, daß Bagoas auf etwas Ähnliches schon gefaßt war und die Verschwörung aufgedeckt hat.« Eumolpos nippte an seinem Branntwein. »Natürlich hat er dann entsprechende Gegenmaßnahmen ergriffen ...«

»Nämlich?«

»Nun, er hat zuerst den König vergiftet und danach all seine Kinder umbringen lassen.«

»Was du nicht sagst ... Dieser alte Kastrat ist ja die reinste Viper!«

»Allerdings. Jetzt war aber kein legitimer Nachfolger für Arses mehr da – die restlichen Mitglieder der Königsfamilie hatte ja schon Artaxerxes III. beseitigt.«

»Und? Wie hat der Eunuch das Problem gelöst?«

»Indem er auf einen Nebenzweig der Dynastie zurückgegriffen und eine gewissen Dareios auf den Thron gesetzt hat – Dareios III.«

»Dareios? Nie gehört. Wer ist das?«

»Ein Enkel des Ostanes und Bruder von Artaxerxes II. Er ist fünfundvierzig und liebt sowohl Frauen wie schöne Jünglinge.«

»Das interessiert mich wenig«, meinte Philipp. »Hoffentlich weißt du noch mehr über ihn ...«

»Bevor er zum König gekrönt wurde, war er Satrap von Armenien.«

»Schwierige Provinz ... demnach muß er ein zäher Bursche sein.«

»Scheint so. Er soll eigenhändig einen Rebellen des Kadu-Stammes im Zweikampf umgebracht haben.«

Philipp fuhr sich mit der Hand über den Bart. »Dann wird sich der alte Kastrat die Zähne an ihm ausbeißen.«

»Das glaube ich auch«, bestätigte Eumolpos, dem es langsam wärmer wurde. »Angeblich hat Dareios vor, die Meerengen wieder unter persische Kontrolle zu bringen und seine Vorherrschaft über alle griechischen Städte in Asien geltend zu machen. Es wird sogar gemunkelt, er erwarte sich einen formellen Unterwerfungsakt von der makedonischen Krone, aber auf dieses Gerücht würde ich nicht viel geben. Dareios weiß, daß er es niemals mit dir aufnehmen könnte. Der versteckt sich unterm Bett, sobald er den makedonischen Löwen brüllen hört.«

»Das wird sich herausstellen.«

»Kann ich dir sonst noch zu Diensten sein, Herr?«

»Nein, danke. Du hast hervorragende Arbeit geleistet. Geh bei Eumenes vorbei und laß dir deinen Lohn geben. Du bekommst auch Geld für weitere Informanten, wenn du welche brauchst. Ich muß erfahren, was am persischen Hof vor sich geht – und sei es die kleinste Bagatelle.«

Eumolpos dankte und reiste augenblicklich in seine schöne, warme Heimatstadt am Meer zurück.

Wenige Tage später berief der König einen Kriegsrat ein und versammelte seine Generäle Parmenion, Antipatros, Kleitos den Schwarzen sowie seinen Schwiegervater Attalos im Waffensaal des Palastes.

»Von dem, was ich euch jetzt sage, darf kein Wort nach außen dringen«, hob er an. »Der Perserkönig Arses ist ermordet worden. An seiner Stelle bestieg ein gewisser Dareios III. den Thron. Er ist zwar nur ein indirekter Nachfahre des Großkönigs, aber das kann uns ja egal sein. Was viel wichtiger ist: Der Mann scheint Haare auf den Zähnen zu haben. Ich denke allerdings, daß er für die nächste Zeit damit beschäftigt sein wird, seine Macht im eigenen Lande auszubauen.«

»Womit für uns der Moment des Handelns gekommen

wäre«, warf Parmenion ein, der bereits ahnte, worauf Philipp hinauswollte.

»Richtig«, antwortete der König. »Du und Attalos brecht so bald wie möglich auf. Ihr setzt mit einem Heer von fünfzehntausend Mann nach Asien über und besetzt das Ostufer unseres Meers. Dann verbreitet ihr die Nachricht, daß ich alle griechischen Städte unter persischer Herrschaft für frei erkläre. Ich stelle unterdessen weitere Truppen auf, mit denen ich alsbald zu euch stoße. Und dann beginnen wir mit dem Einmarsch!«

Im weiteren Verlauf der Versammlung wurde die Operation in allen Einzelheiten durchgesprochen und überlegt, wie man die logistischen, politischen und militärischen Probleme dieses ersten Persienfeldzuges lösen konnte. Was den Anwesenden jedoch die ganze Zeit über auffiel, war der leise, lustlose Ton, in dem Philipp sprach. Sonst hatte er sie immer mit begeisterten Reden angefeuert, heute wirkte er direkt niedergeschlagen – so niedergeschlagen, daß Parmenion nach der Versammlung zu ihm ging und sagte:

»Stimmt etwas nicht, Herr? Fühlst du dich nicht wohl?«

Philipp legte ihm seine Hand auf die Schulter und begleitete ihn zur Tür. »Nein, alter Freund, nein. Es ist alles in Ordnung.«

Er log. Die Abwesenheit Alexanders, der er zunächst keine allzu große Bedeutung beigemessen hatte, begann ihn um den Schlaf zu bringen. Solange der Junge bei Mutter und Onkel in Epeiros gewesen war, hatte er ihn wenigstens in Sicherheit gewußt, obgleich es ihn natürlich fürchterlich geärgert hatte, daß er sich weigerte, nach Pella zurückzukehren und öffentlich Buße zu tun. Doch nun, wo Alexander nach Norden geflohen war, mischten sich Kummer, ja Verzweiflung in seinen Zorn.

Wenn irgendwer versuchte, sich für ihn einzusetzen, bekam

er einen Wutanfall, weil er gleich wieder an die erlittene Kränkung denken mußte. Und wenn keiner über ihn sprach, machte er sich die größten Sorgen um seinen Verbleib. Er hatte alle seine Spitzel nah und fern auf Alexander angesetzt und den befreundeten Königen und Stammesoberhäuptern im Norden Botschaften gesandt, auf daß sie ihn – so möglich – darüber unterrichteten, wo Alexander und Hephaistion sich aufhielten. Auf diese Weise hatte er auch erfahren, daß sechs junge Krieger aus Thessalien, Akarnanien und Athamanien zu ihm gestoßen waren – ihre Identität war nicht schwer zu erraten.

Die Alexander-Schwadron war also bis auf Parmenions Sohn Philotas wieder vollständig, und es verging kein Tag, an dem der König seinen General nicht ermahnte, ja gut auf seinen Sprößling aufzupassen, damit er nicht auch noch durchbrannte und sich zu den sechs Wahnsinnigen gesellte, die dort oben in Illyrien ziellos im Schnee umherirrten. Insgeheim hegte Philipp sogar den Verdacht, daß selbst Eumenes jeden Augenblick sein Amt und alle Papiere hinwerfen und ebenfalls das Abenteuer suchen würde.

Manchmal begab er sich ganz alleine in den alten Königspalast in Aigai und sah stundenlang dem Schnee zu, der auf die stille Landschaft herniederrieselte, auf die Blautannenwälder und das kleine Tal, in dem die Wiege der ersten Argeaden gestanden hatte. Dabei dachte er an Alexander und seine Freunde in den unwirtlichen Gefilden des Nordens.

Er glaubte sie förmlich vor sich zu sehen, wie sie sich mit klappernden Zähnen durch einen Eissturm kämpften, während ihnen die Kleider am Leib festfroren und ihre Pferde bis zur Brust im Schnee versanken. Und wenn er den großen Steinkamin betrachtete, dessen brennende Eichenholzscheite wohlige Wärme in dem alten Thronsaal verbreiteten, kam er nicht umhin, sich die Jungen vorzustellen, wie sie in einem notdürftigen Unterschlupf nasses Holz anhäuften und nur mit größter Mühe ein kleines Lagerfeuer zustande brachten, oder wie sie bei Nacht auf ihre Lanzen gestützt Wache hielten, wenn das Heulen der Wölfe näher kam.

Dann trafen Nachrichten ein, die noch beunruhigender waren, obwohl sie eigentlich niemanden überraschten: Alexander und seinen Kameraden war es nicht nur gelungen, gesund, wenn auch unter größten Entbehrungen durch den Winter zu kommen, sie hatten sich auch noch mit mehreren Stammesführern verbündet, deren Völker an der Grenze zu Makedonien lebten, und diese bei internen Kämpfen unterstützt. Dank ihrer war so mancher Feind auf dem Schlachtfeld besiegt oder zu einem Freundschaftspakt gezwungen worden.

Philipp wunderte sich nicht, aber es war ihm klar, daß diese Geschichte früher oder später zu einer ernsthaften Bedrohung werden konnte. Dieser Junge übte einfach auf jeden, der mit ihm in Berührung kam, eine unwiderstehliche Anziehungskraft aus – auf Männer wie auf Frauen, ja sogar auf Tiere. Wie wäre es denn sonst zu erklären gewesen, daß sich dieser schwarze Dämon von Bukephalos beim ersten Versuch von ihm hatte zähmen und wie ein Lamm abführen lassen?

Und wie wäre es zu erklären gewesen, daß Peritas – ein Ungetüm, das mit einem einzigen Biß den Schenkelknochen eines Wildschweins zermalmen konnte,– vor Sehnsucht kaum noch fraß und stundenlang jaulend unter dem Tor lag, durch das sein Herr verschwunden war?

Von Leptine ganz zu schweigen! Das Mädchen, das Alexander dem Grauen des Pangaion entrissen hatte, bereitete täglich sein Bett und ein heißes Bad vor, als käme er jeden Augenblick zurück. Und sie sprach mit niemandem.

Langsam begann Philipp auch, sich Sorgen um seine Beziehungen zum Königreich von Epeiros zu machen. Sie waren bisher ausgezeichnet gewesen, aber nun, wo Olympias dem jungen König, ihrem Bruder, zur Seite stand, war mit allem zu rechnen. Er ahnte, daß sie in ihrem bodenlosen Haß vor nichts zurückschrecken würde, um seine politischen und familiären Pläne zu durchkreuzen. König Alexander war ihm wohlgesinnt, aber in diesem Moment schlug sein Herz bestimmt für die Schwester und den heimatlos umherirrenden Neffen. Wenn er ihn dauerhaft an sich binden und dem negativen Einfluß der Königin vorbeugen wollte, mußte er geeignete Maßnahmen ergreifen, und er wußte auch schon, welche.

Eines Tages ließ er seine Tochter Kleopatra zu sich rufen, die einzige aus seiner ersten Familie, die noch bei ihm in Pella lebte.

Kleopatra war inzwischen achtzehn Jahr alt und auf dem Höhepunkt ihrer Schönheit. Sie hatte große grüne Augen, langes, rötlich schimmerndes Haar und den Körper einer olympischen Göttin. Kein Adliger in ganz Makedonien, der nicht davon geträumt hätte, sie zu heiraten.

»Liebes Kind«, hob Philipp an, »wäre es nicht an der Zeit, daß du dir einen Mann nimmst?«

Kleopatra senkte den Kopf. »Du hast sicher schon einen für mich ausgesucht.«

»In der Tat«, Philipp nickte. »Und ich will dir auch verraten, wen: Alexander von Epeiros, den Bruder deiner Mutter.«

Das Mädchen schwieg, aber man merkte ihr an, daß sie mit der Wahl ihres Vaters zufrieden war. Ihr Onkel war ein gutaussehender, schneidiger junger Mann, der bei allen Untertanen sehr beliebt war und vom Charakter her Alexander ähnelte.

»Warum sagst du nichts?« fragte der König. »Hättest du dir einen anderen gewünscht?«

»Nein, Vater. Ich wußte von Anfang an, daß du bestimmst, wen ich eines Tages heirate. Deshalb habe ich mich erst gar nicht nach einem Mann umgesehen.«

»Gut so.«

»Nur . . . Vater, ich möchte dich um etwas bitten.«

»Sprich.«

»Lade meinen Bruder Alexander zu meiner Hochzeit ein!«

Philipp wandte sich ruckartig von ihr ab. »Dein Bruder existiert für mich nicht mehr«, sagte er mit eisiger Stimme.

Kleopatra brach in Tränen aus. »Aber warum, Papa? Warum?«

»Das weißt du ganz genau. Du warst ja dabei und hast gesehen, wie er mich vor versammelter Mannschaft gedemütigt hat – vor den Gesandten aller griechischer Städte, vor meinen Generälen und vor sämtlichen Honoratioren Makedoniens!«

»Papa, er ...«

»Wage nicht, ihn in Schutz zu nehmen!« donnerte der König. »Ich habe ihn von Aristoteles erziehen und von Lysippos porträtieren lassen! Ich habe Münzen mit seinem Bildnis geprägt und in der halben Welt verteilt! Und er? Was macht er? Beleidigt und beschimpft mich! Nein, meine Tochter, so viel Undank kann ich nicht vergessen ...«

Kleopatra hatte sich die Hände vors Gesicht geschlagen und weinte schluchzend. Philipp hätte sie am liebsten in den Arm genommen, aber er wollte, er durfte keine Rührung zeigen.

»Papa ...«, fing das Mädchen wieder mit flehentlicher Stimme an.

»Du sollst ihn nicht in Schutz nehmen!«

»Ich will ihn aber in Schutz nehmen. Gerade weil ich weiß, wie sich alles zugetragen hat. Während du an deiner Braut herumgemacht hast und ihren Bauch gestreichelt hast, ist meine Mutter leichenblaß geworden. Das habe ich mit eigenen Augen gesehen. Er liebt seine Mutter, er kann sie nicht einfach aus seinem Leben streichen, wie du es getan hast ...«

Philipp war rot vor Wut. »Das ist Olympias' Werk! Sie hat dich gegen mich aufgehetzt, stimmt's?« brüllte er. »Ihr seid alle gegen mich, alle!«

Kleopatra warf sich ihm zu Füßen und umklammerte seine

Knie. »Nein, das ist nicht wahr, Papa! Wir wollen nur, daß du wieder zu dir kommst. Alexander hat natürlich einen Fehler begangen ...« Bei diesen Worten schien Philipp sich etwas zu beruhigen. »Aber versuch doch wenigstens, ihn zu verstehen. Was hättest du getan, wenn dich jemand in aller Öffentlichkeit einen Bastard schimpft? Hättest du nicht auch deine Ehre und die deiner Mutter verteidigt? Das ist es doch, wozu du deinen Sohn erzogen hast! Und jetzt, wo er dir ähnlich ist und sich benimmt, wie du es immer von ihm erwartet hast, verstößt du ihn! Warum? Du wolltest einen Achill«, fuhr Kleopatra fort und hob das tränenüberströmte Gesicht, »jetzt hast du ihn. Alexanders Zorn ist der Zorn des Achill, Papa!«

»Und mein Zorn der des Zeus!«

»Er liebt dich aber, Papa, er liebt dich und leidet, das weiß ich«, schluchzte Kleopatra.

Philipp betrachtete sie eine Weile schweigend und mit zusammengekniffenen Lippen, wie sie da vor ihm auf dem Boden lag, dannn drehte er sich um und ging zur Tür.

»Mach dich bereit«, sagte er, bevor er sie hinter sich schloß. »Die Hochzeit findet in sechs Monaten statt.«

Eumenes, der ihm – beide Arme voller Papyrusrollen – im Korridor begegnete, fiel gleich seine düstere Miene auf, er ließ sich aber nichts anmerken, sondern wartete, bis Philipp in seinem Arbeitszimmer verschwunden war.

Dann ging er leise zurück und legte das Ohr an die geschlossene Tür. Der König weinte.

33

Eumenes ging still weg und begab sich zu seinem Arbeitsplatz in der königlichen Kanzlei. Dort setzte er sich an seinen Schreibtisch, stützte das Kinn in die Hände und dachte lange nach. Dann faßte er einen Entschluß.

Er zog aus einem seiner vielen Archive eine Mappe heraus, warf sich seinen Umhang über die Schultern, fuhr sich mit der Hand durchs Haar und durchquerte erneut den Korridor bis zum Zimmer des Königs. Vor der Tür blieb er stehen, atmete einmal tief durch und klopfte an.

»Wer da?«

»Eumenes.«

»Komm rein.«

Eumenes trat ein und zog die Tür hinter sich zu. Philipp saß mit gebeugtem Kopf über irgendeinem Dokument.

»Herr, wir haben ein Heiratsangebot erhalten.«

Der König blickte auf. Man sah ihm an, daß er geweint hatte. Seine Augen, oder besser das eine Auge, das ihm noch blieb, war gerötet, und er wirkte sehr erschöpft.

»Ein Heiratsangebot?« fragte er.

»Ja. Der persische Satrap von Karien, Pixodaros, bietet dir die Hand seiner Tochter für einen Prinzen des Königshauses an.«

»Jag ihn zum Teufel. Ich verhandle nicht mit den Persern.«

»Strenggenommen ist dieser Pixodaros ja gar kein Perser. Er regiert nur im Auftrag des Großkönigs eine Küstenprovinz in Kleinasien und hat außerdem die Festung von Halikarnassos unter sich. Du willst doch die Meerengen überqueren – da könnte ein Bündnis mit diesem Mann strategisch von Vorteil sein. Vor allem jetzt, wo noch nicht klar ist, wer letzten Endes den persischen Thron besetzt.«

»Hm ... du hast recht. Mein Heer bricht in wenigen Tagen auf.«

»Um so schneller solltest du dich entscheiden.«

»Wen würdest du denn als Mann für das Töchterchen des Satrapen vorschlagen?«

»Nun, ich dachte da an ...«

»Arrhidaios! Mein Sohn Arrhidaios, der ist gut, den geben wir ihr. Großen Schaden kann er nicht anrichten, er ist ja nicht ganz richtig im Kopf. Und wenn er im Bett schlappmacht, springe ich einfach für ihn ein. Wie sieht die Braut denn aus?«

Eumenes entnahm seiner Mappe ein Porträt, das bestimmt aus dem Atelier eines griechischen Malers stammte. Der König betrachtete das kleine Tafelbild und sagte:

»Hübsch, aber auf Bilder verläßt man sich besser nicht. Ich hab da schon böse Überraschungen erlebt ...«

»Was soll ich also tun?«

»Schreib dem Satrapen, daß sein Angebot eine große Ehre für mich ist und daß ich als Gemahl für seine Tochter den edlen Prinzen Arrhidaios auserwählt habe ...«

»Einen hehren jungen Mann«, fuhr Eumenes fort, »der sich in den schönen Künsten ebensogut auskennt wie im hohen Kriegshandwerk.«

»Bravo«, lobte der König. »Auf diese Schnörkel verstehst

du dich besser als ich. Und danach bring den Brief zur Unterschrift.«

»Zu Befehl«, sagte Eumenes und schickte sich an zu gehen, doch vor der Tür blieb er stehen, als sei ihm plötzlich etwas eingefallen. »Was ich noch fragen wollte, Herr ...«

»Ja?«

»Wer führt denn das Heer an, das du nach Asien schickst?«

»Attalos und Parmenion.«

»Ausgezeichnet. Parmenion ist ein großer Soldat, und Attalos ...«

Philipp kniff die Augen zusammen und sah ihn mißtrauisch an.

»Ich wollte sagen, was Attalos betrifft, so könnte seine Abwesenheit aus Makedonien möglicherweise Probleme mit sich bringen ...«

»Noch ein Wort, und ich laß dir die Zunge abschneiden!«

Eumenes fuhr unbeirrt fort: »Es ist an der Zeit, daß du deinen Sohn zurückrufst, Herr. Dafür gibt es meiner Ansicht nach mehr als einen Grund ...«

»Schweig!« schrie Philipp.

»Der erste ist politischer Natur. Wie willst du die Griechen davon überzeugen, daß sie friedlich zusammenleben müssen, wenn nicht einmal in deiner eigenen Familie Frieden herrscht?«

»Du sollst schweigen!« donnerte der König und schlug mit der Faust auf den Tisch.

Eumenes bekam rasendes Herzklopfen und fühlte sein letztes Stündlein nahen, doch wo er sich schon so weit vorgewagt hatte, wollte er jetzt keinen Rückzieher machen. Dann lieber als Mann sterben! »Der zweite ist ein rein persönlicher Grund: Wir alle haben verdammte Sehnsucht nach dem Jungen, und du an erster Stelle, Herr.«

»Wenn du nicht augenblicklich das Maul hältst, laß ich dich von der Wache abführen!«

»Und Alexander selbst leidet schrecklich ...«

»Wache!« brüllte Philipp. »Wache!«

»Das kann ich dir versichern. Und Prinzessin Kleopatra weint auch von früh bis spät.«

In diesem Moment stapften mit großem Getöse zwei Leibwächter herein.

»Ich habe hier einen Brief von Alexander, darin steht ...«

Die Wächter waren drauf und dran, Hand an den vorlauten Sekretär zu legen ...

»Alexander an Eumenes. Heil!«

Philipp pfiff die Männer mit einer Geste zurück.

»Ich freue mich, daß mein Vater, wie du mir schreibst, bei guter Gesundheit ist und den großen Feldzug gegen die persischen Barbaren in Angriff nehmen kann.«

Der König bedeutete den beiden Wächtern hinauszugehen.

»Doch gleichzeitig betrübt mich diese Nachricht.«

Eumenes hielt inne und sah Philipp an. Sein müdes Zyklopenauge glühte wie Kohle unter der gerunzelten Stirn, und man merkte, daß er mit heftigen Gefühlen zu kämpfen hatte.

»Lies weiter«, befahl er.

»Ich habe mein ganzes Leben davon geträumt, den König bei diesem grandiosen Unternehmen begleiten zu dürfen. Ich wollte an seiner Seite reiten und ihm beweisen, daß ich immer danach gestrebt habe, ihm ebenbürtig zu sein. Denn er ist mein großes Vorbild – als Krieger und als Herrscher.

Nun ist leider alles anders gekommen. Ich habe mich im Zorn zu einer Tat hinreißen lassen, die nicht wiedergutzumachen ist. Ich habe die Grenze überschritten, die ein Sohn niemals überschreiten dürfte.

Zu meinem Trost kann ich mir nur sagen, daß auch solche Dinge mit dem Willen der Götter geschehen, denn wenn der Mensch die Beherrschung verliert und nicht mehr Herr über seine Taten ist, dann kommt es, wie es kommen muß und seit langem geschrieben steht.

Die Freunde sind wohlauf, aber sie sehnen sich wie ich nach der Heimat und ihren Lieben. Auch du, Eumenes, fehlst uns sehr. Tu, was mir verwehrt ist, und steh dem König bei, so gut du kannst.«

Eumenes ließ den Brief sinken und schaute Philipp an, der das Gesicht in den Händen vergraben hatte.

»Ich habe mir erlaubt . . .«, sagte er nach einer Weile mit leiser Stimme.

Der König hob ruckartig den Kopf.

»Was hast du dir erlaubt?«

»Ich habe mir erlaubt, einen Antwortbrief aufzusetzen . . .«

»Großer Zeus, ich bringe ihn um, diesen Griechen, ich erwürge ihn mit eigenen Händen.«

Eumenes kam sich in diesem Augenblick vor wie ein Kapitän, der sein Schiff mit knapper Not vor dem Untergang gerettet hat, nach stundenlangem Kampf gegen Sturm und Wogen in der Ferne endlich Land erblickt, seiner erschöpften Mannschaft jedoch noch einmal das Äußerste abverlangen muß, um tatsächlich in den schützenden Hafen einlaufen zu können. Er atmete also einmal tief durch, zog ein anderes Blatt aus seiner Mappe und begann unter dem ungläubigen Blick des Königs zu lesen:

»Philipp, König von Makedonien, an Alexander. Heil!

Der Vorfall am Tag meiner Hochzeit hat mich zutiefst verbittert, und ich war lange entschlossen, Dich trotz der Zuneigung, die ich als Vater zu Dir hege, für immer aus meinem Leben auszuschließen. Doch die Zeit ist ein guter Arzt und heilt die schlimmsten Wunden.

Nach reiflicher Überlegung und aus der Überzeugung heraus, daß wir Älteren, die wir mehr Lebenserfahrung besitzen, euch Jüngeren mit gutem Beispiel vorangehen und darüber hinwegsehen müssen, daß die Leidenschaft euch bisweilen mit Blindheit schlägt, habe ich mich dazu durchgerungen, Deiner Verbannung ein Ende zu setzen.

Dasselbe gilt für Deine Freunde, die mich ebenfalls schwer gekränkt haben, indem sie Dir gefolgt sind.

Für dieses Mal soll die Güte Deines Vaters stärker wiegen als die Strenge des Richters und Herrschers. Im Gegenzug verlange ich nichts, als daß Du Dein Bedauern über die mir zugefügte Kränkung zum Ausdruck bringst und versprichst, mir in Zukunft ein ergebener Sohn zu sein.«

Nachdem Eumenes zu Ende gelesen hatte, blieb er reglos und mit offenem Munde im Zimmer stehen und machte sich auf alles gefaßt. Philipp sagte nichts, aber man sah ihm an, daß es ihn große Mühe kostete, seine Gefühle zu verbergen. Er hatte den Kopf zur Seite gewandt, damit Eumenes nur sein blindes Auge sah, das nicht mehr weinen konnte.

»Was hältst du von dem Brief, Herr?« wagte der Sekretär endlich zu fragen.

»Ich selbst hätte ihn nicht besser schreiben können.«

»Wenn du dann gnädigst unterschreiben würdest . . .«

Philipp griff nach der Schreibfeder und tauchte sie ins Tintenfaß, doch dann hielt er plötzlich inne.

»Ist etwas, Herr?« fragte Eumenes besorgt.

»Nein, nein«, erwiderte der König und setzte seine Unterschrift unter den Brief. Dann aber drehte er ihn um und kritzelte ganz klein etwas in eine Ecke. Eumenes streute Asche auf das Blatt, um die Tinte am Zerfließen zu hindern, nahm es an sich, verneigte sich und ging rasch zur Tür. Nichts wie raus, bevor es sich der König noch einmal anders überlegte.

»Einen Moment«, rief Philipp ihm nach.

»Ja, Herr?«

»Wohin schickst du diesen Brief?«

»Nun ja, ich habe mir erlaubt, gewisse Kontakte aufrechtzuerhalten, mit größter Diskretion die ein oder andere Information einzuziehen ...«

Philipp schüttelte den Kopf. »Ein Spitzel! Ich zahle also meinen Privatsekretär dafür, daß er sich hinter meinem Rükken als Spitzel betätigt! Bei Zeus, früher oder später springe ich diesem Griechen an die Gurgel, so wahr ich hier stehe!«

Eumenes deutete eine Verbeugung an und witschte zur Tür hinaus. Während er in sein Büro zurückeilte, fiel sein Blick auf die Worte, die der König auf die Rückseite des Briefs geschrieben hatte.

Das nächste Mal bringe ich dich wirklich um.

Papa.

34

Attalos und Parmenion setzten ungehindert nach Asien über, wo sie als Befreier empfangen und bejubelt wurden. Nahezu jede griechische Stadt entlang der östlichen Mittelmeerküste widmete dem König von Makedonien ein Standbild auf ihrer Agora.

Diesmal war Philipp hochzufrieden mit den Nachrichten, die seine Boten ihm überbrachten – günstiger hätten die Voraussetzungen für seinen Asienfeldzug gar nicht sein können. Das Persische Reich steckte aufgrund seiner Thronfolgerprobleme noch in der Krise, er dagegen konnte über ein schlagkräftiges nationales Heer verfügen, dessen Mut, Loyalität und Zusammenhalt auf der ganzen Welt berühmt waren. Außerdem stand ihm ein taktisch und strategisch hervorragend ausgebildeter Generalstab aus »eigener Schule« zur Seite und ein Thronfolger, der nach den Idealen der homerischen Helden und zugleich im Geiste der rationalen zeitgenössischen Philosophie erzogen worden war – ein stolzer, unbezähmbarer Prinz.

Es war an der Zeit, zum letzten und größten Abenteuer seines Lebens aufzubrechen. Der Entschluß war gefaßt und alles Nötige in die Wege geleitet: Alexander durfte wieder zurückkehren, die Beziehungen zum Königreich von Epeiros würden durch Kleopatras Hochzeit mit seinem Schwager – die er im übrigen mit unvergeßlichem Pomp zu feiern gedachte – gefestigt werden, und sein Heer wartete jenseits der Meerengen. Er brauchte nur noch zu ihm stoßen und dann den großen Vorstoß wagen.

Und doch: Ausgerechnet jetzt, wo sich alles zum Guten zu wenden schien, wo Alexander angekündigt hatte, daß er heimkehren und der Hochzeit seiner Schwester beiwohnen wollte, ausgerechnet jetzt fühlte Philipp eine seltsame Unruhe, die ihn nachts um den Schlaf brachte.

Eines Tages, zu Frühlingsbeginn, ließ er Eumenes ausrichten, daß er ihn unten im Hof vor den Stallungen erwarte; er wolle sich auf einem kleinen Ausritt mit ihm unterhalten. So ungewöhnlich dieser Befehl war, der Sekretär kam ihm augenblicklich nach. Er kleidete sich entsprechend – eine thrakische Hose, ein skythischer Kasack, Reitstiefel und ein breitkrempiger Hut –, ließ sich im Stall einen ziemlich alten, langsamen Gaul satteln und führte ihn am Zügel in den Hof hinaus. Philipp schnitt eine Grimasse:

»Wie siehst du denn aus? Meinst du wir gehen die Skythen erobern?«

»Nein, Herr. Mein Diener hat mir geraten, diese Kleider anzuziehen.«

»Das merkt man. Los, verlieren wir keine Zeit.« Der König gab seinem Pferd die Sporen und lenkte es auf einen Weg, der zur Stadt hinausführte.

Obwohl es sehr früh am Morgen war, arbeiteten auf den Felder bereits die Bauern. Sie gruben die Äcker um und jäteten das Unkraut zwischen den Weinstöcken.

»Schau dich um!« rief Philipp aus, während er sein Pferd in Trott verfallen ließ. »Schau dich um! In nur einer einzigen Generation habe ich ein Volk von halbbarbarischen Gebirglern und Hirten zu seßhaften Bauern gemacht! Sie leben in bequemen Städten und Dörfern und haben geordnete, gut funktionierende Verwaltungen. Heute ist jeder stolz auf sein Land, und diesen Stolz habe ich ihnen eingeflößt. Wie heißes Eisen in der Schmiede habe ich diese Männer zurechtgebogen und unbesiegbare Soldaten aus ihnen gemacht ... Und Alexander hat mich verhöhnt, weil ich ein bißchen über die Stränge geschlagen habe. Kann nicht mal von einer Liege zur andern springen, hat er gesagt ...«

»Ach, Herr, vergiß das doch. Ihr habt beide unter diesem unseligen Vorfall gelitten«, erwiderte Eumenes. »Stimmt, Alexander hätte das nicht sagen dürfen, aber er ist auch hart dafür bestraft worden. Du bist ein großer Herrscher, der größte von allen, und glaub mir: Das weiß er und ist stolz darauf.«

Philipp antwortete nichts und ritt noch eine ganze Weile schweigend weiter. Als sie an einem Bach mit herrlichem kristallklarem Schmelzwasser aus den Bergen kamen, saß er ab und ließ sich auf einem Felsbrocken nieder. Eumenes tat es ihm nach.

»Ich verreise«, sagte er dann.

»Du verreist? Wohin?«

»Alexander kommt frühestens in zwanzig Tagen zurück, und ich möchte vorher unbedingt nach Delphi.«

»Bloß nicht, Herr! Die Priester dort ziehen dich nur wieder in einen von ihren Heiligen Kriegen ...«

»Nein. Solange ich lebe, wird es in Griechenland keine Kriege mehr geben – weder heilige noch profane. Außerdem will ich nicht den Tempelrat, sondern das Heiligtum besuchen.«

»Das Heiligtum?« fragte Eumenes verblüfft. »Aber Herr, das Heiligtum gehört dir! Das Orakel sagt, was du willst!«

»Glaubst du?«

Es wurde langsam heiß. Eumenes zog seinen dicken Kasack

aus, tauchte ein Taschentuch in das eiskalte Wasser des Bachs und kühlte sich damit die Stirn.

»Ich verstehe nicht, daß ausgerechnete du mir diese Frage stellst, Herr. Du, der besser als jeder andere weiß, wie der Tempelrat das Orakel für seine Zwecke benützt ... Der Gott hat sich noch nie frei ausgedrückt, er unterstützt immer eine bestimmte politische Linie oder ein Militärbündnis.«

»Du hast recht. Aber manchmal gelingt es ihm, die Wahrheit zu sagen – obwohl sich der Mensch in seiner Anmaßung und Falschheit seiner bemächtigt, anstatt ihm zu dienen. Dessen bin ich mir sicher.« Philipp stützte die Arme auf die Knie und lauschte mit gesenktem Kopf dem Murmeln des Wassers.

Eumenes war sprachlos. Was wollte der König – ein Mann, der wußte, wie gemein, falsch und bestechlich der Mensch war? Was wollte dieser mit Dutzenden von sichtbaren und unsichtbaren Narben übersäte Mann im Tal von Delphi?

»Weißt du, was auf der Fassade des Tempels geschrieben steht?« fragte der König nach langem Schweigen.

»Ja: ›Erkenne dich selbst‹.«

»Und weißt du, von wem diese Worte stammen?«

»Vom Gott?«

Philipp nickte.

»Verstehe«, erwiderte Eumenes, der in Wahrheit überhaupt nichts verstand.

»Ich breche morgen auf. Antipatros wird mich in allem vertreten; er hat auch das Siegel. Laß Alexanders Gemächer herrichten, seinen Hund baden und Bukephalos' Stall säubern, laß seine Rüstung polieren und überzeuge dich davon, daß Leptine ihm wie jeden Tag das Bett und ein heißes Bad richtet. Es muß alles sein wie vor seinem Verschwinden. Aber keine Feste, keine Bankette! Es gibt nichts zu feiern: Wir sind beide zutiefst bekümmert.«

»Reise beruhigt ab, Herr«, antwortete Eumenes. »Es wird alles nach deinem Wunsch ausgeführt werden.«

»Ich weiß«, erwiderte Philipp leise. Dann klopfte er ihm mit der Hand auf die Schulter, sprang auf sein Pferd und preschte davon.

Am darauffolgenden Morgen machte er sich noch vor Sonnenaufgang mit einem kleinen Trupp Leibwächter auf den Weg. Sie durchquerten zuerst die makedonische Tiefebene im Süden und dann Thessalien. Sieben Tage später erreichten sie Delphi in Phokis.

Wie immer wimmelte es in der Stadt von Pilgern aus allen Teilen der Welt; bis aus dem fernen Sizilien kamen die Leute, um das berühmte Orakel zu befragen. Entlang der Heiligen Straße, die zu dem hochgelegenen Apollontempel führte, reihten sich unzählige kleine Tempelchen aneinander, die dem Gott von verschiedenen griechischen Städten geweiht worden waren. Sie waren mit Skulpturen geschmückt, und davor oder daneben standen herrliche Figurengruppen aus Bronze oder bemaltem Marmor.

Überdies gab es Dutzende von Verkaufsständen, an denen alles mögliche angeboten wurde: Opfertiere, Votivstatuetten sowie Bronze- oder Tonkopien des berühmten Apollonkultbildes oder anderer Meisterskulpturen, die im heiligen Bezirk um den Tempel aufgestellt waren.

Neben dem Heiligtum befand sich – als Denkmal für den Sieg der Athener über die Perser bei Plataia – ein gigantischer, von Schlangen umwundener Dreifuß mit einem riesigen Kessel. Beides war in Bronze gegossen, die man durch Schmelzen der persischen Waffen gewonnen hatte.

Philipp stellte sich so unauffällig wie möglich in die lange Reihe von wartenden Befragern, er zog sich sogar die Kapuze seines Mantels ins Gesicht, aber den Priestern des Apollon entging nichts. Die Nachricht von seiner Anwesenheit verbreitete sich wie ein Lauffeuer und war bald bis in den hintersten und geheimsten Teil des Tempels durchgedrungen.

»Der König von Makedonien und oberster Vorsitzender des Tempelrats ist hier!«

Der Priester, der an diesem Tag den Kult zelebrieren sollte und für das Orakel zuständig war, fiel aus allen Wolken. »Bist du dir sicher?«

»Philipp von Makedonien ist nicht leicht zu verwechseln«, erwiderte sein Kollege.

»Was will er?«

»Offensichtlich den Gott um Rat befragen – er steht draußen in der Schlange.«

»Unglaublich«, stöhnte der Priester. »Warum hat uns niemand benachrichtigt? Einen so hohen Mann können wir nicht unvorbereitet empfangen ... Los, schnell!« befahl er. »Hol die Insignien des Tempelrats hervor und begleite den König sofort zu mir. Als Sieger des Heiligen Krieges und oberster Ratsvorsitzender hat er Vorrang vor allen!«

Der junge Mann verschwand durch eine Seitentür, während der Priester seine Paramenten anlegte, sich die heiligen Bänder um den Kopf schlang und in den Tempel hinaustrat.

Dort thronte der Gott Apollon in seiner ganzen Pracht: Gesicht und Hände des gigantischen Kultbildes waren aus Elfenbein, seine Krone aus silbernen Lorbeerblättern und die Augen aus Perlmutt. Der starre Blick des Gottes wirkte abwesend, verwundert, und seine Lippen öffneten sich zu einem rätselhaften, beinahe etwas spöttischen Lächeln. Aus einer Räucherpfanne auf dem Boden stiegen bläuliche Weihrauchschwaden zu einer Öffnung in der Decke hinauf, durch die man ein Stück Himmel sah. Auch von der Eingangstür her drang ein schmaler Lichtstrahl in den dämmrigen Raum; er ließ die Vergoldungen der dorischen Säulen schimmern und Myriaden von winzigen Staubpartikeln flimmern, die in der duftgeschwängerten, stickigen Luft schwebten.

Mit einemmal zeichnete sich eine riesige Männergestalt im Türrahmen ab. Ihr Schatten berührte fast die Füße des Priesters. Der Mann ging mit hinkendem Schritt auf die Götterstatue zu, und die Schritte seiner eisenbeschlagenen Stiefel hallten in dem stillen Tempel.

Der Priester erkannte ihn sofort, trat auf ihn zu und verneigte sich ehrerbietig. »Sei gegrüßt, Philipp von Makedonien«, sagte er. »Was wünschst du?«

Der König hob den Kopf und begegnete dem starren Blick der Götterstatue, die gedankenabwesend und zugleich erstaunt auf ihn heruntersah. »Ich möchte den Gott Apollon etwas fragen.«

»Und wie lautet deine Frage?«

Philipps gesundes Auge durchbohrte den Priester bis auf den Grund seiner Seele, sofern er überhaupt eine hatte.

»Meine Frage stelle ich der Pythia persönlich. Führe mich zu ihr.«

Der Priester starrte verwirrt auf den Boden. Philipps Forderung war unerhört, und doch mußte er ihr nachkommen.

»Bist du sicher, die Stimme Apollons direkt vernehmen zu wollen? Ich warne dich: Viele haben das nicht ausgehalten, denn sie kann schriller als eine Kriegstrompete sein, dröhnender als ein Donner . . .«

»Ich halte sie aus«, fiel der König ihm ins Wort. »Führe mich zur Phytia.«

»Wie du möchtest.« Der Priester ging zu einem Bronzegong und schlug mit seinem Zepter dagegen. Der metallene Klang des Instruments wurde von den Wänden zurückgeworfen und pflanzte sich über ein komplexes Echospiel bis in den verborgensten, geheimsten Winkel des Tempels fort: das *Adyton.*

»Folge mir«, sagte er, als der Ton verklungen war, und schritt Philipp voraus.

Sie umrundeten den Sockel des Apollonbildes und blieben vor einer Bronzeplatte stehen, die in die Rückwand der Cella eingelassen war. Der Priester klopfte mit seinem Zepter dagegen und rief ein dumpfes Geräusch hervor, das jedoch sofort wie in einem unterirdischen Gewölbe verhallte. Kurz darauf drehte sich die Bronzeplatte geräuschlos in ihren Angeln und gab den Blick auf eine schmale Treppe frei, die in die Unterwelt hinunterzuführen schien.

»Keiner aus deiner Generation hat je das Adyton betreten«, sagte der Priester, ohne sich umzudrehen. Philipp stieg mühsam die steilen, unregelmäßigen Stufen hinab, bis sie in eine Art Gruft gelangten, die im umheimlichen Schummerlicht flackernder Öllampen lag.

In diesem Moment löste sich von der völlig im Dunkeln liegenden Rückwand des Gewölbes eine Gestalt mit zerrauftem Haar und knöchellangem rotem Gewand. Ihr Gesicht war aschfahl, und der Blick ihrer mit schwarzem Bister umrandeten Augen irrte umher wie der eines gehetzten Tieres. Zwei Ministranten schleppten die Gestalt zu einer Art Stuhl im Form eines Dreifußes mit Kessel und setzten sie dort hinein.

Dann öffneten sie unter großer Anstrengung eine steinerne Falltür im Boden. Aus dem schwarzen Loch, das darunter zum Vorschein kam, drangen bestialisch stinkende Ausdünstungen empor.

»Das ist der *Chasma ghes*«, erklärte der Priester, und diesmal zitterte seine Stimme vor Angst. »Quell der Finsternis und Schlund des Urchaos. Niemand weiß, wohin er führt, und niemand, der sich dort hinabgewagt hat, ist je wieder zurückgekehrt.« Er hob einen Stein vom felsigen Boden der Gruft auf und warf ihn in das Loch: Keinerlei Geräusch war zu vernehmen.

»Jetzt fährt der Gott in die Pythia und ergreift Besitz von ihrem Körper. Schau nur . . .«

Die Seherin atmete keuchend die aus dem Boden quellenden Dämpfe ein und wand sich unter krampfhaften Zuckungen. Dann schienen plötzlich alle Kräfte sie zu verlassen, leblos und mit verdrehten Augen hing sie in ihrem Kessel, um sich schon im nächsten Augenblick wild aufzubäumen und dabei eine Art Röcheln oder Zischen von sich zu geben, ähnlich dem einer Schlange. Einer der Ministranten legte ihr die Hand auf die Brust und nickte dem Priester zu.

»Nun kannst du den Gott befragen, König Philipp. Er ist jetzt anwesend«, sagte der Priester leise.

Philipp trat vor, bis er fast die Hand der Pythia berühren konnte.

»O Gott«, hob er an, »mein Haus bereitet sich auf ein freudiges Fest vor, und ich werde bald Gelegenheit haben, den Frevel zu rächen, den die Barbaren an unseren Göttertempeln verübt haben. Trotzdem ist mir das Herz schwer und mein Schlaf mit Alpträumen gefüllt. Woher rührt diese Unruhe? Sprich und gib mir Antwort.«

Die Pythia gab ein langes Stöhnen von sich, dann richtete sie sich langsam auf, indem sie sich mit beiden Händen auf dem Kesselrand abstützte, und begann mit seltsamer, metallisch klingender Stimme zu sprechen:

»Der Stier ist gekrönt,
das Ende ist nahe,
der Opfernde ist bereit.«

Danach fiel sie zurück, als sei alles Leben aus ihr gewichen.

Philipp betrachtete sie eine Weile schweigend, dann ging er zur Treppe zurück und eilte dem blassen Lichtschimmer entgegen, der von oben herunterdrang.

35

DER REITER KAM tief in der Nacht an, sprang vor der Palastwache ab und übergab sein schweißüberströmtes Pferd einem der schildtragenden Gardisten.

Eumenes, der nur in leichtem Halbschlaf gelegen und ihn gehört hatte, stand sofort auf, warf sich einen Umhang über die Schultern, nahm eine Laterne und eilte die Treppen hinunter.

»Mir nach«, sagte er zu dem Mann, kaum daß dieser den Portikus betrat. »Wo ist der König?« fragte er dann, während sie zusammen in Richtung der Waffenkammer gingen.

Der Reiter war noch immer ganz außer Atem. »Er dürfte einen Tagesritt von hier entfernt sein, mehr nicht. Ich habe etwas Zeit verloren, du weißt, warum.«

»Schon gut«, erwiderte Eumenes, während er eine schwere Eisentür aufschloß. »Komm rein, hier stört uns keiner.« Sie betraten einen großen, kahlen Raum, in dem offensichtlich reparaturbedürftige Waffen aufbewahrt wurden. Auf einer Seite standen mehrere Hocker um einen Amboß herum. Eumenes reichte dem Mann einen davon und ließ sich seinerseits nieder.

»Was hast du erfahren können?«

»Viel, aber einfach war es nicht, und einen Haufen Geld hat es auch gekostet. Ich mußte einen von den Ministranten bestechen, die Zugang zum Adyton haben . . .«

»Komm zur Sache!«

»König Philipp wollte sich nicht ankündigen lassen. Er hat sich heimlich unter die Befragenden gemischt, die vor dem Tempel Schlange standen. Aber irgend jemand hat ihn trotzdem erkannt und sofort ins Heiligtum geholt. Er hat den Priestern gesagt, daß er das Orakel befragen will, und sie haben natürlich versucht, die Frage im voraus zu erfahren, um eine entsprechende Antwort vorbereiten zu können.«

»Das ist normal.«

»Ich weiß. Der König hat aber nichts verraten, sondern verlangt, ins Adyton gebracht zu werden. Er wollte die Pythia direkt befragen, stell dir das vor!«

Eumenes schlug die Hände vors Gesicht. »Großer Zeus!«

»Der Priester, der an diesem Tag Dienst hatte, konnte nicht mal den Tempelrat benachrichtigen. Es ist ihm gar nichts anderes übriggeblieben, als Philipps Forderung nachzukommen. Der König ist also ins Adyton geführt worden; dort mußte er warten, bis die Pythia in Trance verfiel, und dann hat er ihr seine Frage gestellt.«

»Bist du dir sicher?«

»Todsicher.«

»Und wie hat die Antwort gelautet?«

»Der Stier ist gekrönt, das Ende ist nahe, der Opfernde ist bereit.«

»Sonst nichts?« fragte Eumenes mit düsterem Gesicht.

Der Mann schüttelte den Kopf.

Eumenes zog einen Beutel Geld aus den Falten seines Umhangs hervor und reichte ihn dem Informanten. »Hier, das ist das vereinbarte Honorar. Ich nehme an, von den Bestechungsgeldern hast du dir auch deinen Teil einbehalten.«

»Aber . . . aber ich . . .«

»Laß nur, ich weiß schon, wie das zugeht. Aber eins merke dir gut: Wenn du irgend etwas von dieser Geschichte durchsickern läßt, wenn du auch nur ein einziges Wort weitererzählst, sollst du bereuen, jemals zur Welt gekommen zu sein, so wahr ich hier sitze, verstanden?«

Der Mann nahm den Geldbeutel an sich, schwor mehrmals, kein Sterbenswort zu verraten, und ging.

Eumenes blieb allein in dem großen, kalten Raum zurück und dachte im Schein der Laterne lange darüber nach, wie man den Orakelspruch deuten könne, damit etwas Günstiges für seinen König herauskam. Dann ging er in sein Zimmer zurück und legte sich wieder ins Bett, aber schlafen konnte er in dieser Nacht nicht mehr.

Philipp traf am Spätnachmittag des folgenden Tages im Palast ein, und Eumenes schaffte es unter dem Vorwand, gewisse Dokumente zur Unterschrift vorlegen zu müssen, sofort von ihm empfangen zu werden.

»Darf ich nach dem Ausgang deiner Reise fragen, Herr?« sagte er, während er ihm ein Blatt nach dem andern reichte.

Philipp hob den Kopf und drehte sich nach ihm um: »Den kennst du doch längst, da wette ich zehn Silbertalente gegen einen Hundekack.«

»O nein, Herr! Du überschätzt meine Fähigkeiten. Mit so heiklen Angelegenheiten soll man nicht scherzen.«

Philipp streckte die linke Hand aus, um ein weiteres Dokument entgegenzunehmen und ihm das königliche Siegel aufzudrücken.

»Der Stier ist gekrönt, das Ende ist nahe, der Opfernde ist bereit.«

»Das ist die Antwort des Orakels, Herr? Aber die ist ja wundervoll, besser hätte sie gar nicht ausfallen können! Gerade jetzt, wo du nach Asien aufbrichst! Der neue Perserkönig ist soeben gekrönt worden, und was ist das Symbol von Persepolis, seiner Hauptstadt? Der Stier, der geflügelte Stier! Kein Zweifel, der Stier ist Dareios. Und sein Ende ist nahe, weil der Opfernde schon bereit ist. Der Opfernde bist natürlich du, Herr, weil du ihn töten wirst. Das Orakel hat deinen Sieg über das Perserreich prophezeit!« Eumenes hatte bis zu diesem Moment übers ganze Gesicht gestrahlt, nun machte er plötzlich eine skeptische Miene: »Aber soll ich dir was sagen, Herr? Dieser Spruch ist eigentlich zu schön, um wahr zu sein. Wahrscheinlich hat dieses durchtriebene Priesterpack die Antwort extra auf dich zugeschnitten. Na ja, egal. Ein schöner Geleitspruch ist es trotzdem.«

»Die Priester haben gar nichts zugeschnitten. Ich bin unangemeldet erschienen, hab einen von ihnen am Genick gepackt, mich ins Adyton bringen lassen und dort die Pythia befragt – sie hatte ganz verdrehte Augen und Schaum vor dem Mund, während sie sich unter Zuckungen wand und die Dämpfe des Chasma einatmete.«

Eumenes nickte wiederholt. »Ein richtiger Überfall also, ein Blitzangriff, wie er deiner würdig ist. Um so besser, dann ist der Bescheid des Orakels also echt.«

»Sieht so aus.«

»Alexander kommt in zwei Tagen zurück.«

»Gut.«

»Holst du ihn an der alten Grenze ab?«

»Nein. Ich warte hier auf ihn.«

»Können Kallisthenes und ich ihm entgegenreiten?«

»Ja, sicher.«

»Ich dachte, vielleicht nehme ich auch Philotas mit einem Dutzend Mann aus der Leibwache mit. Nur ein ganz kleines Ehrenaufgebot ...«

Philipp nickte.

»Gut, Herr, dann würde ich mich jetzt zurückziehen, wenn es sonst nichts mehr gibt«, sagte Eumenes und ging zur Tür.

»Weißt du, wie meine Soldaten mich genannt haben, als ich noch jung war und zwei oder mehr Frauen in einer Nacht flachlegen konnte?«

Eumenes drehte sich um und begegnete seinem gebrochenen Blick.

»Sie nannten mich den ›Stier‹.«

Eumenes wußte nicht, was er darauf antworten sollte. So verbeugte er sich nur rasch und eilte hinaus.

Das kleine Empfangskomitee schlug die Straße nach Beroea ein, in deren Nähe auch die alte Grenze des Reichs von Amyntas I. verlief. Am Haliakmon angekommen, machten sie halt. Der Fluß bildete hier eine Furt, und Eumenes war sicher, daß Alexander sie benützen würde.

Also saßen alle ab, und während man die Pferde frei grasen ließ, wurden Wasserkrüge, Brot, Käse, Oliven und getrocknete Feigen aus den Quersäcken geholt, und dann ließ man sich gemütlich auf dem Boden nieder und aß. Einer der Leibwächter wurde auf eine kleine Anhöhe hinaufgeschickt, er sollte Ausschau halten und Alexander melden, sobald er in Sicht kam.

Mehrere Stunden vergingen, ohne daß etwas passierte; die Sonne war bereits am Untergehen.

»Das ist eine gefährliche Straße«, wiederholte Kallisthenes immer wieder, »voll mit Wegelagerern. Wenn die bloß nicht . . .«

»Nun hör doch endlich mit deinen Wegelagerern auf!« fuhr Philotas ihn an. »Was meinst du, was ein paar Wegelagerer denen anhaben können? Die stecken sie in den Sack, bevor sie nur den Mund aufmachen. Alexander und die Jungs haben einen Winter in den illyrischen Bergen verbracht! Ist dir klar, was das bedeutet?«

Eumenes jedoch sah zu der Anhöhe hinauf, wo der Späher in diesem Moment ein rotes Tuch zu schwenken begann.

»Sie kommen«, sagte er leise.

Kurz darauf schoß der Mann auf dem Hügel einen Pfeil ab, der sich knapp neben ihnen in den Boden bohrte.

»Die Gruppe ist vollständig, keiner fehlt«, murmelte der Sekretär in ungläubigem Ton.

»Wache! Aufsitzen!« befahl Philotas, und alle zwölf Reiter schwangen sich in die Sättel und ordneten sich, ihre Lanzen in der Faust, auf der Straße an.

Eumenes und Kallisthenes wollten sich zu Fuß auf den Weg machen, als die Alexander-Schwadron auch schon hinter einem Hügel auftauchte.

Sie ritten alle acht nebeneinander her, umhüllt vom warmen Licht der Abendsonne, das einen goldenen Hof um sie bildete. Aus der Entfernung sah es beinahe so aus, als schwebten sie auf einer leuchtenden Wolke daher, als kämen sie aus einer anderen Zeit, einer anderen Welt oder aus dem Jenseits.

Am Fluß angelangt, preschten sie in vollem Tempo durch die Furt: Jeder Augenblick, der sie noch vom Vaterland trennte, war unerträglich. Die Wasser des Haliakmon schäumten unter den Hufen ihrer Pferde und schillerten wie ein Regenbogen im Licht der sinkenden Sonne.

Eumenes fuhr sich mit dem Ärmel seiner Tunika über die Augen und schneuzte sich geräuschvoll. Seine Stimme zitterte: »Oh, Götter des Himmels, das sind sie ... Das sind sie wirklich.«

In diesem Moment löste sich eine Gestalt mit goldblonder Mähne und kupferglänzender Rüstung aus der Gruppe und ritt auf einem schwarzen Hengst, dessen Hufschlag die Erde erzittern ließ, in rasendem Galopp auf sie zu.

»Präsentiert die Waffen!« schrie Philotas, worauf die zwölf Krieger noch dichter aneinanderrückten, Haltung annahmen und ihre Lanzenspitzen in den Himmel reckten.

Da konnte Eumenes sich nicht länger beherrschen: »Alexander ...«, stammelte er. »Alexander ist zurückgekehrt!«

36

Eumenes und Kallisthenes begleiteten Alexander bis vor die Tür von Philipps Arbeitszimmer. Eumenes klopfte an, und als sie den König »Herein!« rufen hörten, legte er seinem Freund die Hand auf die Schulter und meinte etwas verlegen: »Zeig dich nicht überrascht, wenn dein Vater etwas von einem Brief sagt, den du mir geschrieben hast. Ich habe mir erlaubt, in deinem Namen den ersten Schritt zur Versöhnung zu unternehmen ... sonst würdest du heute noch im Schnee umherirren.«

Alexander sah ihn verblüfft an: Das war also der Grund für Philipps Sinneswandel! Wenn er das gewußt hätte ... Aber jetzt war es zu spät, um noch einmal umzukehren, und so gab er sich einen Ruck und öffnete die Tür.

Der erste Eindruck, den er nach einem Jahr Abwesenheit von seinem Vater hatte, war der eines alten Mannes. Tiefe Falten zerfurchten seine Stirn, und die grauen Schläfen waren weiß geworden.

»Freut mich, dich bei guter Gesundheit anzutreffen«, sagte er dennoch.

»Mich auch«, erwiderte Philipp. »Du bist kräftiger geworden. Ich bin froh, daß du wieder hier bist. Wie geht es deinen Freunden?«

»Sie sind alle wohlauf.«

»Setz dich.«

Alexander gehorchte. Der König holte einen Krug und zwei Becher.

»Einen Schluck Wein?«

»Ja, danke.«

Als Philipp mit dem Glas auf ihn zutrat, erhob Alexander sich instinktiv. Nun, wo sie sich ganz nah gegenüberstanden, erkannte er, daß sein Vater auf einem Auge blind war und daß seine Falten Kummerfalten waren.

»Ich trinke auf deine Gesundheit, Vater«, sagte er. »Und auf den bevorstehenden Asienfeldzug! Der Gott von Delphi soll ja Großartiges prophezeit haben . . .«

Philipp nickte und trank einen Schluck Wein.

»Wie geht es deiner Mutter?« fragte er.

»Als ich sie das letzte Mal gesehen habe, ging es ihr gut.«

»Wird sie zu Kleopatras Hochzeit kommen?«

»Das hoffe ich.«

»Ich auch.«

Sie blickten sich schweigend an und hegten beide den heftigen Wunsch, ihren Gefühlen freien Lauf zu lassen, doch Schmerz und Groll hatte ihre Herzen verhärtet, und überdies stand jedem von ihnen noch allzu deutlich der schreckliche Moment vor Augen, in dem es um ein Haar zur Katastrophe gekommen wäre.

Irgendwann brach Philipp das Schweigen. »Geh Kleopatra begrüßen«, sagte er. »Du hast ihr sehr gefehlt.«

Alexander nickte und zog sich zurück.

Eumenes und Kallisthenes, die sich am Ende des Korridors herumdrückten, waren auf alles gefaßt gewesen – auf einen wilden Freudenausbruch oder auf einen Wutanfall –, aber die unwirkliche Stille, mit der die Begegnung zwischen Vater und Sohn ablief, kam ihnen merkwürdig vor.

»Was hältst du davon?« fragte Kallisthenes.

»Willst du wissen, was der König neulich zu mir gesagt hat? ›Keine Feste, keine Bankette. Es gibt nichts zu feiern: Wir sind beide zutiefst bekümmert.‹ Das hat er zu mir gesagt.«

Alexander durchquerte den Palast wie im Traum. Alles lächelte und verneigte sich, als er vorüberging, aber keiner wagte ihn anzusprechen.

Plötzlich ertönte lautes Bellen im Hof, und Peritas kam wie eine Furie in den inneren Wandelgang und auf ihn zugerannt, um winselnd und vor Freude jaulend an ihm hochzuspringen. In seinem Ungestüm hätte er ihn beinahe umgerissen.

Der junge Prinz war zutiefst gerührt von der Zuneigung, die das Tier ihm so offen und überschwenglich vor aller Augen bekundete. Während er Peritas streichelte und hinter den Ohren kraulte, mußte er an Argos, den Hund des Odysseus, denken – er war der einzige gewesen, der seinen Herrn wiedererkannt hatte, als dieser nach jahrelanger Irrfahrt in den heimatlichen Palast zurückkehrte. Und bei diesem Gedanken kamen Alexander unweigerlich die Tränen.

Seine Schwester hing heulend an seinem Hals, kaum daß er ihre Gemächer betreten hatte.

»Meine Kleine . . .«, murmelte Alexander und drückte sie an sich.

»Ich habe so viel um dich geweint«, schluchzte sie.

»Ja, aber jetzt bin ich ja wieder da«, tröstete Alexander sie. »Und ich habe einen Bärenhunger! Willst du mich nicht zum Abendessen einladen?«

»Aber natürlich!« Schniefend trocknete sich Kleopatra die Tränen ab. »Komm rein.«

Als er sich niedergelassen hatte, ließ Kleopatra sofort die Tische decken und eine Schüssel mit Wasser bringen, damit ihr Bruder sich Gesicht, Arme und Füße waschen konnte.

»Meinst du, daß Mama zu meiner Hochzeit kommt?« fragte sie ihn, nachdem sie sich beide auf ihren Speiseliegen ausgestreckt hatten.

»Ich hoffe schon. Immerhin heiraten ihre Tochter und ihr Bruder – da sollte sie nicht fehlen. Und vielleicht würde sich sogar unser Vater darüber freuen.«

Dann begannen sie sich gegenseitig zu erzählen, was sie das letzte Jahr über gemacht und erlebt hatten. Die Prinzessin erschauerte jedesmal, wenn ihr Bruder ihr von einem spannenden Abenteuer oder einer riskanten Verfolgungsjagd durch wilde Gebirgsschluchten erzählte.

Von Zeit zu Zeit unterbrach Alexander sich, um ihr seinerseits darüber Fragen zu stellen, wie sie das vergangene Jahr verbracht habe, wie sie sich ihr Leben im Palast von Buthroton vorstelle und ob sie schon ihr Hochzeitskleid ausgesucht habe. Manchmal sah er sie auch nur an, lächelnd und mit zur Seite geneigtem Kopf, wie es für ihn typisch war.

»Armer Perdikkas«, sagte er irgendwann. »Seit er von deiner Heirat erfahren hat, ist er untröstlich . . .«

»Das tut mir leid. Er ist ein guter Junge.«

»Mehr als das – wie ich ihn kenne, wird er eines Tages zu den besten Generälen von Makedonien gehören. Aber nichts zu machen . . . jeder von uns hat sein Schicksal.«

Kleopatra seufzte, und dann legte sich Stille über die beiden jungen Leute, die sich nach so langer Trennung endlich wiedersahen. Eine Zeitlang lauschte jeder von ihnen nur der Stimme seiner eigenen Gefühle.

»Ich glaube, daß du mit deinem Ehemann sehr glücklich sein wirst«, meinte Alexander schließlich. »Er ist nicht nur klug und tapfer, er kann auch träumen. Du wirst eine taubenetzte Blume für ihn sein, das Lächeln des Frühlings, eine goldgefaßte Perle.«

Kleopatra sah ihn mit feuchten Augen an. »Ist es so, wie du mich siehst, Bruder?« fragte sie.

»Ja, und er wird dich auch so sehen, da bin ich mir sicher.« Mit diesen Worten hauchte er ihr einen Kuß auf die Wangen und ging.

Es war bereits sehr spät, als er nach einem Jahr Abwesenheit zum erstenmal wieder in seine Gemächer kam. Er roch sofort den Duft der Blumen, mit denen sie geschmückt waren, und das Aroma des heißen Bades, das auf ihn wartete.

Brennende Laternen verbreiteten ein warmes, angenehmes Licht, neben der Wanne waren fein säuberlich sein Hautschabeeisen, sein Kamm und seine Rasierklinge angeordnet, und daneben saß auf einem Hocker, mit nichts als einem kurzen Chiton bekleidet, Leptine.

Sie rannte auf ihn zu, kaum daß sie ihn erblickte, warf sich ihm zu Füßen, umklammerte seine Knie und bedeckte ihn mit Küssen und heißen Tränen.

»Willst du mir nicht beim Baden behilflich sein?« fragte Alexander.

»Aber doch, natürlich, mein Herr. Sofort.«

Sie kleidete ihn aus, und als er in der großen Wanne lag, begann sie ihn sanft mit einem Schwamm abzureiben. Danach wusch sie ihm das Haar, trocknete es ab und salbte es mit kostbaren Ölen aus dem fernen Arabien.

Später umhüllte sie ihn mit einem Tuch und begleitete ihn zu seinem Bett. Dort zog auch sie sich aus, und dann begann sie ihn zu massieren, um seine Verspannungen zu lösen, doch sie benützte kein Parfüm, denn nichts war angenehmer als der natürliche Duft seiner Haut. Als sie merkte, daß er sich entspannte und die Augen schloß, streckte sie sich neben ihm aus, warm und nackt, und begann ihn am ganzen Körper zu küssen.

37

Gegen Ende des Frühlings, kurz vor Kleopatras Hochzeit mit dem König von Epeiros, gebar Euridike einen Sohn, und dieses Ereignis war dem eh schon gespannten Verhältnis zwischen Alexander und Philipp alles andere als zuträglich. Reibereien, Streit und Mißverständnisse häuften sich, und dazu trug wohl auch die Tatsache bei, daß der König beschlossen hatte, die engsten Freunde seines Sohnes – also Hephaistion, Perdikkas, Ptolemaios und Seleukos – vom Hofe zu verbannen.

Was Philotas betraf, der sich augenblicklich in Asien befand, so hatte er sich nach Alexanders Rückkehr eher kühl gezeigt, ja sogar unverhohlen damit begonnen, immer häufiger Alexanders Vetter Amyntas zu besuchen, der vor dessen Geburt rechtmäßiger Thronfolger gewesen war.

All dies verursachte dem jungen Prinzen gefährliche Selbstzweifel und Unsicherheiten, zumal ihm auch das Leben in Pella und die höfischen Gepflogenheiten fremd geworden waren. Er kam sich oft isoliert vor, und aus diesem Gefühl heraus beging er mehr als eine unbedachte Tat, um nicht zu sagen Dummheit. Als er schließlich erfuhr, daß Philipp seinen Stiefbruder, den geistig etwas zurückgebliebenen Arrhidaios, zum Gemahl für die Tochter des Satrapen von Karien auserwählt hatte, war er völlig vor den Kopf gestoßen. Er argwöhnte, daß dieser Schritt irgendwie mit dem Asienfeldzug zu tun habe, und sandte nach langem Grübeln einen Boten zu Pixodaros, um sich selbst als Bräutigam vorzuschlagen. Doch Philipp erfuhr davon und reagierte mit einem fürchterlichen Wutanfall – Arrhidaios' Heirat war bereits beschlossene Sache gewesen, und jetzt hatte Alexander ihm alles vermasselt.

Es war wieder einmal Eumenes, der dem Prinzen die schlechte Nachricht überbrachte.

»Was ist bloß in dich gefahren?« fragte er ihn. »Warum hast du mir nichts davon erzählt, warum hast du mich nicht um Rat gefragt? Der König ist außer sich, ich hätte dir gleich sagen können ...«

»Was hättest du mir sagen können?« unterbrach Alexander ihn barsch. »Du tust doch nur, was mein Vater dir befiehlt! Alle wichtigen Dinge verheimlichst du vor mir!«

»Du sprichst im Zorn«, entgegnete Eumenes. »Hast du dir einmal überlegt, was dieser Satrap für deinen Vater ist? Der Sklave eines Barbarenkönigs! Und mit dessen Tochter soll er den makedonischen Thronfolger verheiraten?!«

»Ich bin mir schon lange nicht mehr sicher, Philipps Thronfolger zu sein. Er hat jedenfalls nichts dergleichen zu mir gesagt, er spricht ja überhaupt nicht mehr mit mir, ihn interessieren nur noch diese Euridike und sein neugeborener Sohn.« Alexander starrte Eumenes wütend an. »Und ihr habt euch auch alle von mir abgewandt, du und die andern. Ihr habt Angst, euch mit mir blicken zu lassen, weil ihr schon ahnt, daß nach Philipp nicht ich, sondern ein anderer König wird. An möglichen Kandidaten fehlt es nicht. Du brauchst dich bloß umzusehen, dann weißt du, wie viele Söhnen mein Vater hat ... Nimm Amyntas – es gibt genug Adlige, die ihn jederzeit unterstützen würden, schließlich war er vor meiner Geburt der Thronfolger. Und hat Attalos etwa nicht auch prophezeit, seine Tochter würde den rechtmäßigen Kronerben gebären? Na bitte. Und diesmal *war* es ein Junge!«

Eumenes schwieg und beobachtete ihn, wie er mit großen Schritten im Zimmer auf- und abging. Erst als er merkte, daß er ruhiger wurde und sich ans Fenster stellte, meldete er sich wieder zu Wort.

»Du mußt mit deinem Vater sprechen, Alexander, selbst wenn er dich in diesem Moment am liebsten erwürgen würde – und er hat wahrhaftig nicht ganz unrecht.«

»Siehst du? Du stehst auf seiner Seite, du ...«

»Hör auf!« fiel Eumenes ihm ins Wort. »Hör endlich auf, mich so zu behandeln! Ich habe mich deiner Familie gegenüber immer loyal verhalten! Ich habe immer versucht, Frieden zwischen euch zu stiften, und soll ich dir sagen, warum? Weil ich deinen Vater für einen großen Mann halte, den größten, den Europa in den letzten hundert Jahren hervorgebracht hat, und weil du mein bester Freund bist, verdammter Dickkopf! Habe ich je die geringste Kleinigkeit gegen dich unternommen? Hab ich dich je gekränkt oder auch nur *ein* schlechtes Wort über dich gesagt? Sag es mir, los, ich warte!«

Alexander entgegnete nichts. Er verschränkte nervös die Hände und wandte Eumenes den Rücken zu, um seine Tränen vor ihm zu verbergen. Und er war fürchterlich wütend auf sich selbst, weil er merkte, daß er den Zorn seines Vaters heute noch ebenso fürchtete wie früher, als kleiner Junge.

»Du mußt mit ihm reden. Und zwar gerade jetzt, wo er wütend auf dich ist. Zeig ihm, daß du keine Angst vor ihm hast, daß du ein Mann bist und daß du würdig bist, eines Tages auf seinem Thron zu sitzen. Gib deinen Fehler zu und bitte um Verzeihung – denn darin zeigt sich der wahre Mut.«

»In Ordnung, aber denk dran, daß Philipp schon einmal mit dem Schwert auf mich losgegangen ist.«

»Da war er betrunken.«

»Und was ist er jetzt?«

»Hör auf, Alexander. Dein Vater hat sich beide Beine für dich ausgerissen. Weißt du, wieviel Geld er schon für dich ausgegeben hat? Weißt du das? Ich könnte es dir nämlich sagen, für den Fall, daß du's nicht weißt. Ich kenne seine Rechnungsbücher, in- und auswendig kenne ich sie ...«

»Ich möchte es nicht wissen.«

»Mindestens hundert Talente, eine Wahnsinnssumme! Das entspricht einem Viertel des gesamten Athener Stadtschatzes ...«

»Ich will es nicht wissen!«

»Er hat ein Auge auf dem Schlachtfeld gelassen und wird für den Rest seines Lebens hinken. Er hat das größte Reich aufgebaut, das je westlich der Meerengen existierte – für dich, Alexander! Und jetzt bietet er dir ganz Asien an, sozusagen auf dem Silbertablett! Aber was machst du? Du durchkreuzt seine Pläne und mißgönnst ihm die wenigen Genüsse, die das Leben einem Mann in seinem Alter noch bietet. Geh zu ihm, Alexander, und sprich mit ihm, bevor er zu dir kommt.«

»Ist ja gut, ich gehe ja schon«, erwiderte Alexander und verließ türenknallend das Zimmer.

Eumenes rannte ihm nach. »Alexander! Warte! Du sollst warten!«

»Was ist denn noch?«

»Laß mich zuerst zu ihm und ihn ein bißchen darauf vorbereiten.«

Alexander zuckte mit der Schulter und sah seinem Freund kopfschüttelnd nach, wie er ihm voraus in den Ostflügel des Palastes rannte.

Eumenes betrat Philipps Arbeitszimmer, ohne eine Antwort auf sein Klopfen abzuwarten.

»Was gibt's?« fragte der König mit düsterer Miene.

»Alexander möchte mit dir sprechen.«

»Wie bitte?«

»Herr, dein Sohn bedauert, was er getan hat, aber versuch du bitte auch, ihn zu verstehen: Er fühlt sich einsam, isoliert. Er ist überzeugt, du hättest ihm deine Zuneigung und dein Vertrauen entzogen. Kannst du ihm nicht verzeihen? Im Grunde ist er doch fast noch ein Junge. Er dachte, du hättest ihn fallenlassen, und da hat er es mit der Angst zu tun bekommen.«

Eumenes stand mit eingezogenem Kopf da und wartete auf das Gewitter, das jeden Moment über ihn hereinbrechen würde, doch der König blieb wider Erwarten ruhig – so ruhig, daß es ihm fast schon unheimlich vorkam.

»Fühlst du dich wohl, Herr?«

»Ja, ja. Laß ihn reinkommen.«

Eumenes ging hinaus und stieß vor der Tür auf Alexander, der ihn mit blassem Gesicht erwartete.

»Dein Vater ist sehr bekümmert«, sagte er zu ihm. »Möglicherweise ist er einsamer als du. Vergiß das nicht.«

Der Prinz trat ein.

»Warum hast du das getan?« fragte Philipp ihn.

»Ich . . .«

»Warum?«

»Weil ich das Gefühl hatte, daß du mich in deinen Entscheidungen nicht mehr berücksichtigst, daß du alle Pläne ohne mich machst. Und weil ich alleine war – keiner hat mir geholfen oder einen Rat gegeben. Ich wollte meine verletzte Würde wiederherstellen . . .«

»Indem du den Sklaven eines Barbarenkönigs zu deinem Schwiegervater machst?«

Eumenes' Worte, dachte Alexander im stillen.

»Warum hast du nicht mit mir gesprochen?« fuhr Philipp in etwas ruhigerem Ton fort. »Ich bin dein Vater, warum hast du nicht mit mir gesprochen?«

»Weil du mir Arrhidaios vorgezogen hast – einen, der nicht recht im Kopf ist.«

»Na eben!« brüllte Philipp, indem er mit der Faust auf den Tisch schlug. »Und das hat dir nicht zu denken gegeben? Was hat Aristoteles dir eigentlich beigebracht, wenn du nicht einmal die einfachsten logischen Schlüsse ziehen kannst?«

Alexander schwieg, während der König mit schleppenden Schritten im Zimmer auf- und abzugehen begann.

»Hab ich denn so großen Schaden angerichtet?« fragte der Prinz irgendwann.

»Nein«, sagte Philipp. »Obwohl die Heiratsallianz mit einem persischen Satrapen im Hinblick auf meinen Asienfeldzug natürlich von Vorteil gewesen wäre.«

»Tut mir leid«, erwiderte Alexander. »Es soll das letzte Mal gewesen sein ... Übrigens warte ich noch darauf, daß du mir meinen Platz bei Kleopatras Hochzeit zuweist.«

»Dein Platz ist der Platz des Thronfolgers, mein Sohn. Geh zu Eumenes. Er hat die Zeremonie ausgearbeitet.«

Alexander errötete heftig bei diesen Worten. Am liebsten hätte er seinen Vater umarmt, wie damals, wenn er ihn in Mieza besuchen kam, aber er schaffte es nicht, die Verlegenheit und die Vorbehalte zu überwinden, die er seit dem Tag ihres großen Zerwürfnisses empfand. Trotzdem las Philipp seinem bewegten Mienenspiel ab, wie ihm zu Mute war, denn er meinte schmunzelnd:

»Und jetzt hau ab, ich habe zu tun.«

»Komm, ich zeig dir was.« Eumenes ging Alexander voraus einen der langen Palastkorridore entlang. »Du sollst sehen, wozu dein alter Freund in der Lage ist. Diese Hochzeit wird das Meisterwerk meines Lebens! Der König hat sich über alle Zeremonienmeister und Kämmerer hinweggesetzt und die gesamte Organisation auf mich übertragen. Und jetzt«, sagte er, indem er eine Tür aufstieß und Alexander eintreten ließ. »Da, schau hin!«

Der Prinz fand sich in einem der vielen Säle des königlichen

Zeughauses wieder. Er war vollständig ausgeräumt worden, um Platz für einen großen Tisch zu schaffen, der auf Holzböcken stand und ein großes Modell des Königspalastes von Aigai trug. Die gesamte Anlage bis hin zum Theater und den Tempeln war maßstabsgetreu nachgebildet.

Da die Dächer weggelassen worden waren, hatte man Einblick in die einzelnen Räume, wo Hunderte von bunten Tonfigürchen die Personen darstellten, die an Kleopatras Hochzeitsfeier teilnehmen würden.

Eumenes trat an den Tisch heran, angelte sich einen Zeigestock und deutete damit auf einen großen Saal, der auf einen Portikus hinausging.

»Hier findet die Vermählung statt, und hier beginnt danach auch der große Umzug – ein Spektakel, kann ich dir sagen, wie man es noch nie erlebt hat!«

Eumenes' Augen leuchteten.

»Du weißt ja, nach der eigentlichen Eheschließung wird die Braut von ihren Hofdamen zum rituellen Bad ins Brautgemach geführt, das ist immer so. Aber wir veranstalten unterdessen eine gewaltige Prozession: Vorn die Statuen der zwölf Götter des Olymp, die von Tempeldienern auf den Schultern getragen werden. Und hier, in ihrer Mitte, siehst du?«

Eumenes deutete mit seinem Stock auf eine der Tonfiguren. »Das ist ein Standbild deines Vaters. Es soll die Religiosität unseres Königs symbolisieren und seine Funktion als Schutzgott aller Griechen. Er selbst schreitet im Zentrum des Zuges«, fuhr Eumenes in schwärmerischem Ton fort, »mit einem langen weißen Mantel angetan und mit einer Krone aus goldenen Eichenblättern auf dem Haupt. Ein paar Schritte vor ihm, zu seiner Rechten, gehst du als Thronfolger, und links von dir der Bräutigam, Alexander von Epeiros. So, und diese ganze Prozession zieht zum Theater. Hier, siehst du?« Eumenes' Stock wies auf das entsprechende Gebäude. »Dort haben bereits im Morgengrauen die Gäste und Gesandtschaften von auswärts Platz genommen. Sie werden bis zum Einzug der Prozession mit Aufführungen und Rezitationen berühmter Schauspieler unterhalten, die wir eigens aus Athen, aus Sikyon und aus Korinth kommen lassen. Der von dir so geschätzte Thessalos ist übrigens auch unter ihnen.«

Alexander zupfte sich die Falten seines Umhangs über der Schulter zurecht und wechselte einen raschen Blick mit seinem Onkel. Wenige Schritte hinter ihnen stand Philipp – in der rechten Hand das Elfenbeinzepter, auf dem Kopf den Kranz aus goldenen Eichenblättern. Er wurde von seiner Leibwache eskortiert und trug eine purpurrote Tunika, deren Saum mit goldenen Eierstab- und Palmenmotiven bestickt war; darüber hatte er einen kostbaren weißen Mantel – genau wie die kleine Tonfigur, die Eumenes dem jungen Prinzen vor wenigen Tagen gezeigt hatte.

Die königlichen Schuster hatten *Kothurne* für ihn angefertigt, wie sie sonst nur die Tragödienschauspieler trugen. Die Sohlen der an sich schon sehr hohen Schuhe waren in diesem Fall noch unterschiedlich dick gemacht, um Philipps Beinverkürzung auszugleichen und ihm einen gleichmäßigen Gang zu ermöglichen. Natürlich erschien er auf diesen »Stelzen« auch viel größer, als er eigentlich war.

Eumenes hatte auf einem Holzgerüst am oberen Rand des Theaters Stellung bezogen und dirigierte von dort, bunte Fähnchen schwenkend, den langen Zug.

Auf der einen Seite hatte er das brechend volle Halbrund des Theaters unter sich, auf der andern, am Ende des Zugangsweges, sah er die Spitze der Prozession mit den herrlichen Götterstatuen. Die Standbilder waren von den größten Künstlern geschaffen worden und trugen echte Kleider und echte Goldkronen. Einem jeden Gott war sein heiliges Tier zur Seite gestellt, Zeus der Adler, Athena die Eule, Hera der Pfau, und alle diese Vögel waren so naturgetreu nachgebildet, daß man meinen konnte, sie flögen jeden Moment davon.

Hinter ihnen schritten die Priester einher, die ihre Köpfe mit den heiligen Bändern umwickelt hatten und Weihrauchkessel schwenkten. Auf sie folgte ein Chor mit wunderhübschen Bübchen, alle nackt wie kleine Amoretten, die zur Begleitung von Flöten und Pauken die Hochzeitshymnen sangen.

Dann kamen Alexander und sein Onkel, der König von Epeiros, die wenige Schritte vor Philipp gingen. Den Abschluß des Zuges bildeten sieben königliche Leibwächter in Paradeuniform.

Nun gab Eumenes dem Zeremonienmeister das vereinbarte Zeichen, dieser ließ in die Trompeten stoßen, und die lange Prozession setzte sich in Bewegung. Sie bot einen herrlichen Anblick, zumal die Sonne an diesem ungewöhnlich klaren Sommertag noch das Ihrige dazutat. Schon erschien die Spitze des Zuges im Halbrund des Theaters. Eine nach der anderen wurden die prächtigen Statuen über die halbkreisförmige *Orchestra* getragen und vor dem *Proszenium* aufgestellt.

Eumenes konnte von seinem Beobachtungsposten aus alles genau verfolgen: wie die Teilnehmer der Prozession nach und nach unter dem großen Torbogen, der von außen Zugang zum Theater gewährte, verschwanden und wenig später auf der halbrunden *Orchestra* wieder auftauchten. Den Götterstatuen folgten die Priester, sie waren in eine dichte Weihrauchwolke gehüllt, und dann kamen die nackten Knäblein, die singend und tanzend ihren Einzug hielten. Die Gäste auf den Zuschauerrängen kamen aus dem Staunen gar nicht heraus; immer wieder verliehen sie ihrer Bewunderung durch begeisterte Zurufe Ausdruck. Und noch war die Hauptperson, der König, nicht eingezogen!

In diesem Moment näherten sich Alexander von Makedonien und Alexander von Epeiros dem Theater. Philipp folgte ihnen in kurzem Abstand. Als er außen, vor dem Torbogen, angelangt war, bedeutete er seinen Leibwächtern, sich zurückzuziehen. Auch das war abgemacht, denn Philipp wollte sich den Griechen nicht wie ein Tyrann mit Geleitschutz präsentieren.

Die beiden Alexander betraten unter tosendem Beifall das Theater. Zur andern Seite hin sah Eumenes den König ins Dunkel des Torbogens eintauchen. Aus den Augenwinkeln nahm er die Leibwache wahr, die sich zurückzog. Er streifte sie mit einem flüchtigen Blick, dann schaute er noch einmal genauer hin: Verdammt, da fehlte ja einer!

Just in diesem Moment trat der König in das sonnenüberflutete Halbrund des Theaters hinaus, und Eumenes, der das Unheil ahnte, begann aus vollem Halse zu schreien, aber es gelang ihm nicht, den Beifallsorkan zu übertönen. Dann ging alles sehr schnell: Der fehlende Leibwächter stürzte aus dem dunklen Torbogen, warf sich auf den König, bohrte ihm einen kurzen Dolch bis ans Heft in die Seite und floh.

Alexander merkte an den entsetzten Mienen der Zuschauer, daß etwas Fürchterliches passiert sein mußte, er drehte sich blitzartig um und sah, daß sein Vater erbleichte und die Gesichtsfarbe der Götterstatuen aus Elfenbein annahm. Im nächsten Moment begann er zu torkeln und preßte sich beide Hände auf die Seite; auf dem schneeweißen Mantel breitete sich ein immer größer werdender Blutfleck aus.

Hinten rannte ein Mann in Richtung der wiesengesäumten Straße. Alexander war mit einem Satz bei seinem Vater, der stöhnend in die Knie ging. Sein Onkel brüllte: »Faßt diesen Mann!« und hechtete dem Flüchtenden hinterher.

Der Prinz konnte Philipp auffangen, bevor er in den Staub fiel. Er umschlang ihn mit beiden Armen und drückte ihn an sich, während ihm das Blut über die Hände strömte.

»Papa!« schrie er schluchzend. »Papa, nein!« Und Philipp spürte seine heißen Tränen auf den blutleeren Wangen.

Plötzlich schien es ihm, als explodiere die Sonne am Himmel; ein gleißender Funkenregen ergoß sich über ihn, und dann war alles dunkel. Doch bevor er ganz in Finsternis und Schweigen versank, sah er noch einmal sich selbst in einem schattigen Zimmer stehen und ein kleines Kind an seine Brust drücken. Er spürte wieder die weiche Haut des Kleinen auf seiner stoppeligen Wange, fühlte die weichen Lippen auf seiner narbenübersäten Schulter und roch ein letztes Mal den herrlichen Duft der Rosen von Pieria.

38

Der Flüchtende rannte auf eine Baumgruppe zu, unter der andere Männer – vermutlich Komplizen – auf ihn warteten. Als diese jedoch sahen, daß er verfolgt wurde, flohen auch sie Hals über Kopf.

Der Mann drehte sich um und begriff, daß er Opfer einer regelrechten Hetzjagd war. Eine ganze Meute von Soldaten setzte ihm nach, darunter Alexander von Epeiros, der seinen Umhang weggeworfen hatte und mit dem Schwert in der Luft herumfuchtelte: »Faßt ihn lebend!« schrie er.

Der Mann rannte um sein Leben, und als er nur noch wenige Schritte von seinem Pferd entfernt war, versuchte er mit einem Sprung aufzusitzen, doch er stolperte über eine Wurzel und stürzte. Als er sich umdrehte, hatten seine Verfolger ihn bereits eingeholt. Noch bevor er auch nur ein Wort sagen konnte, durchbohrten sie ihn schon mit ihren Schwertern und töteten ihn, ohne lange zu fackeln.

»Idioten!« schrie der König von Epeiros, als er sah, was die Leibwächter angerichtet hatten. »Idioten! Hatte ich nicht gesagt, ihr sollt ihn lebend fassen?«

»Aber Herr, er war bewaffnet und hat Widerstand geleistet.«

»Dann faßt wenigstens die anderen!« befahl der König. »Los, schnell! Reitet ihnen hinterher!«

Unterdessen war auch Alexander eingetroffen. Seine Kleider waren mit dem Blute Philipps getränkt. Er sah den Mörder an, dann den König von Epeiros und sagte: »Ich kenne ihn. Das ist Pausanias, einer der Leibwächter meines Vaters. Zieht ihn aus, spießt ihn auf einen Pfahl und stellt ihn vor dem Eingang des Theaters zur Schau, bis nur noch sein Skelett übrig ist.«

Um die Leiche herum bildete sich ein immer dichter werdender Menschenauflauf: Soldaten der königlichen Garde, Heeresoffiziere, Hochzeitsgäste und Schaulustige.

Alexander kehrte mit seinem Schwager sofort ins Theater zurück, das sich fast vollständig geleert hatte. Über den Leichnam seines Vaters gebeugt, kniete eine schluchzende Kleopatra im Brautkleid. Wenige Schritte entfernt stand – beide Hände auf den Mund gepreßt und mit tränengefüllten Augen – Eumenes und schüttelte unablässig den Kopf, als könne er es nicht fassen. Königin Olympias, die bereits am Morgen hätte eintreffen sollen, ließ noch immer auf sich warten.

Alexander ließ sofort zum Appell blasen: Sämtliche Heereseinheiten aus dem näheren Umkreis hatten augenblicklich anzutreten. Dann befahl er, den Leichnam seines Vaters für die Begräbnisfeier herzurichten und für sich und seinen Schwager zwei Rüstungen zu besorgen. Kleopatra ließ er in ihre Gemächer begleiten.

Zuletzt ging er zu Eumenes und rüttelte ihn an den Schultern. »Komm zu dir, mein Freund. Ich brauche dich«, sagte er. »Du mußt mir das königliche Siegel bringen und sofort Eilboten losschicken, die Hephaistion, Ptolemaios, Perdikkas, Seleukos und die anderen an den Hof zurückholen. Ich will sie morgen abend in Pella haben!«

Die Waffenmeister mit den Rüstungen waren schnell zur Stelle. Alexander und der König von Epeiros legten Panzer und Beinschienen an, gürteten sich ihre Schwerter um und bahnten sich, von einem kleinen Trupp Leibwächter gefolgt, einen Weg durch die dichte Menschenmenge vor dem Theater, um den Palast zu besetzen. Alle anwesenden Mitglieder der Königsfamilie wurden in ihre Gemächer geschickt und streng bewacht. Nur bei Amyntas machte Alexander eine Ausnahme, denn dieser hatte sich augenblicklich unter seinen Befehl gestellt, indem er bewaffnet vor ihn trat und sagte: »Du kannst dich auf mich und meine Treue verlassen. Ich will kein weiteres Blutvergießen.«

»Danke«, erwiderte Alexander. »Diese Geste werde ich dir nie vergessen.«

Die Stadttore von Aigai wurden von mehreren Abteilungen der Reiterei und der schildtragenden Garde besetzt. Philotas präsentierte sich unaufgefordert im Palast, um sich in seine Heereseinheit einzuordnen.

Am späten Nachmittag trat Alexander Seite an Seite mit dem König von Epeiros und seinem Cousin Amyntas vor das versammelte Heer. Er trug den königlichen Mantel und das königliche Diadem – ein Signal, das klar und deutlich war.

Die Offiziere ließen in die Trompeten stoßen, und die Soldaten brüllten:

»Heil Alexander, Heil dem König von Makedonien!«

Auf ein weiteres Zeichen begannen sie, mit ihren Lanzenschäften so laut gegen die Schilde zu schlagen, daß der ganze Hof und der Palast bis in den hintersten Winkel dröhnten.

Nachdem Alexander den Gruß des Heeres entgegengenommen hatte, befahl er allen, sich für den Aufbruch bereit zu halten, und ließ Bukephalos satteln. Dann rief er Eumenes und Kallisthenes zu sich:

»Eumenes, du kümmerst dich um den Leichnam meines Vaters. Sorg dafür, daß er gewaschen und bis zur offiziellen Begräbnisfeier einbalsamiert wird; die Feier selbst organisierst du auch. Und beauftrage so bald wie möglich einen Architekten mit dem Bau des Grabmonuments. Ach ja, wenn meine Mutter ankommen sollte, empfängst du sie bitte in meinem Namen. Und du, Kallisthenes, bleibst vorerst auch in Aigai. Ich möchte, daß du dich mit der Aufklärung des Mordes befaßt. Laß die Komplizen des Mörders suchen, vernimm seine Freunde, versuch herauszufinden, was er in den letzten Stunden gemacht hat, und verhöre die Leibwächter, die ihn gegen den Befehl meines Schwagers umgebracht haben. Wenn nötig, gebrauchst du die Folter.«

Eumenes trat vor und reichte Alexander einen kleinen Holzschrein.

»Das königliche Siegel, Herr.«

Alexander nahm den Ring und steckte ihn an seinen Finger. »Sind wir Freunde, Eumenes? Bist du mir treu?«

»Aber natürlich, Herr.«

»Dann nenne mich weiterhin Alexander.«

Mit diesen Worten trat er auf den Exerzierplatz hinaus, schwang sich in den Sattel und ritt mit seinem Schwager nach Pella zurück, um Philipps Thron zu besteigen und den Adligen und dem ganzen Hof zu zeigen, wer der neue König von Makedonien war. In Aigai ließ er nur eine kleine Schutztruppe unter dem Befehl Philotas' zurück.

Das Theater war mittlerweile wie ausgestorben. Nur die steinernen Götter standen noch herum, als habe man sie auf ihren Sockeln vergessen, und unter ihnen das Bildnis Philipps, das im Licht der untergehenden Sonne traurig und verloren wirkte.

Schon senkten sich die Schatten der Nacht über das leere Halbrund, da löste sich plötzlich eine Gestalt aus dem dunklen Torgang: Ein Mann mit langem Umhang und Kapuze auf dem Kopf trat in die verlassene Arena und sah lange den Blutfleck an, der auf dem Boden eingetrocknet war. Dann wurde seine Aufmerksamkeit von einem kleinen Metallgegenstand angezogen, der halb versteckt im Sand lag. Der Mann bückte sich danach, betrachtete ihn mit seinen kleinen, lebhaften grauen Augen, hob ihn schließlich auf und ließ ihn zwischen den Falten seines Umhangs verschwinden.

Danach verließ er das Theater wieder, blieb jedoch vor der gepfählten Leiche des Mörders stehen, die der Dunkelheit wegen kaum noch zu erkennen war. Plötzlich ertönte hinter ihm eine Stimme:

»Onkel Aristoteles, ich wußte gar nicht, daß du schon hier bist!«

»Kallisthenes! Siehst du, Junge, wie schnell ein Freudentag zum Trauertag werden kann?«

»Alexander hatte sich so darauf gefreut, dich wiederzusehen, aber dann haben die Ereignisse sich überstürzt . . .«

»Ich weiß. Ach, wie betrüblich das alles ist«, seufzte der Philosoph. »Wo ist Alexander jetzt?«

»Unterwegs nach Pella, an der Spitze seiner Truppen. Gewisse Adelskreise könnten einen Handstreich wagen, das möchte er verhindern. Aber du, Onkel, was machst du hier im Theater? Das ist kein erfreulicher Anblick.«

Aristoteles überhörte seine Frage. »Einen Handstreich? Sicher«, sagte er nachdenklich. »Ein Königsmord ist immer ein kritischer Moment in der Entwicklung eines Volkes. Und das Orakel von Delphi soll sogar eine Vorwarnung ausgesprochen haben, wie mir berichtet wurde: ›Der Stier ist gekrönt, das Ende ist nahe, der Opfernde ist bereit.‹« Der Philosoph wandte sich der malträtierten Leiche des Pausanias zu. »Hier ist er, der Opfernde. Aber wer hätte gedacht, daß der Orakelspruch auf diese Weise in Erfüllung gehen würde!«

»Alexander hat mich damit beauftragt, den Mord an seinem Vater zu untersuchen. Ich soll herausfinden, wer letztendlich dahinter steckt.« Aus der Ferne konnte man die schaurigen Gesänge der Klageweiber vernehmen, die im Palast den Tod des Königs beweinten. »Möchtest du mir dabei behilflich sein?« fragte Kallisthenes seinen Onkel. »Es scheint alles so absurd ...«

»Gerade darin liegt ja der Schlüssel zu diesem Verbrechen«, erwiderte Aristoteles. »In seiner scheinbaren Absurdität. Überlegen wir mal: Welcher Mörder könnte auf die Idee kommen, sein Opfer auf diese Art und Weise umzubringen, in einem Theater und vor versammelter Zuschauerschaft, als handle es sich um eine Schauspielaufführung, eine Tragödie mit echtem Blut und ...« er zog das Metallstück aus den Falten seines Umhangs, »mit einem echten Dolch. Einem keltischen Dolch, um es genau zu sagen.«

»Eine seltene Waffe hierzulande ... Ich sehe, Onkel, du hast bereits mit deinen Nachforschungen begonnen.«

»Ohne Neugier keine Erkenntnis. Was weißt du über ihn?« fragte Aristoteles, wobei er mit dem Kinn auf die gepfählte Leiche wies.

»Nicht viel. Nur daß er Pausanias hieß, aus der Lynkestis stammte und Philipps Leibgarde angehörte – seiner großen Statur wegen.«

»Tja, er selbst kann uns leider nichts mehr erzählen, und das gehört bestimmt auch mit zum Plan. Hast du schon die Soldaten verhört, die ihn umgebracht haben?«

»Ein paar von ihnen, aber ich habe nicht viel herausbekommen. Angeblich hat keiner gehört, wie Alexander von Epeiros befahl, den Mann nicht zu töten – in ihrer Verzweiflung über den Tod des Königs hätten sie ihn beim ersten Anzeichen von Widerstand blindwütig massakriert.«

»Glaubwürdig, aber bestimmt nicht wahr. Wo ist der König von Epeiros jetzt?«

»Zusammen mit Alexander unterwegs nach Pella.«

»Er hat also auf seine Hochzeitsnacht verzichtet . . .«

»Ja, aus gutem Grund: Er will seinem Schwager im kritischen Moment der Thronfolge zur Seite stehen. Außerdem muß er Kleopatras Trauer respektieren und . . .«

Aristoteles unterbrach seinen Neffen, indem er sich den Zeigefinger auf die Lippen legte. In der Ferne war der Hufschlag mehrerer herangaloppierender Pferde zu hören, die sich rasch dem Theater näherten.

»Komm«, sagte der Philosoph, »wir verstecken uns hinter dieser Säule. Wer sich nicht beobachtet fühlt, benimmt sich freier.«

Die Pferde waren mittlerweile vom Galopp in den Trab verfallen, und kurz darauf konnte man sie auch sehen. Eines von ihnen ritt bis unmittelbar vor den Eingang des Theaters. Sein Reiter – eine Gestalt mit schwarzem Kapuzenmantel – sprang ab und ging zu der gepfählten Leiche von Pausanias. Dort streifte er die Kapuze zurück: Eine lange, kupferschimmernde Lockenmähne kam darunter zum Vorschein.

»Götter des Himmels, das ist ja Olympias!« flüsterte Kallisthenes seinem Onkel ins Ohr.

Die Königin trat ganz dicht an den grausigen Pfahl heran, zog etwas aus ihrem Umhang und stellte sich vor dem Toten auf die Zehenspitzen. Als sie wieder zu ihrer Eskorte zurückging, hatte der tote Pausanias einen Blumenkranz um den Hals hängen.

»Oh, bei Zeus!« rief Kallisthenes – wenn auch leise – aus. »Dann ist ja alles klar . . .«

»Klar?« Aristoteles schüttelte den Kopf. »Mitnichten, lieber Neffe. Wenn Olympias die Drahtzieherin dieses Mordes wäre, glaubst du, dann hätte sie getan, was sie getan hat – vor den Augen ihrer Leibwächter und wohlwissend, daß Pausanias' Leiche aller Wahrscheinlichkeit nach bewacht wird?«

»Vielleicht hat sie sich absichtlich so verhalten; ich meine, um eine falsche Fährte zu legen und den Verdacht von sich abzulenken ...«

»Das können wir nicht ausschließen«, gab Aristoteles zu. »Aber es ist immer klüger, nach den Motiven eines Mordes zu suchen, als sich darüber den Kopf zu zerbrechen, was der Mörder denkt, daß die andern denken. Komm«, sagte er dann, »jetzt besorgst du uns eine Laterne oder Fackel, und dann schauen wir uns mal den Ort an, an dem Pausanias getötet worden ist.«

»Wäre das bei Tageslicht nicht einfacher?« fragte Kallisthenes.

»Schon, aber bis der morgige Tag anbricht, kann viel passieren.«

Und mit diesen Worten schritt der Philosoph auf den kleinen Eichen- und Ulmenwald zu, in dessen Nähe Philipps Mörder umgebracht worden war.

39

Hephaistion, Ptolemaios, Seleukos und Perdikkas, alle vier in voller Rüstung, kamen mit Einbruch der Nacht im Palast von Pella an. Sie waren schweißgebadet und todmüde von dem langen Ritt. Trotzdem rannten sie, nachdem sie ihre Pferde den Stallburschen überlassen hatten, sofort die Treppe hinauf in den Sitzungssaal, wo Alexander sie schon ungeduldig erwartete. Leonnatos und Lysimachos würden nicht vor morgen eintreffen, da sie sich augenblicklich in der Stadt Larisa in Theassalien befanden.

Ein Wächter geleitete die vier in den Saal, in dem bereits die Öllampen brannten. Alexander, Philotas, General Antipatros, Alexander von Epeiros, Amyntas und ein paar Bataillonsführer der Kavallerie saßen um einen langen Tisch. Alle, einschließlich des Königs, trugen ihre Rüstung und hatten Helme und Schwerter in Reichweite, ein Zeichen, daß die Lage noch immer kritisch war.

Alexander ging seinen Freunden mit ausgebreiteten Armen entgegen. »Willkommen! Endlich sind wir wieder vereint!«

Hephaistion sprach im Namen aller: »Wir sind zutiefst betrübt über den Tod von König Philipp. Daß er uns vom Hof verbannt hat, ist heute vergessen. Unsere Zuneigung zu ihm ist ungebrochen. Wir werden ihn stets als großen Herrscher, als den tapfersten aller Krieger und den weisesten aller Staatsmänner in Erinnerung bewahren. Du weißt, daß er wie ein Vater zu uns war – hart und streng, aber auch großzügig und edel. Sein Tod ist schrecklich für uns, aber nun trittst du sein Erbe an – als würdiger Nachfolger deines Vaters und als unser König!«

Nach dieser kleinen Ansprache trat er auf Alexander zu, umarmte ihn und küßte ihn auf beide Wangen; die anderen drei taten es ihm nach. Dann begrüßten sie auch König Alexander von Epeiros und die anwesenden Offiziere und setzten sich zu ihnen an den Tisch.

Alexander fuhr mit der Rede fort, die er vor der Ankunft seiner Freunde begonnen hatte: »Tausende von Menschen haben den Tod meines Vaters mit eigenen Augen mitangesehen. Die Nachricht wird sich wie ein Lauffeuer verbreiten. Ihre Folgen kann keiner vorhersehen, aber wir müssen uns auf alles gefaßt machen. Nur wenn wir sofort handeln, können wir sicher verhindern, daß das Reich geschwächt und etwas von dem zerstört wird, was mein Vater so mühsam aufgebaut hat. Hört also meinen Plan: Zunächst müssen wir einiges in Erfahrung bringen, zum Beispiel wie es um die Sicherheit unserer nördlichen Grenzen bestellt ist, wie unsere neuen Verbündeten, die Athener und Thebaner, auf Philipps Tod reagieren, und vor allem . . .« – er wandte sich mit einem vielsagenden Blick an Philotas – »was die Generäle unseres Expeditionskorps in Asien vorhaben: also Attalos und Parmenion. Die beiden verfügen immerhin über ein Heer von fünfzehntausend Mann . . .«

»Und *wie* willst du das herausbekommen?« fragte Philotas etwas nervös.

»Indem ich jemanden damit beauftrage, Erkundungen einzuziehen – keinen von euch, ich möchte euch ja nicht in Verlegenheit bringen, sondern einen griechischen Offizier namens Ecataios. Er dient in einer der kleinen Heereseinheiten, die wir im Gebiet um die Meerengen stationiert haben. Was jedoch Attalos betrifft, so habe ich bereits beschlossen, ihn abzusetzen. Den Grund hierfür könnt ihr euch wohl denken.«

Niemand erhob einen Einwand. Der Zwischenfall, der sich vor einem Jahr auf Philipps Hochzeit ereignet hatte, stand allen noch deutlich vor Augen.

»Ich möchte den Dingen nicht vorgreifen«, hob Alexander von neuem an, »aber ich vermute, daß die Reaktionen auf den Tod des Königs schon sehr bald spürbar sein werden. Der eine oder andere wird bestimmt glauben, man könne das Rad der Geschichte zurückdrehen. Wir müssen ihn davon überzeugen, daß er sich irrt. Erst danach können wir das große Vorhaben meines Vaters wieder aufnehmen.«

Alexander schwieg, und in diesem Moment merkten alle, daß die Zeit stehengeblieben war, daß sich in diesem Raum im Palast von Pella die Zukunft anbahnte, die sich augenblicklich noch keiner ausmalen konnte. Der junge Mann, den Philipp in jahrelanger harter Ausbildung geformt hatte, saß nun auf dem Thron der Argeaden und hatte zum erstenmal in seinem Leben die ganze verheerende Macht in Händen, die er bisher nur die großen Sagenhelden hatte ausüben sehen.

Alexander beauftragte seine Freunde mit dem Kommando der verschiedenen Phalanxbataillone und Kavallerieabteilungen, übertrug Hephaistion die Verantwortung für den Königspalast und machte sich mit seinem Schwager Alexander von Epeiros wieder auf den Weg nach Aigai, wo schwierige Aufgaben – darunter das Begräbnis seines Vaters – ihn erwarteten.

Etwa auf halber Strecke begegnete ihnen ein Bote, den Eumenes mit einer dringlichen Nachricht losgeschickt hatte.

»Ein Glück, daß ich dich getroffen habe, Herr!« rief er aus und überreichte Alexander eine versiegelte Papyrusrolle. »Eumenes bittet dich, dies sofort zu lesen.«

Alexander erbrach das Siegel und überflog rasch die in lakonischem Ton gehaltene Mitteilung:

»Eumenes an Alexander, König von Makedonien, Heil!
Der kleine Sohn von Euridike ist tot in seiner Wiege aufgefunden worden, und ich fürchte um das Leben seiner Mutter.
Königin Olympias ist in der Nacht Deiner Abreise in Aigai eingetroffen.
Deine Anwesenheit ist unabdinglich.
Leb wohl.«

»Meine Mutter ist angekommen, kurz nachdem wir aus Aigai weggeritten sind, wußtest du das?« fragte Alexander seinen Schwager.

Der König von Epeiros schüttelte den Kopf.

»Nein, sie hat mir nichts davon gesagt, als ich in Buthroton aufgebrochen bin. Ich war eigentlich überzeugt, daß sie gar nicht kommen würde. In ihren Augen war meine Hochzeit mit deiner Schwester nur ein weiterer Affront. Sie dachte, daß Philipp sie danach vollends ausschließen würde, denn mit mir als Schwiegersohn ist seine Westgrenze auf alle Fälle sicher – mit oder ohne sie. Ich hätte nie gedacht, daß sie sich zum Schluß doch noch entscheidet, nach Aigai zu kommen.«

»Jetzt ist sie jedenfalls dort und hat auch schon sehr bedenkliche Schritte in die Wege geleitet. Komm, wir müssen uns beeilen, sonst stellt sie noch Dinge an, die nicht wiedergutzumachen sind.« Mit diesen Worten trieb Alexander sein Pferd zu scharfem Galopp an.

Sie kamen am darauffolgenden Tag gegen Sonnenuntergang in Aigai an und hörten schon von weitem herzzerreißende

Schreie aus dem Palast dringen. Eumenes trat ihnen unter dem Tor entgegen.

»So schreit sie schon seit zwei Tagen. Sie sagt, deine Mutter hätte ihr Kind umgebracht, und sie will sich um nichts in der Welt von der kleinen Leiche trennen. Aber so geht es auch nicht weiter. Wenn wir das Kind nicht bestatten ...«

»Wo ist sie?«

»Im Südflügel«, erwiderte der Freund. »Komm mit.«

Alexander gab einem seiner Leibwächter ein Zeichen, ihm zu folgen, und durchquerte mit Eumenes den Palast. Er war von oben bis unten von bewaffneten Männern besetzt. Viele von ihnen stammten aus Epeiros und gehörten zur Leibgarde seines Schwagers.

»Wer hat die vielen Soldaten hier aufgestellt?«

»Die Königin, deine Mutter«, erwiderte Eumenes, während er atemlos hinter Alexander herrannte.

Je näher sie kamen, desto heftiger wurde das Wehklagen. Manchmal ging es in lautere Schreie über, dann verebbte es wieder in trostlosem Schluchzen.

Endlich standen sie vor Euridikes Tür. Alexander öffnete sie, ohne zu zögern, aber das Bild, das sich ihnen bot, ließ ihm das Blut in den Adern gefrieren. Die junge Mutter kauerte mit wirrem Haar, rot verquollenen Augen und irrem Blick in einem Winkel des Zimmers und drückte ihr totes Kind an die Brust. Kopf, Arme und Beine des Kleinen hingen schlaff herunter, und seine bläuliche Hautfarbe verriet, daß die Verwesung bereits im Gange war.

Euridikes Kleider waren zerfetzt, ihre Haare mit geronnenem Blut verklebt, das Gesicht und der ganze Körper mit Schürfungen und Blutergüssen übersät. Das ganze Zimmer stank entsetzlich nach Schweiß, Urin und verfaultem Fleisch.

Alexander schloß die Augen und sah einen Moment lang wieder die bildhübsche, strahlende Euridike vor sich, die noch vor wenigen Tagen neben Philipp auf dem Thron gesessen hatte: geliebt, verwöhnt und von allen beneidet. Und da überkam ihn inmitten seines Ensetzen plötzlich maßloser Zorn.

Mit geschwollener Halsschlagader drehte er sich nach Eumenes um und fragte mit bebender Stimme: »Wer war das?«

Eumenes senkte schweigend den Kopf.

»Wer war das?« brüllte Alexander.

»Ich weiß es nicht.«

»Ruf sofort jemanden zu Hilfe. Laß meinen Arzt Philipp holen und sag ihm, er soll sich um sie kümmern und ihr etwas geben, damit sie schlafen kann.«

Der König schickte sich zum Gehen an, aber Eumenes hielt ihn zurück. »Sie will sich nicht von ihrem Kind trennen. Was sollen wir tun?«

Alexander blieb stehen und drehte sich nach der jungen Frau um, die mit dem verstörten Blick eines tödlich verwundeten Tieres am Boden kauerte.

Er ging langsam auf sie zu, kniete vor ihr nieder und neigte leicht den Kopf zur Seite, wie um die Macht seines Blickes abzuschwächen und sie mit einer Aura des Mitleids zu umfangen. Dann streckte er die Hand aus und streichelte ihre Wange.

Euridike schloß die Augen, lehnte den Kopf zurück an die Wand und stieß einen tiefen, gequälten Seufzer aus.

Alexander streckte die Arme aus und sagte leise: »Gib ihn mir, Euridike, gib mir den Kleinen. Siehst du nicht, er ist müde. Wir müssen ihn schlafen legen.«

Zwei große Tränen kullerten über die bleichen Wangen der jungen Frau und blieben in ihren Mundwinkeln hängen.

»Schlafen . . .«, flüsterte sie und ließ langsam die Arme sinken.

Alexander nahm ihr das Kind behutsam ab, gerade so, als würde er wirklich schlafen, und verließ damit das Zimmer.

Draußen im Korridor stand eine Frau, die Eumenes inzwischen gerufen hatte. »Gib mir das Kind, Herr.«

Alexander reichte das Kleine an sie weiter und sagte: »Leg es neben meinen Vater.«

»Warum?« brüllte er, indem er mit einem Fußtritt die Tür öffnete.

»Warum?«

Königin Olympias stellte sich vor ihn und durchbohrte ihn mit glühendem Blick. »Du wagst es, bewaffnet meine Gemächer zu betreten?«

»Ich bin der König von Makedonien!« schrie Alexander. »Und ich gehe, wohin ich will! Warum hast du das Kind umgebracht? Und warum hast du seine Mutter so entsetzlich zugerichtet? Wer hat dir das Recht dazu gegeben?«

»Du bist der König von Makedonien, weil dieses Kind tot ist«, erwiderte Olympias kalt. »Wolltest du das etwa nicht? Hast du vergessen, wie verzweifelt du warst, als du glaubtest, Philipps Gunst verloren zu haben? Hast du vergessen, was du am Tag der Hochzeit deines Vaters zu Attalos gesagt hast?«

»Nein, das habe ich nicht vergessen. Aber ich bringe keine Kinder um, und ich vergehe mich nicht an wehrlosen Frauen.«

»Für einen König gibt es keine andere Wahl. Er ist alleine, und kein Gesetz legt fest, wer nach ihm den Thron besteigt. Jeder Adlige hätte dieses Kind unter seinen Schutz nehmen und beschließen können, daß er bis zu seiner Volljährigkeit als Vormund regiert. Was hättest du in diesem Fall getan, Alexander, kannst du mir das sagen?«

»Ich hätte um meinen Thron gekämpft!«

»Und wieviel Blut hättest du dabei vergossen? Los, antworte! Wie viele Witwen hätten ihren Gemahl beweint, wie viele Mütter ihre Söhne? Wie viele Äcker wären verbrannt und verwüstet worden, wie viele Städte und Dörfer geplündert und den Flammen preisgegeben? Und mit welchem Ergebnis? Mit dem Ergebnis, daß ein Reich, das mit ebensoviel

Blut und Zerstörung aufgebaut worden ist, hoffnungslos zerfällt!«

Alexander blieb still, aber seine Miene wurde noch düsterer als vorher, als machten ihm all die Missetaten und Blutbäder, die seine Mutter aufgezählt hatte, das Herz unsäglich schwer.

»Das ist alles Schicksal«, erwiderte er. »Es ist das Schicksal des Menschen, Wunden, Krankheiten, Schmerz und Tod zu ertragen, bevor er im Nichts vergeht. Dagegen kann er nichts unternehmen. Aber er hat sehr wohl die Möglichkeit, ehrenhaft und großmütig zu handeln, wenn er möchte. Und dies ist seine einzige Möglichkeit, Würde zu beweisen, der einzige Lichtstrahl inmitten einer endlosen Nacht ...«

40

Am darauffolgenden Morgen wurde Alexander von Eumenes gemeldet, das Grab seines Vaters sei bereit und man könne das Begräbnis begehen. Tatsächlich war das monumentale Grabmal innerhalb kürzester Zeit errichtet worden, wenn bislang auch nur zur Hälfte. Doch bald schon würde der ersten eine zweite Grabkammer folgen; sie war für allerlei wertvolle Beigaben gedacht, die den Herrscher ins Jenseits begleiten sollten.

Philipp wurde von seinen Soldaten auf den Scheiterhaufen gelegt. Er war mit herrlichen Gewändern bekleidet und trug seine goldene Eichblattkrone auf dem Haupt. Zwei Phalanxbataillone und eine Schwadron *Hetairoi* erwiesen ihm die letzte Ehre.

Der brennende Holzstoß wurde mit purem Wein gelöscht, Asche und Knochen des Toten wurden in ein purpurrotes Tuch in Form einer makedonischen *Chlamys* eingeschlagen und in einen Sarg aus massivem Gold gelegt, dessen Füße die Gestalt von Löwenpranken hatten und dessen Deckel mit dem sechzehnzackigen Stern der Argeaden verziert war.

Außer dem Sarg wurden noch verschiedene andere Gegenstände in der Grabkammer untergebracht, so die Rüstung aus Eisen, Leder und Gold, die Philipp bei der Belagerung von Poteidaia getragen hatte, und sein Paradeschild, in dessen Goldverkleidung eine in Elfenbein geprägte dionysische Szene mit Satyrn und Mänaden eingelassen war. Seine Angriffswaffen – das Schwert und die Lanzenspitze – hatte man in das Feuer auf dem Altar gehalten und anschließend rituell verbogen, um sie für immer unbrauchbar zu machen.

Alexander legte seine persönlichen Gaben eigenhändig in der Kammer nieder: eine herrliche Silberkanne, deren Griff die Gestalt eines bärtigen Satyrs hatte, sowie einen zweihenkeligen silbernen Kelch, der wunderschön war und in seiner Zartheit geradezu federleicht wirkte.

Den Eingang zum Grab bildete eine große, zweiflügelige Marmortür, die – genau wie das Palasttor von Aigai – dorische Halbsäulen flankierten. Den Architrav sollte später eine prächtige Jagdszene schmücken, die derzeit von einem Künstler aus Byzantion angefertigt wurde.

Königin Olympias nahm nicht an der Begräbnisfeier teil. Sie hatte keinerlei Bedürfnis, irgendwelche Votivgaben auf den Scheiterhaufen oder in die Grabkammer ihres Gemahls zu legen, und vor allem wollte sie Euridike nicht begegnen.

Alexander weinte, als seine Soldaten die große Marmortür verschlossen. Er hatte seinen Vater geliebt und spürte, daß mit ihm auch seine Jugend für immer begraben wurde.

Euridike verweigerte ab sofort jede Nahrungsaufnahme für sich und die kleine Europa, und obwohl der Arzt Philipp seine ganze Kunst anwandte, konnte er nicht verhindern, daß die beiden wenig später ebenfalls starben.

Auch für sie ließ Alexander ein aufwendiges Grabmonument errichten. In seinem Innenraum wurde der Marmorthron aufgestellt, den Philipp benützt hatte, wenn er unter der Eiche von Aigai Recht sprach – ein wundervolles, mit goldenen Greifen und Sphingen verziertes Stück, auf dessen Rükkenlehne eine herrliche Quadriga gemalt war.

Nachdem er allen Verpflichtungen nachgekommen war, kehrte Alexander traurigen Herzens nach Pella zurück.

General Antipatros war ein Offizer der alten Königsgarde, dem Throne treu ergeben und auch sonst absolut verläßlich.

Alexander hatte ihm den Auftrag gegeben, Ecataios auf seiner Erkundungsmission zu Parmenion und Attalos zu begleiten, und wartete gespannt auf Nachricht von ihm.

Er wußte, daß die Barbaren im Norden, also die Triballer und die Illyrer, die sein Vater erst vor kurzem unterworfen hatte, jeden Augenblick rebellieren konnten. Ebenso klar war ihm, daß die Griechen den Vertrag von Korinth nur unter dem Eindruck des Massakers von Chaironeia unterzeichnet hatten und daß die alten Widersacher weiterhin eifrig am Werke waren, an erster Stelle Demosthenes. Vor dem Hintergrund dieser Tatsachen war es natürlich nicht sehr beruhigend zu wissen, daß Parmenion und Attalos die Meerengen kontrollierten und ihnen überdies ein Expeditionskorp von fünfzehntausend Mann zur Verfügung stand.

Zu allem Übel war nun auch noch die Nachricht eingetroffen, daß persische Gesandte in Athen Kontakte zur antimakedonischen Partei knüpften und mit großzügigen Spenden in Form von Gold einen Aufstand zu schüren suchten. Die politische Lage war also höchst instabil, und wenn sich alle diese Bedrohungen – womöglich noch zur selben Zeit – erfüllten, dann waren die Tage des jungen Herrschers wahrhaftig gezählt.

Die erste Antwort auf seine Fragen traf im Frühherbst ein. Antipatros war aus Asien zurückgekehrt und bat sofort um eine Audienz. Alexander empfing ihn in seinem Arbeitszimmer – demselben, das früher Philipp benützt hatte.

General Antipatros war vom Scheitel bis zur Sohle ein Soldat, doch er zeigte das nicht gern, und so erschien er auch heute in der Aufmachung eines ganz normalen Bürgers – was auch für seine Selbstsicherheit und Ausgeglichenheit sprach.

»Herr«, sagte er, kaum daß er eingetreten war, »höre, was ich dir aus Asien berichte: Attalos hat sich geweigert, das Kommando abzugeben und nach Pella zurückzukehren. Da er bewaffneten Widerstand leistete, ist er getötet worden. Parmenion dagegen schwört dir seine Treue.«

»Antipatros, ich wüßte gerne, was du wirklich über Parmenion denkst. Er weiß, daß sein Sohn Philotas hier im Palast ist. Er könnte meinen, daß ich ihn als eine Art Geißel in Pella festhalte. Könnte das der Grund für seinen Treueschwur sein?«

»Nein«, erwiderte der alte General, ohne zu zögern. »Ich kenne Parmenion gut. Er hängt an dir und hat dich schon immer sehr gern gehabt ... schon als kleines Kind, als du immer in unsere Kriegsratssitzungen im Waffensaal gekommen bist und dich auf die Knie deines Vaters gesetzt hast.«

Plötzlich erinnerte Alexander sich wieder an den Auszählreim, den er beim Anblick von Parmenions weißem Haar immer aufgesagt hatte:

»Der alte Soldat zieht in den Krieg,
fällt in den Dreck, und du bist weg!«

Und er wurde sehr traurig bei dem Gedanken, welch negativen Einfluß Macht auf das Verhältnis der Menschen untereinander haben konnte.

»Aber wenn du irgendwelche Zweifel hegst«, fuhr Antipatros fort, »gibt es nur einen Weg, sie zu vertreiben.«

»Philotas zu ihm zu schicken.«

»Genau.«

»Dann werde ich das wohl tun. Ich gebe ihm einen Brief für seinen Vater mit. Er soll nach Pella zurückkommen. Ich fürchte, demnächst bricht hier ein Unwetter los, da brauche ich ihn.«

»Kluge Entscheidung, Herr. Parmenion schätzt vor allem eins: Vertrauen.«

»Neuigkeiten aus dem Norden?«

»Leider schlechte. Die Triballer haben sich erhoben und einige von unseren Grenzgarnisonen überfallen und niedergebrannt.«

»Was rätst du mir?«

»Ich habe ihnen Drohbriefe geschickt. Wenn sie nicht darauf reagieren, mußt du hart durchgreifen.«

»Hm . . . Und wie steht es um den Süden?«

»Auch nicht besser. Die antimakedonische Partei hat überall großen Zulauf, selbst in Thessalien. Du bist sehr jung, und da denken manche . . .«

»Raus mit der Sprache, Antipatros! Du brauchst mich nicht zu schonen.«

»Nun, sie denken, du bist noch unerfahren – ein Anfänger, der Philipps Hegemonie niemals aufrechterhalten kann.«

»Das werden sie bitter bereuen.«

»Und dann gibt es noch etwas . . .«

»Sprich!«

»Dein Vetter Archelaos . . .«

Alexanders Miene verfinsterte sich schlagartig.

»Was ist mit ihm?«

»Er hatte einen schweren Jagdunfall.«

»Tot?«

Antipatros nickte.

»Mein Vater hat nach seiner Thronbesteigung sowohl ihn als auch Amyntas am Leben gelassen – obwohl beide damals rechtmäßige Thronfolger waren.«

»Es war ein Jagdunfall, Herr«, wiederholte Antipatros ruhig.

»Wo ist Amyntas?«

»Unten, im Wachtrupp.«

»Ich möchte nicht, daß ihm etwas passiert. Nach der Ermordung meines Vaters hat er sich augenblicklich auf meine Seite gestellt.«

Antipatros neigte leicht den Kopf und zog sich zurück.

Alexander dagegen stellte sich vor die große Landkarte, die Aristoteles für Philipp angefertigt hatte und die er in seinem Arbeitszimmer hatte aufhängen lassen: Im Osten und im Westen wurden die Grenzen des Reichs von seinem Schwager und von Parmenion bewacht und waren somit sicher – vorausgesetzt, daß er sich wirklich auf Parmenion verlassen konnte. Doch der Norden und der Süden stellten ernsthafte Bedrohungen dar. Dort mußte er so früh wie möglich zuschlagen und beweisen, daß auch der neue Herrscher von Makedonien kein Schwächling war.

Er trat auf die Terrasse seines Arbeitszimmers hinaus. Da sie nach Norden ging, konnte er in der Ferne die Berge sehen, in denen er sein Exil verbracht hatte. Die Wälder begannen sich bereits herbstlich zu färben, und bald würde der erste Schnee fallen. Bis zum Frühling drohte von dort keine Gefahr. Er konnte sich also ganz auf den Süden konzentrieren, und dort galt es, als erstes die Thebaner und Thessaler in ihre Schranken zu weisen. Bis Philotas und Parmenion aus Asien zurückkamen, wollte er sich jedenfalls schon einmal einen Plan ausdenken.

Wenige Tage später berief er einen Kriegsrat ein und verkündete:

»Ich werde mit einem Heer in Kriegsrüstung nach Thessalien marschieren und mich im Amt des *Tagos* bestätigen lassen, das zuvor mein Vater innehatte. Danach ziehen wir bis vor die Stadtmauer Thebens. Den Thessalern muß klargemacht werden, daß sie einen neuen Führer haben, und den Thebanern will ich einen gehörigen Schrecken einjagen: Sie sollen wissen, daß ich jederzeit zuschlagen könnte.«

»Es gibt da aber ein Problem«, warf Hephaistion ein. »Die Thessaler haben das Tempetal abgeriegelt – durch jeweils eine Festung rechts und links des Flusses. Da kommen wir nicht durch.«

»Ich weiß«, erwiderte Alexander. »Wir wählen ja auch einen anderen Weg, nämlich den hier . . .« Er zeigte seinen Generälen auf der Karte, was er meinte.

»Über den Berg Ossa? Wie stellst du dir das vor?« fragte Ptolemaios verwundert. »Wir haben doch keine Flügel!«

»Flügel nicht, aber Hämmer und Meißel«, entgegnete Alexander. »Wir werden eine Treppe in die Felswand hauen. Laßt tausend Mienenarbeiter vom Pangaion holen, die besten unter ihnen. Gebt ihnen Essen, Kleider und Schuhe und versprecht ihnen, daß ich sie in die Freiheit entlasse, wenn sie innerhalb von zehn Tagen mit der Treppe fertig sind. Sie werden in Schichten arbeiten, bei Tag und bei Nacht, und zwar auf der Bergseite, die dem Meer zugekehrt ist, so sehen die Thessaler sie nicht.«

»Ist das dein Ernst?« fragte Seleukos.

»Selbstverständlich. Während eines Kriegsrats scherze ich nie. Und jetzt verlieren wir keine Zeit mehr. An die Arbeit, Männer!«

Die Anwesenden blickten einander sprachlos an. Spätestens jetzt war jedem klar, daß Alexander sich durch kein Hindernis aufhalten lassen würde, und käme es von den Göttern selbst!

41

Die »Alexander-Treppe« war binnen sieben Tagen bereits fertig, so daß Alexanders Sturmtruppe, die schildtragende Garde, im Schutze der Dunkelheit ungehindert in die thessalische Ebene eindringen konnte.

Der thessalische Kommandant erhielt die Schreckensbotschaft wenig später durch einen berittenen Boten.

»Was sagst du da? Wir haben das makedonische Heer im Rücken, noch dazu angeführt von seinem König in Person?«

»So ist es.«

»Und wie soll es zugegangen sein?«

»Das weiß niemand, aber die Soldaten sind da, und es sind viele.«

»Wie viele?«

»Zwischen drei- und fünftausend Mann, alle bis an die Zähne bewaffnet und bestens ausgerüstet. Sie haben auch Pferde dabei, nicht viele, aber immerhin . . .«

»Das ist unmöglich. Vom Meer her kommt man nicht durch, und über den Berg noch weniger.«

Der Kommandant, ein gewisser Charidemos, hatte noch

nicht zu Ende gesprochen, als ein Soldat ihm bereits zwei makedonische Phalanxbataillone und eine Schwadron schwerbewaffneter Reiter meldete, die den Fluß herauf und direkt auf seine Festung zumarschiert kamen. Dies bedeutete, daß er und seine Leute noch vor dem Abend von zwei Heeren in die Zange genommen werden würden. Kurz darauf meldete ein anderer Soldat, daß ein makedonischer Offizier namens Krateros mit ihm verhandeln wollte.

»Sag ihm, ich komme sofort«, befahl Charidemos und verließ die Festung durch eine Schlupfpforte, um den Makedonen zu treffen.

»Ich heiße Krateros«, stellte der Offizier sich vor, »und bitte dich, uns durchzulassen. Wir wollen nichts von euch, wir möchten uns lediglich mit unserem König vereinen, den ihr im Rücken habt, und gemeinsam mit ihm auf Larisa marschieren, wo er den thessalischen Bundesrat einberufen will.«

»Ich soll euch also durchlassen? Nun, es bleibt mir wohl gar nichts anderes übrig . . .«, meinte Charidemos.

»Nein, in der Tat«, antwortete Krateros.

»Dann laß uns die Bedingungen für den Durchzug verhandeln. Aber vorher möchte ich dich etwas fragen.«

»Bitte. Wenn ich kann, gebe ich dir gerne Auskunft«, erwiderte Krateros äußerst formal.

»Wie kommt es, daß ich euer Heer im Rücken habe?«

»Wir haben eine Treppe in die Wand des Berges Ossa gehauen.«

»Eine Treppe?«

»Ja. Das schien uns die einzige Möglichkeit, mit unseren thessalischen Bundesgenossen in Verbindung zu bleiben.«

Charidemos ärgerte sich fürchterlich, aber er hatte keine andere Wahl, als die Makedonen durchziehen zu lassen.

Zwei Tage später war Alexander in Larisa, berief eine Sitzung des thessalischen Bundes ein und ließ sich im Amt des Tagos auf Lebenszeit bestätigen.

Als auch die anderen Heeresabteilungen eingetroffen waren, durchquerte man gemeinsam Böotien und präsentierte sich mit einem enormen Truppenaufgebot direkt vor den Mauern Thebens.

»Ich will kein Blutvergießen«, sagte Alexander, »wohl aber, daß sie zu Tode erschrecken. Ptolemaios, laß dir was einfallen!«

Und Ptolemaios stellte das Heer auf wie bei der Schlacht von Chaironeia. Er ließ Alexander dieselbe Rüstung anlegen, die sein Vater damals getragen hatte, und er ließ auch wieder die gigantische, von vier Pferden gezogene Kriegspauke schlagen. Ihr dumpfes, unheilvolles Dröhnen drang durch die Stadtmauer bis hinauf zur Zitadelle von Kadmeia, deren madekonische Besatzer die Thebaner vor ein paar Tagen zu vertreiben versucht hatten. Die Erinnerung an die verheerende Niederlage mit ihren vielen Todesopfern und die Angst, die das bedrohlich wirkende Heer einflößte, beruhigten für eine Weile die aufgebrachten Gemüter, doch im Hintergrund schwelten Haß und Rachegelüste weiter vor sich hin.

»Ob ihnen das genügen wird?« fragte Alexander seinen Freund Hephaistion, während sie vor der Stadtmauer von Theben aufmarschierten.

»Im Moment schon, aber für die Zukunft würde ich mir keine falschen Hoffnungen machen«, erwiderte Hephaistion. »Was hast du mit den anderen Städten vor, die unsere Garnisonen vertrieben haben?«

»Nichts. Ich will der Anführer der Griechen sein, nicht ihr Tyrann. Sie müssen begreifen, daß ich kein Feind bin. Daß der Feind auf der anderen Seite des Meeres wohnt, in Gestalt des persischen Großkönigs nämlich – er ist es, der die Griechen unterjocht, nicht ich!«

»Stimmt es, daß du den Tod deines Vaters untersuchen läßt?«

»Ja, von Kallisthenes.«

»Und du glaubst, er findet die Wahrheit heraus?«

»Er wird es jedenfalls versuchen.«

»Was, wenn sich herausstellt, daß es die Griechen gewesen sind? Die Athener, zum Beispiel?«

»Warten wir das Ergebnis der Nachforschungen ab.«

»Kallisthenes ist zusammen mit Aristoteles gesehen worden, wußtest du das?«

»Sicher.«

»Und wie erklärst du dir, daß Aristoteles dich bislang nicht aufgesucht hat?«

»Wo hätte er mich denn antreffen sollen? Ich bin doch dauernd unterwegs. Vielleicht hält er sich auch absichtlich von mir fern, um sich in seinem Urteil nicht beeinflussen zu lassen.«

Die letzte Abteilung Hetairoi war gerade vorübergestapft und entfernte sich im Rhythmus der großen Pauke. Die Thebaner, die von ihrer Stadtmauer herab alles verfolgt hatten, zogen sich zurück, um zu beraten. Demosthenes hatte ihnen von der Insel Kalauria einen Brief geschickt, in dem er sie aufrief, den Mut nicht zu verlieren und sich für den großen Augenblick der Rache bereit zu halten.

»Auf dem Thron von Makedonien sitzt ein Milchbube«, schrieb er. »Die Lage ist günstiger denn je!«

Die Worte des großen Orators begeisterten alle, doch viele rieten zur Vorsicht, darunter ein Greis, der in Chaironeia zwei Söhne verloren hatte: »Dieser Milchbube, wie Demosthenes sich ausdrückt, hat in drei Tagen Thessalien ohne einen einzigen Schwertstreich zurückerobert, und heute hat er sozusagen vor unserer Nase eine makedonische Heeresparade abgehalten – deutlicher geht es nicht. Wenn ihr mich fragt: Wir sollten ihn wenigstens anhören.«

Doch zornige Zwischenrufe übertönten seinen Aufruf zur Vernunft, und die Thebaner beschlossen, sich bei erstbester Gelegenheit gegen Alexander zu erheben.

Dieser drang unterdessen ungehindert bis nach Korinth vor, wo er eine Bundesversammlung einberief und den Antrag stellte, zum Nachfolger seines Vaters ernannt, sprich, als Oberbefehlshaber des Bundesheeres bestätigt zu werden. »Jeder Mitgliedsstaat soll sich regieren, wie er möchte; auf seine interne Gesetzgebung und Verfassung wird keinerlei Einfluß genommen«, verkündete Alexander während der Versammlung. »Einziges Ziel der Liga ist es, die griechischen Städte in Asien vom persischen Joch zu befreien und alle Griechen in dauerhaftem Frieden zu vereinen.«

Sein Antrag wurde von allen Abgeordneten unterzeichnet – nur die Spartaner machten, wie schon beim letzten Kongreß unter Philipp, eine Ausnahme.

»Wir sind es gewöhnt, die Griechen zu führen, nicht geführt zu werden«, erklärte ihr Abgeordneter dem jungen makedonischen König.

»Das tut mir leid«, erwiderte Alexander. »Die Spartaner sind ausgezeichnete Krieger. Nur daß heute die Makedonen das mächtigste Volk unter den Griechen sind und folglich Anspruch auf Führung und Hegemonie haben.« Alexander sprach nicht überheblich, sondern eher mit Bedauern, denn er mußte daran denken, wie mutig sich die lakedaimonischen Krieger bei den Thermopylen und in Plataia geschlagen hatten. Offenbar war keine Macht der Welt von Bestand; nur der Ruhm eines Menschen, der ehrenhaft gelebt hatte, wuchs noch mit den Jahren.

Auf dem Rückweg wollte der junge König Delphi besuchen, dessen herrliche Monumente ihn zutiefst beeindruckten, allen voran der grandiose Apollontempel, über dessen Eingang in goldenen Lettern die Aufschrift »Erkenne dich selbst« prangte.

»Was bedeutet das deiner Meinung nach?« wurde er von Krateros gefragt, der sich noch nie mit Philosophie befaßt hatte.

»Das ist nicht schwer zu erraten«, erwiderte Alexander. »Echte Selbsterkenntnis ist für uns das Schwierigste, was es überhaupt gibt, denn sie hat nicht nur mit unserem Verstand zu tun, sondern auch mit unseren Ängsten und Leidenschaften. Wer es schafft, sich selbst von Grund auf zu kennen, der wird auch die anderen verstehen und alles, was um ihn herum vor sich geht.«

Sie betrachteten die lange Prozession von Gläubigen, die aus allen Ecken der Welt hierher gepilgert waren, um dem Gott zu opfern und sein Orakel zu befragen.

»Glaubst du, daß das Orakel die Wahrheit sagt?« fragte Ptolemaios.

»Nun, die Antwort, die es meinem Vater gegeben hat, liegt mir heute noch in den Ohren.«

»Eine sehr vieldeutige Antwort«, bemerkte Hephaistion.

»Aber sie hat sich schließlich doch bewahrheitet«, entgegnete Alexander. »Aristoteles würde jetzt sicher sagen, daß Prophezeiungen die Zukunft nicht vorhersagen, sondern beeinflussen . . .«

»Ja, wahrscheinlich.« Hephaistion nickte. »In Mieza habe ich mal einen Vortrag von ihm gehört: Dieser Aristoteles verläßt sich auf nichts und niemanden, nicht einmal auf die Götter; er traut nur seinem eigenen Verstand.«

Aristoteles lehnte sich in seinen Stuhl zurück und verschränkte die Arme vor der Brust. »Und das delphische Orakel? Mit der Antwort, die es Philipp gegeben hat, macht es sich im nachhinein auch verdächtig. Denk dran, daß ein Orakel von seiner Glaubwürdigkeit lebt. Die wiederum kann es nur dank seiner umfangreichen Kenntnisse aufrechterhalten, und du weißt ja selbst, daß niemand auf der Welt mehr weiß als die Priester des Apollontempels: Nur so können sie die Zukunft vorhersehen – oder beeinflussen, was letztendlich auf dasselbe herauskommt.«

Kallisthenes hatte ein Täfelchen in der Hand, auf dem er die Namen all derer notiert hatte, die bis zu diesem Moment als Drahtzieher des Mordes an Philipp in Frage kamen.

»Was weißt du über den Mörder?« fragte Aristoteles seinen Neffen. »Wer waren seine Freunde? Mit wem war er in der letzten Zeit viel zusammen?«

»Man erzählt sich da eine üble Geschichte«, erwiderte Kallisthenes, »eine sehr üble Geschichte, in die auch Euridikes Vater Attalos maßgeblich verstrickt war ...«

»Und Attalos ist umgebracht worden.«

»Ja.«

»Genau wie seine Tochter.«

»In der Tat. Alexander hat ihr ein prächtiges Grabmonument errichten lassen«, sagte Kallisthenes.

»Außerdem war er sehr wütend auf seine Mutter Olympias, weil sie sich so grausam an der jungen Frau vergangen und wahrscheinlich auch ihr Kind hat umbringen lassen.«

»Das würde Alexander von jedem Verdacht freisprechen.«

»Gleichzeitig hat es aber seine Thronfolge begünstigt«, bemerkte Aristoteles.

»Glaubst du etwa, er selbst hat seinen Vater ermorden lassen?« fragte Kallisthenes erschrocken.

»Nein. So, wie ich ihn kenne, hat er das nicht getan. Aber wer weiß oder ahnt, daß ein Verbrechen vorbereitet wird, und nichts dagegen unternimmt, lädt auch Schuld auf sich.«

»Theoretisch waren viele daran interessiert, Philipp umzubringen, nicht nur Alexander«, sagte Kallisthenes.

»Eben«, erwiderte sein Onkel. »Du mußt noch mehr Auskünfte zusammentragen und vor allem Indizien – der Täter könnte derjenige sein, auf den die meisten Indizien hindeuten.«

»Gut. Dann stelle ich als erstes weitere Nachforschungen über diese Geschichte mit Attalos an.«

»Halte mich auf dem laufenden. Aber halte auch Alexander

auf dem laufenden: Er hat dich ja mit dieser Untersuchung beauftragt.«

»Muß ich ihn über alles unterrichten?«

»Ja, unbedingt. Und beobachte genau seine Reaktionen.«

»Darf ich ihm sagen, daß du mir hilfst?«

»Natürlich. Das wird ihn freuen. Abgesehen davon, daß er es sowieso schon weiß.«

42

General Parmenion und sein Sohn Philotas kehrten im Spätherbst nach Pella zurück, nachdem sie in Asien alles Nötige geregelt hatten, damit das dort stationierte Heer gut über den Winter kam.

Antipatros, der zu dieser Zeit das königliche Siegel verwaltete und das Amt des Regenten innehatte, empfing die beiden.

»Ich habe es sehr bedauert, nicht am Begräbnis unseres Königs teilnehmen zu können«, sagte Parmenion. »Und auch Attalos' Tod hat mich schwer getroffen, obwohl ich eigentlich schon darauf gefaßt war ...«

»Zu dir hat Alexander jedenfalls volles Vertrauen, das siehst du schon daran, daß er dir Philotas nach Asien geschickt hat. Er wollte, daß du frei entscheidest ... eben so, wie du es für richtig hältst.«

»Ich weiß, Antipatros, und deshalb bin ich auch zurückgekommen. Aber sag, was macht der Siegelring an deinem Finger? Die Königinmutter war dir doch nie besonders zugetan, und ich habe gehört, sie hätte noch immer großen Einfluß auf Alexander.«

»Stimmt, aber unser neuer König weiß sehr gut, was er will. Und er will, daß seine Mutter sich aus der Politik raushält – vollständig.«

»Und sonst?«

»Urteile selbst. In drei Monaten hat er den thessalischen Bund wieder gefügig gemacht, die Thebaner eingeschüchtert, die hellenische Liga erneuert und dich, den großen General Parmenion, für sich gewonnen – der ja den Schlüssel zum Orient in Händen hatte! Das ist doch nicht schlecht für einen ›jugendlichen Gimpel‹, wie Demosthenes ihn nennt ...«

»Nein, aber der Norden macht uns anscheinend neue Scherereien. Die Triballer sollen sich mit den Geten vom Unterlauf des Ister verbündet haben und ständig in unser Gebiet einfallen. Angeblich sind uns schon viele von den Städten verlorengegangen, die Philipp dort oben gegründet hatte.«

»Allerdings, und wenn ich Alexander recht verstanden habe, ist genau das der Grund, weshalb er dich nach Pella zurückrufen ließ. Er hat vor, mitten im Winter nach Norden hinaufzumarschieren, um den Feind zu überraschen. Und du sollst das Fußvolk anführen – er will dir sogar seine Freunde mit ihren Bataillonen unterstellen, damit sie das Kriegshandwerk bei einem guten Meister lernen.«

»Und wo ist Alexander jetzt?« fragte Parmenion.

»Er durchquert Thessalien. Aber zuvor war er in Delphi.«

»Doch nicht, um das Orakel zu befragen?« meinte Parmenion mit düsterer Miene.

»Doch, obwohl befragen vielleicht nicht das richtige Wort ist.«

»Warum?«

»Nun, die Priester wollten anscheinend verhindern, daß dasselbe passiert wie mit Philipp. Sie erklärten ihm, die Pythia fühle sich nicht wohl und könne seine Fragen nicht beantworten. Aber Alexander zerrte sie gewaltsam zu ihrem Dreifuß, er wollte unter allen Umständen eine Prophezeiung von ihr.«

Parmenion riß die Augen auf. »Und dann?« fragte er.

»An diesem Punkt soll die Pythia geschrien haben: ›Dir widersteht ja keiner, junger Mann!‹ Mehr wollte Alexander gar nicht hören: ›Das genügt mir als Antwort‹, hat er gesagt, auf dem Absatz umgedreht und ist gegangen.«

Parmenion schüttelte ungläubig den Kopf. »Ein großer Schauspieler hätte nicht schlagfertiger antworten können.«

»Alexander ist ein großer Schauspieler. Oder wenigstens ist er das auch. Du wirst schon sehen.«

»Meinst du, er glaubt an Orakelsprüche?«

Antipatros kratzte sich den stoppeligen Bart. »Ja und nein. In ihm vereinen sich Philipps und Aristoteles' Rationalität mit dem mysteriösen, instinkthaften und barbarischen Wesen Olympias'. Aber er hat seinen Vater wie einen Stier vor dem Opferaltar in die Knie gehen sehen – ich stelle mir vor, daß Philipps Orakelspruch in diesem Augenblick wie Donnerhall in seinen Ohren gedröhnt hat. Er wird ihn sein Leben lang nicht mehr vergessen.«

Der Abend brach herein, und die beiden alten Krieger überkam ein Anflug von Wehmut. Sie fühlten, daß mit Philipps Tod ihre besten Tage für immer vorbei waren – beinahe, als wären auch sie von den Flammen seines Scheiterhaufens verzehrt worden.

»Wer weiß: Wenn wir an seiner Seite gewesen wären, vielleicht . . .«

»Sag nichts, Freund. Niemand kann den Lauf des Schicksals aufhalten. Wir müssen jetzt nur daran denken, daß der König Alexander zu seinem Nachfolger bestimmt hat. Was uns noch vom Leben bleibt, sei ihm gewidmet.«

Der junge Herrscher kehrte an der Spitze seiner Truppen nach Pella zurück und durchquerte die Stadt unter dem Jubel einer begeisterten Menschenmenge. Daß ein Heer siegreich von einem Feldzug heimkehrte, ohne Blut vergossen zu haben und ohne einen einzigen Toten oder Verletzten beklagen zu müssen, das hatte es noch nie gegeben! Alles sah in dem strahlenden Helden, der mit glänzender Rüstung, prächtigen Kleidern und leuchtendem Gesicht durch die Straßen zog, die Verkörperung eines jungen Gottes, eines Helden wie aus dem Epos. Und seine neben ihm herreitenden Kameraden wirkten genauso strahlend, ihr Blick war genauso fiebrig.

Antipatros ritt ihm entgegen, um ihm den Siegelring zurückzugeben und Parmenions Rückkehr zu melden.

»Bring mich sofort zu ihm«, befahl Alexander.

Der General begleitete ihn zu einer freistehenden Villa, die etwas außerhalb der Stadt lag.

Parmenion eilte mit Tränen in den Augen die Treppe hinunter; man hatte ihm eilends gemeldet, der König wolle ihn besuchen, noch bevor er in den eigenen Palast zurückkehre. Als er vor die Tür hinaustrat, stand er vor ihm.

»Tapferer alter Soldat!« sagte Alexander und umarmte ihn. »Danke, daß du zurückgekommen bist.«

»Herr«, erwiderte Parmenion mit einem Kloß im Halse, »der Tod deines Vaters hat mich zutiefst getroffen. Ich hätte mein Leben gegeben, um ihn zu retten, wenn ich gekonnt hätte. Ich hätte ihn mit meinem eigenen Leib abgeschirmt, ich hätte ...« Die Tränen hinderten ihn am Weitersprechen.

»Ich weiß«, Alexander nickte. Er legte ihm die Hand auf die Schulter, sah ihm fest in die Augen und sagte: »Ich auch.«

Parmenion senkte den Blick.

»Es ist alles ganz blitzartig zugegangen«, erzählte Alexander. »Ein ruchloser, aber genialer Kopf muß den Plan ausgeheckt haben. Das Theater war mit dröhnendem Applaus gefüllt, als Alexander von Epeiros und ich vor meinem Vater eingetreten sind. Eumenes hat mir noch etwas zugeschrien, aber ich konnte ihn nicht verstehen, und als ich gemerkt habe, daß etwas nicht stimmt, und mich umgedreht habe, da sackte mein Vater schon blutend zusammen.«

»Ach, Herr, laß uns nicht länger über diese traurigen Dinge sprechen; morgen begebe ich mich nach Aigai, um in seinem Grabtempel ein Opfer darzubringen, in der Hoffnung, daß er mich hört. Doch verrate mir jetzt den Grund für deinen Besuch . . .«

»Ich wollte dich willkommen heißen und zum Abendessen einladen. Wir werden alle versammelt sein, und ich möchte die Gelegenheit nützen, euch meine Pläne für den Winter mitzuteilen. Uns bleibt in Europa ein letztes Unternehmen. Danach marschieren wir gen Osten, der aufgehenden Sonne entgegen.«

Mit diesen Worten sprang er auf sein Pferd und galoppierte davon. Parmenion kehrte ins Haus zurück und rief nach einem Diener. »Bereite mir ein heißes Bad und bring mir meine besten Kleider«, befahl er ihm. »Der König hat mich zum Abendessen eingeladen.«

43

Die folgenden Tage verbrachte Alexander damit, sich in den Kriegskünsten zu üben und auf die Jagd zu gehen. Daneben hatte er ausreichend Gelegenheit festzustellen, daß man seine Autorität mittlerweile sogar in sehr fernen Ländern anerkannte. Fast täglich trafen Gesandtschaften ein: aus den griechischen Städten in Asien, aus Italien, ja selbst aus Sizilien.

Die Diplomaten eines Städtebundes am Tyrrhenischen Meer brachten ihm einen goldenen Kelch mit und wollten eine Bitte vortragen. Alexander war sehr geschmeichelt von dem großzügigen Geschenk und fragte sie, woher genau sie kämen.

»Aus Neapolis, Medma und Poseidonia«, erklärten sie ihm mit einem Akzent, den er noch nie gehört hatte, obwohl er ihn etwas an das auf Euböa gesprochene Griechisch erinnerte.

»Und was kann ich für euch tun?«

»König Alexander«, hob der älteste von ihnen an, »in unserem Land, etwas mehr nach Norden, gibt es eine mächtige Stadt namens Rom.«

»Ich habe von ihr gehört«, erwiderte Alexander. »Es heißt, der trojanische Held Äneas habe sie gegründet.«

»Genau. Nun befindet sich innerhalb des Territoriums dieser Stadt auch ein Küstenort, dessen Einwohner der Piraterie nachgehen und unserem Handel damit großen Schaden zufügen. Wir möchten, daß du die Römer dazu bringst, diesen Mißstand zu beheben. Dein Ruhm ist weit verbreitet, und wir sind überzeugt, daß du einiges erwirken könntest.«

»Das versuche ich gerne«, erwiderte Alexander. »Als erstes werde ich diesen Römern einen Brief schreiben – ich hoffe, sie hören auf mich. Laßt mich wissen, ob es etwas genützt hat.«

Mit diesen Worten gab er dem Schreiber ein Zeichen und begann zu diktieren:

»Alexander, König von Makedonien und panhellenischer Hegemon, an das Volk und die Stadt der Römer. Heil!

Unsere Brüder, die Bewohner der Städte am Tyrrhenischen Golf, teilen uns mit, daß Eure Untergebenen sich als Piraten betätigen und ihnen damit großen Schaden zufügen. Ich bitte Euch, dieses Problem alsbald zu lösen oder – sofern Ihr dazu nicht in der Lage seid – es andere für Euch lösen zu lassen.«

Zum Schluß drückte er das königliche Siegel auf den Brief und übergab ihn seinen Gästen, die sich überschwenglich bedankten und zufrieden von dannen zogen.

»Ich frage mich, was dieses Schreiben ausrichten kann«, meinte Alexander später zu Eumenes, der neben ihm saß. »Und was diese Römer dazu sagen werden, daß ein so weit entfernter König sich in ihre Angelegenheiten einmischt ...«

»*So* weit entfernt nun auch wieder nicht«, erwiderte Eumenes. »Du wirst sehen, daß sie dir antworten.«

Es kamen noch andere Gesandtschaften und mit ihnen höchst unerfreuliche Neuigkeiten von der Nordgrenze: Das Bündnis zwischen Triballern und Geten hatte sich konsolidiert und drohte, sämtliche Eroberungen Philipps in Thrakien zunichte zu machen: Die Geten waren ein besonders gefürchtetes Volk; sie kämpften wie die Wilden und kannten keine Gefahr, denn sie hielten sich für unsterblich. Viele der von seinem Vater gegründeten Kolonien waren überfallen und geplündert worden, ihre Bewohner massakriert oder in die Sklaverei verschleppt. Nur im Moment schien die Lage etwas ruhiger, weil die Krieger sich mit Einbruch des Winters in ihre Dörfer zurückgezogen hatten.

Das wollte Alexander ausnützen. Er beschloß kurzerhand, noch im Winter nach Norden zu ziehen und den Plan, den er sich ausgedacht hatte, augenblicklich in die Tat umzusetzen. Dabei mußte ihm die byzantinische Flotte behilflich sein – er ließ ihren Befehlshabern ausrichten, sie sollten mit ihren Schiffen etwa fünf Tagereisen den Ister hinauffahren, und zwar bis zur Peukesmündung. Er für seinen Teil konzentrierte sämtliche Heeresabteilungen in Pella, setzte Parmenion an die Spitze der Infanterie, übernahm selbst das Kommando der Reiterei und ließ zum Abmarsch blasen.

Man zog über das Rhodopegebirge ins Euros-Tal und von dort in einem Gewaltmarsch über die Bergpässe des Haimos, die noch tief verschneit waren. Das Leid, dem man unterwegs begegnete, war unbeschreiblich: zerstörte Städte, verwüstete Felder, gepfählte Leichen, gefesselte und völlig verkohlte Menschenkörper. Alexanders Zorn schwoll an wie ein Fluß bei Hochwasser – und trat über die Ufer, als sie die getische Tiefebene erreichten: Auf seinen Befehl fiel die makedonische Kavallerie in die Dörfer ein, brannte Festungen und Feldlager nieder, zerstörte die Ernteerträge, schlachtete ganze Viehherden ab. Tausende von Menschen ergriffen panikartig die Flucht und zogen sich in völliger Auflösung an den Ister zurück, wo sie sich nach und nach auf einer Insel inmitten des Flusses versammelten. Dort wähnten sie sich sicher, doch unterdessen war auch die byzantinische Kriegsflotte mit den Sturmtruppen und der schweren Kavallerie eingetroffen.

Wenige Tage später kam es auf der Insel zu einem fürchterlichen Gemetzel. Geter und Triballer, die ihr letztes Stückchen Land, ihre Frauen und Kinder verteidigten, schlugen sich mit dem Mut der Verzweifelten. Doch Alexander leitete persönlich den Angriff gegen ihre Stellungen, und seine Soldaten trotzten den eisigen Winden ebenso wie dem Ister, der in Folge heftiger Regenfälle zu einem reißenden Strom angeschwollen war. Bald stiegen überall Rauchsäulen auf, die von stürmischen Regen- und Schneeböen verweht wurden; die Schlachtrufe der Krieger, die Schmerzensschreie der Verwundeten, das Wiehern der Pferde gingen im Pfeifen des Nordwinds und in lautem Donnergrollen unter.

Die Verteidiger hatten einen kompakten Abwehrring um die ganze Insel gebildet. Sie standen Schild an Schild und hatten ihre Lanzenschäfte in den Boden gerammt, um die angreifende Kavallerie gegen eine Wand aus Speerspitzen rennen zu lassen. Doch Alexander kämpfte wie ein Besessener.

Parmenion, der ihn ja schon vor drei Jahren in der Schlacht von Chaironeia erlebt hatte, verfolgte sprachlos und entsetzt, wie der junge König sich, von einem unbeherrschbaren Furor gepackt, völlig selbstvergessen ins Getümmel stürzte, mit Schwert und Axt um sich schlug und den bronzegepanzerten Bukephalos schreiend auf die gegnerischen Linien zutrieb, bis er eine Bresche geschlagen hatte, in die ihm die schwerbewaffnete Reiterei und die Fußsoldaten augenblicklich folgten.

Umzingelt oder in alle vier Winde zerstreut und einzeln gejagt wie fliehende Tiere, blieb den Triballern schließlich keine andere Wahl, als sich zu ergeben. Die Geten dagegen hielten bis zum bitteren Ende durch, bis sie den letzten Mann und den letzten Tropfen Blut verloren hatten.

Als alles vorbei war, erreichte gerade ein von Norden kommender Sturm die Insel, doch die vom Fluß aufsteigende Feuchtigkeit schwächte ihn ab. Und dann begann es wie durch ein Wunder plötzlich zu schneien. Zuerst mischten sich nur einzelne winzige Eiskristalle in den Regen, doch bald verwandelten die Tropfen sich in dicke Flocken. Über dem blutgetränkten Matsch am Boden breitete sich ein weißes Tuch aus, die Feuer erloschen, und feierliche Stille senkte sich über die ganze Gegend. Nur hier und da war noch ein gedämpfter Schrei zu hören oder das Schnauben vereinzelter Pferde, die geisterhaft im Wind umherirrten.

Alexander kehrte ans Flußufer zurück, und die Soldaten, die er zur Bewachung der Anlegestelle zurückgelassen hatte, sahen ihn wie ein Gespenst aus der Schnee- und Nebelwand heraustreten: ohne Schild, noch immer Schwert und Streitaxt umklammernd und von Kopf bis Fuß mit Blut bedeckt. Bukephalos' Bronzepanzer war genauso rot, dichte Dampfwolken quollen aus seinen Nüstern und hüllten ihn ein, so daß er wie ein furchterregendes Fabelwesen aussah, das mehr einem Alptraum als der Phantasie entsprungen zu sein schien.

Parmenion stürzte mit erschrockenem Gesicht auf ihn zu: »Herr, das hättest du nicht tun dürfen . . .«

Alexander nahm den Helm ab, schüttelte das Haar im eisigen Wind und sagte mit einer Stimme, die der alte General nicht wiedererkannte: »Es ist vorbei, Parmenion, laß uns umkehren.«

Ein Teil der Soldaten wurde zurückgeschickt, und zwar auf demselben Weg, auf dem sie gekommen waren. Den anderen Teil sowie die gesamte Reiterei führte Alexander in Richtung Osten, den Unterlauf des Ister hinauf. Irgendwann stieß er dort auf die Kelten, mit denen es jedoch nicht zum Kampf, sondern zu einem Freundschaftspakt kam.

Er wurde in einem ihrer Zelte aus gegerbten Tierhäuten geschlossen. Während Alexander dem keltischen Stammesführer, einem blonden Hünen, gegenübersaß, hörte er es immer wieder leise quietschen, und er begriff auch bald, was dieses Geräusch verursachte, nämlich die Flügel des eisernen Vogels auf dem Helm des Häuptlings – sie waren beweglich und wippten bei jeder Kopfbewegung auf und ab.

»Ich schwöre«, sagte der Barbar feierlich, »daß ich unserem Bund treu bleibe bis zum Tag, an dem die Erde im Meer versinkt, das Meer die Erde überschwemmt und uns der Himmel auf den Kopf fällt.«

Eine so bilderreiche Schwurformel hatte Alexander noch nie gehört. »Und was von den drei Dingen, die du da aufgezählt hast, fürchtet ihr am meisten?« fragte er.

Der Kelte hob den Kopf zur Decke des Zelts hinauf, und dabei quietschten wieder die Flügel des Vogels: »Daß uns der Himmel auf den Kopf fällt«, antwortete er nach kurzem Nachdenken.

Den Grund hierfür sollte Alexander nie erfahren.

Im Folgenden durchquerte er die Gebiete der Dardaner und der Agrianer, wilde illyrische Sippen, die den mit Philipp geschlossenen Bund gebrochen und sich den Geten und Triballern angeschlossen hatten. Alexander unterwarf sie und zwang sie anschließend, ihm Truppen zur Verfügung zu stellen, denn die Agrianer waren berühmte Kletterer, die auch schwerbewaffnet noch die steilsten Berge erklimmen konnten. Und mit Sicherheit war es einfacher, solche Truppen zu benützen, als Stufen in den Fels zu schlagen, wie er es vor kurzem zur Überwindung des Ossa angeordnet hatte.

Das makedonische Heer irrte noch lange im Tälerlabyrinth der unwirtlichen Gegend herum, und da zu Hause niemand etwas Genaueres wußte, kam irgendwann das Gerücht auf, der König und seine Soldaten seien in einen Hinterhalt geraten und Alexander sei dabei gefallen.

Die Nachricht verbreitete sich in Windeseile und erreichte über dem Seeweg zuerst Athen und dann Theben.

Demosthenes kehrte unverzüglich aus seinem Exil auf Kalauria zurück und hielt feurige Reden auf dem Marktplatz und vor der Bürgerversammlung. Auf sein Betreiben wurden nicht nur Boten nach Theben gesandt, sondern auch eine kostenlose Lieferung schwerer Rüstungen für die thebanische Infanterie, die so etwas bislang nicht besessen hatte. Es kam zum Aufstand, die thebanischen Männer griffen zu den Waffen und belagerten die makedonische Besatzung auf der Zitadelle Kadmeia, indem sie Schützengräben aushoben und ringsherum einen Pfahlzaun errichteten, durch den die eingeschlossenen Madekonen vom Nachschub abgeschnitten wurden.

Doch Alexander bekam Wind von der Rebellion und ärgerte sich fürchterlich, als man ihm von Demosthenes' spöttischen Kommentaren über ihn berichtete.

In einem dreizehntägigen Gewaltmarsch verlegte er seine Truppen vom Ister nach Böotien und stand gerade rechtzeitig vor den Stadtmauern Thebens, um zu verhindern, daß die Verteidiger der Kadmeia sich in ihrer Verzweiflung ergaben. Die Männer auf der Zitadelle trauten ihren Augen kaum, als sie ihren König auf Bukephalos daherreiten und den Thebanern über die Mauer hinweg zuschreien sahen, sie sollten ihm die Verantwortlichen des Aufstands aushändigen.

»Wenn ihr sie ausliefert, verschone ich die Stadt!« schrie er.

Die Thebaner, die von seinem Auftauchen nicht weniger überrascht waren als die Besatzer der Kadmeia, beriefen augenblicklich eine Versammlung ein. Viele von ihnen brannten auf Rache – besonders die von Philipp verbannten Vertreter der demokratischen Partei, die inzwischen wieder zurückgekehrt waren.

»Dieser Alexander ist doch bloß ein junger Bursche. Wovor habt ihr Angst?« fragte einer von ihnen, ein gewisser Echekrates. »Die Athener sind mit uns, die Liga der Ätolier, ja selbst Sparta könnte sich uns in Kürze anschließen. Es wird höchste Zeit, daß wir die makedonische Tyrannei endlich abschütteln! Der persische Großkönig hat uns ebenfalls seine Hilfe zugesichert: Geld und Waffen zur Unterstützung unseres Aufstands sind bereits auf dem Weg!«

»Warum warten wir dann nicht, bis die Verstärkung da ist?« warf ein anderer Bürger ein. »Möglich, daß sich inzwischen die Besatzer auf der Kadmeia ergeben; in diesem Fall könnten wir sie als Geiseln benützen und nur dann freilassen, wenn alle makedonischen Truppen sich aus unserem Gebiet zurückziehen. Wir könnten auch einen Ausfall wagen, aber nur, wenn wir von einem verbündeten Heer unterstützt werden, das Alexander in den Rücken fällt.«

»Nein! Unsere Lage wird mit jedem Tag kritischer«, wetterte Echekrates. »Alle, die sich irgendwann einmal von uns unterdrückt oder ungerecht behandelt gefühlt haben, schließen sich den Makedonen an: Nicht nur die Phoker, sondern auch Plataia, Thespiai, Oropos. Ihr wißt es selbst: Diese Städte hassen uns wie die Pest, am liebsten würden sie jeden einzelnen von uns umbringen. Habt keine Angst, Thebaner! Laßt uns ein für allemal die Toten von Chaironeia rächen!«

Bei diesen Worten erhob sich die gesamte Versammlung und schrie: »Krieg!« Und dann rannte alles nach Hause, um die Waffen zu holen.

Alexander hielt unterdessen in seinem Zelt einen Kriegsrat ab. »Ich will die Thebaner nur dazu bringen, daß sie mit uns verhandeln«, erklärte er seinen Generälen, »auch wenn sie das jetzt noch ablehnen.«

»Aber wenn sie uns doch offen herausfordern!« polterte Hephaistion. »Also ich bin dafür, anzugreifen und ihnen zu zeigen, wer der Stärkere ist!«

»Sie wissen auch so, wer der Stärkere ist«, meinte Parmenion. »Wir haben hier ein Aufgebot von dreitausend Pferden und dreißigtausend Mann, alles erfahrene Soldaten, die noch keine einzige Niederlage eingesteckt haben. Sie werden verhandeln, wart's ab.«

»General Parmenion hat recht«, bekräftigte Alexander. »Ich will kein Blutvergießen. Wir sind dabei, nach Asien einzumarschieren, und da möchte ich ein befriedetes und wenn möglich mit uns verbündetes Griechenland zurücklassen. Geben wir ihnen noch ein paar Tage Zeit zum Nachdenken.«

»Warum dann dieser mörderische Gewaltmarsch? Um hier in unseren Zelten herumzusitzen und zu warten, was die Thebaner gnädigst zu tun gedenken?«

»Nein, Hephaistion. Ich wollte ihnen zeigen, daß ich jederzeit und blitzschnell zuschlagen kann. Daß ich nie weit genug weg bin, damit sie sich organisieren können. Aber wenn sie Frieden wollen, sollen sie ihn haben.«

Nachdem jedoch Tage vergangen waren, ohne daß sich irgend etwas rührte, beschloß Alexander, die Thebaner mit noch ernsteren Drohungen an den Verhandlungstisch zu zwingen. Er ließ sein gesamtes Heer in Schlachtordnung vor den Mauern der Stadt aufmarschieren und schickte einen Herold nach vorn:

»Thebaner! König Alexander bietet euch den Frieden an, den alle Griechen angenommen haben. Ihr könnt selbständig bleiben und euch die politische Verfassung geben, die ihr wollt. Selbst wenn ihr ablehnt, nehmen wir diejenigen von euch auf, die die Stadt verlassen und ohne Haß und Gewalt leben wollen!«

Die Antwort der Thebaner ließ nicht lange auf sich warten:

»Makedonen!« schrie ihr Herold von einem Turm herab. »Wer sich uns und dem persischen Großkönig anschließen will, um die Griechen vom Tyrannen zu befreien, ist in Theben willkommen und wird sofort eingelassen!«

Diese Worte kränkten Alexander zutiefst. Nicht nur, daß sie ihn ungerechterweise zum Barbaren und Unterdrücker abstempelten, sie drohten auch, alle Anstrengungen und Pläne seines Vaters auf einen Schlag zunichte zu machen. Fürchterlicher Zorn überkam ihn angesichts von so viel Ablehnung und Verachtung, und sein Blick verdüsterte sich wie der Sommerhimmel, wenn sich ein Unwetter zusammenbraut.

»Jetzt reicht es!« rief er aus. »Sie lassen mir keine andere Wahl: Ich muß ein Exempel statuieren! In Zukunft soll es keinem mehr einfallen, den Frieden zu brechen, den mein Vater und ich in Griechenland geschaffen haben.«

In Theben waren jedoch noch nicht alle Stimmen verstummt, die zum Einlenken rieten, zumal es einige Vorzeichen gegeben hatte, die Schlimmes befürchten ließen. Drei Monate, bevor Alexander mit seinem Heer vor der Stadtmauer erschienen war, hatte man im Demetertempel ein riesiges Spinnennetz entdeckt, das in allen Regenbogenfarben schillerte.

Nach seiner Bedeutung gefragt, hatte das Orakel von Delphi folgende Antwort gegeben.

»Ein Zeichen der Götter an alle Sterblichen –
an die Böoter vornehmlich und an ihre Nachbarn.«

Auch beim uralten Orakel von Theben hatte man Rat eingeholt. Seine Deutung lautete:

»Manchen gereicht das Spinnennetz zum Verhängnis, anderen dagegen zum Heil.«

Keiner hatte die rätselhaften Sprüche zu deuten gewußt, aber an dem Morgen, an dem Alexander und seine Soldaten angerückt waren, hatten die Statuen auf dem Marktplatz zu schwitzen begonnen und waren bald über und über mit dikken Tropfen bedeckt gewesen, die langsam an ihnen hinabrannen.

Des weiteren wurde den Vertretern der Stadt gemeldet, der Koipassee habe ein seltsames Geräusch von sich gegeben, eine Art Brausen oder Heulen, und in der Nähe von Dirke habe man Ringe auf der Wasseroberfläche entdeckt, ähnlich denen, die sich bilden, wenn man einen Stein ins Wasser wirft, nur daß diese blutrot gewesen seien und sich nach und nach über den ganzen See ausgebreitet hätten. Damit nicht genug: Aus Delphi kommende Pilger hatten auch noch berichtet, der kleine thebanische Tempel beim Apollonheiligtum, den man zum Dank für die im Heiligen Krieg errungene Beute gestiftet hatte, weise auf dem Dach Blutflecken auf.

Die zur Auslegung dieser Vorzeichen herangezogenen Seher waren zu folgendem Schluß gekommen: Das Spinnennetz im Tempel bedeute, daß die Götter ihre Hand von Theben zurückziehen wollten, und sein Schillern kündige ein fürchterliches Unwetter an, das über die Stadt hereinbrechen werde. Auch das Schwitzen der Statuen deute auf eine unmittelbar bevorstehende Katastrophe hin, und die vielerorts entdeckten Blutflecken konnten gar Hinweise auf ein Massaker sein.

Es handelte sich also durchweg um schlechte Omen, weshalb die Seher einhellig der Meinung waren, die Stadt dürfe auf keinen Fall ihr Schicksal herausfordern, schon gar nicht auf dem Schlachtfeld, man müsse unbedingt auf dem Verhandlungsweg zu einer Lösung kommen.

Doch die Thebaner zeigten sich wenig beeindruckt, im Gegenteil, sie erinnerten sich gegenseitig daran, daß sie noch immer zu den besten Kriegern in ganz Griechenland gehörten, und riefen sich die Siege ihrer glorreichen Vergangenheit ins Gedächtnis zurück. Dadurch gerieten sie jedoch in eine Art kollektiven Wahn, der jedes besonnene Handeln vereitelte und sie dazu trieb, sich sozusagen Hals über Kopf in den Abgrund zu stürzen.

Alexander hatte innerhalb von drei Tagen die Belagerung der Stadt organisiert und die Kriegsmaschinen zur Erstürmung ihrer Mauern plaziert. Am vierten Tag rückten die Thebaner in Schlachtordnung heran: auf dem linken Flügel – im Schutz einer Palisade – die Kavallerie, im Zentrum und auf dem rechten Flügel das schwerbewaffnete Fußvolk. Frauen und Kinder harrten in den Tempeln der Stadt aus und flehten die Götter an, sie zu verschonen.

Alexander teilte sein Heer in drei Abteilungen auf, deren erste die Palisade attackieren sollte, während die zweite es mit der thebanischen Infanterie aufnahm. Die dritte Abteilung hielt er unter dem Kommando Parmenions in Reserve.

Beim ersten Trompetenschall brach die Schlacht mit einer Heftigkeit aus, wie man sie nicht einmal in Chaironeia erlebt hatte. Die Thebaner wußten ja, daß sie zu weit gegangen waren und im Falle einer Niederlage nicht mit Gnade rechnen konnten, sie wußten, daß ihre Häuser geplündert und niedergebrannt, ihre Frauen vergewaltigt und ihre Kinder in die Sklaverei verkauft werden würden. Und so kämpften sie mit wahrem Todesmut.

Der Schlachtenlärm, das Gebrüll der Anführer, die schrillen Flöten- und Trompetenklänge erhoben sich zum Himmel, während vom Ende des Tals das dumpfe Dröhnen der großen Pauke von Chaironeia heraufdrang.

Anfänglich konnten die Thebaner dem ungeheuerlichen Druck der Phalanx nicht standhalten und mußten zurückweichen, doch als es auf dem holprigen Gelände um die Stadt zum Nahkampf kam, konnten sie ihre Überlegenheit beweisen. Viele Stunden lang wurde mit wechselndem Kriegsglück gefochten, und es sah fast aus, als wollten die Götter keine der beiden Parteien siegen lassen.

Dann schickte Alexander jedoch seine Reserve in den Kampf. Die Phalanx, die bis zu diesem Augenblick einen einzigen Block gebildet hatte, teilte sich in zwei Flügel auf und ließ Parmenions Truppe aufziehen. Doch wer erwartet hatte, die erschöpften Thebaner würden beim Anblick der »frischen« Soldaten in Panik geraten, wurde enttäuscht, denn nun konnten sie ihren Stolz erst recht unter Beweis stellen:

»Schaut hin, Männer!« schrien ihre Generäle aus vollem Halse.

»Die Makedonen brauchen zwei Mann, um mit einem Thebaner fertig zu werden! Aber rennen wir sie um, wie die vor ihnen auch!«

Und dann fielen sie mit unerhörter Wucht über ihre Feinde her, wohl wissend, daß nicht nur ihr eigenes Überleben, sondern das der ganzen Stadt auf dem Spiel stand.

Doch just in diesem Moment bemerkte Perdikkas, der den linken Flügel anführte, daß die Thebaner von einer Seitenpforte ihrer Stadtmauer die Wache abgezogen und als Verstärkung aufs Schlachtfeld geschickt hatten. Ohne lange zu zögern, besetzte er das kleine Tor und schleuste so viele Makedonen wie möglich in die Stadt.

Diesmal erschraken die Thebaner wirklich. Sie rannten zuhauf zurück, um das Tor zu schließen, waren sich in dem dichten Gedränge von Menschen und Pferden aber nur gegenseitig im Wege, so daß immer mehr Feinde in ihre Stadt eindringen konnten. Zu allem Überfluß brach nun auch noch die auf der Kadmeia eingeschlossene Garnison aus und fiel ihnen in den Rücken. Im Gewirr der engen Gassen von Theben wurde stundenlang erbittert gekämpft, viele fochten vor den eigenen Häusern, doch letztendlich war alles umsonst.

Kein Thebaner ergab sich, keiner flehte auf Knien um sein Leben, aber ihre Tapferkeit brachte ihnen keine Gnade ein, noch war der Tag lang genug, um der grausamen Rache Einhalt zu gebieten: An diesem Punkt konnte nichts mehr den Feind bremsen. Die Makedonen schwelgten förmlich im Blutrausch, blindwütig und gewaltsam drangen sie in die Tempel ein, rissen Frauen und Kinder von den Altären weg und vergingen sich auf jede erdenkliche Weise an ihnen.

Überall waren die verzweifelten Schreie von Mädchen und Jungen zu hören, die vergeblich ihre Eltern zu Hilfe riefen.

Zu den Makedonen hatten sich inzwischen jene Griechen, Böoter und Phoker, gesellt, die in der Vergangenheit von den Thebanern unterjocht worden waren, und obwohl sie dieselbe Sprache, ja denselben Dialekt sprachen, gingen sie am grausamsten von allen vor: Wie die Berserker fielen sie noch über die Stadt her, als sich auf jedem Platz und an jeder Straßenecke schon Berge von Leichen türmten.

Erst mit Einbruch der Nacht bereiteten Müdigkeit und Trunkenheit dem Massaker ein Ende.

Am darauffolgenden Morgen berief Alexander den Bundesrat ein, damit er über das Schicksal Thebens entscheide.

Die Delegierten von Plataia ergriffen als erste das Wort: »Die Thebaner haben die gemeinsame Sache der Griechen immer verraten. Sie waren die einzigen, die sich während der persischen Invasion gegen ihre Brüder verbündet haben, die für die Freiheit aller kämpften. Und sie hatten damals nicht das geringste Mitleid, als unsere Städte von den Barbaren zerstört und in Brand gesteckt wurden, als unsere Frauen mißbraucht und unsere Kinder als Sklaven verschleppt wurden, ohne daß irgend jemand gewußt hätte, wohin.«

»Und die Athener«, rief der Gesandte von Thespiai, »die sie zuerst unterstützt und jetzt, im Moment der Strafe, im Stich gelassen haben – denken sie denn überhaupt nicht mehr an den Tag, an dem die Perser ihre Stadt geplündert und ihre Tempel in Brand gesteckt haben?«

»Die exempelhafte Bestrafung Thebens wird verhindern, daß weitere Kriege ausbrechen«, meinten die Vertreter der Phoker und Thessaler, »daß andere Städte den Frieden gegen Haß und blinden Aufruhr eintauschen.«

Der Beschluß wurde mehrheitlich gefaßt, und Alexander beugte sich ihm, obwohl er persönlich dagegen war – aber da er selbst nun einmal den Bundesrat einberufen hatte, blieb ihm keine andere Wahl, als seinen Urteilsspruch zu akzeptieren.

Achttausend Thebaner wurden in die Sklaverei verkauft, ihre jahrtausendealte, schon von Homer und Pindar besungene Stadt wurde dem Erdboden gleichgemacht: Man sollte glauben, sie habe nie existiert.

44

Alexander rutschte vom Pferd und schleppte sich mit letzter Kraft in sein Zelt. Seine Hände waren blutverschmiert und seine Ohren voll von gellenden Schreien, Flehen und Wehklagen.

Er wies Speis und Trank zurück, riß sich den Panzer vom Leib und warf sich unter entsetzlichen Krämpfen und Zukkungen auf sein Feldbett. Ihm war, als habe er die Kontrolle über seine Muskeln und Sinne verloren: Alpträume und Halluzinationen zogen vor seinem Auge vorüber wie ein fürchterliches Unwetter, wie ein tödlicher Orkan, der jeden Gedanken entwurzelte, kaum daß er Gestalt annehmen wollte.

Der Schmerz und die Verzweiflung einer ganzen Stadt, die mit Stumpf und Stiel ausgerottet worden war, lasteten zentnerschwer auf seiner Seele. Und so stark wurde die Bedrängnis, daß er ihr schließlich in einem fast tierischen Schrei der Qual und des Fieberwahns Luft machen mußte. Niemand hätte ihn von den vielen anderen Schreien in dieser verfluchten Nacht voll blutiger Gespenster und betrunkener Schatten unterscheiden können.

Erst Ptolemaios' Stimme holte ihn in die Wirklichkeit zurück.

»Eine Schlacht auf offenem Feld ist etwas ganz anderes, nicht? Am Ister zum Beispiel ...« Er seufzte. »Und doch ist auch das von Homer besungene Troja auf diese Weise gefallen, und viele andere glänzende Städte, an die wir uns nicht einmal mehr erinnern.«

Alexander schwieg. Er hatte sich auf seiner Pritsche aufgesetzt und machte einen verstörten, beinahe verwirrten Eindruck. »Ich ... ich wollte nicht«, murmelte er irgendwann.

»Ich weiß«, sagte Ptolemaios und senkte den Kopf. »Du warst nicht in der Stadt«, fuhr er fort, »aber ich kann dir versichern, daß die ehemaligen Nachbarn dieser Unglückseligen, die Phoker und die Soldaten von Plataia und Thespiai, am grausamsten gewütet haben – dabei hatten sie doch fast dieselbe Sprache, dieselbe Abstammung, dieselben Gebräuche, den gleichen Glauben ... Man sollte es nicht für möglich halten.«

Alexander starrte vor sich hin und schüttelte den Kopf.

»Vor siebzig Jahren mußte das besiegte Athen sich seinen Gegnern, den Spartanern und Thebanern, bedingungslos ergeben«, fuhr Ptolemaios fort. »Und du weißt doch, was die Thebaner vorgeschlagen haben, oder? Sie wollten Athen niederbrennen, seine Mauern schleifen und seine Bewohner ermorden oder in die Sklaverei verkaufen. Wenn sich der Lakedaimonier Lysandros nicht so entschieden widersetzt hätte, wäre die schönste Stadt der Welt heute nur noch ein Haufen Asche.«

Alexander sagte noch immer kein Wort.

»Ihre Vorfahren wollten sich an einem wehrlosen Gegner rächen, den sie längst unschädlich gemacht hatten. Nun hat dieses Schicksal sie selbst eingeholt – Nemesis nennt man das. Dabei waren die Voraussetzungen in diesem Fall ganz andere, du hast ihnen vorher ja noch ein großzügiges Friedensangebot unterbreitet, sie hätten bloß darauf einzugehen brauchen ...«

Alexander zuckte resigniert mit den Schultern.
»Statt dessen streiten sich jetzt ihre Nachbarn, die Mitglieder der böotischen Liga, um das Territorium der zerstörten Mutterstadt. Und sie bitten dich um einen Schiedsspruch.«
Alexander ging zu einer Waschschüssel, tauchte mehrmals den Kopf hinein und trocknete sich ab. »Bist du deshalb gekommen?« fragte er dann. »Ich will niemanden sehen.«
»Nein, ich bin nicht deshalb gekommen, sondern weil ich dir sagen wollte, daß das Haus des Dichters Pindar verschont worden ist, wie du befohlen hast. Es ist mir auch gelungen, eine bestimmte Anzahl von Werken anderer Dichter aus den Flammen zu retten.«
Alexander nickte.
»Außerdem wollte ich dir sagen, daß ... daß Perdikkas in Lebensgefahr schwebt. Er ist gestern in der Schlacht schwer verwundet worden, aber er bat uns, dir nichts davon zu sagen.«
»Warum nicht?«
»Weil er dich in einem so kritischen Augenblick nicht von deinen Führungsaufgaben ablenken wollte, aber nun ...«
»Deshalb hat er sich nicht zum Rapport gemeldet! O Götter!« rief Alexander aus. »Bring mich sofort zu ihm!«
Ptolemaios begleitete den König in ein beleuchtetes Zelt in der westlichen Ecke des Lagers.
Perdikkas lag wie besinnungslos auf seiner Pritsche. Er war schweißgebadet und brannte vor Fieber. Der Arzt Philipp saß neben ihm und träufelte ihm mit einem Schwamm von Zeit zu Zeit eine helle Flüssigkeit in den Mund.
»Wie geht es ihm?« fragte Alexander.
Philipp schüttelte den Kopf. »Es hat ihn böse erwischt: ein Lanzenstich unterhalb des Schlüsselbeins. Die Lunge ist nicht beschädigt, aber mehrere Muskeln sind vollständig durchtrennt – daher auch die schweren Blutungen. Ich habe die Wunde kauterisiert, genäht und tamponiert und jetzt versu-

che ich ihm ein in Wasser aufgelöstes Medikament einzuflößen, um die Schmerzen zu stillen und einen weiteren Fieberanstieg zu verhindern. Aber ich weiß nicht, wieviel er davon aufnimmt und wieviel verlorengeht ...«

Alexander trat an Perdikkas' Feldbett, legte ihm die Hand auf die Stirn und sagte: »Geh nicht, mein Freund, verlaß mich nicht.«

Und obwohl er selbst völlig erschöpft war und seit zwei Tagen nicht mehr geschlafen hatte, hielt er zusammen mit Philipp die ganze Nacht Krankenwache. Im Morgengrauen öffnete Perdikkas die Augen einen Spaltbreit. Alexander stieß Philipp mit dem Ellbogen an.

Der Arzt, der gerade etwas eingenickt war, beugte sich vor und befühlte die Stirn des Verwundeten: Sie war immer noch heiß, aber nicht mehr ganz so schlimm wie am Abend zuvor.

»Vielleicht kommt er durch«, sagte er und nickte wieder ein.

Wenig später betrat Ptolemaios das Zelt.

»Wie geht es ihm?« fragte er leise.

»Philipp meint, daß er durchkommen könnte.«

»Um so besser. Aber jetzt solltest du auch ein bißchen ausruhen. Du siehst entsetzlich aus.«

»Kein Wunder: Das waren die schlimmsten Tage meines Lebens«, erwiderte Alexander.

Ptolemaios trat auf ihn zu, als wolle er ihm etwas sagen, konnte sich aber nicht dazu entschließen.

»Was ist?« fragte Alexander.

»Ich ... Ich weiß nicht ... Wenn Perdikkas gestorben wäre, hätte ich dir gar nichts gesagt, aber wo er nun überlebt, solltest du vielleicht wissen ...«

»Was? Bei den Göttern, jetzt sag schon endlich!«

»Perdikkas hat mir einen Brief gegeben, bevor er ohnmächtig wurde.«

»An mich?«

»Nein, an deine Schwester, die Königin von Epeiros. Die beiden haben sich geliebt, und er bittet sie, ihn nicht zu vergessen. Ich ... wir haben ihn alle wegen dieser Liebe aufgezogen, aber wir dachten ja nicht, daß er wirklich ...« Ptolemaios reichte Alexander den Brief, doch der schüttelte den Kopf.

»Nein«, sagte er. »Ich möchte ihn nicht lesen. Was gewesen ist, ist gewesen. Meine Schwester war ein lebenslustiges Mädchen und hatte genauso wie wir alle das Recht, sich zu verlieben. Jetzt hat sie ihre Jugend hinter sich gelassen und lebt glücklich an der Seite ihres Mannes. Was Perdikkas betrifft, so kann ich es ihm nicht verübeln, daß sein letzter Gedanke – oder was er dafür hielt – der Frau galt, die er liebte.«

»Und was soll ich jetzt mit dem Brief anfangen?«

»Verbrenne ihn. Aber wenn er dich danach fragt, sagst du ihm, er sei an Kleopatra weitergeleitet worden.«

Ptolemaios ging zu einer Öllampe und hielt den Papyrusbogen in ihre Flamme. Einen Moment später lösten sich Perdikkas' Liebesworte, vom Feuer verzehrt, in Luft auf.

Die brutale Bestrafung Thebens löste in ganz Griechenland Entsetzen aus: Daß eine so berühmte Stadt, eine Stadt, deren Wurzeln bis in mythische Zeiten zurückreichten, einfach ausgelöscht wurde, hatte es seit vielen Generationen nicht mehr gegeben. Und so kam es, daß alle Griechen die Verzweiflung der wenigen Überlebenden von Theben teilten. Sie identifizierten sich mit der Stadt, die gewissermaßen die Wiege ihres Volkes darstellte, und mit ihren Heiligtümern, ihren Brunnen, ihren Plätzen, auf denen jedes Andenken eifersüchtig gehütet worden war.

Für einen Griechen war seine Stadt alles: An jeder Straßenecke gab es ein Bild oder eine alte, verwitterte Statue, die auf die eine oder andere Weise mit einem Mythos in Verbindung stand, mit Ereignissen, die Teil einer gemeinsamen Vergangenheit waren. Jeder Brunnen hatte sein ganz eigenes Plätschern, jeder Baum seine Stimme, jeder Stein seine Geschichte. Überall stieß man auf die Spuren der Götter, der berühmten Sagenhelden, der eigenen Vorfahren und verehrte ihre Bildnisse und Gräber.

Seine Stadt verlieren war wie die Seele verlieren, wie tot sein, noch bevor man starb, wie blind werden für das Licht der Sonne und die Farben der Erde. Es war sogar noch schlimmer als ein Sklave zu sein, denn die Sklaven erinnerten sich oft gar nicht mehr daran, woher sie kamen.

Die thebanischen Flüchtlinge, denen es gelang, nach Athen zu entkommen, brachten die Schreckensnachricht mit und lösten tiefe Bestürzung aus. In einer eilends einberufenen Volksversammlung berichteten sie von ihren schrecklichen Erfahrungen.

Als die Wahrheit in ihrem ganzen dramatischen Ausmaß vor den Athenern ausgebreitet worden war, erhob sich Phokion, ein alter Admiral der Kriegsmarine, der seinerzeit in den Meerengen die Expedition gegen Philipps Flotte angeführt hatte.

»Was Theben passiert ist, könnte genausogut Athen passieren«, sagte er. »Auch wir haben das Bündnis mit Philipp gebrochen, und obendrein haben wir den Thebanern Waffen geschickt. Weshalb also sollte Alexander mit uns freundlicher verfahren? Und machen wir uns nichts vor, liebe Mitbürger: Für die mißliche Lage, in der wir uns heute befinden, gibt es Verantwortliche in unsern eigenen Reihen: diejenigen nämlich, die das Volk dazu überredet haben, für den Bündnisbruch zu stimmen, diejenigen, die die Thebaner dazu angestachelt haben, sich gegen den Makedonenkönig zu erheben, um sie im entscheidenden Moment im Stich zu lassen ...«

Er machte eine Pause und ließ seinen Blick über die Menge schweifen, bevor er weitersprach:

»Diese Männer – und ihr wißt alle, wen ich meine – diese

Männer sollten sich heute überlegen, was schlimmer ist: die Ausrottung einer ganzen Stadt oder das Opfer einiger weniger. Sie sollten den Mut haben, sich auszuliefern, und das Schicksal auf sich nehmen, das sie selbst herausgefordert haben!«

Ein leises Murmeln ging durch die Reihen.

»Ich bin als Makedonenfreund verschrien worden, weil ich euch davor warnte, dem Rat dieser Männer zu folgen. Als Alexander noch in Thrakien war, bezeichnete Demosthenes ihn als Milchbuben, als er durch Thessalien zog, nannte er ihn bereits einen jugendlichen Gimpel, und als er vor den Toren Thebens stand, einen Jüngling. Welchen Titel gibt er ihm heute? Wann begreift er endlich, daß dieser Makedone ein ausgewachsener Mann ist, der nicht nur weiß, was er will, sondern auch die Macht besitzt, es durchzusetzen? Ich, liebe Mitbürger, bin jedenfalls der Meinung, daß man sowohl zu seinen Taten wie zu seinen Worten stehen muß. Mehr habe ich nicht zu sagen.«

Demosthenes stand natürlich sofort auf, um seine Position zu verteidigen, und dabei appellierte er wie immer an die Freiheitsliebe der Athener und erinnerte sie daran, daß ihre Stadt die Wiege der Demokratie war, aber am Ende seiner Ansprache gab er zu verstehen, daß er sich dem Entscheid der Volksversammlung in jedem Fall beugen würde:

»Ich habe keine Angst vor dem Tod, denn ich habe ihm bereits auf dem Schlachtfeld von Chaironeia in die Augen gesehen. Und dort bin ich ihm nur entronnen, weil ich mich zwischen Bergen von Leichen verbarg. Ich habe meiner Stadt immer gedient, und ich werde es auch in dieser schweren Stunde tun: Wenn die Versammlung von mir verlangt, daß ich mich ausliefere, dann tue ich es.«

Mit dieser Antwort bewies Demosthenes wieder einmal, was für ein geschickter Redner er war, denn er bot wohl an, sein Leben zu opfern, doch er tat es auf eine Art und Weise, daß sich jeder, der dieses Angebot angenommen hätte, wie ein Frevler vorgekommen wäre.

Eine Zeitlang wurde heftig diskutiert, und die Stellvertreter der verschiedenen politischen Lager bekamen Gelegenheit, ihre Standtpunkte darzulegen.

Unter ihnen befanden sich auch zwei bekannte Philosophen: Speusippos, der nach Platons Tod die Leitung der Akademie übernommen hatte, und Demophonte.

»Weißt du, was ich glaube?« fragte Speusippos seinen Freund mit einem bitteren Lächeln. »Platon und die Athener haben Aristoteles die Leitung der Akademie verweigert, und er hat aus Rache Alexander erschaffen.«

Am Ende stimmte die Versammlung dagegen, Demosthenes und die anderen den Makedonen auszuliefern, beschloß jedoch, unter Demades' Führung eine Delegation zu Alexander zu schicken.

Alexander empfing den Orator sozusagen auf dem Weg nach Korinth – er hatte nämlich erneut die Hellenische Liga einberufen, um sich nach den Vorfällen in Theben als Oberbefehlshaber des Bundesheeres bestätigen zu lassen.

Die Begegnung fand in einem Zelt statt, in dem neben dem König auch Eumenes saß.

»Was macht deine Wunde, Demades?« war das erste, was Alexander zur Verblüffung aller Anwesenden fragte.

Der Orator hob den Saum seines Mantels und zeigte ihm die Narbe. »Sie ist völlig verheilt, Alexander. Ein echter Chirurg hätte es nicht besser machen können.«

»Das ist das Verdienst meines Lehrers Aristoteles, der auch euer Mitbürger war. Und wo wir schon dabei sind: Meinst du nicht, daß Aristoteles ein Standbild auf eurem Marktplatz verdient hätte? Soweit ich mich erinnere, gibt es dort noch keins von ihm . . .«

Die athenischen Gesandten wechselten immer erstauntere Blicke.

»Nein, in der Tat. Darauf sind wir noch gar nicht gekommen«, gab Demades zu.

»Dann wird es höchste Zeit. Und noch etwas: Ich will Demosthenes, Lykurgos und überhaupt alle, die diesen Aufstand angezettelt haben.«

Demades neigte den Kopf.

»Das haben wir uns schon gedacht, König. Wir ahnen, wie dir zumute ist. Du weißt, daß ich mich immer gegen den Krieg und für den Frieden eingesetzt habe, auch wenn ich meine Pflicht erfüllt und gekämpft habe wie alle athenischen Männer, als meine Stadt es von mir verlangte. Dennoch bin ich überzeugt, daß Demosthenes und die anderen in guter Absicht gehandelt haben . . . als Patrioten.«

»Als Patrioten?« fuhr Alexander auf.

»Ja, o König, als Patrioten«, wiederholte Demades mit fester Stimme.

»Warum liefern sie sich dann nicht aus? Warum stehen sie nicht zu ihren Worten?«

»Weil die Stadt es nicht will und bereit ist, jede Gefahr und jeden Kampf dafür in Kauf zu nehmen. Hör mich an, Alexander: Athen ist bereit, deinen Forderungen nachzukommen, solange sie nur einigermaßen vernünftig sind, aber treib uns nicht zur Verzweiflung. Denn selbst wenn du siegen solltest, wäre ein Sieg doch bitterer für dich als eine Niederlage. Theben existiert nicht mehr, Sparta wird sich dir niemals anschließen. Wenn du jetzt auch noch Athen zerstörst und dir auf ewig zum Feind machst, was bleibt dir dann noch von Griechenland? Mit Milde erreicht man oft mehr als mit Gewalt oder Arroganz.«

Alexander ging lange im Zelt auf und ab, ohne etwas zu sagen.

»Was verlangt ihr?« fragte er dann schließlich und setzte sich wieder.

»Daß wir niemanden ausliefern müssen und daß du dich

nicht an der Stadt rächst. Außerdem wollen wir den thebanischen Flüchtlingen Hilfe und Asyl gewähren dürfen. Im Gegenzug erneuern wir unsere Mitgliedschaft in der Hellenischen Liga und versprechen, uns fortan für den Frieden in Griechenland einzusetzen. Und wenn du nach Asien ziehst, wirst du zur Rückendeckung unsere Flotte benötigen – die makedonische ist ja viel zu klein und unerfahren.«

Eumenes beugte sich zum Ohr des Königs hinüber.

»Klingt doch ganz annehmbar«, flüsterte er.

»Gut, dann setzt ein Dokument auf und unterzeichnet es«, sagte Alexander, indem er sich den Siegelring vom Finger zog, Eumenes in die Hand drückte und das Zelt verließ.

45

Aristoteles verschloss seinen Quersack, hängte sich den Mantel über die Schulter und griff nach dem Türschlüssel, der an einem Nagel hing. Dann ließ er den Blick noch einmal durchs Haus schweifen und sagte wie zu sich selbst:

»Ich glaube, ich habe nichts vergessen.«

»Du willst also wirklich aufbrechen?« meinte sein Neffe Kallisthenes.

»Ja, ich habe beschlossen, nach Athen zurückzukehren. Die Lage scheint sich ja beruhigt zu haben.«

»Weißt du schon, wo du unterkommen kannst?«

»Demades hat sich umgetan und ein geeignetes Haus für meine Schule gefunden: ziemlich groß und mit einem Wandelgang – ein bißchen wie der Palast in Mieza. Angeblich bietet es ausreichend Platz für eine Bibliothek und für meine Naturaliensammlungen; einen Teil des Gebäudes möchte ich auch der Musikforschung widmen. Meine Sachen sind schon unten am Hafen, ich brauche mich nur noch einzuschiffen.«

»Und mich läßt du einfach hängen mit meinen Untersuchungen?«

»Ganz im Gegenteil: In Athen kann ich noch viel mehr Informationen sammeln als in Makedonien. Was hier herauszubekommen war, habe ich herausbekommen.«

»Nämlich?«

»Setz dich.« Aristoteles zog ein paar dicht beschriebene Blätter aus einer Schublade. »Das einzig Sichere ist bis jetzt der Aufruhr, den Philipps Ermordung hervorgerufen hat – und alles, was damit einhergeht: Gerüchte, Klatsch, Verleumdungen, Lästerei, du kennst das ja. Es ist, wie wenn man Steine in einen Teich mit schlammigem Grund wirft: Das Wasser trübt sich, und wer klar sehen will, muß warten, bis der Schlamm sich wieder gesetzt hat. Davon einmal abgesehen, sieht es im Moment ganz so aus, als hätte der Mörder aus Eifersucht gehandelt – eine Liebesaffäre zwischen Männern: bekanntlich sehr gefährlich. Paß auf, ich schildere dir kurz, wie das Ganze zugegangen sein könnte:

Pausanias, ein gutaussehender junger Mann, der sich in allen Waffengattungen auskennt, schafft es, in Philipps Leibgarde aufgenommen zu werden. Der König wird auf ihn aufmerksam und macht ihn zu seinem Liebhaber. Kurz darauf stellt Attalos dem König jedoch seine Nichte, die arme Euridike, vor. Philipp verliebt sich bis über beide Ohren, und Pausanias rast vor Eifersucht. Er macht Attalos eine Szene, aber der mißt der Sache – wenigstens dem Anschein nach – keine große Bedeutung bei, ja, er reagiert mit Humor und lädt den jungen Mann nach einem Jagdausflug im Gebirge sogar zum Abendessen ein, quasi um ihn aufzumuntern.

Attalos' Jagdhütte liegt etwas abseits, weit und breit kein anderes Haus. Der Wein fließt in Strömen, man scherzt und lacht, die ganze Atmosphäre ist ziemlich aufgeheizt. Irgendwann zieht Attalos sich zurück und läßt Pausanias alleine mit seinen Jagdhelfern zurück; die fallen augenblicklich über ihn her, reißen ihm die Kleider vom Leib und vergewaltigen ihn die ganze Nacht hindurch auf jede nur erdenkliche Weise. Danach lassen sie ihn halbtot liegen.

Du kannst dir vorstellen, wie Pausanias sich gefühlt haben muß; er rennt zum König und schreit nach Rache, aber Philipp kann sich natürlich schlecht mit seinem zukünftigen Schwiegervater anlegen, den er obendrein sehr schätzt. Am liebsten würde der junge Mann Attalos mit seinen eigenen Händen umbringen, aber das ist auch nicht mehr möglich: Der König hat ihn und Parmenion mit dem Expeditionskorps nach Asien geschickt. Kurz: Es bleibt nur noch Philipp selbst übrig, an dem Pausanias seinen Zorn auslassen kann. Und genau das tut er, indem er ihn kurzerhand umbringt.«

Aristoteles begleitete seine letzten Worte mit einer vielsagenden Geste und zwinkerte Kallisthenes mit seinen kleinen grauen Augen ironisch zu.

»Und du glaubst diese Geschichte?« fragte sein Neffe etwas verwirrt.

»Nun, Leidenschaften sollte man nie unterschätzen, sie spielen eine wichtige Rolle im menschlichen Verhalten, vor allem bei Individuen mit gestörtem seelischem Gleichgewicht, wie Mörder es ja sind. Überhaupt klingt diese Geschichte ziemlich plausibel. Sie könnte wahr sein . . .«

»Könnte, aber ist sie es auch?«

»Tja, du hast recht, daran zu zweifeln. Bei genauerem Hinsehen gibt es viel, was nicht paßt. Zum Beispiel Philipps Schwäche für Männer: Darüber ist viel gemunkelt worden, aber eindeutig nachweisen konnte ihm keiner etwas – auch in diesem Fall nicht. Und davon einmal abgesehen: Meinst du wirklich, ein Mann wie Philipp nimmt einen solchen Hysteriker in seine Leibwache auf? Ich halte das für ausgeschlossen.« Aristoteles schüttelte den Kopf. »Aber selbst für den unwahrscheinlichen Fall, daß Pausanias ein Liebhaber des Königs war: Warum hat er seine Rache so lange hinausgeschoben, und warum hat er sein eigenes Leben dabei aufs Spiel gesetzt? Das macht keinen Sinn. Und vergessen wir eins nicht: Der Hauptzeuge dieser Geschichte, nämlich Attalos, ist tot – ebenfalls ermordet. Sonderbarer Zufall, findest du nicht?«

»Doch. Und was schließt du aus alledem?«

»Daraus schließe ich, daß der Auftraggeber des Mordes ein schlauer Kopf sein muß, denn er hat eine Geschichte erfunden, die durchaus glaubwürdig klingt, und er hat einen Mann zu ihrem Protagonisten gemacht, der sie weder bestätigen noch dementieren kann, da er nämlich tot ist.«

»Wir tappen also im dunkeln.«

»Nicht ganz. Das eine oder andere beginnt Gestalt anzunehmen.«

»Zum Beispiel?«

»Nun, zum Beispiel die Persönlichkeit des Auftraggebers und die Umstände, unter denen eine solche Geschichte entstanden sein könnte. Aber das kannst du alles in diesen Notizen nachlesen. Nimm sie an dich, ich habe noch eine Kopie in meinem Quersack. Ich hoffe, du ziehst Nutzen aus ihnen.«

»Die Sache ist nur, daß ich gar nicht weiß, ob ich noch Zeit für diese Nachforschungen haben werde«, entgegnete Kallisthenes. »Alexander will mich nämlich auf seinen Asienfeldzug mitnehmen. Ich soll die Geschichte seiner Taten aufschreiben.«

Aristoteles nickte und kniff die Augen zusammen. »Das heißt, daß er die Vergangenheit endgültig hinter sich gelassen hat und sozusagen in die Zukunft rennt, sprich: ins Unbekannte.«

Der Philosoph stand auf, griff nach seinem Quersack und trat auf die Straße hinaus. Am Horizont begann die Sonne aufzugehen; sie wärmte schon die nackten Gipfel des Berges Kissos, hinter dem sich die große makedonische Ebene mit der Hauptstadt Pella und dem stillen Hain von Mieza ausbreitete.

»Merkwürdig«, meinte er, während er auf die wartende Kutsche zuging, die ihn zum Hafen bringen sollte. »Merkwürdig, daß wir keine Gelegenheit mehr hatten, uns zu sehen . . .«

»Aber er denkt immer an dich, und vielleicht kommt er dich ja vor seiner Abreise noch einmal besuchen.«

»Das glaube ich nicht«, erwiderte Aristoteles nachdenklich. »Er ist jetzt völlig von seiner Abenteuerlust gefangen – wie ein Nachtfalter von der Flamme einer Öllampe. Und an dem Tag, an dem er wirklich das Bedürfnis verspüren wird, ist es wahrscheinlich zu spät, um noch einmal umzukehren. Aber du kannst mir ja schreiben, wenn du möchtest, ich schicke dir auf alle Fälle meine neue Adresse in Athen. Ich schätze, daß Alexander alles tun wird, um mit der Stadt in Kontakt zu bleiben. Ja, dann . . . Leb wohl, mein Neffe!«

Kallisthenes umarmte ihn, und als er sich wieder von ihm löste, glaubte er, zum allersten Mal einen Anflug von Rührung in den kleinen grauen Augen erkennen zu können. Doch dann war Aristoteles auch schon in die Kutsche gestiegen und davongefahren.

46

Es war Abend. Der alte Tempel am Waldrand auf der Hügelkuppe wurde von kleinen Öllampen beschienen, die ringsumher auf dem Boden aufgestellt waren. Seinen bemalten Holzsäulen war deutlich anzusehen, daß sie seit Jahrhunderten Wind und Wetter trotzen mußten.

Giebel und Architrav des Heiligtums waren mit farbigen Tonreliefs geschmückt, die Geschichten über den Gott Dionysos erzählten; die abgebildeten Figuren schienen sich im Flackerlicht der Fackeln und Lampen zu bewegen.

Das Tor der Tempels stand offen, und ganz hinten in der Cella konnte man im Halbdunkel das Kultbild des Gottes erkennen, dessen archaische Strenge etwas sehr Feierliches hatte. Vor ihm standen zwei Stühle, und weitere acht – vier rechts und vier links – waren entlang der seitlichen Säulenreihen aufgestellt, die das Dachgebälk trugen.

Ptolemaios traf als erster ein, unmittelbar nach ihm kamen Krateros und Leonnatos, wenig später Lysimachos, Seleukos und Perdikkas, dem seine Verwundung noch immer etwas zu schaffen machte. Auch Eumenes und Philotas ließen nicht lange auf sich warten. Als letzter erschien Alexander auf Bukephalos, begleitet von seinem Freund Hephaistion.

Gemeinsam betraten die jungen Männer den verlassenen Tempel und nahmen Platz: Alexander vor der Götterstatue, Hephaistion zu seiner Rechten und die anderen entlang der Säulenreihen. Bis auf das Rücken der Stühle war nichts zu hören, und doch knisterte die Luft vor Spannung, denn außer dem König kannte niemand den Grund für diese nächtliche Zusammenkunft.

»Mein Vater«, hob Alexander an, »hat sein Leben lang von einem grandiosen Unternehmen geträumt; nur sein gewaltsamer Tod hat ihn daran gehindert, es durchzuführen. Nun ist der Moment gekommen, daß *wir* dieses Unternehmen wagen: Wir ziehen nach Asien!«

Ein Windstoß, der in diesem Moment zur offenen Tür hereinfegte, brachte die Lampen vor der Dionysosstatue zum Flackern und belebte das rätselhafte Lächeln des Gottes.

»Ich habe euch nicht zufällig an diesem Ort zusammengerufen«, fuhr Alexander fort, »denn es wird Dionysos, der Rebenbekränzte, sein, der uns den Weg weist – er, der mit seinem Gefolge aus Satyrn und Mänaden bis ins ferne Indien gelangte, das noch kein griechisches Heer je betreten hat.«

Alexander warf einen ehrfürchtigen Blick auf die Götterstatue, bevor er weitersprach: »Der Streit zwischen Asien und Griechenland ist uralt. Jahrtausendelang hat er sich hingezogen, aber es gibt weder einen Sieger noch Besiegte: Der Trojanische Krieg hat zehn Jahre gedauert und endete mit der Plünderung und Zerstörung einer einzigen Stadt. Die in jüngerer Zeit von Athen und später von Sparta unternommenen Feldzüge zur Befreiung der Griechen in Asien sind gescheitert, wie auch umgekehrt die persischen Invasionen nach Griechenland scheiterten, wenngleich sie mit Blutbädern, Stadtbränden und Tempelschändungen einhergingen.«

Alexander ließ seine Worte eine Weile nachklingen.

»Doch die Zeiten haben sich geändert«, fuhr er dann fort. »Heute verfügen wir über das mächtigste Heer, das je existiert hat, über die stärksten und bestausgebildeten Soldaten. Was aber noch viel wichtiger ist«, sagte er und sah sie einen nach dem anderen an, »wir – wir, die wir hier sitzen – sind durch aufrichtige und tiefe Freundschaft miteinander verbunden. Wir sind zusammen in einer kleinen Stadt aufgewachsen, wir haben als Kinder miteinander gespielt, wir sind vom selben Lehrer unterrichtet worden und wir haben gemeinsam unsere ersten Mutproben und Gefahren bestanden.«

»Eins hast du vergessen«, rief Ptolemaios dazwischen. »Wir haben auch denselben Stock zu spüren bekommen!«

Allgemeines Gelächter war die Antwort auf seine Bemerkung, und mit einemmal war die ganze Stimmung viel gelöster.

»Wie wahr«, Alexander nickte mit einer Schmerzensgrimasse.

»Ach, deshalb hast du Parmenion nicht eingeladen!« rief Seleukos aus. »Wenn ich mich recht entsinne, sind gerade wir beide mal tüchtig von ihm durchgebleut worden ...«

»Bei Zeus! Du vergißt aber auch gar nichts.« Alexander mußte grinsen.

»Parmenions Stock vergißt keiner so leicht«, sagte Lysimachos. »Ich glaube, meinem Rücken sieht man ihn heute noch an.«

»Das ist aber nicht der Grund, weshalb ich Parmenion nicht eingeladen habe«, fuhr Alexander fort, als wieder etwas Ruhe eingekehrt war. »Ich habe keine Geheimnisse vor ihm – sonst wäre ja auch sein Sohn Philotas nicht hier. Nein, Parmenion wird einer der Pfeiler unseres Unternehmens sein, denn er ist Hüter des reichen Schatzes an Erfahrung, den mein Vater in all den Jahren zusammengetragen hat. Aber er war ein Gefährte Philipps und Antipatros', ihr dagegen seid meine Freunde, und deshalb bitte ich euch hier, vor dem Angesicht des Dionysos und aller Götter, mir zu folgen, auf daß wir uns durchkämpfen, soweit es geht. Und sei es bis ans Ende der Welt!«

»Bis ans Ende der Welt!« schrien die jungen Männer im Chor, indem sie aufsprangen und ihren König umringten.

Sie waren in höchster Erregung, fieberten vor Abenteuerlust, und ihre Euphorie wuchs noch beim Anblick und durch die physische Nähe zu Alexander, der mehr als jeder andere an diesen verwegenen Traum zu glauben schien.

»Jeder von euch wird eine Heeresabteilung anführen. Aber ihr werdet auch alle den Titel eines ›königlichen Leibwächters‹ haben«, sagte Alexander. »Daß so junge Männer eine so große Verantwortung tragen, hat es bisher noch nie gegeben. Aber ich weiß, daß ihr sie tragen könnt«.

»Wann brechen wir auf?« fragte Lysimachos.

»Bald. Noch diesen Frühling. Stellt euch also körperlich und seelisch darauf ein. Und wenn einer von euch es sich noch einmal anders überlegen sollte, dann habt keine Angst, es mir zu sagen. Ich brauche auch hier im Vaterland verläßliche Freunde.«

»Wie viele Männer werden wir nach Asien führen?« fragte Ptolemaios.

»Dreißigtausend Soldaten, fünftausend Pferde und alles, was wir sonst noch mitnehmen können, ohne Makedonien schutzlos zurückzulassen. Ob wir uns auf unsere griechischen Verbündeten verlassen können, ist mir noch nicht ganz klar. Ich habe sie jedenfalls aufgefordert, auch ein Kontingent zu stellen, aber ich fürchte, mehr als fünftausend Mann schicken sie uns nicht.«

»Wir brauchen die Griechen nicht!« rief Hephaistion aus.

»Doch«, erwiderte Alexander bestimmt. »Sie sind erstklassige Kämpfer, das wissen wir alle. Außerdem ist dieser Krieg die Antwort auf die persische Invasion Griechenlands und auf die ständigen Drohungen Asiens gegen Hellas.«

»Darf ich auch etwas dazu sagen?« fragte Eumenes, und erhob sich.

»Hört, hört, der Herr Generalsekretär spricht!« Krateros lachte.

»Still«, befahl Alexander. »Eumenes' Standpunkt interessiert mich.«

»Mein Standpunkt ist rasch geklärt, Alexander: Selbst wenn ein Wunder geschähe, könnte ich von heute bis zum Tag eures Aufbruchs nicht mehr Mittel zusammenkratzen als für einen Feldzug von einem Monat Dauer. Das ist die nackte Wahrheit.«

»Eumenes denkt immer nur ans Geld!« bemerkte Perdikkas.

»Und er tut gut daran«, sagte Alexander. »Dafür wird er ja bezahlt. Zu deinem Einwand, Eumenes: Er ist nicht unbegründet, aber ich habe bereits an eine Möglichkeit gedacht, wie wir unsere leeren Kassen auffüllen können. Die griechischen Städte müssen uns gerade jetzt, zu Beginn, finanziell unterstützen – schließlich unternehmen wir diese Expedition auch in ihrem Interesse. Später sehen wir dann weiter.«

Eumenes fiel aus allen Wolken: »Was sehen wir weiter?«

»Frag nicht so viel«, schimpfte Hephaistion, »es ist doch alles sonnenklar.«

»Gar nichts ist klar«, murrte Eumenes. »Wenn ich die Versorgung von dreißigtausend Mann und fünftausend Pferden planen soll, muß ich doch wissen, woher ich das Geld nehme, bei Herkules!«

Alexander klopfte ihm auf die Schulter. »Keine Sorge, Eumenes, irgendwie werden wir das Geld schon auftreiben, das verspreche ich dir. Sieh nur zu, daß bis zum Tag unseres Aufbruchs alles Nötige in die Wege geleitet ist. Und dieser Tag ist nahe!«

Alexander bat mit einer Geste um Ruhe.

»Freunde!« sagte er. »Tausend Jahre sind vergangen, seit mein Vorfahre Achilles den Fuß auf asiatischen Boden gesetzt hat, um gemeinsam mit den anderen Griechen gegen Troja zu kämpfen. Heute wagen auch wir dieses großartige Unternehmen in der Gewißheit, als Sieger heimzukehren. Vielleicht fehlt uns die Feder Homers, es zu beschreiben, aber am Schneid fehlt es uns nicht! Ich bin felsenfest davon überzeugt, daß ihr den Helden der »Ilias« in nichts nachstehen werdet. Wie oft haben wir von ihren Taten geträumt ... Wißt ihr noch, wie wir nachts, nach Leonidas' Kontrollgang durch unsere Schlafsäle, aufgestanden sind und uns die Abenteuer des Achill, des Diomedes, des Odysseus erzählt haben, bis uns vor Müdigkeit die Augen zugefallen sind?«

In dem alten Tempel war es mucksmäuschenstill geworden; alle hingen den von Alexander wachgerufenen Jugenderinnerungen nach: Wie weit schien das alles schon zurückzuliegen – dabei waren gerade erst ein paar Jahre vergangen. Vielleicht war dem ein oder anderen von ihnen auch etwas flau im Magen, wenn er daran dachte, was ihm bevorstand, denn jeder wußte, daß Krieg und Tod miteinander einhergingen.

Alexanders Augen schienen im Dämmerlicht der Öllampen zu glühen und kündeten von rätselhafter Unruhe und unstillbarem Tatendrang. Jedem der Versammelten war klar, daß sie wirklich sehr bald aufbrechen würden, aber wann und ob sie jemals wiederkehren würden, das wußte keiner.

Der König nahm Philotas beiseite und sagte: »Mit deinem Vater spreche ich. Ich möchte, daß diese Zusammenkunft unter uns bleibt.«

Philotas nickte. »Danke, daß du mich dazu eingeladen hast.«

Plötzlich war eine ganz wehmütige Stimmung aufgekommen, aber Ptolemaios vertrieb sie sofort:

»Freunde, ich habe einen Bärenhunger! Was haltet ihr von einem saftigen Rebhuhnspieß in Eupitos' Schenke?«

Alle stimmten begeistert zu.

»Und Eumenes zahlt!« schrie Hephaistion.

»Ja, ja, Eumenes muß bezahlen!« schrie alles im Chor, Alexander eingeschlossen.

Wenig später hallte in dem verlassenen Tempel nur noch der Hufschlag ihrer Pferde nach, der sich in der Nacht verlor.

Zur selben Stunde öffnete weit weg, im Königspalast von Buthroton steil überm Meer, Kleopatra die Tür ihres Brautgemachs. Die vorgeschriebene Trauerzeit war vorüber.

Ihr Gemahl, Alexander von Epeiros, wurde von einer Gruppe schneeweiß gekleideter Mädchen empfangen, die brennende Fackeln als Symbol für glühende Liebe in den Händen hielten. Sie geleiteten ihn durch Gänge und Gemächer bis vor eine angelehnte Tür. Dort nahmen sie ihm den Umhang ab und öffneten die Tür, dann huschten sie, leicht wie Nachtfalter, davon.

Im goldenen Flackerlicht einer Öllampe erkannte Alexander duftiges Frauenhaar, das ihn an Meeresschaum erinnerte: Es gehörte Kleopatra. Er dachte an das scheue Kind zurück, das er im Palast von Pella so oft dabei ertappt hatte, wie es ihn heimlich beobachtete, um davonzulaufen, kaum daß er sich umdrehte – was für eine schöne Frau aus dem Mädchen geworden war! Zwei Kammerzofen bereiteten Kleopatra für ihre Brautnacht vor: Eine kämmte ihr das lange Haar, die andere löste den Gürtel ihres Hochzeitspeplons und öffnete die Fibeln aus Gold und Bernstein, mit denen es auf ihren elfenbeinfarbenen Schultern gerafft war. Dann drehte sich die junge Frau zur Tür um, nur vom Schein der Öllampen umhüllt.

Der Bräutigam trat ein und bewunderte im Näherkommen die Schönheit ihres statuenhaften Körpers, berauschte sich am Strahlen ihres göttlichen Gesichts. Sie hielt seinem glühenden Blick stand, ohne auch nur einmal mit den langen, feuchten Wimpern zu zucken: In diesem Moment blitzten die Wildheit Olympias' und Alexanders visionäre Glut aus ihren Augen, und der junge Herrscher war rettungslos verloren, noch bevor er sie zum erstenmal küßte.

»Meine Gemahlin, meine Göttin«, murmelte er, während er ihr Gesicht und ihre festen Brüste liebkoste. »Wie viele schlaflose Nächte habe ich damit verbracht, von deinem Honigmund und deinem Schoß zu träumen. Wie viele Nächte . . .«

Seine Hand glitt über ihren weichen Bauch und die mit einem zarten Flaum bedeckte Scham, während er sie mit dem anderen Arm mit sich aufs Bett zog.

Er öffnete ihr den Mund mit einem feurigen Kuß, den Kleopatra mit derselben Leidenschaft erwiderte. Immer heftiger und glühender wurde ihr Liebesspiel, und als Alexander in sie eindrang, merkte er, daß sie keine Jungfrau war, daß andere vor ihm sie besessen hatten, aber er zog sich nicht zurück, sondern fuhr fort, ihr allen Genuß zu bereiten, zu dem er fähig war, und sich seinerseits an ihr zu ergötzen, an ihrer Umarmung, an ihrer duftenden Haut, an ihrem weichen Haar, in dem er das Gesicht vergrub, während seine Lippen ihren Hals, ihre Schultern und ihren prächtigen Busen suchten.

Er hatte das Gefühl, bei einer Göttin zu liegen, und von einer Göttin darf kein Sterblicher etwas verlangen: Er kann sich nur dankbar von ihr beschenken lassen.

Am Ende streckte er sich erschöpft neben ihr aus. Nach und nach erloschen die Öllampen, die um das Bett aufgestellt waren, und wichen dem blassen Schimmer der Mondnacht. Und obwohl er im Grunde seines Herzens den Stachel der Eifersucht spürte, dachte der König der Molosser tage- und nächtelang an nichts anderes als an sie, widmete sich nichts anderem als ihr, trug sie auf Händen und las ihr jeden Wunsch von den Augen ab, bis ein unvorhergesehenes Ereignis wieder sein Interesse für die Außenwelt weckte.

Er stand mit Kleopatra auf einer der vielen Terrassen seines Palastes und genoß die frische Abendbrise, als er draußen auf dem Meer plötzlich eine kleine Flotte sah, die auf den Hafen von Buthroton zusteuerte. Alexander machte ein großes und vier kleinere Schiffe aus: Das große war mit einer prächtigen Galionsfigur in Gestalt eines Delphins geschmückt, bei den kleineren mußte es sich um Kriegsschiffe handeln, die ihm Geleitschutz gaben, denn ein jedes von ihnen war randvoll mit bronzegepanzerten Bogenschützen und Hopliten.

Wenig später präsentierte sich ein Wächter bei ihm und sagte: »Herr, wir haben Gäste aus dem Ausland. Sie kommen aus Italien, aus einer Stadt namens Tarent, und bitten dich für morgen um eine Audienz.«

Der König sah dem roten Feuerball der Sonne zu, wie er langsam im Meer versank, und sagte: »Richte ihnen aus, daß ich mich freue, sie empfangen zu dürfen.«

Danach schenkte er Kleopatra ein Glas von dem leichten, spritzigen Wein ein, der ihrem Bruder so gut schmeckte, und fragte sie: »Kennst du die Stadt?«

»Nur dem Namen nach«, erwiderte die junge Frau und nippte an ihrem Glas.

»Tarent ist eine mächtige und sehr reiche Stadt, aber nicht sehr wehrhaft. Möchtest du ihre Geschichte hören?«

Die Sonne hatte sich mittlerweile schlafen gelegt und nur einen violetten Schatten auf der gekräuselten Meeresoberfläche zurückgelassen.

»Gerne, wenn du sie mir erzählst . . .«

»Gut. Sie beginnt vor langer, langer Zeit. Die Spartaner belagerten die Stadt Ithome in Messenien, aber es vergingen Jahre, ohne daß sie den Widerstand der Bevölkerung brechen konnten. Daheim, in Sparta, begann man sich irgendwann Sorgen zu machen, weil zuwenig Kinder geboren wurden: Es mangelte schlicht an Männern – Tausende und Abertausende waren ja mit der Belagerung von Ithome beschäftigt, und ein Ende war nicht abzusehen. Man fürchtete, daß der Tag kommen werde, an dem es nicht mehr genug Soldaten zur Verteidigung der Stadt gäbe. Doch die lakedaimonischen Staatsmänner hatten eine Idee, wie das Problem zu lösen sei. Sie begaben sich nach Ithome, wählten unter den jüngsten und kräftigsten Soldaten eine Gruppe von Männern aus und betrauten sie mit einer höchst delikaten Mission, die hundertmal angenehmer war als der Krieg, wenn auch genauso anstrengend.«

Kleopatra lachte. »Ich ahne schon, welche ...«, sagte sie augenzwinkernd.

»Genau«, fuhr der König fort. »Ihr Auftrag bestand darin, alle verfügbaren Jungfrauen der Stadt zu schwängern, und sie erfüllten ihn mit demselben Pflichtbewußtsein und demselben glühenden Eifer, den sie auf dem Schlachtfeld bewiesen. Der Erfolg war dementsprechend: Neun Monate später wimmelte es in Sparta von Neugeborenen. Aber der Krieg ging kurz darauf zu Ende, und nun versuchten auch die heimkehrenden Soldaten nachzuholen, was nachzuholen war – mit dem Ergebnis, daß noch viel, viel mehr Kinder zur Welt kamen. Als sie jedoch groß waren, behaupteten die aus rechtmäßigen Ehen hervorgegangenen Söhne, die Abkömmlinge der Jungfrauen könnten nicht als Bürger von Sparta gelten; sie seien Bastarde und als solche zu behandeln.

Zutiefst gekränkt, bereiteten die jungen Männer eine Revolte vor, zu deren Anführer sie den kühnen Taras ernannten. Doch irgendwer deckte die Verschwörung auf, und die jungen Männer wurden aus ihrer Heimat verbannt. Taras befragte daraufhin das Orakel von Delphi, das ihnen einen Ort in Italien nannte, wo sie ein reiches und zufriedenes Leben führen könnten. Und so kam es zur Gründung der Stadt, der man nach Taras den Namen Tarent gab.«

»Was für eine schöne Geschichte«, meinte Kleopatra, »aber ich frage mich, was diese Leute heute von uns wollen ...«

»Das wirst du erfahren, sobald ich mit ihnen gesprochen habe«, erwiderte der König und drückte ihr zum Abschied einen Kuß auf die Wange. »Und jetzt laß mich gehen und alles vorbereiten, damit unsere Gäste auch würdig empfangen werden.«

Zwei Tage später stach die kleine tarentinische Flotte schon wieder in See, doch erst als das letzte ihrer Segel am Horizont verschwunden waren, kehrte Alexander ins Brautgemach seiner Frau zurück. Es duftete herrlich nach frischen Lilien.

Kleopatra hatte das Abendessen heute hier auftragen lassen und empfing ihn auf dem breiten Ehebett liegend, mit nichts als einem hauchdünnen Nachthemd aus Byssus bekleidet.

»Was wollten die Tarentiner?« fragte sie ihren Mann, kaum daß er sich neben ihr ausgestreckt hatte.

»Sie sind gekommen, um mich um Hilfe zu bitten ... und um mir Italien anzubieten.«

Kleopatra sagte nichts, aber das Lächeln auf ihren Lippen war erstarrt.

»Soll das heißen, daß du bald fortgehst?« fragte sie nach langem Schweigen.

»Ja«, erwiderte der König. Und insgeheim fühlte er, daß dieser Abschied und der Krieg und selbst die Aussicht, womöglich nie mehr heimzukehren, ihn weniger bedrückten als der jeden Tag lästiger werdende Gedanke, daß Kleopatra vor ihm einem anderen gehört hatte, an den sie vielleicht immer noch dachte, den sie vielleicht immer noch liebte.

»Stimmt es, daß auch mein Bruder aus Pella aufbrechen will?«

»Ja, in den Orient. Nach Asien.«

»Alexander zieht nach Osten, du nach Westen, und ich bleibe mutterseelenalleine zurück.«

Der König nahm ihre Hand und streichelte sie zärtlich. »Hör zu«, sagte er. »In der Zeit, in der Alexander hier in Buthroton bei mir zu Gast war, hat er mal einen Traum gehabt, den ich dir erzählen will ...«

Parmenion starrte Alexander ungläubig an. »Das kann doch nicht dein Ernst sein!«

Alexander legte ihm eine Hand auf die Schulter. »Aber selbstverständlich«, sagte er. »Das war schon der Traum meines Vaters, und meiner ist es auch. Wir brechen mit den ersten Frühlingswinden auf.«

»Aber, Herr«, schaltete sich nun auch Antipatros ein. »Du kannst nicht einfach so aufbrechen.«

»Warum nicht?«

»Weil einem im Krieg alles mögliche passieren kann und du weder eine Gemahlin noch einen Sohn zurückläßt. Du mußt dich zuerst verheiraten und den Makedonen einen Thronfolger bescheren.«

Alexander schüttelte lächelnd den Kopf. »Nicht einmal im Traum. Vermählungen sind lange Prozeduren: Zuerst müßten wir uns überlegen, wer für die Rolle als Königin überhaupt in Frage käme, dann müßte ich mir unter den geeigneten Anwärterinnen diejenige aussuchen, die mir am besten gefällt, und danach gälte es, die aufgebrachten Familien der Ausgeschlossenen zu beschwichtigen. Ganz zu schweigen von den eigentlichen Hochzeitsvorbereitungen ... Wenn es dann soweit wäre, müßte ich meine Frau erst einmal schwängern, und das klappt auch nicht immer beim ersten Versuch. Und selbst wenn es klappen sollte, ist noch lange nicht gesagt, daß es ein Junge wird – womöglich müßte ich noch einmal ein Jahr warten. Aber gut, gehen wir einmal davon aus, daß es ein Sohn wird: Was dann? Ich müßte es machen wie Odysseus mit Telemachos – mein Kind in Windeln zurücklassen, um es – Zeus weiß wann – wiederzusehen. Nein, Antipatros, mein Entschluß steht fest: Ich muß sofort aufbrechen.«

Alexander lehnte sich in seinem Stuhl zurück und sah die beiden Generäle an.

»Aber ich habe euch nicht einbestellt, um über meine Heirat zu diskutieren. Es geht mir um den Asienfeldzug. Ihr beide seid die Stützen meines Reichs, wie ihr es schon für meinen Vater wart, und deshalb möchte ich euch auch die verantwortlichsten Posten übertragen, in der Hoffnung, daß ihr annehmt.«

»Du weißt, daß wir dir treu ergeben sind, Herr«, sagte Parmenion, der es einfach nicht fertigbrachte, den jungen König bei seinem Namen zu nennen, »und daß wir dir gehorchen wollen bis zu unserem letzten Atemzug.«

»Ja, das weiß ich«, entgegnete Alexander lächelnd, »und ich schätze mich glücklich deswegen. Du, Parmenion, wirst als Oberbefehlshaber über das gesamte Heer mit mir kommen und nur mir allein unterstehen. Antipatros dagegen möchte ich mit den Rechten und Befugnissen eines Regenten ausstatten und als meinen Statthalter in Makedonien zurücklassen: Kein anderer könnte meinen Thron besser bewachen als du, Antipatros.«

»Das ist zuviel der Ehre, Herr«, erwiderte der General. »Zumal ja die Königin, deine Mutter, in Pella zurückbleibt und ...«

»Ich weiß, worauf du anspielen möchtest. Aber merk dir eins: Meiner Mutter ist untersagt, sich in die Politik des Reiches einzumischen. Sie darf keinerlei offizielle Kontakte zu ausländischen Gesandtschaften haben; ihre Funktion ist rein repräsentativ. Nur auf deinen ausdrücklichen Wunsch und unter deiner strengen Oberaufsicht kann sie diplomatische Beziehungen unterhalten – aus innenpolitischen Angelegenheiten muß sie sich heraushalten, die regelst ganz alleine du. Natürlich geziemt ihr die Ehre einer Königin, und ich möchte auch, daß ihren Wünschen stattgegeben wird, wann immer das möglich ist, aber es muß alles mit dir abgesprochen werden, denn dir und nicht ihr überlasse ich das königliche Siegel.«

Antipatros nickte. »Wie du möchtest, Herr. Ich hoffe nur, daß es nicht zu Reibereien kommt. Deine Mutter hat einen sehr starken Charakter, und sie ...«

»Keine Sorge, ich werde öffentlich bekunden, daß die gesamte Staatsgewalt während meiner Abwesenheit in deinen Händen liegt und daß du niemandem außer mir Rechenschaft schuldig bist. Abgesehen davon bleiben wir ja ständig in Kontakt miteinander. Ich werde dich über alles Wichtige auf dem laufenden halten, und dasselbe tust du – vor allem mußt du mir regelmäßig mitteilen, was unsere Freunde und Feinde anstellen und wie sich unsere Verbündeten, die griechischen Städte, verhalten. Ich sorge dafür, daß uns jederzeit sichere Nachrichtenwege zur Verfügung stehen.«

Alexander klopfte dem General freundlich auf die Schulter. »Aber die Einzelheiten besprechen wir ein andermal, dazu bleibt noch genügend Zeit. Heute wollte ich dir nur sagen, daß ich mich voll und ganz auf dich verlasse und daß du völlige Entscheidungsfreiheit haben wirst. Und natürlich wollte ich wissen, ob ihr beide meinen Vorschlag annehmt – ich bin froh, daß dem so ist.«

Alexander stand auf, und die beiden alten Generäle taten zum Zeichen ihres Respekts das gleiche. Aber bevor Alexander den Raum verließ, meldete Antipatros sich noch einmal zu Wort: »Eine letzte Frage, Herr ... Was meinst du, wie lange der Feldzug dauern wird, und bis wohin möchtest du gelangen?

»Darauf kann ich nichts erwidern, Antipatros. Ich kenne die Antwort nämlich selber nicht.« Er nickte kurz und ging.

Die beiden Generäle blieben alleine im königlichen Waffensaal zurück. »Ist dir klar, daß ihr bestenfalls für einen Monat Geld und Proviant habt?« fragte Antipatros.

Parmenion nickte. »Sicher, aber was sollte ich sagen? Sein Vater hat es genauso gemacht, manchmal sogar noch schlimmer.«

Alexander kehrte an diesem Abend spät in seine Gemächer zurück. Die Dienerschaft schlief, bis auf die wachhabenden Soldaten vor seiner Tür und Leptine, die ihn mit einer brennenden Laterne empfing und ins Bad führte, wo bereits eine Wanne mit duftendem heißem Wasser auf ihn wartete.

Das Mädchen zog ihn aus, und als er in der Wanne saß, begann sie, mit einem silbernen Krug Wasser zu schöpfen und es ihm über die Schultern zu gießen. Das hatte sie von Alexanders Leibarzt Philipp gelernt: Der Wasserstrahl wirkte wie eine sanfte Massage, beruhigte und entspannte die Rücken- und Halsmuskeln, in denen sich Müdigkeit und Nervosität konzentrierten.

Alexander ließ sich langsam immer tiefer sinken, bis er ausgestreckt in der Wanne lag. Leptine fuhr fort, ihn mit Wasser zu begießen, sie goß es ihm auf den Bauch und auf die Schenkel und stellte den Krug erst ab, als Alexander ihr ein Zeichen gab. Dann tat sie etwas, was sie normalerweise nie tat, nämlich ungefragt den Mund aufmachen:

»Die Leute sagen, daß du bald aufbrichst, Herr.«

Alexander erwiderte nichts, und Leptine mußte ihren ganzen Mut zusammennehmen, um nicht ebenfalls zu verstummen.

»Sie sagen, daß du nach Asien ziehst, und ich ...«

»Ja?«

»Ich möchte dich gerne begleiten. Bitte, nimm mich mit! Nur ich kann richtig für dich sorgen, nur ich weiß, wie du behandelt werden möchtest, wenn du müde bist oder Sorgen hast, nur ich ...«

»In Ordnung. Du kommst mit«, sagte Alexander und stieg aus der Wanne.

Leptines Augen füllten sich mit Tränen, aber sie sagte nichts mehr, sondern trocknete ihn nur behutsam ab.

Alexander legte sich nackt aufs Bett und rekelte sich, während Leptine ihn entzückt betrachtete. Dann entkleidete auch sie sich, wie sie es immer tat, schmiegte sich an ihn und liebkoste ihn mit Händen und Lippen.

»Nein«, sagte Alexander. »Nicht so. Heute nacht will ich

dich nehmen.« Und mit diesen Worten öffnete er ihr sanft die Beine und legte sich auf sie. Leptine ließ es bereitwillig geschehen und umschlang ihn, als wolle sie sich keinen Moment dieser für sie so kostbaren Intimität entgehen lassen. Sie unterstützte sein Eindringen und die rhythmischen Stöße seiner Hüften, deren Kraft schon Bukephalos bezwungen hatte. Und als er sich keuchend ganz der Leidenschaft hingab, spürte sie sein Haar auf ihrem Gesicht und atmete genüßlich seinen Duft ein.

»Darf ich wirklich mit dir kommen?« fragte sie, als Alexander wieder neben ihr lag.

»Ja, und zwar bis wir unterwegs das Volk gefunden haben, das dieselbe mysteriöse Sprache spricht wie du nachts im Schlaf.«

»Warum sagst du das, Herr?«

»Dreh dich um«, befahl Alexander. Leptine drehte sich auf den Bauch, und Alexander griff nach einer Kerze und hielt sie über ihren Rücken.

»Du hast eine Tätowierung auf dem Rücken, wußtest du das? Eine, wie ich sie noch nie gesehen habe. Ja, du kommst mit, und vielleicht stoßen wir eines Tages ja wirklich auf jemanden, der dir in Erinnerung rufen kann, wer du bist und woher du kommst, aber eins mußt du wissen: Asien ist nicht Pella. Dort ist alles anders: die Natur, die Leute, die Frauen, und ich werde dort auch anders sein. Für mich geht ein Lebensabschnitt zu Ende, und ein neuer beginnt. Verstehst du, was ich meine?«

»Ja, Herr, aber mir ist es schon eine Freude, dich zu sehen und zu wissen, daß es dir gutgeht. Mehr verlange ich vom Leben nicht. Ich habe schon viel mehr gehabt, als ich je zu hoffen gewagt hätte.«

47

Alexander traf den König von Epeiros einen Monat vor seinem Aufbruch nach Asien. Nach einem raschen Austausch von Botschaften hatte man sich für die Begegnung auf einen geheimen Ort in Eordaia geeinigt. Die beiden hatten sich seit über einem Jahr nicht mehr gesehen, seit dem Tag, an dem Alexander von Epeiros geheiratet hatte und Philipp ermordet worden war. In dieser Zeit hatte sich viel ereignet, nicht nur in Makedonien und Griechenland, sondern auch in Epeiros.

Der Molosserkönig hatte alle Stämme seines kleinen, bergigen Reichs zu einem Bund zusammengeschlossen, der ihn zum Anführer und Oberbefehlshaber eines Bundesheers ernannt hatte. Die epirotischen Krieger waren nach makedonischer Art ausgebildet und in Kavallerieschwadrone und Phalanxbataillone eingeteilt worden, und der ganze Stil der kleinen Monarchie verriet eindeutig griechischen Einfluß: Auch hier wurden Gold- und Silbermünzen geprägt, die Menschen kleideten und benahmen sich ähnlich, und das Hofzeremoniell war dasselbe. Damit waren Epeiros und Makedonien und mit ihnen ihre Herrscher gewissermaßen zu Spiegelbildern geworden.

Am vereinbarten Tag machten sich beide junge Männer noch vor Sonnenaufgang auf den Weg, und als sie sich aus der Ferne erkannten, gab jeder seinem Pferd die Sporen und lenkte es zu einer großen Platane, die neben einer Quelle einsam inmitten einer großen Wiese stand. Die Wälder auf den Berghängen glänzten dunkelgrün, denn es hatte in der Nacht geregnet, und über ihnen trieb die laue Meeresbrise große weiße Wolken über den morgengrauen Himmel.

Die jungen Könige sprangen aus den Sätteln und umarmten sich stürmisch.

»Wie geht es dir?« fragte Alexander.

»Bestens«, erwiderte sein Schwager. »Du brichst demnächst auf, nicht?«

»Du auch, wie ich gehört habe.«

»Woher weißt du das? Von Kleopatra?«

»Nein, das wird gemunkelt.«

»Ich habe nur auf eine Gelegenheit gewartet, es dir persönlich zu sagen.«

»Das glaube ich dir.«

»Eine der reichsten Städte Italiens, Tarent, hat mich um Unterstützung gegen die Barbaren gebeten, die ihr Gebiet von Westen her bedrohen – Brutter und Lukaner.«

»Auch ich folge dem Hilferuf griechischer Städte, nur daß sie in Asien liegen und sich gegen die Perser wehren müssen. Aber ist das nicht phantastisch? Wir tragen denselben Namen, in unseren Adern fließt dasselbe Blut, wir sind beide Könige und Heerführer, und jetzt brechen wir zu ganz ähnlichen Unternehmungen auf. Erinnerst du dich noch an den Traum mit den zwei Sonnen, den ich dir einmal erzählt habe?«

»Das war das erste, was mir einfiel, als die Tarentiner mir ihre Bitte vortrugen. Wer weiß, vielleicht ist das alles ja ein Wink der Götter ...«

»Dessen bin ich mir absolut sicher«, erwiderte Alexander.

»Dann hast du also nichts gegen mein Vorhaben?«

»Die einzige, die etwas dagegen haben könnte, ist Kleopatra. Arme Schwester: Am Tag ihrer Hochzeit hat sie den Vater verloren, und jetzt läßt du sie auch noch allein.«

»Ich will Sorge tragen, daß es ihr an nichts fehlt. Und du bist wirklich einverstanden?«

»Einverstanden? Ich bin begeistert! Und wenn du nicht um diese Begegnung angefragt hättest, hätte ich es getan. Ich habe nämlich etwas mit dir vor ... Erinnerst du dich noch an die große Landkarte von Aristoteles?«

»Ich habe eine Kopie davon in meinem Palast hängen.«

»Gut. Auf dieser Karte liegt Griechenland im Zentrum der Welt, und Delphi ist sozusagen sein Nabel. Es befindet sich exakt in der Mitte zwischen Pella und Buthroton und ist genausoweit von den Säulen des Herkules im Fernen Westen entfernt wie von den Wassern des wellenlosen Ozeans im Fernen Osten ... Alexander, ich möchte, daß wir beide einen feierlichen Schwur leisten, hier, an dieser Stelle! Himmel und Erde sollen unsere Zeugen sein. Ich verspreche dir, gen Osten zu ziehen, und du versprichst mir, gen Westen zu ziehen. Keiner von uns rastet, bevor er nicht die Ufer des fernen Ozeans erreicht hat. Wenn einer von uns beiden fällt, nimmt der andere seinen Platz ein und führt sein Unternehmen zu Ende. Weder du noch ich haben einen leiblichen Erben, mein Freund, und deshalb werde ich dein Erbe sein und du meiner. Bist du bereit, diesen Schwur zu leisten?«

»Ja, Alexander, von ganzem Herzen«, sagte der Molosserkönig.

»Von ganzem Herzen, Alexander«, erwiderte der Makedonenkönig.

Dann zogen sie ihre Schwerter aus den Scheiden, schnitten sich in den Arm und mischten ihr Blut in einem kleinen silbernen Becher.

Alexander, der Molosser, schüttete ein paar Tropfen davon auf die Erde und reichte den Becher Alexander, dem Makedonen, der das übrige Blut in die Luft schleuderte. »Himmel und Erde sind nun Zeugen unseres Schwurs«, sagte er dann. »Kein Band kann stärker sein. Und jetzt bleibt uns nichts, als Abschied zu nehmen. Glück auf, mein Freund! Keiner kennt den Tag, an dem wir uns wiedersehen, aber es wird ein großer Tag sein, der größte Tag, den die Menschheit je erlebt hat.«

Just in diesem Augenblick kam die Frühlingssonne hinter den Gipfeln von Eordaia zum Vorschein; wie ein gleißender Strom ergoß sich ihr herrliches Licht in die zerklüftete Landschaft mit ihren Bergen, Tälern und Bächen; Myriaden von Tautropfen begannen zu blinken, als hätte es über Nacht Perlen auf Wiesen und Bäume geregnet, als hätten die Spinnen in der Dunkelheit Silberfäden gesponnen.

Rings um die beiden Könige wogte ein immenses Meer aus Gras im Wind. Leise strich die warme Brise über goldene Narzissen, purpurne Safranblüten und feuerrote Berglilien. Riesige Vogelschwärme flatterten von den Wäldern auf und stiegen hoch in die Luft, den schleierweißen Zirruswolken entgegen, die am Morgenhimmel dahinsegelten, und aus dem Unterholz brachen ganze Rudel von Hirschen und Rehen, um an den kristallklaren Bächen zu trinken und auf den saftig grünen Wiesen zu grasen.

Plötzlich erschien auf der Kuppe eines der umliegenden Hügel die schmale Gestalt einer Amazone, die nichts als einen kurzen Chiton trug, unter dem ihre nackten, schlanken Beine zum Vorschein kamen. Ihr dichtes, golden schimmerndes Haar wehte im Wind wie die Mähne und der Schweif ihres Schimmels.

»Kleopatra wollte auch Abschied von dir nehmen«, erklärte der König von Epeiros. »Ich konnte es ihr nicht abschlagen.«

»Das ist gut so. Auch ich wollte sie unbedingt noch einmal sehen, bevor ich nach Asien ziehe. Warte hier auf mich.«

Alexander sprang auf sein Pferd und ritt zu der jungen Frau hinauf, die ihn vor Rührung zitternd, aber strahlend wie eine Artemisstatue erwartete.

Sie rannten einander entgegen, fielen sich in die Arme und küßten sich auf Wangen, Augen und Haare.

»Meine geliebte, süße kleine Schwester ...«, sagte Alexander mit unendlicher Zärtlichkeit in der Stimme.

»Alexander, mein König, mein Herr, mein geliebter Bruder, Licht meiner Augen ... Wann sehen wir uns wieder?« fragte sie mit schwimmendem Blick.

»Das weiß keiner, Schwester, unser Leben liegt in den Händen der Götter. Aber ich schwöre dir, daß ich dich immer im Herzen trage, in der Stille der Nacht wie im Lärm der Schlacht, in der Hitze der Wüste wie in der Kälte des Gebirges. Jeden Abend, wenn ich mich zum Schlafen lege, werde ich nach dir rufen, in der Hoffnung, daß der Wind dir meine Stimme zuträgt. Leb wohl, Kleopatra.«

»Leb wohl, Bruder. Auch ich will jeden Abend auf die Terrasse unseres höchsten Turms hinaufklettern und die Ohren spitzen, bis der Wind mir deine Stimme bringt und den Duft deiner Haare. Viel Glück, Alexander ...«

Mit diesen Worten ritt Kleopatra weinend davon, ohne sich noch einmal umzudrehen. Alexander kehrte langsam zu seinem Schwager zurück, der ihn an den Stamm der Platane gelehnt erwartete. Er ergriff seine Hände und sagte mit warmer, tief gerührter Stimme:

»Der Moment ist gekommen, daß auch wir auseinandergehen. Leb wohl, König des Westens, König der roten Sonne und des Atlasgebirges, König der Säulen des Herkules. Wenn wir uns das nächste Mal begegnen, so, um den Beginn einer neuen Ära für die Menschheit zu feiern. Aber selbst wenn das Schicksal oder der Neid der Götter dies verhindern sollten, wird unsere Umarmung Zeit und Tod überdauern und unser Traum ewig glühen wie die Sonne.«

»Leb wohl, König des Orients, König der weißen Sonne und des Paropoamisos-Gebirges, König des Fernen Ozeans. Auf daß unser Traum ewig glühe, egal, welches Schicksal uns erwartet.«

Mit Tränen in den Augen umarmten sie sich lange, während ihrer beider Löwenmähnen sich im Wind vereinten und ihre Tränen sich mischten, wie ihr Blut sich vermischt hatte in dem feierlichen Schwur, dessen Zeugen nur Himmel und Erde gewesen waren.

Dann stiegen sie auf ihre Pferde und ritten davon, der Molosserkönig in Richtung Abend und Sonnenuntergang, der Makedonenkönig in Richtung Morgen und Sonnenaufgang, und nicht einmal die Götter wußten in diesem Augenblick, welches Schicksal sie erwartete, denn nur das unergründliche Fatum weiß, wohin die Wege so großer Männer führen.

48

Als die ersten Frühlingswinde bliesen, begann das Heer sich zu sammeln, angefangen bei den schwerbewaffneten Phalanxbataillonen, den Pezetairoi mit ihren langen Sarissen. In vorderster Linie wurden die ganz jungen Männer aufgestellt – ihre Schilde waren mit einem kupfernen Argeadenstern verziert –, dann folgten die etwas erfahreneren mit dem bronzenen Stern, und ganz hinten bezogen die Altgedienten Stellung; ihre Schilder hatten gar einen silbernen Argeadenstern.

Alle Fußsoldaten trugen rote Tuniken und Umhänge sowie Helme mit kurzen Visieren, die phrygischen Mützen nachempfunden waren. Wenn sie auf dem Exerzierplatz übten, schlugen ihre langen Stoßlanzen mit fürchterlichem Getöse aneinander, und manch einer mochte sich vorkommen wie in einem Wald aus metallenen Bäumen bei Sturm. Immer wieder befahlen die Offiziere, die Sarissen wie zu einem Angriff zu senken, und dann sah die riesige Phalanx wirklich furchterregend aus – ein Igel mit stählernen Stacheln.

Die Hetairoi, also Reiter, wurden unter den Adligen des ganzen Reiches ausgehoben. Sie schützten sich mit schweren Brustpanzern und breitkrempigen, bööotischen Helmen und ritten herrliche thessalische Schlachtrösser, die auf den fetten Wiesen der Tiefebene und entlang der großen Flüsse grasten.

In den Häfen im Norden wurde die makedonische Flotte zusammengezogen. Alexander verstärkte sie durch athenische und korinthische Abteilungen, denn er fürchtete einen Handstreich der persischen Königsmarine, die von einem griechischen Admiral namens Memnon befehligt wurde. Er war ein allseits gefürchteter, schlitzohriger Mann mit jahrzehntelanger Erfahrung, von dem man wußte, daß er zu seinem Wort stand und Versprechen wahr machte, egal, was auch passierte.

Eumenes hatte ihn in Asien kennengelernt und versäumte keine Gelegenheit, Alexander vor ihm zu warnen, wie an dem Tag, an dem sie an Bord des makedonischen Admiralsschiffs die Flotte abfuhren: »Paß auf! Dieser Memnon ist ein harter Brocken, der verkauft sein Schwert nur einmal. Er verkauft es teuer, aber dann ist es, als hätte er einen Treueschwur aufs eigene Vaterland geleistet: Nichts und niemand kann ihn dazu bringen, die Fahne oder das Schlachtfeld noch einmal zu wechseln. Seine Schiffsmannschaften bestehen aus Griechen und Phöniziern, außerdem kann er mit der heimlichen Unterstützung deiner in Griechenland verbliebenen Gegner rechnen, und das sind bekanntlich nicht wenige. Stell dir vor, was passieren würde, wenn er zu einem Überraschungsschlag ausholt – beispielsweise während unser Heer gerade über die Meerengen setzt . . .«

»Aber unsere Informanten haben doch entlang der asiatischen und europäischen Küste ein Frühwarnsystem mittels Leuchtzeichen angelegt«, sagte Alexander. »Sie würden Alarm auslösen, sobald die persische Flotte aufkreuzt.«

»Ich weiß nicht . . . Bedenke, daß die persischen Satrapen der ostasiatischen Provinzen Memnon den Oberbefehl über ihr gesamtes Heer übertragen haben – mit dem ausdrücklichen Auftrag, deine Invasion zu verhindern. Das Problem ist, daß wir bislang so gut wie gar nichts über seine Schlachtpläne wissen ... von ein paar belanglosen Hinweisen abgesehen.«

»Und bis wann, meinst du, könnten wir Näheres erfahren?« fragte Alexander.

»Bis in einem Monat vielleicht.«

»Das ist viel zu lange. Wir brechen in vier Tagen auf.«

»In vier Tagen?« Eumenes starrte ihn entgeistert an. »Das ist der reinste Wahnsinn! Wir haben bestenfalls Nachschub für einen Monat, das weißt du doch. Warte wenigstens, bis die neuen Goldlieferungen vom Pangaion eingetroffen sind.«

»Nein, Eumenes. Ich kann nicht länger warten. Mit jedem Tag, der vergeht, gestatte ich dem Feind, seine Verteidigung auszubauen, Truppen zusammenzuziehen, Söldner anzuheuern – auch hier, in Griechenland. Wir müssen so bald wie möglich zuschlagen. Was glaubst du, daß Memnon zu tun gedenkt?«

»Memnon hat schon gegen die Generäle deines Vaters gekämpft. Frag Parmenion, der kann dir sagen, wie unberechenbar dieser Mann ist.«

»In Ordnung, aber was ist deine Meinung? Was wird er konkret unternehmen?«

»Er wird versuchen, dich so weit wie möglich ins Landesinnere zu locken, und wenn er das erst einmal geschafft hat, wird seine Flotte dir vom Meer her den Versorgungsweg abschneiden«, sagte eine Stimme hinter seinem Rücken. Eumenes drehte sich um.

»Du kennst Admiral Nearchos.«

Alexander schüttelte ihm die Hand. »Guten Tag, Admiral.«

»Verzeih, Herr«, sagte Nearchos, ein vierschrötiger Kreter mit pechschwarzen Augen und Haaren. »Ich war mit den Manövern beschäftigt und konnte deshalb nicht früher kommen.«

»Und was du uns da gerade auseinandergesetzt hast, ist deine ehrliche Überzeugung?«

»Offen gestanden, ja. Memnon weiß, daß es für ihn sehr gefährlich wäre, dir auf offenem Feld gegenüberzutreten; er hat nicht genug Soldaten, um gegen deine Phalanx anzukommen; aber aller Wahrscheinlichkeit nach weiß er auch, daß du keine großen Reserven hast.«

»Und woher soll er das wissen?«

»Nun, die Perser besitzen ein ausgezeichnetes Informationssystem; sie haben überall hochbezahlte Spitzel sitzen. Außerdem können sie auf die Unterstützung zahlreicher Freunde und Sympathisanten zählen, und zwar nicht nur in Athen, Sparta und Korinth, sondern auch hier, in Makedonien. Wenn es ihm gelingt, dich eine Weile hinzuhalten und dann zugleich vom Land und vom Meer her anzugreifen, und sei es nur mit kleinen Kontingenten, dann bist du schon in Schwierigkeiten, wenn nicht gar in der Falle.«

»Das glaubst du tatsächlich?«

»Ich möchte nur, daß du dich vorsiehst, Herr. Eine Asien-Invasion ist kein Kinderspiel.«

Das Schiff, auf dem sie sich befanden, nahm Kurs aufs offene Meer; schäumende Gischt spritzte am Bug empor. Die Rücken der Ruderer waren schweißnaß und glänzten in der Sonne, während sie die langen Ruder im Takt hoben und senkten.

Alexander lauschte gedankenversunken dem Klang der Trommeln, die den Rhythmus angaben, und den Zurufen der Ruderer, die sich gegenseitig zu immer schnellerem Tempo anfeuerten.

»Dieser Memnon scheint ja allen angst zu machen«, meinte er plötzlich.

»Nein, Angst haben wir keine«, erwiderte Nearchos. »Wir malen uns nur aus, was passieren könnte – und meiner Ansicht nach passieren wird.«

»Du hast recht, Admiral, auf dem Meer sind wir die Schwächeren. Aber auf dem Land kann uns keiner schlagen.«

»Noch nicht«, sagte Eumenes.

»Noch nicht«, gab Alexander zu.

»Fazit?« hakte der Sekretär nach.

»Auch die stärkste Flotte braucht Häfen. Stimmt's, Admiral?«

»Zweifeslohne, aber ...«

»Was willst du machen? Sämtliche Häfen und Anlegestellen von den Meerengen bis zum Nildelta besetzen, um die Perser außer Gefecht zu setzen?« fragte Eumenes mehr im Scherz als im Ernst.

»Richtig«, erwiderte Alexander. »Du hast es erraten.«

Am Abend vor dem großen Aufbruch kehrte der König spät aus Aigai zurück, wo er den Göttern auf Philipps Grab geopfert hatte, und da er sich von seiner Mutter noch nicht verabschiedet hatte, begab er sich trotz der vorgerückten Stunde in ihre Gemächer. Die Königin stickte im Schein eines großen Kandelabers an einem Umhang, als er anklopfte und eintrat.

»Nun ist dieser schwere Augenblick also doch gekommen«, sagte sie, während sie ihm entgegeneilte und ihn umarmte.

»Es ist nicht das erste Mal, daß wir Abschied voneinander nehmen, Mama.«

»Aber diesmal ist es anders, das spüre ich. Ich habe seltsame Träume gehabt, keiner kann sie mir deuten.«

»Kein Wunder. Aristoteles ist überzeugt davon, daß die Träume unserem Geist entspringen. Demnach könntest du die Antwort in dir selbst suchen.«

»Das habe ich schon getan, aber seit einiger Zeit wird mir schwindelig, wenn ich in mich hineinblicke ...«

»Und den Grund dafür kennst du nicht?«

»Was willst du damit sagen?«

»Nichts. Du bist meine Mutter, und doch bist du der rätselhafteste Mensch, den ich kenne.«

»Ach, was, ich bin nur eine arme, unglückliche Frau. Und dazu kommt jetzt noch die Einsamkeit, weil du in einen langen Krieg ziehst. Aber es stand geschrieben, daß es so kommen mußte, daß du außergewöhnliche, übermenschliche Taten vollbringen würdest.«

»Ich verstehe nicht ...«

Olympias wandte sich dem Fenster zu, als suche sie zwischen den Sternen und im Antlitz des Mondes nach längst verflossenen Bildern und Erinnerungen. »Vor deiner Geburt habe ich einmal geträumt, daß ein Gott mich berührte, während ich neben deinem Vater ruhte. Wenig später, als ich mit dir schwanger ging, habe ich das Orakel von Dodona aufgesucht; der Wind, der im Laub der heiligen Eichen säuselte, hat mir deinen Namen zugeflüstert: ›Alexander‹«, hauchte Olympias. »Es gibt Menschen, die zwar von sterblichen Frauen geboren werden, aber ein anderes Schicksal haben als der Rest der Menschheit – du bist einer von ihnen, mein Sohn, dessen bin ich mir sicher. Ich habe es immer als großes Privileg betrachtet, deine Mutter sein zu dürfen, aber der Augenblick des Abschieds ist deshalb nicht weniger bitter.«

»Er fällt auch mir schwer, Mama. Zumal ich erst vor kurzem meinen Vater verloren habe. Übrigens will dich jemand dabei beobachtet haben, wie du der Leiche seines Mörders einen Blumenkranz um den Hals gehängt hast ...«

»Dieser Mann hat mich gerächt und dich zum König gemacht.«

»Dieser Mann hat auf Befehl eines Dritten gehandelt. Warum bekränzt du den nicht auch?«

»Weil ich ihn nicht kenne. Glaub mir, Alexander, ich weiß nicht, wer deinen Vater umgebracht hat.«

»Aber ich werde es früher oder später wissen, und dann wehe ihm . . . Bei lebendigem Leibe will ich ihn aufspießen.«

»Und wenn dein Vater ein Gott wäre?«

Alexander schloß die Augen und sah wieder Philipp vor sich, wie er langsam zusammensackte und in einer Lache Blut liegenblieb, er sah ihn ganz deutlich, er konnte jede Falte erkennen, die Schreck und Schmerz in sein Gesicht gegraben hatten. Und bei dieser Erinnerung rannen heiße Tränen aus seinen Augen.

»Wenn mein Vater ein Gott ist, werde ich ihm eines Tages begegnen. Aber er kann mit Sicherheit nicht mehr für mich tun, als Philipp getan hat. Heute habe ich seinem erzürnten Schatten ein Opfer dargebracht, Mutter.«

Olympias wandte den Blick erneut zum Himmel und sagte: »Das Orakel von Dodona hat deine Geburt angekündigt, ein anderes Orakel mitten in der glühenden Wüste wird dir eine zweite Geburt ankündigen, die Geburt zu einem Leben, das nicht vergeht.« Nach diesen Worten drehte sie sich plötzlich um und umklammerte Alexander. »Denk an mich, mein Sohn! Ich werde Tag und Nacht an dich denken. Mein Geist wird dir ein Schild sein in der Schlacht, er wird deine Wunden heilen und dich im Dunkeln führen, er wird die bösen Einflüsse von dir abwenden und alle Fieber vertreiben. Ich liebe dich, Alexander, mehr als alles andere auf der Welt.«

»Ich liebe dich auch, Mama, und ich verspreche dir, daß ich jeden Tag an dich denke. Aber jetzt laß uns Abschied nehmen, denn ich breche bei Morgengrauen auf.«

Olympias küßte ihn auf die Wangen, auf die Augen, auf die Stirn und schien sich gar nicht mehr von ihm losreißen zu können.

Doch Alexander löste sich sanft von ihr, gab ihr einen letzten Kuß und sagte: »Leb wohl, Mama. Und hab acht auf dich.«

Olympias nickte, während dicke Tränen über ihr Gesicht

rannen. »Leb wohl, Alexander«, murmelte sie, aber erst als die Schritte des Königs in den Gängen des Palasts verhallt waren.

Darauf blieb sie die ganze Nacht wach, um von ihrem Balkon aus ein letztes Mal zuzusehen, wie er im Licht der Fackeln seine Rüstung anlegte, den prächtig verzierten Helm aufsetzte, sein Schwert umgürtete, den Schild mit dem goldenen Stern über den Arm streifte. Und während er das tat, scharrte Bukephalos ungeduldig mit den Hufen; Peritas dagegen bellte wie ein Besessener und versuchte – vergeblich –, sich von seiner Kette loszureißen.

Und selbst als Alexander auf seinen Hengst stieg und an der Spitze seines Heeres davonflog, blieb die Königin reglos stehen und sah ihm nach. Sie sah ihm nach, bis der letzte Hufschlag von der Finsternis verschluckt wurde und in der Ferne verklungen war.

49

Admiral Nearchos gab Befehl, das königliche Banner zu hissen und in die Trompeten zu stoßen, und schon flog der große Fünfruderer wie eine Schwalbe übers Wasser. Am Fuße des Großmasts hatte Nearchos die riesige Pauke von Chaironeia aufstellen lassen; vier Männer schlugen mit lederverkleideten Schlegeln den Rhythmus, und der Wind trug das dumpfe Dröhnen bis zum letzten Schiff der nachfolgenden Flotte.

Alexander stand auf der äußersten Bugspitze: silberner Brustpanzer, silberne Beinschienen, silberner Helm in Form eines Löwenkopfes mit aufgerissenem Maul. Er hatte sich Philipps Schwert mit dem Elfenbeingriff umgegürtet und umklammerte mit der Rechten eine Buchenlanze, deren goldene Spitze bei jeder Bewegung in der Sonne blitzte.

Träumend, ja, fast schon entrückt, blickte er aufs offene Meer hinaus, das Gesicht der salzigen Brise und dem gleißenden Sonnenlicht preisgegeben, und alle Männer der einhundertfünfzig Schiffe starken Flotte starrten auf die strahlende Figur, die an der Spitze des Admiralsschiffs wie eine Götterstatue aufragte.

Doch plötzlich schien den König etwas aus seinen Gedanken zu reißen, es mußte sich um ein Geräusch handeln, denn er legte die Hand ans Ohr und sah sich unruhig um, als suche er etwas.

Nearchos trat neben ihn und fragte: »Was ist los, Herr?«

»Hörst du nichts?«

Nearchos schüttelte den Kopf. »Nein, Herr.«

»Aber doch, hör doch mal genau hin! Das klingt ja fast wie . . .« Alexander stieg vom Vorderdeck und ging die Bordwand entlang, bis er deutlich, wenn auch immer schwächer werdend, das Bellen eines Hundes vernahm. Sein Blick wanderte suchend über die gekräuselte Meeresoberfläche, und da entdeckte er ihn: Peritas! Der Ärmste schwamm um sein Leben, schien jedoch am Ende seiner Kräfte. »Das ist mein Hund!« schrie Alexander. »Das ist Peritas! Rettet ihn! Rettet ihn, bei Herakles!«

Drei Matrosen sprangen augenblicklich ins Wasser, schlangen Seile um den Leib des Tieres und hievten es an Bord.

Der Hund sank kraftlos auf den Boden; er hatte noch ein Stück Kette um den Hals hängen, und seine Pfoten bluteten vom langen Rennen. Alexander kniete neben ihm nieder und streichelte ihn gerührt.

»Peritas«, flüsterte er ihm ins Ohr. »Peritas, du darfst nicht sterben!«

»Keine Angst, Herr«, sagte ein eilends hinzugetretener Heeresveterinär, der auf dem Schiff mitfuhr. »Dein Freund kommt durch. Er ist nur völlig erschöpft.«

Nachdem Peritas sich eine Zeitlang an der Sonne getrocknet und aufgewärmt hatte, gab er die ersten Lebenszeichen von sich, und wenig später konnte er schon wieder richtig bellen. Genau im selben Moment legte Nearchos dem König eine Hand auf die Schulter und sagte: »Asien in Sicht, Herr!«

Alexander sprang auf und rannte zum Bug: Vor ihm lag die asiatische Mittelmeerküste mit ihren unzähligen Einschnitten und Buchten. Auch das eine oder andere, zwischen waldigen Hügeln und weißen Stränden eingebettete Dorf war schon zu erkennen.

»In Kürze können wir an Land gehen«, fügte Nearchos noch hinzu, während die Matrosen die Segel strichen und den Anker vorbereiteten.

Aber noch glitt das Schiff weiter, sein bronzener Bug teilte die schäumenden Wellen, und Alexander betrachtete entzückt das immer näher kommende Gestade, von dem er so lange geträumt hatte.

»Ruder ziehen!« schrie der Kommandant.

Und seine Männer zogen die wassertriefenden Ruder an Bord und ließen das Schiff alleine dem Ufer zutreiben. Als sie nicht mehr weit davon entfernt waren, packte Alexander seine Lanze, nahm Anlauf und schleuderte sie mit aller Kraft in den Himmel hinauf.

Lange stieg sie empor, steil der goldenen Sonne entgegen, um dann einem glänzenden Meteoriten gleich in weitem Bogen zur Erde zurückzukehren und sich vibrierend in asiatischen Boden zu bohren.

Nachwort

Dieses Buch ist in der Absicht entstanden, dem Lesepublikum von heute eines der größten Abenteuer aller Zeiten auf neue Weise zugänglich zu machen, d. h. eine moderne Version des »Alexanderromans« zu verfassen. Aus diesem Grund lag mir daran, so wirklichkeitsnah und packend wie möglich zu erzählen, ohne jedoch die alten Quellen – egal, ob literarischer oder sachlicher Natur – außer acht zu lassen.

Daß ich für diesen »alten« Roman eine alles in allem moderne Sprache gewählt habe, liegt daran, daß die hellenistische Welt in vielerlei Hinsicht »modern« war – auf den Gebieten der Architektur, Wissenschaft und Technik ebenso wie in der Ausdruckskraft ihrer Kunst oder auch in der Begeisterung für alles Neue und Spektakuläre. So habe ich etwa im militärischen Bereich die Begriffe »Bataillon« und »General« benützt, um die griechischen Wörter *lóchos* und *strategós* zu übersetzen, die dem heutigen Leser vermutlich wenig gesagt hätten. Und wenn ich einen zeitgenössischen medizinischen Begriff wie »Skalpell« verwende, so deshalb, weil vergleichbare antike Instrumente bei unzähligen archäologischen Ausgrabungen gefunden wurden. Nur dort, wo ein antikes Wort ohne weiteres verständlich war, habe ich es stehenlassen.

Was die Ausdrucksweise der handelnden Figuren betrifft, so war ich bemüht, die für bestimmte Kreise und Personen typische Sprache bzw. »Fachsprache« nachzuahmen (Frauen, Männer, Soldaten, Prostituierte, Ärzte, Künstler, Seher); dabei habe ich mich an die Komödiendichter (vor allem Aristophanes und Menander) und Epigrammatiker angelehnt, die von Berufs wegen eine betont realistische, bisweilen volkstümliche, ja skurrile Sprache verwenden mußten. Ihre Werke lieferten mir auch wertvolle Informationen über das antike Alltagsleben, seine Mode, seine Küche, seine Lebensweisheiten und Sprichwörter.

Für das rein Geschichtliche standen mir andere Quellen zur Verfügung – in erster Linie Plutarch, Diodor, Arrianus und Curtius Rufus, gelegentlich aber auch Pompeius Trogus und der »Alexanderroman«. Aufschluß über Sitten und Gebräuche lieferten mir die anekdotenreichen Schilderungen von Plinius, Valerius Maximus, Theophrast, Pausanias, Diogenes Laertius, ich habe aber auch Autoren wie Xenophon, Apollodor, Strabon und natürlich Demosthenes und Aristoteles zu Rate gezogen sowie Fragmente anonymer griechischer Historiker.

Archäologische Daten und Fakten im weitesten Sinne waren mir hilfreich bei der Beschreibung von Städten, Gebäuden, Inneneinrichtungen, Gebrauchsgegenständen, Möbeln, Waffen, Werkzeugen usw., und die unlängst gemachte Entdeckung der Königsgräber von Vergina ermöglichte mir eine realistische Darstellung des Begräbnisses von Alexanders Vater Philipp.

Zum Schluß möchte ich es nicht versäumen, den Freunden, die mir mit Rat und Tat zur Seite standen, ganz herzlich zu danken – besonders Lorenzo Braccesi, der mich auf dem lan-

Alexander. König von Asien

Band 2 der großen Romantrilogie
bei Kabel

»Das größte Abenteuer, das je ein Mensch erlebt hat« (*Il Messagero*), nimmt seinen Lauf: Von unbändigem Eroberungswillen getrieben zieht der strahlende junge Makedonenkönig Alexander nach Asien. Dort gelingt es ihm nicht nur, im Kampf der Titanen den persischen Feldherrn Memnon zu besiegen und Halikarnassos einzunehmen. Er gewinnt auch das Herz Barsines, der atemberaubend schönen Frau Memnons.
Der geheimnisvollen Macht des Orakels trotzend löst Alexander der Große den Gordischen Knoten mit einem einzigen Schwertstreich. 333 v. Chr. bezwingt er in der legendären Schlacht von Issos den persischen Großkönig Darius. Er unterwirft Tyros und Gaza und erreicht Ägypten, wo er wie ein Pharao empfangen wird. Nichts und niemand scheint Alexander auf seinem Siegeszug um die Welt aufhalten zu können ...

Die Fortsetzung des Bestsellers aus Italien

gen, nicht immer einfachen Weg auf den Spuren Alexanders begleitet hat, sowie Laura Grandi und Stefano Tettamanti, die mich beim Verfassen dieses Romans sozusagen Seite für Seite begleitet haben.

Valerio Massimo Manfredi